Wege der Sprachkultur

Harald Weinrich

Wege der
Sprachkultur

Deutsche Verlags-Anstalt
Stuttgart

CIP-Kurztitelaufnahme der Deutschen Bibliothek

Weinrich, Harald:
Wege der Sprachkultur / Harald Weinrich. –
Stuttgart : Deutsche Verlags-Anstalt, 1985.
ISBN 3-421-06283-8

Lektorat: Margot Adrion
Gesamtherstellung:
Hieronymus Mühlberger GmbH, Augsburg
Printed in Germany

Inhaltsverzeichnis

Vorrede

Sprachen wachsen nicht wie Bäume. Sie funktionieren nicht wie Maschinen. Sprachen sind feinstrukturierte Sozialgebilde, die ihren Ort im Bewußtsein vieler Sprecher haben und sich nach den wechselnden Bewußtseinszuständen dieser Sprecher unaufhörlich verändern. Ob zum Besseren oder zum Schlechteren, das hängt von vielen Umständen ab. Manche haben gemeint, man könne die Bedingungen, die aus einer schlechteren Sprache eine bessere machen, ein für allemal als Sprachnormen festhalten, und man brauche die Sprecher der deutschen Sprache nur möglichst streng zu gängeln, dann werde schon gutes Deutsch daraus. Ein solches Sprachdenken hält einer genaueren Prüfung nicht stand. Denn gutes Deutsch ist mehr als richtiges Deutsch. Und nur derjenige spricht oder schreibt gutes Deutsch, der sein Sprachbewußtsein an vielen Sprachformen der Vergangenheit und Gegenwart und möglichst auch an fremden Sprachen verfeinert hat. Der sich ferner dazu erzogen hat, nicht immer alle seine Gedanken an die Sachen zu wenden, von denen die Rede sein soll, sondern einen Teil seiner Aufmerksamkeit bei den Wörtern zurückzuhalten, die vielleicht noch etwas besser gesetzt werden können, als es die erste Eingebung geraten hat. So entsteht Sprachkultur, beim einzelnen ebenso wie in einer Nation, wenn diese sich denn einer Kultursprache bedienen und eine Kulturnation sein will.

Das vorliegende Buch, dessen Teile aus Essays, Aufsätzen und Vorträgen hervorgegangen sind, entwirft in verschiedenen Facetten ein Bild solcher Sprachkultur, wie sie in Deutschland und darüber hinaus in Europa existiert, existiert hat – oder existieren sollte. Es ist zwar selbst dort, wo es von Sprachnormen handelt, kein normatives, sondern ein deskriptives Buch, aber es verhehlt dennoch nicht auf seinen Seiten eine beständige Sympathie und Voreingenommenheit für guten Sprachgebrauch. Es wendet sich daher an sprachbewußte und sprachinteressierte Leser, die mit dem Autor einige Wege der deutschen und europäischen Sprachkultur nachgehen möchten, um selber im Umgang mit der Sprache ihren eigenen Weg besser finden zu können.

I

Über Sprachkultur nachdenken

Mit Sprachnormen leben

Alle sozialen Gebilde haben ihren Bestand in der Geltung von sozialen Normen. Diese garantieren eine gewisse Verläßlichkeit der Verhaltenserwartungen, ohne die unsere Orientierungen in der sozialen Welt mit allzu großen psychischen Belastungen verbunden wären. Denn nur wenn die anderen Personen, mit denen wir umgehen, ein Verhalten zeigen, das bis zu einem gewissen Grade erwartbar und vorhersehbar ist, sind wir davon dispensiert, in jedem Augenblick angespannt und auf der Hut zu sein. In ähnlicher Weise stellen sich aber die anderen Personen auf uns ein, und so müssen wir uns selber in den meisten Fällen ebenfalls normgemäß verhalten und uns ein normabweichendes Verhalten für einige wenige und eben wegen ihrer Seltenheit ausgezeichnete Gelegenheiten aufsparen. Zur Stabilität unserer sozialen Erwartungen gehört nämlich auch das Wissen, daß dies die anderen von uns erwarten (»Erwartungs-Erwartung«). Das ist die von den Sozialwissenschaftlern oft beschriebene »Normativität der sozialen Struktur« (Luhmann).[1]

Es ist im Prinzip für die Geltung sozialer Normen nicht erheblich, ob diese als Brauch und Sitte unreflektiert von Generation zu Generation weitergegeben oder ob sie ausdrücklich formuliert, aufgeschrieben und bewußt gelernt werden. Die Geltung der »impliziten« Normen ist manchmal eher stärker als die Geltung der »expliziten« Normen, deren ausdrückliche Bewußtmachung vielleicht sogar als Indiz dafür gesehen werden kann, daß sie eben nicht ganz fraglos gelten. Es gibt also zwischen Geltung und Nichtgeltung einer sozialen Norm viele Übergänge, deren Etappen sowohl beim Aufkommen einer neuen Norm als auch beim Verschwinden einer alten Norm durchlaufen werden. Um den Grad der Geltung einer Norm verläßlich bestimmen zu können, muß man beobachten, wie die Normträger auf Verletzungen der Norm reagieren.[2] Jede Norm sieht für ihre Verletzung bestimmte Sanktionen vor. Im Prinzip kann man sowohl von positiven Sanktionen (Belohnungen) wie von negativen Sanktionen (Bestrafungen) sprechen. Aber die positiven Sanktionen haben für die Geltung des sozialen Normengefüges nur eine relativ geringe Bedeutung. Wer die geltenden Normen akzeptiert und sich nach ihnen richtet, lebt »normal« und unauffällig. Die Belohnung für die Einhaltung der Norm liegt in der Stabilität des sozialen Systems und bedarf im Prinzip keiner anderen kasuistischen Belohnung mehr. Wenn für die Einhaltung einer Norm ausdrücklich positive Sanktionen ausgesetzt sind, ist das eher ein Indiz für die schwache Geltung dieser Norm.[3]

Viel wichtiger für die Geltung sozialer Normen sind die negativen Sanktionen. Dabei ist es nicht nötig, sogleich an Strafen im Sinne der Rechtsprechung und Rechtspflege zu denken. Nur die wenigsten sozialen Normen sind zu Gesetzen verfestigt und durch juristische Strafandrohungen sanktioniert. Es gibt viele andere soziale Normen, beispielsweise bestimmte Tischsitten, deren Verletzung nicht strafbar ist, die aber dennoch eine starke und unbestrittene Geltung in der Gesellschaft haben, da eine mögliche Verletzung dieser Normen von allen oder fast allen Angehörigen der betreffenden gesellschaftlichen Gruppe demonstrativ mißbilligt wird. Die meisten sozialen Normen ziehen jedoch nur subtile Sanktionen nach sich, die allenfalls in einer Nuance des Verhaltens bemerkbar werden. Wenn aber überhaupt niemand mehr auf die Abweichung von einer sozialen Norm mißbilligend reagiert, dann hat diese Norm ihre Geltung eingebüßt.[4]

Es ist aber »normal«, daß Normen nach einer gewissen Geltungsdauer ihre Kraft einbüßen und aus dem gesellschaftlichen Bewußtsein verschwinden. Sie machen dann neuen Normen Platz, die ihrerseits wieder, freilich auf andere Art, durch die Herstellung stabiler Erwartungen das Zusammenleben der Menschen »entlasten« (Gehlen). Soziale Normen sind also historisch wandelbar. Es ist bei Soziologen und Ethnologen umstritten, ob es überhaupt universal geltende Normen gibt. Wir wollen diese Frage dahingestellt sein lassen und uns mit der Festlegung begnügen, daß keine historischen Gründe erkennbar sind, die uns veranlassen könnten, an allen geltenden sozialen Normen um jeden Preis festzuhalten und uns immer und unter allen Umständen gegen das Aufkommen neuer Normen zu stemmen. Wichtig ist für unser soziales Bewußtsein, daß wir überhaupt über die Geltungsbedingungen sozialer Normen ausreichend Bescheid wissen.

Unter den sozialen Normen finden wir auch Sprachnormen.[5] Wir können nur dann miteinander vernünftig reden, wenn wir in unseren Sprachspielen bestimmte Regeln befolgen, wie sie insbesondere in der Grammatik und im Wörterbuch der jeweils benutzten Sprache aufgezeichnet sind. Aber auch wenn wir die Grammatik und das Wörterbuch nicht ausdrücklich zu Rate ziehen, haben wir dennoch deren Regeln verinnerlicht, sofern wir überhaupt eine »Kompetenz« in dieser Sprache haben. Immer wenn wir in ein Gespräch eintreten, machen wir von dieser Kompetenz nicht nur selber Gebrauch, sondern setzen sie auch bei den anderen Angehörigen unserer Sprachgemeinschaft voraus und machen uns über die wechselseitigen Erwartungen und Erwartungs-Erwartungen keine weiteren Gedanken. Wenn aber die sprachlichen Normen aus dem einen oder anderen Grunde bei unserem Gesprächspartner nicht eingehalten werden, etwa weil dieser in auffälliger Weise den Sondernormen eines Fachjargons folgt, dann werden wir aufmerksam und reagieren auf diese Abweichung von der gemeinsprachlichen Norm durch eine Sanktion, die natürlich in dieser Gesprächssituation nur eine kommunikative Sanktion sein kann. Wir lassen uns etwa das Gesagte erläutern oder bitten um eine Übersetzung des Jargons in gemeinverständliche Rede oder geben auf irgendeine andere Weise zu verstehen, daß wir die Geltung der sprachlichen Normen in dem anstehenden Sprachspiel für problematisch ansehen. Solche »metakommunikativen« Verständigungen über die Geltung sprachlicher Normen kommen tatsächlich in vielen Sprachspielen vor und sorgen dafür, daß sich die Normativität der Sprache »von selber« reguliert.

Es ist aber die Frage, ob wir uns im Bereich der Sprachnormen insgesamt bei dem Gedanken beruhigen können, daß sich die Normen, die dem sprachlichen System zugrunde liegen, immer von selber regulieren. Zu dieser Annahme müßten wir uns tatsächlich gezwungen sehen, wenn die Sprache, so wie es die Strukturalisten gemeint haben, ein in sich geschlossenes homöostatisches System

wäre. Wir wissen aber, daß die Sprache nur annäherungsweise ein
solches System ist. Sie besteht nämlich tatsächlich aus vielen verschiedenen historischen, regionalen und sozialen Subsystemen,
deren Zusammenwirken nicht frei von Widersprüchen ist. Das gilt
insbesondere für die großen Kultursprachen, die sich über weite
Areale erstrecken und die vielfachen Kommunikationsbedürfnisse
einer modernen Industriegesellschaft zu befriedigen haben. So sind
viele Kenner und Beobachter der sprachlichen Verhältnisse zu der
Auffassung gekommen, daß es den Sprachen nicht immer gut
bekommt, wenn man die in ihnen geltenden Normen uneinge-
schränkt ihrem »Wildwuchs« überläßt. Aber was kann man tun?
Ist das vielleicht aus der Geschichte zu lernen?

Jene Zeiten, in denen sich die europäischen Nationalsprachen her-
ausbildeten, waren gleichzeitig große Zeiten der Fürsten und Mon-
archen. Da setzte sich auch im Sprachbewußtsein vieler europäischer Nationen die Überzeugung fest, die Sprache sei den Sprachnormen untertan. Es entstanden damals – seit dem 16. Jahrhundert – die ersten nationalen oder regionalen Sprachakademien, die
sich – häufig mit staatlicher Billigung oder Unterstützung – die
Aufgabe stellten, die Entwicklung der Sprache durch normative
Eingriffe auf ideale Zielvorstellungen hin zu steuern. Es sollte die
jeweilige Sprache durch regulative Maßnahmen zu der ihr gemäßen Vollkommenheit geführt werden. Als Maß der sprachlichen
Vollkommenheit boten sich dabei die »klassischen« Sprachen
Griechisch und Latein an. Durch Sprachpflege schien es möglich zu
sein, das Niveau der alten Sprachen zu erreichen oder sogar zu
übertreffen. Dieses Ziel stellte sich am deutlichsten die in der
ersten Hälfte des 17. Jahrhunderts gegründete Académie Française, der Richelieu die Aufgabe verordnete, die französische Sprache auf der Höhe ihrer Entwicklung festzuschreiben und dafür zu
sorgen, daß sie das erreichte Niveau in den kommenden Jahrhunderten nicht wieder verspielte (vgl. unten S. 123 ff.).
  Eine so starke Akademie-Tradition hat es in Deutschland nicht
gegeben. Die verschiedenen Akademien, die im 17. und 18. Jahrhundert in Deutschland mit dem Zweck der Sprachpflege gegründet worden sind, waren mit einer sehr viel geringeren Autorität
ausgestattet und haben folglich auch die Jahrhunderte nicht überlebt. Sie haben zwar auf das deutsche Sprachbewußtsein gewirkt,

haben es aber nicht zu einem so starken Sprachnormenbewußtsein verfestigt, wie es in Frankreich angetroffen werden kann. So hat auch beispielsweise die Deutsche Akademie für Sprache und Dichtung niemals den Anspruch erhoben, oberste Norminstanz für die deutsche Sprache zu sein. Denn diese Akademie wurde erst 1949, im Goethe-Jahr, gegründet, also gut dreihundert Jahre später als die vergleichbaren Akademien unserer nächsten europäischen Nachbarländer.[6] Zwar findet man in der Satzung auch dieser Akademie die Aufgabe eingeschrieben, für die »pflegliche Behandlung« der deutschen Sprache Sorge zu tragen. Aber es ist natürlich kaum vorstellbar, daß die Mitglieder der Akademie je auf den Gedanken kämen, die Aufgabe der Sprachpflege sei mit einigen Jahrhunderten Verspätung genauso zu erfüllen wie in der »richtigen« historischen Epoche. Denn seit dem Zeitalter, als in Europa die klassischen Sprachakademien gegründet wurden, haben sich fast alle gesellschaftlichen Bedingungen geändert, die seinerzeit zu der Auffassung führen konnten, eine Akademie habe die jeweilige Kultur- oder Nationalsprache durch eine hegende und pflegende Tätigkeit zur Vollkommenheit zu bringen und sie in diesem Zustand der Vollkommenheit durch autoritative Normen festzuschreiben. Der Historismus, zumal in seiner philologischen Gestalt, hat uns diese Hoffnungen gründlich ausgetrieben, und wenn je eine Akademie oder eine andere vergleichbare Institution heute noch ihre Aufgabe in diesem normativen Sinne verstehen sollte, müßte sie sich mit Recht Autoritätsanmaßung und mangelndes historisches Bewußtsein vorwerfen lassen. Schließlich hat uns auch die moderne Sprachwissenschaft mit überzeugenden Argumenten darauf aufmerksam gemacht, daß schon die Feststellung des tatsächlichen Sprachgebrauchs mit seinen regionalen, sozialen und zweckspezifischen Varianten erhebliche wissenschaftliche Anstrengungen verlangt, so daß jeder, der sich etwa nur die Bibliographie zur Verwendung von »brauchen« mit oder ohne »zu« anschaut, sehr bald davon Abstand nehmen wird, mit einer rasch ausgedachten und wahrscheinlich konservativen Normentscheidung nur seine eigene Leichtfertigkeit zu dokumentieren.[7]

Die Geschichte des deutschen Sprachbewußtseins weist aber gegenüber dem Sprachbewußtsein der meisten anderen europäischen Länder noch eine weitere Besonderheit auf. Da sich nämlich die deutsche Gemeinsprache in einem Jahrhunderte währenden

Kampf mühsam gegen die Vorherrschaft des Lateinischen als akademischer Bildungssprache und des Französischen als höfisch-höflicher Gesellschaftssprache durchsetzen mußte, hat die Tradition der Sprachpflege in Deutschland mit besonderer Anstrengung das Ziel verfolgt, die deutsche Sprache von fremden Sprachelementen möglichst reinzuhalten.[8] Wir wollen die Leistungen dieser puristischen Sprachpflege für die Entstehung und Entwicklung der deutschen Gemeinsprache nicht verkleinern. Als es jedoch endlich – spät genug – eine klassische deutsche Literatursprache gab, die sich lebendig weiterentwickelte, gaben die Puristen ihr Reinigungswerk dennoch nicht auf. Sie stellten es vielmehr mit wachsender Entschiedenheit in den Dienst des Nationalismus, manchmal sogar eines fremdenfeindlichen Chauvinismus, und prangerten mit monomanischem Eifer »allerhand Sprachdummheiten« an (Wustmann).[9] So wurde die fanatische Fremdwörterjagd eine deutsche Spezialität und Sonderentwicklung, die sehr dazu beigetragen hat, das Nachdenken über Sprachnormen in Deutschland zu diskreditieren. Die Sprachwissenschaft als Universitätsdisziplin hat daraus in den letzten Jahrzehnten die Konsequenz gezogen, sich möglichst ganz auf die Beschreibung des tatsächlichen Sprachgebrauchs zu beschränken und jede Art Sprachpflege als unwissenschaftlich und dilettantisch abzutun. Nur zögernd kommen Zweifel auf, ob diese totale Enthaltsamkeit nicht vielleicht doch zu weit geht.

Von der puristischen Sprachpflege wollen wir die intellektuelle und häufig in feuilletonistischer Form vorgebrachte Sprachkritik unterscheiden. Die Polemiken der Sprachkritiker gegen schlechten oder schludrigen Sprachgebrauch haben der Öffentlichkeit nicht selten Auge und Ohr geschärft und selbst dort, wo sie manchmal in der Sache unrecht hatten, dazu beigetragen, daß sich ein verfeinertes Sprachbewußtsein herausbildete und die Aufmerksamkeit der Sprechenden und Schreibenden somit ein wenig länger bei der Sprachgestalt verweilte, als das sonst auf dem raschen Weg zu den Sachen der Fall gewesen wäre. Karl Kraus war ein Meister in dieser polemischen Sprachkritik.[10] Aber ging es ihm wirklich um die Sprache? Oder war die Sprachkritik nur ein blendender Vorwand für eine allgemeine Kultur- und Zivilisationskritik? Diese Frage muß sich auch die heutige Sprachkritik vorlegen lassen, soweit sie in Gestalt von Essays oder Sprachglossen noch existiert. Es ist aber sicher zu wünschen, daß die quasi-literarische Gattung der Sprach-

16

kritik auch in Zukunft ihre öffentliche Geltung behält oder sogar noch verstärkt. Freilich müßte das eine Sprachkritik sein, die nicht immer nur am einzelnen Wort hängt und sich vom Austausch dieses oder jenes beanstandeten Wortes gegen ein anderes alles sprachliche Heil verspricht. Es ist vielmehr zu wünschen, daß diese Sprachkritik über das einzelne Wort hinaus auf den Satz und den Text schaut, ja die ganze Kommunikationssituation als ihren eigentlichen Gegenstand entdeckt und die Sprechenden und Schreibenden für deren Bedingungen zu sensibilisieren versucht. Das setzt allerdings heutzutage gewisse Kenntnisse in der modernen Linguistik voraus. Denn in der Sprachkritik müssen natürlich die Normen des guten Sprachgebrauchs beim Namen genannt werden. Sie sind ja die Kriterien, an denen die Sprachkritik ihre Gegenstände zu messen hat. Schlechte Sprachkritik, so scheint mir, ist daran zu erkennen, daß sie mit unwandelbaren und punktuellen Normen rechnet. Gute Sprachkritik müßte daran zu erkennen sein, daß sie für einen gegebenen mündlichen oder schriftlichen Text mit spezifischen Normen rechnet, deren Geltung je nach den besonderen Gesetzen des Mediums, des sozialen Umfeldes und der zu erwartenden Adressaten beweglich zu halten ist.

Den Inbegriff eines beweglichen Sprachbewußtseins, das kritisch und selbstkritisch ist, das die geltenden Sprachnormen, ohne ihnen hörig zu sein, beachtet und sich in allen Zweifelsfragen des guten Sprachgebrauchs *zuerst* an der Literatur orientiert, wollen wir Sprachkultur nennen.[11]

ANMERKUNGEN

1 N. Luhmann: »Normen in soziologischer Perspektive«, Soziale Welt 1 (1969) S. 28–48. J. Habermas/N. Luhmann: Theorie der Gesellschaft oder Sozialtechnologie – Was leistet die Systemforschung? Frankfurt/M. 1971, bes. S. 64 ff.
2 H. Popitz: »Soziale Normen«, Archives Européennes 2 (1961) S. 185–199.
3 G. Spittler: Norm und Sanktion. Untersuchungen zum Sanktionsmechanismus. Olten 1967.
4 F. Tenbruck: »Soziale Normen«, in L. Raiser (Hg.): Das Verhältnis der Wirtschaftswissenschaft zur Rechtswissenschaft, Soziologie und Statistik. Berlin 1964, S. 270–281. R. Lautmann: Wert und Norm. Begriffsanalysen für den Soziologen. Köln 1969. W. Oelmüller (Hg.): Materialien zur Normendiskussion. 3 Bde. Paderborn 1978/79 (= UTB 779, 836, 896).

5 Sprachnorm, Sprachpflege, Sprachkritik. Jahrbuch 1966/67 des Instituts für deutsche Sprache. Düsseldorf 1968 (= Sprache der Gegenwart 2). P. v. Polenz:»Sprachnorm, Sprachnormung, Sprachnormenkritik«, Linguistische Berichte 17 (1972) S. 76–84. K. Gloy (ab Bd. 2 mit G. Presch) (Hg.): Sprachnormen. 3 Bde. Stuttgart/Bad Cannstatt 1975/76 (= problemata 46–48). H. Kleineidam:»Zum Problem der Sprachnorm in Linguistik und Fremdsprachenunterricht«, Linguistik und Didaktik 6 (1975) S. 288–303. P. Suchsland:»Bemerkungen zum Verhältnis von sprachlich-kommunikativer Tätigkeit und sozialen Normen«, Deutsch als Fremdsprache 15 (1978) S. 1–8.

6 Darüber unterrichtet ausführlich, hg. von der Deutschen Akademie für Sprache und Dichtung: Der öffentliche Sprachgebrauch. 3 Bde. Stuttgart 1980–1982.

7 Vgl. G. Augst: Sprachnorm und Sprachwandel. Vier Projekte zu diachroner Sprachbetrachtung. Wiesbaden 1977 (= Studienbücher zur Linguistik und Literaturwissenschaft 7).

8 Vgl. bes. A. Kirkness: Zur Sprachreinigung im Deutschen 1789–1871. Eine historische Dokumentation. 2 Bde. Tübingen 1975 (= Forschungsberichte des Instituts für deutsche Sprache 26). G. Korlén:»Die Couch, Hitler und das Fremdwort. Sprachpurismus gestern und heute«, Moderna Språk 70 (1976) S. 329–342.

9 G. Wustmann: Sprachdummheiten (1891), hg. von W. Schulze. Berlin, 14. Aufl. 1966.

10 W. Benjamin:»Karl Kraus«, in ders.: Gesammelte Schriften 2.1. Frankfurt 1977, S. 334–367. E. Canetti:»Karl Kraus, Schule des Widerspruchs«, in ders.: Das Gewissen der Worte. Essays (1975). Frankfurt/M. 1981, S. 42–53 (= Fischer Taschenbuch 5058). Ders.:»Der neue Karl Kraus«, ebd. S. 254–278. H. Weigel: Karl Kraus oder die Macht der Ohnmacht. Versuch eines Motivenberichts zur Erhellung eines vielfachen Lebenswerkes. Wien 1968. H. Arntzen:»Karl Kraus oder Satire aus Sprache«, in ders.: Literatur im Zeitalter der Information. Frankfurt/M. 1971, S. 203–216.

11 Der Begriff der Sprachkultur stammt aus dem Prager Strukturalismus. Vgl. J. Scharnhorst/E. Ising (Hg.): Grundlagen der Sprachkultur. Beiträge der Prager Linguistik zur Sprachtheorie und Sprachpflege. 2 Bde. Berlin (Ost) 1976–1982 (= Sprache und Gesellschaft 8/1–2). Ising folgend definiert G. Lerchner Sprachkultur wie folgt:»Niveau eines angemessenen normgerechten und schöpferischen Sprachgebrauchs in bestimmten Situationen, gegenüber bestimmten Partnern und unter Berücksichtigung des Gegenstandes der Kommunikation.« (Sprachform von Dichtung. Terminologischer Index. Berlin 1984, S. 260). Zur DDR-Sprachkultur vgl. noch E. Ising:»Aufgaben der Sprachkultur in der entwickelten sozialistischen Gesellschaft«, Sprachpflege – Zeitschrift für gutes Deutsch 25 (1976) S. 193–224. Zur Diskussion in der Bundesrepublik vgl. das Heft 1/85 »Sprachkultur« der Zeitschrift Der Deutschunterricht.

Deutsch von Journalisten lernen?

Im 19. Jahrhundert war die Sprachnormsituation eine andere als heute. Da gab es den wechselnden Sprachgebrauch der Mundarten und einer sich vor allem in den großen Städten herausbildenden allgemeinen Umgangssprache. Darüber erhob sich das normativ gefestigte Gebilde der Hochsprache, deren Sprachmuster der Literatur folgten. Und diese Literatur war – mindestens bis zur Mitte des Jahrhunderts – eine »schöne« Literatur. An dieser literarisch geprägten Sprache hatte aber nur eine verhältnismäßig kleine Bildungsschicht Anteil.

In unserem Jahrhundert ist die Situation verändert. Die deutsche Gemeinsprache ist heutzutage ein vielschichtiges Gebilde, an dem fast alle Angehörigen des deutschen Sprachraums unmittelbaren Anteil haben. Ihre verschiedenen Stilregister bilden ein Kontinuum. Die Mundarten sind zwar allen Untergangsprognosen zuwider keineswegs ausgestorben, scheinen sogar in der Gegenwart ihre Stellung in der deutschen Sprachgemeinschaft eher zu befestigen als zu räumen, haben aber dennoch ihren prägenden Einfluß auf die deutsche Gemeinsprache eingebüßt und werden selber, wenn auch nicht in ihrer Phonetik und Morphologie, so doch in ihrer Syntax und Semantik in zunehmendem Maße von der Gemeinsprache geprägt und umgeprägt. Diese Gemeinsprache ist ihrerseits von einem Ring von Fachsprachen umgeben, die immer stärker in die Gemeinsprache hineinwirken und ihrerseits wieder Sprachmittel aus der Gemeinsprache beziehen. Was die Literatur betrifft, so ist zwar nicht fraglich, daß sie auch heute noch in der Lage ist, Sprachmuster anzubieten. Fraglich ist jedoch, ob sie dazu auch willens ist, da sie seit der Epoche des Realismus selber an der Normbindung ihrer Sprache, zumindest aber an dem Ideal einer

»schönen« Sprache, irre geworden ist – sicher übrigens zum Nutzen dieser Literatur. Aber selbst wenn die moderne Literatur, wie wir hoffen wollen, nach wie vor eine normative Funktion für die deutsche Gemeinsprache hat, so kann das doch nur für schriftliche Sprachäußerungen gelten. Der große Bereich des mündlichen Sprachgebrauchs bleibt, da es eine nennenswerte mündliche Dichtung in unserem Kulturkreis nicht mehr gibt, von der Literatur her ungeregelt und bedarf doch der Sprachnormen nicht weniger als die geschriebene Sprache.

Wo aber sind außer der Institution Literatur andere gesellschaftliche Institutionen sichtbar, an denen sich die gesprochene oder geschriebene Gemeinsprache unserer Epoche orientieren könnte? Auf diese Frage hat der niederländische Sprachwissenschaftler Jan van Dam vor einigen Jahren geantwortet:»Ich bin der Überzeugung, daß nicht an erster Stelle die großen Schriftsteller, sondern die Presse neben dem Rundfunk in immer größerem Maße die Sprache des Volkes beeinflußt, ja in gewissem Sinne macht.«[1]

Es stellt sich also die Frage, ob Presse, Hörfunk und Fernsehen – man mag sie zu den gesellschaftlichen Institutionen rechnen oder nicht – für unsere Epoche entweder neben der Literatur oder an ihrer Stelle die Rolle einer normgebenden, mindestens aber normverstärkenden Instanz für die deutsche Sprachkultur spielen können.[2] Viele Bürger der deutschsprachigen Länder scheinen sich tatsächlich in ihrem Sprachnormbewußtsein, soweit es um ihre schriftlichen Sprachäußerungen geht, an den Zeitungen und, soweit ihr mündlicher Sprachgebrauch in Frage steht, am Hörfunk und Fernsehen zu orientieren. Aber ist dieser Anschein auch wohl gut bezeugt, belegt, bewiesen? Und wenn es sich tatsächlich so verhalten sollte: An welchen Normen orientieren sich dann die Journalisten dieser Medien selber?

Als die Deutsche Akademie für Sprache und Dichtung vor einer Reihe von Jahren dem Problem der sprachlichen Normen in den Medien ihre Aufmerksamkeit zuwandte, hat sie sich bei ihren Dokumentationsbemühungen auch an Redaktionen verschiedener Zeitungen und Rundfunkanstalten sowie an einzelne Journalisten gewandt und sie befragt, an welchen Normen sie selber im beruflichen Umgang mit der deutschen Sprache Maß nehmen.[3] Aus den Antworten hat sich ergeben, daß in den Redaktionen und bei den einzelnen Redakteuren weitgehend Einigkeit darüber besteht, daß eine gute Beherrschung der deutschen Sprache für alle Journalisten Berufsvoraussetzung ist. Diese auf den ersten Blick beruhigende Auskunft bedeutet aber gleichzeitig, daß die Normen des guten Deutsch nun für gewöhnlich nicht mehr Gegenstand der Journalisten-Ausbildung sind. Allenfalls »handwerkliche Regeln« zum vernünftigen Gebrauch der deutschen Sprache unter den spezifischen Kommunikationsbedingungen der Medien sind Gegenstand der beruflichen Ausbildung, häufig in der Form der »Meisterlehre«, gelegentlich auch in Form von Hauspostillen, in denen die gesammelten Erfahrungen eines Chefredakteurs oder eines sprachlich besonders interessierten Redakteurs unsystematisch aufgeschrieben sind. Manchmal kursiert in den Redaktionen auch noch irgendeine (in der Regel veraltete) Stilfibel. Linguisten werden nicht gelesen. Das ist auch bis zu einem gewissen Grade verständlich, da sich Linguisten in ihren Abhandlungen im allgemeinen nicht mit den besonderen Bedingungen des öffentlichen Sprachgebrauchs in den Medien beschäftigen – einige Ausnahmen bestätigen diese Regel.

Bei all diesen Überlegungen geht es nun nicht um den alten, von Nietzsche stammenden Topos vom »schlechten Zeitungsdeutsch«.[4] Es ist wohl wahr, daß einige Journalisten schlecht schreiben, und man braucht in manchen Lokalnachrichten und Sportberichten nicht lange zu suchen, um die üppigsten Stilblüten zu finden. Aber auf der anderen Seite gibt es auch Zeitungen, in denen ein ganz ausgezeichnetes Deutsch geschrieben wird, so daß man beispielsweise Ausländern, die Deutsch als Fremdsprache lernen wollen, unbesorgt solche Blätter als Muster guten deutschen Sprachgebrauchs in die Hand geben kann. Das alles tritt in ähnlicher Mischung auch in anderen Textsorten zutage. Journalisten sind sogar für den einen oder anderen Sprachschnitzer durch die Eile entschuldigt, mit der sie gewöhnlich ihre Texte herzustellen haben. Aber da das Schreiben andererseits ihr tägliches Geschäft ist, wird die Eile vielfach durch Gewandtheit kompensiert. Ähnliches gilt für den mündlichen Gebrauch der deutschen Sprache im Hörfunk und im Fernsehen, ganz gleich, ob den gesprochenen Texten ein geschriebenes Manuskript zugrunde liegt oder ob spontan formuliert wird.

Das Hauptproblem der Journalisten scheint mir daher nicht zu sein, mit den Normen der deutschen Sprache auf dem Kriegsfuß zu stehen. Eher könnte man sich die Frage vorlegen, ob sie diese Normen nicht vielleicht manchmal zu gut beherrschen. Das gilt auch und möglicherweise sogar in besonderem Maße für einige mediengewandte Politiker, die sich von keinem Journalisten in der Kunst übertrumpfen lassen, mit großen Worten nichts zu sagen. Wenn nämlich Karl Kraus mit seiner radikalen Pressekritik recht hat, dann liegen die Gefahren hier eher bei einer zu glatten, zu routinierten Beherrschung der Sprachnormen, so daß dem originalen Denken und kritischen Nachdenken in der journalistischen »Phrase« keine Chance bleibt. Fehlt uns also etwa heute ein Karl Kraus?[5] Das meine ich zwar nicht, bin jedoch der Ansicht, daß wir beim heutigen Nachdenken über Sprachnormen durch die anstößige Figur dieses leidenschaftlichen Sprachkritikers und großen Hassers davor gewarnt werden können, im Bereich der Presse und der anderen Medien die Gefahren nur von einer möglicherweise zu schlechten und nicht gerade im Gegenteil von einer zu guten, zu virtuosen Beherrschung der Sprachnormen zu erwarten.

Kritik des Sprachgebrauchs ist aber nicht die einzig mögliche Form, in der sich heute ein Sprachnormenbewußtsein äußern kann. Mindestens ebenso wichtig sind in unserer Zeit Aufgaben der Sprachvermittlung. Dabei fällt natürlich den Journalisten eine besonders wichtige Aufgabe zu. Die Journalisten der verschiedenen Medien haben nämlich ihren Platz oft zwischen der Gemeinsprache und den verschiedenen Fachsprachen. Denn die Zeitungsartikel, Hörfunksendungen und Fernsehprogramme sind heute vorzugsweise der Ort, wo die vielfältigen Fachinformationen zahlreicher Sachgebiete und Wissenschaften auf den Laien einströmen und ihn nicht wenig verwirren.[6] Bei solchem Sprachverkehr ist der Journalist oft der einzige Vermittler und Übersetzer. Er muß versuchen, die in Fachterminologien eingebundenen Informationen soweit wie möglich für solche Leser und Hörer zuzubereiten, die mit diesen Fachsprachen keine unmittelbaren Erfahrungen haben. Wie schwierig das ist, weiß jeder Journalist aus seiner alltäglichen Praxis. Kein Zweifel, daß hier ein Normproblem vorliegt. Es ergibt sich daraus, daß die Lieferanten fachsprachlicher Informationen, häufig Wissenschaftler, an einen eng umgrenzten Kreis von Adressaten gewöhnt sind, während sich Journalisten grundsätzlich auf einen großen und unspezifischen Kreis von Adressaten einstellen müssen. Sie können daher nicht in der gleichen Weise sprechen oder schreiben, wie es die »Experten« zu tun pflegen. Hier entsteht besonders dringlich das Problem der Verständlichkeit. Man kann natürlich lange darüber streiten, ob Verständlichkeit als oberste Sprachnorm im Bereich der Presse, des Hörfunks und des Fernsehens anzusehen ist. Wenn man dem zustimmt, entsteht jedoch sogleich die Folgefrage, in welchen Maximen des Redens und Schreibens sich dieses Gebot der Verständlichkeit denn konkretisieren soll und was man dafür tun kann, Verständlichkeit lehr- und lernbar zu machen.[7] Offenbar ist es beispielsweise mit der einfachen handwerklichen Empfehlung »Meide Fremdwörter!« nicht getan. Die von der Sprachkritik viel diskutierten Fremdwörter stellen ja nicht deshalb ein Kommunikationsproblem dar, weil sie fremd sind, sondern ihr Gebrauch ist deshalb problematisch, weil sie oft Fachwörter irgendeiner Terminologie sind. Aber längst nicht alle Fremdwörter sind Fachwörter, und bei weitem nicht alle Fachwörter sind Fremdwörter. Dies ist ein konkretes Beispiel dafür, daß man bestimmte Sprachnormprobleme nicht schon mit der allerersten Denkanstrengung lösen kann, sondern erst dann zu Lösungsvorschlägen kommen sollte, wenn man die Sache gründlich studiert hat.

Besondere Beachtung verdient vielleicht in diesem Zusammenhang die Frage, ob Journalisten das angenommene Informationsniveau ihrer Adressaten möglichst genau anvisieren sollten oder ob sie eher entweder etwas tiefer oder etwas höher zielen sollten. Man weiß ja nie ganz genau, wieviel Vorwissen man bei seinen Hörern oder Lesern voraussetzen darf – allenfalls die eine oder andere überregionale Zeitung kann sich ein genaueres Bild von ihrer Leserschaft machen. Soll man also nach dem Konvoi-Prinzip verfahren und sich auf die Fassungskraft des denkbar uninformiertesten Rezipienten einstellen, oder kann man umgekehrt seinem Adressaten auch einige Anstrengungen zumuten? Ich will auf diese Frage eine differenzierte Antwort geben. Ich möchte nämlich den Journalisten empfehlen, gemeinsprachlich eher etwas höher, fachsprachlich eher etwas niedriger zu zielen, als die intuitive Hypothese über den Informationsstand des jeweiligen Adressaten nahelegt. Nur auf diese Weise ist zu vermeiden, daß Journalisten durch die Art ihrer Informationsvermittlung die ohnehin drohende Expertokratie unserer Gesellschaft noch verstärken.

Ein weiteres Normproblem ergibt sich aus dem Nebeneinander der Zeitungen und anderer Druckmedien einerseits und der elektronischen Medien andererseits. Ist es also beispielsweise richtig, eine Sprachnorm weiter fortzupflanzen, die besagt: »Schreib, wie du sprichst!« und »Sprich, wie du schreibst!«? Oder ist es gerade umgekehrt normgerecht, anders zu schreiben, als man spricht, und anders zu sprechen, als man schreibt – auch und gerade beim öffentlichen Umgang mit der Sprache?[8] Wiederum sollte man hier die konkreten Erfahrungen der Journalisten berücksichtigen und die Kommunikationsbedingungen genau unterscheiden. Häufig liegt ja den Hörfunk- und Fernsehtexten ein Manuskript zugrunde. Dann gelten andere Normen, als wenn spontan gesprochen wird. In beiden Fällen ist ferner damit zu rechnen, daß Hörer oder Zuschauer sich nachträglich in ein Programm einschalten oder nur mit halbem Ohr zuhören. Auch an solche Rezeptionsbedingungen ist zu denken, und es ist durchaus eine Normempfehlung zu erwägen, die besagt, daß ein Sprecher sich durch bestimmte Sicherungen seiner Texte auf solche »halben« Rezipienten einstellen sollte. Jedenfalls muß er berücksichtigen, daß – anders als in alltäglichen Gesprächen – die Hörer oder Zuschauer in der Regel nicht zurückfragen können. Ein bestimmtes Maß an Redundanz und Wiederholung ist daher nicht nur zulässig, sondern empfehlenswert. Aber auch die Zeitungsschreiber dürfen nicht vergessen, daß die Sprache immer zuerst vom Mund zu den Ohren und erst an zweiter Stelle von der Hand zu den Augen geht. Sie sollten daher grundsätzlich so schreiben, daß alle geschriebenen Sätze auch sprechbar, das heißt vorlesbar sind.

Ein letzter Problembereich läßt sich durch die Frage kennzeichnen, in welchem Ausmaß Journalisten nicht nur für den guten Gebrauch der deutschen Sprache, sondern auch für einen rechten Umgang mit der Wahrheit verantwortlich sind und in welcher Form beides zusammenhängt. Gibt es also so etwas wie eine »kommunikative Ethik«[9], die sich von den Zehn Geboten, von den allgemeinen Regeln des Anstandes und den speziellen Regeln der journalistischen Ethik, über die der Presserat wacht, unterscheiden würde? Viel ist in dieser Hinsicht schon gewonnen, wenn die Grenze zwischen Nachricht und Kommentar immer möglichst scharf gezogen wird. Für diese Unterscheidung stehen auch geeignete Sprachmittel in großer Zahl zur Verfügung, unter ihnen beispielsweise der

Konjunktiv zur Kennzeichnung der referierten Meinung. Der Konjunktiv ist in der deutschen Sprache eben nicht nur ein Ladenhüter der puristischen Sprachpflege, sondern ein möglicherweise wichtiges Instrument der journalistischen Informations- und Wahrheitspflicht. Aber natürlich ist hier nicht nur der Konjunktiv zu berücksichtigen, sondern es gibt noch viele weitere sprachliche Signale, mit denen ein Journalist zu erkennen geben kann, ob er eine Nachricht bloß weitergeben oder ob er sie aus eigener Sicht kommentieren will. Die Tatsache, daß in der journalistischen Praxis Nachrichten und Kommentare häufig und manchmal auch absichtlich vermischt werden, widerlegt nicht die »regulative Idee« (Sternberger), die als Gebot der journalistischen Ethik besagt, sie sollten getrennt werden.[10] Wenn das nicht geschieht, so liegt das jedenfalls nicht an der deutschen Sprache.

ANMERKUNGEN

1 J. van Dam:»Fünfzig Jahre Deutschunterricht. Beobachtungen zum Sprachwandel«, in: Sprachnorm, Sprachpflege, Sprachkritik. Jahrbuch des Instituts für deutsche Sprache 1966/67. Düsseldorf 1968 (= Sprache der Gegenwart 2), S. 79–87, hier S. 85.
2 F. Brühl:»Sprache im Hörfunk«, Muttersprache 89 (1979) S. 149–159. H. Kreuzer (Hg.): Fernsehforschung – Fernsehkritik. Göttingen 1980.
3 W. Schneider: Deutsch für Profis. Handbuch der Journalisten-Sprache – wie sie ist und wie sie sein könnte. Hamburg, 2. Aufl. 1982. Deutsche Akademie für Sprache und Dichtung (Hg.): Der öffentliche Sprachgebrauch. Bd. 1: Die Sprachnorm-Diskussion in Presse, Hörfunk und Fernsehen. Stuttgart 1980.
4 F. Nietzsche:»Das Übergewicht nämlich bei dem, was der Deutsche jetzt jeden Tag liest, liegt ohne Zweifel auf seiten der Zeitungen nebst dazugehörigen Zeitschriften: deren Deutsch prägt sich, in dem unaufhörlichen Tropfenfall gleicher Wendungen und gleicher Wörter, seinem Ohre ein, und da er meistens Stunden zu dieser Leserei benutzt, in denen sein ermüdeter Geist ohnehin zum Widerstehen nicht aufgelegt ist, so wird allmählich sein Sprachgehör in diesem Alltags-Deutsch heimisch und vermißt seine Abwesenheit nöthigenfalls mit Schmerz. Die Fabrikanten jener Zeitungen sind aber, ihrer ganzen Beschäftigung gemäß, am allerstärksten an den Schleim dieser Zeitungs-Sprache gewöhnt: sie haben im eigentlichsten Sinne allen Geschmack verloren, und ihre Zunge empfindet höchstens das ganz und gar Corrupte und Willkürliche mit einer Art von Vergnügen. Daraus erklärt sich das *tutti unisono,* mit welchem, trotz jener allgemeinen

Erschlaffung und Erkrankung, in jeden neu erfundenen Sprachschnitzer sofort eingestimmt wird: man rächt sich mit solchen frechen Corruptionen an der Sprache wegen der unglaublichen Langeweile, die sie allmählich ihren Lohnarbeitern verursacht.« (Friedrich Nietzsche: »Unzeitgemäße Betrachtungen I, 11; in ders.: Sämtliche Werke. Kritische Studienausgabe, hg. von G. Colli und M. Montinari, Berlin 1967, Bd. 1, S. 222.)

5 H. Arntzen: Karl Kraus und die Presse. München 1975 (= Literatur und Presse. Karl-Kraus-Studien 1).

6 E. Straßner (Hg.): Nachrichten. Entwicklungen – Analysen – Erfahrungen. München 1975 (= Kritische Information 33). G. Depenbrock: Journalismus, Wissenschaft und Hochschule. Bochum 1976.

7 Vgl. J. Langer/F. Schulz von Thun/R. Tausch: Verständlichkeit in Schule, Verwaltung, Politik, Wissenschaft – mit einem Selbsttrainingsprogramm zur Darstellung von Lehr- und Informationstexten. München 1974.

8 H. Rupp: »Gesprochenes und geschriebenes Deutsch«, Wirkendes Wort 15 (1965), S. 19–29. Ders. »Sprachnormen für Hörfunk und Fernsehen, speziell in der deutschsprachigen Schweiz«, in: Deutsche Akademie für Sprache und Dichtung, a. a. O., S. 250–256.

9 Vgl. E. Bülow: Kommunikative Ethik. Düsseldorf, 2. Aufl. 1972.

10 D. Sternberger in seinem Diskussionsbeitrag zu dem Thema »Das Postulat der Wahrhaftigkeit«, in: Deutsche Akademie für Sprache und Dichtung, a. a. O., S. 279/80, hier S. 280.

Sprachkultur in der Schule

Die deutsche Schule – ist sie auch, so gut sie es sein kann, eine Schule der deutschen Sprache? Versteht sie es als eine ihrer vornehmsten Aufgaben, die Kinder und jungen Leute in den Stand zu setzen, von der deutschen Sprache zu jeder Zeit den rechten Gebrauch zu machen? Und wenn sie diese Aufgabe so sieht, tut sie dann immer das Rechte, um sie nach bestem Vermögen zu erfüllen?

Gewiß, zum deutschen Schulunterricht gehört seit alters auf allen Stufen der Deutschunterricht, der natürlich, wenn er nicht ganz aus der Fassung geraten ist, den Umgang mit der deutschen Sprache ausdrücklich lehrt.[1] Und auch der Fremdsprachenunterricht wird sicher, über den Erwerb der Fremdsprachenkenntnisse hinaus, durch die mit ihm verbundenen Kontrasterfahrungen zur klareren Einsicht in die Gebrauchsbedingungen der eigenen Sprache beitragen. Aber wissen auch die Fachlehrer der »Sachfächer« wohl deutlich genug, daß sie – ob sie es wollen oder nicht – immer auch Deutschlehrer sind, da die Schüler ja die Wörter nötig haben, um die Sachen festzuhalten? Ist es also allen Lehrern an deutschen Schulen genügend klar, daß die deutsche Sprache als Unterrichtsmedium fast aller Schulfächer und als wichtigstes Verständigungsmittel des ganzen Erziehungsprozesses stets in ihren Bedingungen aufs genaueste beobachtet und in ihrem Gebrauch aufs sorgsamste bedacht werden muß, wenn die jetzigen Schüler und zukünftigen Bürger unseres Landes befähigt werden sollen, sich ihrer in allen Situationen des privaten und öffentlichen Lebens angemessen zu bedienen?

Wenn man Lehrer und andere Kenner des deutschen Schulwesens heute befragt, wie es um die Sprachkultur an deutschen Schulen bestellt ist, erhält man sehr unterschiedliche Auskünfte. Die Skala der diagnostischen Antworten reicht von tiefer Sorge über den »schludrigen« Umgang mit der Sprache in der Schule bis hin zu optimistischer Zuversicht, daß die Schule ohne weiteres in der Lage ist, diejenige »kommunikative Kompetenz« zuverlässig zu vermitteln, die für die Bewältigung aller Kommunikationsaufgaben in einer rasch sich wandelnden Welt notwendig ist. Bei näherer Betrachtung müssen dann sowohl diejenigen, die den gegenwärtigen Umgang mit der Sprache für arg verderbt halten, als auch die anderen, die ihn dem Entwicklungsstand der Gesellschaft gut angepaßt finden, einräumen, daß die Qualität des Sprachgebrauchs allemal entwicklungsfähig ist und daher auch auf der Schule mit Mühe und Fleiß, aber hoffentlich auch mit Lust und Vergnügen gefördert werden kann.

Aber zu welchem Zweck und Ende? Heißt das oberste Lernziel einfach und immer noch »richtiges Deutsch«? Oder sollen wir statt dessen besser sagen, der Schüler müsse lernen, sich in jeder Situation angemessen auszudrücken – was sich dann, bisweilen unter Verzicht auf penible Sprachrichtigkeit, im »kommunikativen Erfolg« und »Gelingen des Sprachspiels« äußert?[2] Ja, gewiß muß es das Ziel des Deutschunterrichts wie auch der anderen Unterrichtsfächer sein, die Schüler sprachlich so auszustatten, daß ihnen in ihrem späteren Leben möglichst viele Akte der Verständigung gelingen und möglichst wenige mißlingen. Aber da niemand mit Sicherheit vorhersagen kann, welches jene privaten und öffentlichen Sprechsituationen sind, in denen die heutigen Schüler morgen zu sprechen, zu schreiben und zu handeln haben werden, bietet die Vermittlung des »richtigen« Sprachgebrauchs nach wie vor die besten Voraussetzungen dafür, möglichst viele zukünftige und folglich unbekannte Situationen sprachlich zu meistern.

Die Sprachnormen in ihrer striktesten Fassung, als grammatische und lexikalische Regeln also, stehen dabei eigentlich nicht zur Debatte, geschweige denn zur Disposition. Daß also beispielsweise in der deutschen Sprache aus oft nur historisch erkennbaren Gründen einige Präpositionen den Akkusativ, andere den Dativ und einige schließlich den Genitiv regieren, ist einfach eine Sprachnormentatsache, an der kein selbsternannter Gesetzgeber etwas ändern oder verbessern kann. Und wenn der Sprachgebrauch dann im Einzelfall, etwa bei der Präposition »wegen«, ein Schwanken zwischen dem Genitiv und dem Dativ erkennen läßt, dann muß im Deutschunterricht der Schule dieses Schwanken eben mitgelehrt werden. Im übrigen mag zu dieser schwankenden Sprachnorm seine Meinung sagen, wer immer es will: das ist eine Frage für Linguisten, Liebhaber oder Tüftler. Ein belangvolles Sprachproblem ist das nicht.

Aber wo liegen die belangvollen Sprach- und Sprachnormenprobleme? Vielleicht bei dem heiklen und mit fortschreitender industrieller Zivilisation immer heikler werdenden Verhältnis der Gemeinsprache zu den verschiedenen Fachsprachen?[3] Es besteht kein Zweifel, daß die Schule der Ort ist, wo Kinder zum ersten Mal methodisch in verschiedene Fachsprachen eingeführt werden, und zwar in der Regel – was auch vernünftig ist – in Verbindung mit dem Fachunterricht. Aber tun die Lehrer da nicht vielleicht bisweilen zuviel des Guten und zu früh? Wie abstrakt müssen denn Fachsprachen im Schulunterricht sein, um die in ihnen ausgedrückten Theorien ganz genau wiederzugeben, und welcher Verzicht auf Sinnlichkeit, Anschaulichkeit und eigene Erfahrung wird den Schülern damit – möglicherweise ohne Rücksicht auf ihren Entwicklungsstand – auferlegt? Es ist vielleicht daran zu erinnern, daß frühere Schülergenerationen außerhalb der Schule in einer weniger domestizierten Natur und in handwerklicheren und häuslicheren Arbeitsvorgängen viel leichter erfahrungsgesättigte Einsichten und Erkenntnisse gewinnen konnten, als das der heutigen Schülergeneration möglich ist, wenn ihr zu niedrigen Preisen viel mehr vorab klassifiziertes Wissen mit viel weniger persönlicher Erfahrung angeboten wird. Hier liegt ein schwieriges Sprachnormenproblem für die Schule. Es lautet: Können die Lehrer in der Schule die Fachsprachen so einführen und auch im weiteren Unterricht möglichst lange so gebrauchen, daß sie für eine altersgemäße Form der Lebenserfahrung, für Interesse und Neugier offen bleiben?[4] Natürlich geht es nicht nur um die Fachsprachen. Manche Lehrer haben den Eindruck, heute eine Schülergeneration vor sich zu haben, die einer gefügten und differenzierten deutschen Sprache längst den Rücken gekehrt hat und der alle Sprachnormen »scheißegal« sind. Es kann nach den Berichten vieler Lehrer kein Zweifel daran bestehen, daß manche Jugendliche bewußt und provokativ die Beachtung elementarer Sprachnormen verweigern. Es verlangt dann bei den Lehrern ein sehr hohes Sprachethos, wenn sie dennoch diese Normen unentwegt und unverdrossen ihren Verächtern anbieten müssen. Ein schwacher Trost ist dabei, von den »alternativen« Sprachformen verschiedener Jugendkulturen und -subkulturen alsbald mit strikt deskriptiver Methode herauszufinden, daß sie selber natürlich auch gewissen (Sub- und Anti-)Normen gehorchen. Das sind dann jedenfalls nicht die Normen der deutschen Gemeinsprache, so liberal man auch die Regeln der Grammatik und des Lexikons auslegen mag.

Man kann sich nun allerlei Gedanken darüber machen, wie es dahin gekommen ist, daß viele Jugendliche der jetzigen Schülergeneration offenbar ohne erkennbare Hemmungen der Versuchung nachgeben, eine subkulturelle Sondersprache nicht nur zu entwikkeln (das hat es immer gegeben), sondern sie häufig auch gegenüber der Institution Schule provokativ durchzuhalten. Zweifellos ist dabei wohl das historische Faktum in Rechnung zu stellen, daß die Studentenrevolte der ausgehenden sechziger Jahre von vielen Angehörigen der damaligen Schüler- und Studentengeneration als ein großer pathetischer Normensturm erlebt wurde. Viele jener Normenstürmer von 1967/68 sind nun heute Lehrer an unseren Schulen. Sie haben zwar mit zunehmendem Alter längst eingesehen, wie anstrengend es ist, eine Kultur auch nur zu erhalten, ganz zu schweigen von der Mühe, sie in einem vernünftigen Sinne zu verändern. Aber manchmal haben sie doch noch erhebliche Rollenschwierigkeiten, wenn sie heute vor ihren Schülern Sprachnormen und andere gesellschaftliche Normen verteidigen sollen, da doch Normenschelte, zumindest aber Normenskepsis, zu ihrer »Identität« gehört. So erklärt sich wohl die bei einigen Lehrern dieser Generation feststellbare Neigung, den Normabweichungen ihrer Schüler bisweilen eilfertig und nostalgisch nachzulaufen, um diese, die sich natürlich unaufhörlich weiter entziehen, endlich »kritisch« einzuholen. Ich bin mir jedoch im klaren darüber, daß diese zeitgeschichtliche Erklärung das skizzierte Phänomen höchstens zum Teil erfaßt. Man muß wohl darüber hinaus die Frage aufwerfen, welches Sprachverhalten von Jugendlichen eigentlich zu erwarten ist, wenn sie in der Allgegenwart der großen Medien, insbesondere des Fernsehens, aufwachsen und auf diese Weise ohne Unterlaß bestimmten Erscheinungsformen der deutschen Sprache ausgesetzt sind, deren sie – wie man verstehen kann – leicht überdrüssig werden. Es kommt mir hier keineswegs in den

Sinn, das Fernsehen ohne weiteren Prozeß für Mängel der Sprachkultur bei den jugendlichen Sprechern der deutschen Sprache verantwortlich zu machen. Ich will sogar gerne annehmen, daß die
meisten Sätze, die wir von Nachrichtensprechern, Kommentatoren, Moderatoren, Quiz- und Showmastern, Interviewern und den
höchst professionell antwortenden Politikern hören, um ihres
Inhalts willen durchaus die Aufmerksamkeit verdienen, die wir
ihnen tagtäglich zollen. Aber ich frage mich oft, was in den Köpfen
von Jugendlichen vorgehen muß, wenn sie Tag für Tag, am Fern-
sehgerät sitzend, den routiniertesten Hantierungen mit der deutschen Sprache ausgesetzt sind, ohne daß sie bis dahin zu einer
eigenen Sprache gefunden haben. In solcher Allgegenwart der
ordentlichen, glatten und ach so normgerechten Sätze der profes-
sionellen Sprecher und Redner – wie soll da ein junger Mensch
sein eigenes Deutsch lernen![5]

Da dies alles nun offenbar nicht zu ändern ist, bleibt die Frage zu
erörtern, was die Schule tun kann, um dieser glatten Routinespra-
che hier und dort ein anderes Deutsch entgegenzusetzen. Ein
kraftvolleres und zugleich differenzierteres, zur rechten Zeit aber
auch kantigeres und ungeschliffeneres Deutsch, mit dem man auch
sagen kann, was nicht andere schon hundertmal vorher gesagt
haben. Dieses Deutsch, so meine ich, ist am zuverlässigsten in der
Literatur zu finden, so daß ein deutscher Sprachunterricht ohne
deutsche Literatur seine besten Möglichkeiten verfehlen muß.
Denn gerade die Unbotmäßigkeit und Widerborstigkeit der Literatur gegen alle Einförmigkeiten zweckrationaler Planung ist der
letzte Grund dafür, daß die Literatur im Sprachunterricht durch
keinen anderen Unterrichtsgegenstand zu ersetzen ist. In einem
Deutschunterricht also, dem es nicht nur um den Gebrauchswert
der Alltagssprache, sondern immer auch um den Ausdruckswert
der sprachlichen Imagination zu tun ist, brauchen auch die Sprachnormen nicht einem System oder Katalog entnommen zu werden,
sondern können – lebendig sie selber – aus dem lebendigen
Sprachgebrauch derer geschöpft werden, die Liebe zur Sprache
haben und das auch auszudrücken wissen. Das ist dann Sprachkultur in der Schule.

ANMERKUNGEN

1 Vgl. H. J. Frank: Geschichte des Deutschunterrichts. Von den Anfängen bis 1945. München 1973.
2 E. Essen: Methodik des Deutschunterrichts. Heidelberg, 9. Aufl. 1971.
H. Helmers: Didaktik der deutschen Sprache. Einführung in die Theorie
der muttersprachlichen und literarischen Bildung. Stuttgart 1979.
3 Vgl. H. Steger:»Probleme der sprachlichen Kommunikation in der
Industriegesellschaft«, in ders.: Zwischen Sprache und Literatur. Drei
Reden. Göttingen 1967, S. 9–42.
4 M. Wagenschein: Naturphänomene sehen und verstehen. Genetische
Lehrgänge, hg. von H.-Chr. Berg. Stuttgart 1980. H. Kükelhaus: Organismus und Technik. Gegen die Zerstörung der menschlichen Wahrnehmung.
Frankfurt 1979. H. Rumpf: Die übergangene Sinnlichkeit. Drei Kapitel
über die Schule. München 1981.
5 Weitere Überlegungen zu diesem Themenbereich findet man in dem
Band der Deutschen Akademie für Sprache und Dichtung (Hg.): Der
öffentliche Sprachgebrauch. Bd. 3: Schulen für einen guten Sprachgebrauch. Stuttgart 1982.

Kleine Besteigung des Informationsberges

Wenn eine Dame sagt: »Es wird kalt«, so kann das verschiedenes bedeuten. Es kann bedeuten: »Brechen wir die Wanderung ab« oder: »Legen Sie mir den Mantel um« oder: »Ihr Gespräch langweilt mich« oder: »Rücken Sie ruhig ein Stückchen näher«. Es kann auch bedeuten: »Die Außentemperatur sinkt, wie man mittels einer luftdicht abgeschlossenen Quecksilbersäule feststellen kann«. Die letztgenannte Bedeutung *kann* sich, *muß* sich aber nicht mit den vorher genannten Bedeutungen verbinden. Welches jeweils genau die Bedeutung des Satzes ist, ergibt sich aus der Situation, aus der Rolle des Gesprächspartners und aus dem Charakter der Dame.

Die Wissenschaft, so hört man, ist dieser Dame ganz unähnlich.[1] Wenn in einer wissenschaftlichen Veröffentlichung zu lesen ist: »Ich habe die und die Temperatur gemessen«, so bedeutet das ebendies und nichts anderes. Es bedeutet also auf keinen Fall: »Seht her, ich bin fleißig« oder: »Nun beruft mich doch endlich« oder: »Ich will den Nobelpreis«. Sollte es aber eine dieser Bedeutungen *auch* haben, so wollen wir die Augen davon abwenden, weil es zwar sein kann, aber nicht sein darf. Damit nun dieser Eindruck gar nicht erst entsteht, formulieren wir unsere wissenschaftlichen Ergebnisse so knapp und schlüssig wie einen Heeresbericht. So haben beispielsweise Watson und Crick im Jahre 1953 die Entdeckung der DNS-Struktur mit einem nur 900 Wörter langen Aufsatz in der Zeitschrift *Nature* bekanntgegeben, dessen zuchtvoller Lakonismus sich kein einziges überflüssiges Wort gönnt. Das entspannende Gegenstück zu dieser knappen Erfolgsmeldung ist der ausführlich-narrative Erlebnisbericht, in dem Watson unter dem Titel »*The Double Helix*« (1968) Fachleuten wie Laien erzählt, auf welchen verschlungenen Wegen die Entdeckung tatsächlich zustande gekommen ist.[2] Dieses höchst sympathisch geschriebene und äußerst lesenswerte Buch ist unter anderem deshalb eine so spannende Lektüre, weil es freimütig zu erkennen gibt, daß wissenschaftliche Informationen mitunter wie Spielmarken eines Prioritätsspiels gesetzt und so geschickt bewegt werden, daß am Ende ein klarer Gewinner dieses Gesellschaftsspiels feststeht. Natürlich konnte dieses Buch erst *nach* der Verleihung des Nobelpreises geschrieben werden (vgl. unten S. 52).

Mit anderen Worten: Wir sollten uns die Wissenschaft nicht unter dem naiven Bild einer unaufhaltsam vorrückenden Informationsfront vorstellen, mit einem Generalstab für Informations-Logistik, dessen Aufgabe darin besteht, einerseits die anfallenden Informationen möglichst schnell nach hinten, in die Anwendungsetappe, abzutransportieren, andererseits die frischen Forschertruppen möglichst schnell nach vorne, an die Forschungsfront, zu schaffen. Wer sich die Wissenschaft unter diesem pseudo-militärischen Bild vorstellt, fällt auf eine Legende herein, die von einigen Wissenschaftlern, die sich selber natürlich immer zu den Stoßtruppführern der Forschung zählen, mit Fleiß verbreitet wird.

Es ist statt dessen nicht nur eine zivilere, sondern auch eine menschlichere Betrachtungsweise, wenn man die Wissenschaft als eine kollektive Beschäftigung ansieht, die den Charakter einer endlosen Suche hat. Dadurch entsteht aber für – knapp gerechnet – eine Million hauptamtlich Suchende ein höchst prekäres Motivationsproblem. Ohne dieses Problem hier ausleuchten zu wollen, möchte ich doch so viel sagen, daß es ganz ausgeschlossen ist, einer Million Menschen ein Leben lang den Habitus des Suchens zu erhalten, wenn sie nicht auch sehr oft etwas finden oder wenigstens zu finden meinen und wenn sie das wirklich oder vermeintlich Gefundene nicht auch mit dem bekannten Heureka-Glück mitteilen können. Es ist unter diesem Gesichtspunkt nicht übermäßig wichtig, ob der Fund tatsächlich so neu ist, wie der Finder vorgibt, und ob es überhaupt einen Bedarf für gerade diesen Fund gibt. Selbst wenn es für die Menschheit vielleicht ganz überflüssig war, genau dieses zu finden oder zu erfinden, so ist doch durch die Publikation des Sucherfolges die Motivation für eine Fortsetzung der Suche um ein gewisses Stück verlängert worden, vielleicht bis zu einem nächsten Fund, der dann wirklich die Suche wert war.

Ich will damit sagen, daß der Informationsbegriff zu arm ist, um den vielen Facetten wissenschaftlicher Kommunikation gerecht zu werden. Was wir wissenschaftliche Information nennen, ist ein kompliziertes, raffiniertes und nicht selten sophistiziertes Sprachspiel, dessen Spielregeln eine nicht ganz leichte Kunst bilden und, wenn überhaupt, dann am besten in dem altertümlichen Verfahren der Meisterlehre erlernt werden können.[3] Wissenschaftliche Unterweisung könnte man sich auf diesem Gebiet allenfalls noch davon versprechen, daß die Literaturwissenschaft eines Tages auf die wissenschaftliche Literatur ebensoviel Aufmerksamkeit verwendet, wie sie immer auf die schöne Literatur verwendet hat. Grundlage dieser Literaturwissenschaft von der Wissenschaftsliteratur könnte jedenfalls nicht der heute noch vorherrschende eindimensionale Informationsbegriff sein, sondern statt dessen ein mehrdimensionaler Kommunikationsbegriff.

Daraus sind für die wissenschaftliche Tätigkeit einige Folgerungen abzuleiten. Vor allem die, daß man vor dem zu gewaltigen Ausmaßen angewachsenen und weiter anwachsenden Informationsberg keine Angst zu haben braucht. Wenn in der Welt jährlich rund zwei Millionen Bücher und ähnliche Druckwerke, dazu noch ebenso viele Zeitschriftenaufsätze wissenschaftlichen und technischen Inhalts erscheinen, dann kann man einem jungen Wissenschaftler als wichtigste Empfehlung nur den Rat geben, sich nicht verblüffen zu lassen. Dieser riesige Informationsberg ist kein Monte Mirakel und bringt nicht mit jedem Titel neues Wissen, beileibe nicht. Ja, Gott sei Dank nicht, will ich gleich hinzusetzen, denn keine Gesellschaft könnte, ohne ihre Identität zu verlieren, so viele Innovationen verarbeiten, wie ihr als Informationen angeboten werden. Nicht nur *einige* wissenschaftliche Informationen sind bedauerlicherweise, sondern *viele* wissenschaftliche Informationen sind glücklicherweise keine Neuigkeiten. Also ist der Informationsberg ein Monte Klamott? Das ist er ebensowenig. Die ungeheure Produktion und Überproduktion wissenschaftlicher Nachrichten, einschließlich redundanter Nachrichten, ist der unerläßliche Preis für die Erhaltung der menschlichen, allzu menschlichen Institution Wissenschaft mit ihrer ganzen Spannweite zwischen *big science* und *small talk*. Es ist übrigens ein aufs Ganze gesehen erstaunlich billiger Preis, wenn man bedenkt, welche astronomischen Summen die Gesellschaft auswerfen müßte, wenn sie durch andere Anreize ihre Forscher dazu bewegen wollte, ein ganzes Leben lang mit Leidenschaft Überstunden zu machen.[4]

Immerhin: es ist nicht ganz leicht, mit dem Informationsberg zu leben, ohne sich von ihm erdrücken zu lassen – ein echtes Umweltproblem! Das ist wahrscheinlich nicht nur für die Wissenschaftsjournalisten das Hauptproblem, sondern auch für die Wissenschaftler selber, ganz gleich welcher Disziplin sie sich zurechnen. Ich kann daher bis zu einem gewissen Grade diejenigen verstehen, die angesichts des beängstigenden Informationsberges nach geeigneten Maschinen und Automaten Ausschau halten, mit denen man diese Massen dennoch bewältigen, bändigen oder wenigstens bannen kann: Sisyphus an die Front! Meine Sache ist das nicht. Ich halte es da lieber mit Nietzsche, der sich zu seiner Zeit einem ähnlichen Problem, nämlich der anwachsenden Erinnerungslast unter dem Druck der Geschichte, gegenübersah. Nietzsche, der gewiß die historische Erinnerung nicht abschaffen wollte, empfahl dennoch denen, die die Geschichte »brauchen« wollen, »die Kunst und Kraft, vergessen zu können«.[5] Ähnlich wie Nietzsche haben wir heute, ohne auf die Vorteile wissenschaftlicher Information verzichten zu wollen, dennoch gleichzeitig zu wünschen, daß uns die Gnade des Informationsschwundes nicht vorenthalten werde.

Für den einzelnen Wissenschaftler ergibt sich daraus der Zwang zu einem ständigen prekären Balance-Akt. Er muß gleichzeitig lernen, daß es in der Wissenschaft Ehrensache ist, alles gelesen zu haben, daß es aber Klugheitssache ist, nicht alles zu lesen. Denn das Mißverhältnis zwischen dem Angebot konsumierbarer Information und Dokumentation und der dafür verfügbaren Zeit ist so groß, daß man sehr oft vor der schlichten Wahl steht: entweder Rezeption mit einem Minimum an Produktion oder Produktion mit einem Minimum an Rezeption. Ich sage aber absichtlich: Minimum und nicht: Null. Denn ohne eine gewisse Informationsvorgabe kann der Forschungsprozeß natürlich gar nicht in Gang, geschweige denn ans Ziel kommen. Aus der Informationsmasse nun die *wenigen* Informationen herauszufinden, die man wirklich braucht, ist wiederum mehr eine Kunst als eine Wissenschaft. Was Wissenschaft daran ist, kann schnell gelernt werden: die wissenschaftlichen Hilfsmittel der Bibliotheken, Archive und anderer Informationssysteme zu kennen, gehört zu den Anfangsgründen jeder Wissenschaft. Der Rest ist Erfahrung, beginnend mit dem informationsökologischen Urerlebnis, daß man am Wissenschaftsprozeß nur teilnehmen kann, wenn man sehr viel mehr Informationen abweist als annimmt. Mit der Zeit lernt man dann: einige Autoren, einige Themen, einige Zeitschriften, einige Länder kann man mit geringem Risiko vernachlässigen, und auch wer beispielsweise alle kryptischen Publikationsformen, die sogenannten *preprints* oder *papers,* ungelesen fortwirft, läuft in den meisten Disziplinen wohl nur geringe Gefahr, dauerhafte Informationen zu verpassen. Aber es gibt hier kein Patentrezept außer der allgemeinen Regel, den Papierkorb als unerläßliches Forschungsmittel anzuerkennen. Im übrigen kann es auch nicht schaden, unter die verräterisch vielen Einführungen in alle möglichen Wissenschaften, die jetzt den Büchermarkt überschwemmen, Heinrich Bölls Erzählung »Der Wegwerfer« aufzunehmen.[6] Nicht wenige Nachwuchswissenschaftler jedenfalls, die das Weglassen und Wegwerfen nicht rechtzeitig gelernt haben, weil sie sich von einem naiven Ethos der totalen wissenschaftlichen Informationspflicht, und wäre es auch mit einem Schuß Leichtsinn, nicht ablösen können, scheitern unausweichlich schon bei der Dissertation an den Problemen der Dokumentation, wenn sie nämlich merken, daß sie auch nach vier Jahren Materialsammlung immer noch ganz unten am Fuß des Informationsberges stehen. Was aber neue oder neuartige Informations- und Dokumentationssysteme betrifft, die etwa zu den traditionellen Hilfsmitteln wie Bibliographien, Forschungsberichten usw. hinzutreten, so sind sie nur dann eine wirkliche Hilfe für die Wissenschaften, wenn sie dem Benutzer ebenso beim Abweisen wie beim Auffinden von Informationen behilflich sind.

Ich muß an dieser Stelle ein Wort zu den informellen Auskunftsquellen sagen, die bei allen Umfragen von den Wissenschaftlern selber immer an erster Stelle in ihrer Dokumentationshierarchie genannt werden. Ich meine solche Quellen wie Gespräche am Rande von Kongressen und Kolloquien, Telefonate, Briefe und die unvergleichlichen Postkarten, die ohne weitere Präparationen direkt in den Zettelkasten wandern können. Manche Beobachter meinen, das sei doch eine archaische Form der Information und Dokumentation, wenn man sie etwa mit den Computer-Ausdrukken vergleicht, die man den Forschern auch zur Verfügung stellen könnte. Diese Beobachter haben jedoch den Witz der Sache nicht erkannt. Ich beispielsweise mache, wenn ich in der skizzierten

Weise meine Kollegen ausfrage, nicht nur von deren Informationen dankbaren Gebrauch, sondern fast mehr noch von deren Informations-Reduktionen. Ich erkundige mich ja nicht bei jedem beliebigen Kollegen, sondern bei demjenigen, von dem ich annehme, daß er seinerseits schon das Wichtige vom Unwichtigen gesondert hat. In ähnlicher Weise gehe ich auch mit den formellen Hilfsmitteln um. Wenn ich etwa, um mich in ein neues Gebiet einzuarbeiten, nach den verfügbaren Hilfsmitteln meiner Universitätsbibliothek greife, so benutze ich diese Bibliographien, Forschungsberichte, Fachwörterbücher möglichst nur im Ansatz und lasse mich dann, wenn ich die ersten Bücher und Aufsätze gefunden habe, lieber von den gezielten bibliographischen Hinweisen dieser Publikationen weiterleiten. Ein schlechter Aufsatz, so habe ich gemerkt, zitiert auch wieder viele schlechte Aufsätze, die ich vernachlässigen kann. Ein guter Aufsatz hingegen hat für mich immer schon viele gute Aufsätze ausgewählt. Ich setze also auch hier die bereits erbrachten Selektionsleistungen eines fähigen Kollegen nicht nur für meine Informationsbedürfnisse, sondern auch zur Begrenzung meiner Informationsbedürfnisse ein. Mein Problem ist also auch hier nicht etwa, wie ich mit Hilfe einer EDV-Dokumentation vielleicht noch über die jetzt schon zur Verfügung stehende Informationsmenge hinausgelange, sondern vielmehr wie ich das wissenschaftliche Risiko bei den ohnehin notwendigen Reduktionen der Dokumentation möglichst niedrig halten kann.

Ich komme nun noch auf die Fragen der Produktion zu sprechen, kann mich dabei aber kurz fassen, da hier die gleichen Probleme nur von einer anderen Seite gesehen werden. Es kann also, wenn man die Wissenschaft insgesamt als ein kommunikatives System ansieht, keinen Zweifel daran geben, daß Wissenschaftler auch dann Informationen produzieren müssen, wenn sie nicht gerade eine Doppel-Helix entdeckt haben oder gerade einen Ruf brauchen. Die Notwendigkeit zu kommunizieren ist ferner unabhängig davon, ob sie mehr mit Ehrfurcht oder mehr mit Skepsis zum Informationsberg aufschauen, oder mit beidem zugleich. Es geht also zunächst um die Frage, wo und wie man publizieren soll, wenn wieder einmal eine Sache mitteilungsreif geworden ist. Das ist nun eine Entscheidung, in die im Einzelfall viele Determinanten eingehen, auch hier nicht nur solche der quantitativen Informationsvermehrung. Denn indem ich mich für eine bestimmte Publikationsform entscheide, wähle ich mir meine Gesprächspartner aus. In vielen Fällen wird mir die Entscheidung dadurch abgenommen oder wenigstens erleichtert, daß ich mit einer Publikation einem Auftrag entspreche, der von dem Veranstalter eines Kolloquiums, dem Herausgeber einer Zeitschrift oder dem Lektor eines Verlages an mich herangetragen wird. Ich habe bei vielen Gelegenheiten die Beobachtung gemacht, daß es nicht die schlechtesten Arbeiten sind, die auf diese Weise zustande kommen. Hier zeigt sich wieder der kommunikative Charakter der wissenschaftlichen Publikationen, denen es offenbar nicht schlecht bekommt, wenn mehr als eine einzige Absicht in sie eingeht. Auch das zunächst ökonomisch motivierte Interesse der Verlage, lieber wenige Bücher für viele Käufer als viele Bücher für wenige Käufer zu produzieren, wollen wir in diesem Zusammenhang als einen legitimen Beitrag zur Lösung des Informationsproblems in den Wissenschaften anerkennen. Es wirkt nämlich als Regulativ dem sonst ganz ungehemmten Publikationsdrang der Wissenschaftler entgegen und trägt im günstigsten Falle dazu bei, daß Forscher sich über die wirkliche oder mögliche Reichweite ihrer Veröffentlichungen Gedanken machen.

Was sodann die Sprache der wissenschaftlichen Publikationen betrifft, so hat es zunächst den Anschein, als ob wir uns darüber kaum Gedanken zu machen brauchten. Denn wir wissen ja: Wissenschaft ist sachbezogen. Richtig oder falsch heißen daher ihre Kriterien und nicht gut oder schlecht und schon gar nicht schön oder häßlich. Wer als Wissenschaftler gut schreibt, tut das zu seinem Vergnügen, und wer schön schreibt, geht sogar ein Berufsrisiko ein: er scheint nicht ganz bei der Sache zu sein. Denn die Sache der Wissenschaft, so weiß man in allen Instituten und Seminaren, ist ihrer Natur nach nüchtern, streng und kunstlos. Erkenntnisse, in mühseliger Forschungsarbeit gewonnen, müssen ohne Verzug und ästhetischen Umstand in Informationen umgesetzt und der wartenden Fachwelt bekanntgegeben werden. Dazu bedient man sich der jeweiligen wissenschaftlichen Fachsprache, die ja für diese Aufgaben das zweckrationale Instrumentarium ihrer Terminologien und Nomenklaturen bereithält.

Diese Auffassung ist jedoch falsch. Es ist für den Fortgang der Wissenschaft keineswegs gleichgültig, in welcher Sprache sie ihre Ergebnisse bekanntmacht. Dabei geht es nicht nur um die Frage, ob ein Wissenschaftler für die Mitteilung seiner Forschungsergebnisse seine Muttersprache oder eine andere, vielleicht weiter verbreitete Wissenschaftssprache wählt, sofern er sie gut beherrscht. Das mag von den Adressaten abhängig gemacht werden. Wichtiger ist mir, daß der Wissenschaftler, in welcher Sprache auch immer, eine gute wissenschaftliche Prosa schreibt. Dafür gibt es – diesseits aller sprachästhetischen Überlegungen – einen guten sachlichen Grund, der aus der Vielzahl der nebeneinander bestehenden Wissenschaften abzuleiten ist. Ein neuerer Fächerkatalog unterscheidet schon weit mehr als 3000 Fächer und Fachbezeichnungen. Ich bin aber nicht geneigt, über die zunehmende Differenzierung und Parzellierung der Wissenschaft, die sich in dieser Zahl ausdrückt, in Klagen auszubrechen und die verlorene Einheit des wissenschaftlichen Denkens zurückzuwünschen. Ohne eine weitgehende und weitergehende Arbeitsteilung kann die Wissenschaft nicht voranschreiten. Aber es ist andererseits keineswegs ausgemacht, daß die großen Erkenntnisfortschritte gerade von den kleinen Forschungsparzellen und ihren geschlossenen Informationskreisen erwartet werden können. Die Wissenschaftsgeschichte lehrt vielmehr, daß viele entscheidende Erkenntnisfortschritte in Schüben, Sprüngen und Revolutionen zustande gekommen sind.[7]

Daher sind auch die Grenzgebiete der Wissenschaften immer besonders forschungsergiebig. Wer also die Wissenschaft ein größeres Stück bewegen will, darf sich nicht scheuen, ihre Binnengrenzen zu verletzen. Bei diesen heilsamen Grenzverletzungen konnten bisher mindestens die folgenden zwei Erfahrungen gewonnen werden, erstens: die Wissenschaft ist – zumindest in ihren Grenzbereichen – nicht total planbar; zweitens: die interdisziplinäre Verständigung gelingt häufig – wenn überhaupt – nur über eine wohlgebildete Gemeinsprache, in die alle Fachsprachen rückübersetzbar bleiben müssen.

Wenn es sich also tatsächlich so verhält, daß die einzelnen Wissenschaften zwar grundsätzlich disziplinär, aber doch mit offenen Grenzen zu möglichst vielen anderen Disziplinen betrieben werden sollten, dann ist der esoterische Jargon mancher Einzelwissenschaften offensichtlich nicht die beste Form für eine wissenschaftliche Veröffentlichung. Zwar wird es kaum einen Wissenschaftler geben, der auf den Gebrauch einer Fachsprache ganz verzichten kann; es sollte jedoch zur Regel des wissenschaftlichen Schreibens gemacht werden, daß man neben den bekannten Adressaten seines

Faches auch immer den unbekannten Adressaten irgendeines anderen – ich weiß nicht welchen – benachbarten oder vielleicht sogar weit entfernten Faches im Sinn hat. Für ihn, den unbekannten Adressaten, sollte der Wissenschaftler auch schreiben und um seinetwillen so nahe wie möglich an der Gemeinsprache bleiben, damit dieser Unbekannte eines Tages sein Gesprächspartner werden kann. Denn vielleicht ist gerade dieser unbekannte Adressat sein wichtigster Partner. So weihten auch die Athener, neben den Altären für ihre bekannten Götter, einen Altar »dem unbekannten Gott«. Dort predigte dann der Apostel Paulus.

ANMERKUNGEN

1 Zum Argumentationstypus dieses Abschnitts vgl. J. L. Austin: How to do Things with Words. Oxford 1962, Paperback 1972; deutsch: Zur Theorie der Sprechakte, hg. von E. v. Savigny. Stuttgart 1972 (= Reclam 9396).
2 J. D. Watson/F. H. C. Crick: »Molecular Structure of Nucleic Acids. A Structure for Deoxyribose Nucleic Acid«, Nature. The Weekly Journal of Science, 25. April 1953, S. 737 f. J. D. Watson: The Double-Helix. London 1968; deutsch: Die Doppel-Helix. Ein persönlicher Bericht über die Entdeckung der DNS-Struktur. Reinbek bei Hamburg 1973 (= Rowohlt Taschenbuch 6803).
3 Vgl. P. B. Medawar: Ratschläge für einen jungen Wissenschaftler (engl. 1979). München 1984.
4 Vgl. H. Maier-Leibnitz: Zwischen Wissenschaft und Politik. Ausgewählte Reden und Aufsätze 1974–1979, hg. von H. Fröhlich. Boppard 1979.
5 Friedrich Nietzsche: »Unzeitgemäße Betrachtungen. Zweites Stück: Vom Nutzen und Nachteil der Historie für das Leben«, in ders.: Sämtliche Werke. Kritische Studienausgabe, hg. von G. Colli und M. Montinari, Berlin 1967, Bd. 1, S. 243–334.
6 H. Böll: »Der Wegwerfer«, in: Das Heinrich Böll Lesebuch, hg. von V. Böll. München 1982, S. 167–176 (= dtv 10031).
7 Vgl. dazu das (allerdings umstrittene) Buch von Th. S. Kuhn: Die Struktur wissenschaftlicher Revolutionen (engl. 1962). Frankfurt/M. 1967 (= suhrkamp taschenbuch wissenschaft 25).

Sprache und Wissenschaft

Der Titel »Sprache und Wissenschaft« ist der gleiche Titel, den Karl Voßler im Jahre 1923 einer Abhandlung gegeben hat[1], der die Überzeugung zugrunde liegt, daß alles Denken einen sprachlichen Einschlag hat. Das »sprachliche Denken«, wie Voßler sagt, läßt sich in allen Lebensbereichen nachweisen; es findet sich in der Alltagssprache ebenso wie in den höchsten Formen des kulturellen Lebens. Das sprachliche Denken ist seiner Natur nach auf sinnliche Anschauung gerichtet, wobei auch, genauer betrachtet, eine elementare Poesie und Ästhetik zum Ausdruck kommt. Hier erkennt man deutlich, wie Karl Voßler durch die Vermittlung des von ihm hochgeschätzten italienischen Philosophen Benedetto Croce mit dem vorromantischen Sprachdenken eines Vico, Herder und Rousseau verbunden ist. Aber anders als Vico, Herder und Rousseau ist Karl Voßler zu seiner Zeit Wissenschaftler, und er weiß, daß die Wissenschaften, zumal die Naturwissenschaften, eine eigene und abweichende Einstellung zur Sprache haben. Dem trägt er nun in seinen weiteren Überlegungen Rechnung, und er postuliert für das sprachliche, auf Anschaulichkeit gerichtete Denken eine mögliche Richtungsänderung und Abkehr von der zwar poetischen, aber bisweilen auch träumerisch-schweifenden Sinnlichkeit zur Strenge und Disziplin eines, wie er sagt, »logischen Denkens«, das den Begriffen zugewandt ist. Dieses logische Denken ist zwar auch ein sprachliches Denken, doch ist es auf weniger deutliche Weise mit der Sprache verbunden; es nährt sich an der Sprache »wie das Licht am Docht, den es zerstört«. Karl Voßler findet das logische Denken insbesondere in der Mathematik und in den Naturwissenschaften verwirklicht.

Es ist nun nach Voßlers Überzeugung für die Sprache von größter Bedeutung, daß sie nicht nur der sinnlich-poetischen Anschauung, sondern auch der logisch-formalen Begrifflichkeit fähig ist und auf diese Weise von den Wissenschaften in die Zucht genommen wird. In fruchtbarer Ergänzung zu dem mehr oder weniger poetischen Wortschatz der sinnlichen Anschauung haben die großen Kultursprachen, wie Voßler anerkennt, durch die Begriffswelt der Wissenschaften eine unerhörte Bereicherung erfahren und werden mit Sicherheit von ihnen noch weiter bereichert werden. Ja, sie könnten ohne diesen Prozeß gar nicht Kultursprachen sein. Karl Voßler, der auch ein hervorragender Mediävist war, erläutert das an der kulturellen Welt des Mittelalters. Da sich die disziplinierende Kraft der mittelalterlichen Wissenschaften ausschließlich oder fast ausschließlich auf die damalige lateinische, genauer gesagt mittellateinische Wissenschaftssprache ausgewirkt hat, konnten die jungen europäischen Volkssprachen zwar eine bewundernswürdige Poesie hervorbringen, aber nicht – Literatur.

Karl Voßler tut bei seinen Überlegungen noch einen weiteren Schritt. Nach der Hinwendung zu den anschaulichen Gegenständen im sprachlichen Denken, der sodann möglichen Abwendung von ihnen und Hinwendung zu den begrifflichen Gegenständen im logischen Denken kann der menschliche Geist noch einmal sich umwenden und nun mit der Kenntnis der Begriffe zur Anschauung, jedoch zu einer höheren Form der intellektuellen Anschauung zurückkehren. Man erkennt hier unschwer das dialektische Denkmodell, das Voßlers Überlegungen zugrunde liegt. Denn in jener höchsten, der synthetischen Form des Denkens ist sowohl das sinnlich-poetische als auch das logisch-begriffliche Denken »aufgehoben« in einer Vernunfttätigkeit, wie Voßler sie insbesondere in den historischen und philosophischen Wissenschaften verwirklicht findet, die er übrigens an einer Stelle seiner Abhandlung – wie beneidenswert! – die »beschaulichen« Wissenschaften nennt. Aber auch auf dieser Stufe des Denkens ist die Verbindung von Sprache und Wissenschaft nicht gelockert, und es besteht für Karl Voßler kein Zweifel, daß sowohl die Sprache der Wissenschaft als auch die Wissenschaft der Sprache zu dienen hat – ein hoher Anspruch nach beiden Seiten.

Karl Voßler streift in diesem Zusammenhang auch einmal kurz die Frage, ob wohl alle Sprachen der Welt in gleicher Weise den beschriebenen Ansprüchen der verschiedenen Wissenschaften gewachsen und zu jener von Voßler geforderten Dialektik befähigt sind. Da sind nach seiner Meinung einige Zweifel angebracht, und er räumt ein, daß es hier zu einem Ausleseprozeß kommen mag, bei dem nur einige große Kultursprachen als volltaugliche Wissenschaftssprachen übrigbleiben. Voßler denkt hier insbesondere an das Englische, das Französische und – natürlich – das Deutsche.

Das war im Jahre 1923. Heute, um den Zeitraum zweier Generationen und um eingreifende geschichtliche Erfahrungen von diesem Datum entfernt, haben wir das unabweisbare Gefühl, nicht mehr so wie Karl Voßler über das Problem von Sprache und Wissenschaft verhandeln zu können. Woran liegt das? Was hat sich denn an der Sprache und was hat sich an der Wissenschaft seitdem so sehr verändert?

Blicken wir zunächst auf die sprachliche Seite. Da sind zunächst, vor allem durch die explosionsartige Entwicklung der Kommunikationsverhältnisse, viel mehr Sprachen als früher in unseren Gesichtskreis getreten, die den Anspruch erheben können, potentielle Wissenschaftssprachen zu sein, und wir können nicht mehr, wie es dem Romanisten Karl Voßler noch natürlich war, dabei nur an solche Sprachen wie Deutsch, Englisch und Französisch denken. Was ist denn mit den anderen Weltsprachen wie Russisch, Chinesisch, Japanisch und in Zukunft vielleicht Swahili? Sind sie vielleicht keine Wissenschaftssprachen oder zu dieser Rolle erst gar nicht tauglich? Tatsache ist, daß alle großen Verkehrssprachen dieses Globus, auch die zuletzt genannten, seit längerem oder kürzerem in einem für den Philologen Karl Voßler sicher unvorstellbaren Ausmaß unter den Einfluß der verschiedenen Wissenschaften und ihrer sozialen und technischen Anwendungsbereiche geraten sind, und es wäre eine längere Überlegung wert, ob dieser Prozeß immer als logische Disziplinierung oder auch manchmal als chaotische Verwilderung der Kultursprachen zu beschreiben ist. Jedenfalls müssen wir heute viel mehr verschiedene Sprachen und viel mehr verschiedene Sprachformen im Sinn haben, wenn wir, wie Karl Voßler im Jahre 1923, über das Verhältnis von Sprache und Wissenschaft reden wollen.

Wir blicken sodann auf die Seite der Wissenschaft. Da hat sich seit 1923 (fünfzehn Jahre vor der Entdeckung der Kernspaltung durch Otto Hahn) noch viel deutlicher und eindrucksvoller gezeigt, was wissenschaftliches Denken vermag. Aber die triumphierenden Begleitgefühle, die 1923 vielleicht noch möglich waren, haben dabei nicht selten auch einem großen Erschrecken Platz machen müssen. Ob nun jedoch mit Wohlwollen oder mit Besorgnis betrachtet, die neueren Erträgnisse der Forschung hätten nicht erbracht und ihre spektakulären Erfolge nicht erzielt werden können ohne den Preis einer immer weitergehenden Spezialisierung und Differenzierung des Systems Wissenschaft zu einer immer weiter wachsenden Zahl von Einzelwissenschaften, die allesamt ihre Fachsprachen haben.

Unter diesen Umständen ist das von Karl Voßler formulierte Problem »Sprache und Wissenschaft«, das heißt, die Frage, ob und in welcher Form *die* Sprache für *die* Wissenschaft nützlich, dienlich, hilfreich sein kann und umgekehrt, möglicherweise auf heutige Verhältnisse gar nicht übertragbar. Sie müßte vielleicht sogleich, um den elementaren sprachlichen und wissenschaftlichen Tatsachen gerecht zu werden, in den Plural gesetzt werden und also lauten: »Sprachen und Wissenschaften«.

Dieser Plural ist jedoch in anderer Hinsicht nicht unproblematisch. Denn ebenso wie die sprachliche Universalienforschung nachweisen kann, daß alle Sprachen der Welt einen gewissen gemeinsamen Bestand an Formen und Strukturen haben, die sogenannten Universalien, so besteht auch die Wissenschaftstheorie mit Recht darauf, daß allen Wissenschaften ein bestimmtes wissenschaftliches Verhalten gemeinsam ist, an dem man die Tätigkeit des Wissenschaftlers von anderen Tätigkeiten unterscheiden kann. Ich will, um beide Gesichtspunkte miteinander zu verbinden, von mir aus den wohl evidenten Satz hinzufügen, daß die Wissenschaften insgesamt als eine Kommunikationsgemeinschaft gedacht werden müssen. Denn etwas wissen und es wissenschaftlich wissen, ist nichts wert, wenn es nicht auch den anderen Wissenschaftlern bekanntgegeben wird. Alle wissenschaftlichen Erkenntnisse sind daher einem allgemeinen Veröffentlichungsgebot unterworfen, und kein privates Wissen oder Geheimwissen darf sich wissenschaftlich nennen. Das Gebot der Veröffentlichung ist jedoch mehr als ein bloßes Mitteilungsgebot; es ist nämlich in seiner striktesten Form nur dann erfüllt, wenn ein Forschungsergebnis *allen* anderen Angehörigen der wissenschaftlichen Population, die es je für relevant halten können, zugänglich gemacht wird. Alle diese Wissenschaftler sind nämlich, sobald sie die Nachricht von einem Forschungsergebnis empfangen haben, im Prinzip einem ebenso strikten Rezeptionsgebot, das mit einem Kritikgebot gepaart ist, unterworfen, und die kritisch rezipierenden Wissenschaftler dürfen nicht eher Ruhe geben, bis sie die mutmaßliche wissenschaftliche Erkenntnis allen denkbaren Falsifikationsversuchen ausgesetzt und sie auf diese Weise entweder erhärtet oder zu Fall gebracht haben.

Das Veröffentlichungsgebot auf der einen Seite und das Rezeptions- und Kritikgebot auf der anderen Seite sind natürlich ideale Forderungen, deren strikte Beachtung durch die reale Komplexität des weltweiten Wissenschaftsprozesses unmöglich gemacht oder jedenfalls stark eingeschränkt wird. Aber wie sind sie einzuschränken? Das auf den ersten Blick naheliegende Reduktionsprinzip Fachlichkeit, das heißt, die Einschränkung der genannten Gebote auf den engeren Kreis der Fachgenossen, erweist sich bei näherer Betrachtung keineswegs als so plausibel, wie es sich dem ersten Blick darstellt. Denn die Einzelwissenschaften sind – leider oder glücklicherweise – voneinander nicht so scharf abgegrenzt, wie es dem Außenstehenden vielleicht erscheint. Man kann daher einem Wissenschaftler, der sich in der Forschung einen Namen machen will, kaum raten, bei seinen Arbeiten ruhigen Gemüts immer in den Grenzen seines Faches zu verweilen. Von einer Wissenschaft, die *nur* Fachwissenschaft ist, hat die Welt wenig zu erwarten und einiges zu befürchten, und auf der anderen Seite ist aus der Wissenschaftsgeschichte gut bekannt und vielfach bezeugt, daß wichtige Anstöße für den Gang der Forschung gerade von den Grenzgebieten zwischen den etablierten Fächern ausgegangen sind. Die neueren Versuche, die Wissenschaften durch interdisziplinäre Forschung anzuregen, ziehen ihre Hoffnungen aus solchen Erfahrungen. Da ich selber einige Erfahrungen mit dem Für und Wider interdisziplinärer Forschung sammeln konnte, neige ich nicht dazu, dieses Remedium zu überschätzen, bin jedoch zu der Ansicht gekommen, daß es den wissenschaftlichen Disziplinen am besten bekommt, wenn ihnen Interdisziplinarität in begrenzter Dosierung und vielleicht nur in Spuren – um nicht zu sagen als Sauerteig – zugesetzt wird. Ich habe daraus bei früherer Gelegenheit[2] einige Folgerungen für die sprachliche Form wissenschaftlicher Veröffentlichungen abgeleitet und sie in Gestalt der folgenden Maxime formuliert: Stell dir, wenn du für deine Fachgenossen schreibst, mindestens einen unbekannten Adressaten vor, der nicht zum engeren Kreis deiner Fachgenossen gehört! Diese Maxime kann man als sprachnormspezifische Ausweitung des oben erwähnten Veröffentlichungsgebotes ansehen. Das diesem korrespondierende Rezeptionsgebot ist nun, wie mir scheint, in der gleichen Hinsicht auszuweiten. Die entsprechende Maxime könnte lauten: Berücksichtige immer, wenn du ein wissenschaftliches Problem behandelst, mindestens einen Beitrag, der aus einem anderen Fach stammt!

Die beiden genannten Maximen, die wir in verkürzter Form die Maxime des unbekannten Adressaten und die des unbekannten Adressanten nennen können, sollen gewährleisten, daß beim Austausch wissenschaftlicher Erkenntnisse die Fächergrenzen offengehalten werden und daß möglichst keine wissenschaftlichen Konventikel und Gettos entstehen. Sie können beide zusammen gleichzeitig als Ausdruck einer minimalen Pluralisierung des Problems »Sprache und Wissenschaft« beschrieben werden. Denn es muß ja, wenn ich diesen beiden Maximen folge, zu meiner eigenen Wissenschaftssprache, die ich lesend oder schreibend praktiziere, mindestens eine weitere Wissenschaftssprache hinzutreten. Ich bin aber der Überzeugung, daß dies nicht ohne einen gemeinsprachlichen Einschlag in den jeweils beteiligten Fachsprachen möglich ist. Gerade meine Erfahrungen mit der interdisziplinären Forschung haben nämlich gezeigt, daß der direkte Weg von Fachsprache zu Fachsprache nicht immer der kürzeste Weg der Verständigung zwischen wissenschaftlichen Disziplinen ist, sondern daß in solchen Fällen der Umweg über die Gemeinsprache häufig besser zum Ziel führt. In diesem Sinne möchte ich die Voßlersche Dialektik, das heißt, die Rückwendung des logischen Denkens zu einem sprachlichen Denken höherer Ordnung, forschungspragmatisch uminterpretieren.

Wenn ich nun einmal so kühn sein darf, für die genannten Maximen eine gewisse Zustimmungsbereitschaft anzunehmen, mit der *reservatio mentalis* natürlich, daß der Teufel im Detail steckt und so weiter, dann wäre es sicherlich gut, ich könnte als Linguist in einen großen Schatz von Wissenschaftssprachforschung greifen und aus ihm einige handliche Ergebnisse und Ratschläge herausziehen und vorzeigen. Das kann ich nur in sehr begrenztem Ausmaß tun. Denn die Erforschung der Wissenschaftssprache oder der Wissenschaftssprachen und im weiteren Sinne die Fachsprachenforschung überhaupt ist erst seit etwa einer Dekade in größerem Umfang – über die Voßlerschen Reflexionen hinaus – zum Gegenstand der linguistischen Forschung gemacht worden,[3] und es gibt bis heute noch an keiner deutschen Universität einen Lehrstuhl für Fachsprachenforschung, geschweige denn für die Erforschung des Problemkreises »Sprache und Wissenschaft«. Insbesondere gibt es noch keine nennenswerte empirische Erforschung der Bedingungen, unter denen Wissenschaftler diese oder jene Sprache, diese oder jene Sprachform für ihre Publikationen wählen. Inexistent bis auf einige wenige Ansätze ist in diesem Zusammenhang auch die Erforschung der mündlichen Wissenschaftssprache, mit der die Forscher in ihren Lehrveranstaltungen und Vorträgen, auf Kongressen und Kolloquien, aber auch in informellen Labor-, Seminar- und Klinikgesprächen den Gang der Forschung erläutern und erörtern. Die mündliche Wissenschaftssprache gilt nach der unausgesprochenen, aber um so zählebiger herrschenden Meinung einfach als eine je nach dem Förmlichkeitsgrad der Situation mehr oder weniger ins Informelle verschobene und folglich mehr oder weniger defiziente schriftliche Wissenschaftssprache, was aber wohl der Wahrheit nicht entspricht. Denn so wie die Linguistik seit einigen Jahren – auch erst seit wenigen Jahren übrigens – zu ihrer eigenen Überraschung entdeckt hat, daß der mündliche Sprachgebrauch gegenüber den Formen des schriftlichen Sprachverkehrs seine durchaus eigenen Strukturen und Gesetze hat, so ist auch für den Bereich der Wissenschaftssprache zu erwarten, daß ihre Sprachprobleme sich für die mündliche Verständigung anders darstellen werden als für den schriftlichen Sprachverkehr. Hier muß ich also ein großes Forschungsdefizit und folglich ein ebenso großes Forschungsdesiderat anmelden, und es wäre gut, wenn eine Wissenschaftsstiftung oder eine der großen Forschungsorganisationen sich dieses Problemkomplexes energisch annähme. Noch wichtiger ist freilich, daß die Wissenschaften selber die Beobachtung ihrer sprachlichen Voraussetzungen und ihres formellen wie informellen Sprachverkehrs in die Liste ihrer regulären Forschungsgegenstände aufnehmen.

Einige der wissenschaftlichen Fachsprachen sind nun, wie bekannt, mehr oder weniger formalisiert und haben sich in dieser

Form sehr weit von der Gemeinsprache entfernt. Das ist das gute Recht jeder Fachsprache, und niemand kann etwas dagegen haben, wenn Wissenschaftler sich einer solchen Formelsprache bedienen, sofern es nur sachlich begründet ist und nicht, was allerdings auch vorkommt, aus laxer Gewohnheit oder gar Geltungsbedürfnis geschieht. Ich sehe keine Veranlassung, das Verhältnis von Sprache und Wissenschaft unter den Bedingungen der Formalisierung grundsätzlich anders zu beschreiben als in nicht-formalen Wissenschaften. Ich meine, es sollten auch für formalisierte Wissenschaftstexte die Maximen des unbekannten Adressaten und des unbekannten Adressanten gelten – man braucht ja dabei nicht unbedingt gleich an Theologen und Literaturwissenschaftler als die hier fernsten Adressaten oder Adressanten zu denken. Aber vielleicht sollten doch diejenigen Wissenschaftler, die aus guten oder auch aus weniger guten Gründen eine hochformalisierte Fachsprache benutzen, daran denken, daß die Formelsprache irgendwann im weiteren Vermittlungsprozeß der betreffenden Wissenschaft doch in eine Inhaltssprache übersetzt oder jedenfalls mit Inhalten, die dann nicht mehr durch Variablen vertreten werden können, angereichert werden muß. Es sollte, wie mir scheint, zum sprachlichen Ethos der Formalisten gehören, diese Stufe der sprachlichen Vermittlung ihrer Wissenschaft nicht sekundären Vermittlern und bloßen Anwendern zu überlassen. Zwischen einer formalen und einer ihr äquivalenten nicht-formalen Wissenschaftssprache besteht kein sprachlicher Rangunterschied, sondern es handelt sich um verschiedenartige, aber grundsätzlich gleichrangige Formen des wissenschaftlichen Sprachverkehrs, die je nach den Verständigungsbedürfnissen gewählt werden können und dafür ihre spezifischen Vor- und Nachteile haben. Die größere sprachliche Verantwortung ist dabei allerdings den Formalisten zuzuweisen, da sie sich mit ihren Sprach- und Schriftformen am weitesten von der Gemeinsprache entfernen. Sie tragen daher auch die stärkste Verantwortung dafür, daß die Verbindung dennoch nicht reißt. Das formale Register darf unter diesen Bedingungen nur *eines* ihrer fachsprachlichen Register sein und entbindet nicht von der Verpflichtung, gutes Wissenschaftsdeutsch zu schreiben.

Was heißt das nun genau, gutes Wissenschaftsdeutsch zu schreiben? Ich habe natürlich mit Absicht von *gutem* und nicht von *schönem* Wissenschaftsdeutsch gesprochen. Denn ich weiß wohl, daß es nach dem Konsens fast der gesamten akademischen Population bei einer wissenschaftlichen Veröffentlichung überhaupt nicht auf die Schönheit der Form, sondern nur auf die Richtigkeit und Relevanz der erkannten Sache ankommt. Neben der Wahrheit scheint in der Wissenschaft für die Schönheit kein Platz zu sein. Gerade an seiner Ungeschmücktheit scheint folglich der wissenschaftliche Stil am zuverlässigsten erkennbar zu sein. Diese Lehrmeinung ist so fest in den Köpfen fast aller Wissenschaftler verankert, daß es Aberwitz wäre, diese Überzeugung in Frage stellen zu wollen. Ich möchte mir dennoch erlauben, zu diesem Problem einige Anmerkungen zu machen, damit es trotz seiner offensichtlichen Plausibilität nicht ganz dem kritischen Nachdenken entgeht. Dies zunächst: Wenn es richtig ist, daß die wissenschaftliche Sprache der Schönheit nicht tributpflichtig ist, so hat sie sich damit noch lange nicht die Ästhetik vom Hals geschafft. Denn auch die Schriftsteller und Sprachkünstler sowie die ihnen zugewandten Theoretiker der Ästhetik und Poetik haben sich seit langem daran gewöhnt, den Begriff der Schönheit, weil vom Regelkanon einer Normalklassik schwer ablösbar, mit Skepsis zu betrachten und die moderne Kunstperiode als eine Epoche der »nicht mehr schönen Künste« (Siegfried Kracauer) anzusehen.[4] Und in der Tat sind auch seit reichlich einem Jahrhundert viele Hervorbringungen der Literatur – und nicht die schlechtesten – so beschaffen, daß uns bei ihrer Beschreibung das Prädikat »schön« im Halse steckenbleiben würde. Nach einer gewissen Phase der Verblüffung und Desorientierung hat sich die literarische Kritik und Literaturtheorie jedoch ziemlich mühelos mit diesem neuen ästhetischen Zustand abgefunden. Es kann jedenfalls keine Rede davon sein, daß die Ästhetik dadurch auf Dauer an sich selber irre geworden wäre. Vielleicht ist sie sogar aus diesem Prozeß der, wenn ich so sagen darf, »Entschönung« gestärkt hervorgegangen.

Diese Bewegungen der Ästhetik vom Schönen zum Häßlichen und vom Häßlichen wieder zu neuen Qualitäten jenseits von Schönheit und Häßlichkeit sind den Wissenschaftlern, sofern sie keine Literaturwissenschaftler sind, nicht immer deutlich gegenwärtig, und so beruht das Desinteresse an den ästhetischen Aspekten der Wissenschaftssprache bei vielen Wissenschaftlern schlicht auf einem Mißverständnis. Denn man könnte natürlich das oberste Prinzip einer Stilistik der Wissenschaftssprache auch in negativer

Form ausdrücken und von ihr sagen, sie brauche nicht schön zu sein, ja sie dürfe nicht einmal schön sein. In diesem Sinne kann man die Texte der Wissenschaftler, insoweit sie nach ihren eigenen Gesetzen wohlgeformt sind, in Analogie zu Kracauers nicht-mehr-schönen Künsten den kunstvoll entschönten Künsten zuordnen und ihnen mit Selbstverständlichkeit eine entsprechende Provinz in der weiten ästhetischen Landschaft zuweisen. In ihr stehen dann im Vordergrund der Sprachkultur, was jedem Wissenschaftler nur gefallen kann, solche Qualitäten wie Klarheit, Widerspruchsfrei-heit und Folgerichtigkeit, die von der Wissenschaftstheorie ohne-hin gefordert sind und die ohne weiteres auch als ästhetische Werte eines wissenschaftlichen Stils anerkannt werden können.

Ich will mich jedoch nicht lange bei solchen Selbstverständlich-keiten aufhalten, sondern statt dessen auf einen besonderen Gesichtspunkt zu sprechen kommen, der vielen Wissenschaftlern sogleich durch den Kopf geht, wenn man ihnen gegenüber die Frage einer möglichen Ästhetik der wissenschaftlichen Sprachform anschneidet. Ich meine den Aspekt der Anschaulichkeit, häufig konkretisiert in der Besorgnis vieler Wissenschaftler, es solle ihnen mit der Ästhetik zugleich eine unangemessene Metaphorik aufge-schwatzt werden. Auch diese Besorgnis ist unbegründet, und ich möchte wiederum zum Vergleich daran erinnern, daß selbst die sogenannte schöne Literatur seit langem eine sehr gespaltene Ein-stellung zum Umgang mit sprachlichen Bildern entwickelt hat. Es hat literarische Schulen gegeben, insbesondere in der europäischen Lyrik zwischen etwa 1850 und 1950, die von der Überzeugung lebten, das poetische Ingenium zeige sich vor allem in Metaphern, in möglichst kühnen Metaphern. Andere literarische Schulen haben gerade im Gegensatz dazu das Bildermachen unter strenge Kuratel gestellt oder sogar, wie Carl Sternheim, den Slogan »Kampf der Metapher!« zur Maxime ihres literarischen Handelns gemacht.[5] Eine gewisse Enthaltsamkeit in der Metaphorik, wie sie zum stilistischen Ethos vieler Wissenschaftler gehört, könnte also durchaus in eine Ästhetik des wissenschaftlichen Sprachgebrauchs integriert werden. Das Problem der Anschaulichkeit oder Unan-schaulichkeit des wissenschaftlichen Denkens ist damit allerdings noch nicht gelöst. Die säuberliche Zuweisung der Anschauung an das sprachliche Denken der Gemeinsprache und der unanschauli-chen Begrifflichkeit an das logische Denken der wissenschaftlichen

Fachsprachen, wie sie Karl Voßler im Sinn hatte, dürfte wohl in beiden Denkstilen nicht der differenzierteren Wirklichkeit entsprechen. Wir müssen daher, stärker als es Karl Voßler gesehen hat, zwischen dem anschaulichen und dem unanschaulichen Denken mit der Vermittlung von Denkmodellen rechnen, die mehr oder minder deutlich metaphorischen Charakter tragen und nicht dadurch aus der Welt zu schaffen sind, daß man sie aus dem wissenschaftstheoretischen Bewußtsein verdrängt.

Meine Überlegungen laufen also fürs erste darauf hinaus, die Frage einer Ästhetik des wissenschaftlichen Sprachgebrauchs als eine offene Frage anzusehen, über die von den Wissenschaftlern der verschiedenen Disziplinen noch nicht genügend nachgedacht worden ist. Ich werde in dieser Überzeugung durch die Beobachtung gestärkt, daß gerade die bedeutendsten Forscherpersönlichkeiten der Wissenschaftsgeschichte offensichtlich ästhetischen Gesichtspunkten nicht gleichgültig gegenübergestanden haben. So habe ich mir, um ein Beispiel aus der neueren Forschung zu wählen, sehr genau angesehen, in welcher Form James D. Watson und Francis H. C. Crick das Jahrhundertereignis der von ihnen aufgedeckten DNS-Struktur veröffentlicht haben. Es handelt sich, wie ich schon oben S. 34 in anderem Zusammenhang erwähnt habe, um ein »Aufsätzchen« von kaum mehr als zwei Seiten Umfang, und die beiden Forscher haben diesem Text in seiner Knappheit und Prägnanz eine so »klassische« Sprachform gegeben, daß man ihn nicht nur wegen seines weltbewegenden Inhalts, sondern auch wegen seiner zuchtvollen Form in ein Lehrbuch der wissenschaftssprachlichen Ästhetik aufnehmen könnte.[6] Und gerade weil dies ein Text ist, dessen Inhalt offensichtlich von größter Tragweite für die wissenschaftliche und die nichtwissenschaftliche Welt ist, liegt sein ästhetischer Reiz in der raffinierten Untertreibung der sprachlichen Form, die natürlich in diesem Text gleichzeitig dem ästhetischen *genius loci* entspricht und cambridgeförmiges *understatement* ist.

Nun wird vielleicht jemand einwenden, diese Beschreibung sei zwar zutreffend, die sprachliche Form sei jedoch bei allem nur eine schöne Zutat und für die wissenschaftliche Wahrheit nicht erheblich. Ich bin mir dessen nicht so sicher. Denn mit der gleichen Aufmerksamkeit, mit der ich die Entdeckungsnachricht in der Zeitschrift *Nature* studiert habe, habe ich auch das Buch gelesen, das Watson hinterher über die Geschichte dieser Entdeckung veröffentlicht hat.[7] In diesem Buch ist überraschend oft und an wichtigen Gelenkstellen des berichteten Forschungsprozesses von der Suche nach »eleganten« Lösungen des Strukturproblems die Rede. Es ist bekannt, daß auch in anderen, insbesondere formalen Wissenschaften, namentlich in der Mathematik, sehr auf die Eleganz bei der Lösung eines Problems geachtet wird und daß einer solchen Eleganz bisweilen sogar der Wert eines mindestens zusätzlichen Wahrheitskriteriums zugesprochen wird. Bei Watson hat mich darüber hinaus überrascht, welche Rolle die erwartete Eleganz der Lösung schon in der Heuristik gespielt hat. Und dieser Gesichtspunkt hat sich ja auch bewährt: die gefundene Struktur *ist* elegant. Unter diesen Umständen müßte man sich schon sehr blind stellen, wenn man die Brücke zwischen der Eleganz in der Heuristik und der Eleganz in der Ästhetik nicht sehen wollte. Sind vielleicht heuristische und ästhetische Eleganz nur zwei Seiten einer und derselben Medaille?

Ich möchte in diesem Zusammenhang allerdings auch noch auf die Seltsamkeit aufmerksam machen, die darin liegt, daß ein bestimmtes wissenschaftliches Ergebnis, hier die Entdeckung der DNS-Struktur, in zwei grundverschiedenen sprachlichen Formen öffentlich gemacht worden ist. Wir haben, so darf ich zunächst noch einmal repetieren, als Aufsatz in einer wissenschaftlichen Zeitschrift einen sehr knappen Text von Watson und Crick vor uns, der seinem sprachlichen Charakter nach ein Bericht ist, versetzt mit einigen argumentativen und maßvoll polemischen Einlagen. Es liegt sodann, einige Jahre später und nur von Watson verfaßt, eine Veröffentlichung in Buchform vor, die ihrem sprachlichen Charakter nach narrativ ist und mit einigen erläuternden und anekdotischen Einlagen versetzt ist. Der letztgenannte Text hat literarisch Sensation, wissenschaftlich aber Skandal gemacht. Was die literarische Sensation betrifft, so beruht sie darauf, daß ein hochqualifizierter Wissenschaftler offensichtlich, wenn er die Feder zu führen weiß, von einem wichtigen wissenschaftlichen Sachverhalt nach allen Regeln der narrativen Kunst erzählen kann. Das ist in einer literarischen Umwelt, in der so viel von der Krise des Erzählens die Rede ist, tatsächlich sensationell.[8] Was auf der anderen Seite den wissenschaftlichen Skandal angeht, der sich allerdings inzwischen beruhigt hat, so ist er ebenfalls wegen des Erzählens zustande gekommen. Denn es gehört sich nicht, daß man von der Wissenschaft erzählt, außer privat oder, lange nachher, in der Wissenschaftsgeschichte mit ihrem textsortenspezifischen Triumphalismus. Ganz anders Watson, er erzählt, »wie es wirklich gewesen ist«. Diese Erzählung ist auf ihre Weise so zwingend in ihrer Überzeugungskraft, daß man sich als Laie oder als Leser, der aus einer anderen Wissenschaft kommt, nun fragt, in welchem Text eigentlich mehr wissenschaftliche Wahrheit zu finden ist, in der kurzen Meldung oder in der langen Geschichte von der Entdeckung. Vielleicht ist die Wahrheit auch gleichmäßig auf beide Texte verteilt; dann ist aber daraus zu folgern, daß die knappe Meldung in der wissenschaftlichen Zeitschrift nur die halbe Wahrheit gewesen ist und daß in all den anderen Fällen, in denen eine wichtige wissenschaftliche Nachricht so veröffentlicht wird, wie Watson und Crick sie in der Zeitschrift *Nature* veröffentlicht haben, etwas verdrängt wird und allenfalls später auf dunklen und verschlungenen Wegen und nicht selten auch mehr oder weniger verzerrt als Legendenbildung wieder ans Licht tritt. Das war in den Wissenschaften nicht immer so. Unter den zahlreichen Traktaten und Abhandlungen, die wir von Descartes haben, ist ja zum Beispiel auch der *Discours de la Méthode,* in dem der Philosoph seinen Lesern erzählt, wie er den Gewißheitssatz *Je pense, donc je suis* gefunden hat. Dies ist die Schrift, durch die Descartes am mächtigsten auf die Nachwelt gewirkt hat.[9] Ich will mich hier mit diesem Beispiel begnügen und nur beiläufig die Frage aufwerfen, ob es nicht auch eine interessante Aufgabe für eine Ästhetik des wissenschaftlichen Diskurses wäre, nach der Stellung des Erzählens im schriftlichen und im mündlichen Sprachverkehr der Wissenschaften zu fragen.

Schließlich will ich mich zum Abschluß kurz der Frage zuwenden, ob es für die Ästhetik der wissenschaftlichen Sprachform einen wesentlichen Unterschied macht, in welcher Sprache das betreffende wissenschaftliche Ergebnis veröffentlicht wird, und wir wollen damit die schon von Karl Voßler gestreifte Frage verbinden, welche Sprachen aus der Vielzahl der Weltsprachen heute überhaupt eine Chance haben, Wissenschaftssprachen zu werden, zu sein oder zu bleiben. Für Voßler war das im Jahre 1923 noch eine recht beschauliche Frage, da er nicht einen Augenblick daran zweifelte, daß neben dem Englischen und dem Französischen (nach Osten oder gar zum Fernen Osten wandte er als echter Romanist keinen Blick) auf jeden Fall auch das Deutsche seinen Rang und Platz als übernationale Wissenschaftssprache behaupten würde. Die *language requirements* angesehener ausländischer Universitäten, bei denen die deutsche Sprache damals in vielen Fächern noch eine unangefochtene Position hatte, wie auch die große Zahl der nach Deutschland reisenden, ja nicht selten pilgernden ausländischen Dozenten und Studenten bestätigten eindrucksvoll die über alle Zweifel erhabene Bedeutung der deutschen Sprache für die internationale Wissenschaft.

Das ist heute von Grund auf anders geworden. Aus vielfältigen historischen Gründen, denen ich hier im einzelnen nicht nachzugehen habe, sind im Vergleich zur englischen Sprache alle anderen Kultursprachen, so auch das Deutsche und das Französische, im Wettlauf um die Gunst der Wissenschaftler weit zurückgefallen. In nicht wenigen Wissenschaften kann das Englische heute als *die* Wissenschaftssprache schlechthin gelten und hat für sie eine ähnliche Stellung wie das Wissenschaftslatein im Mittelalter. Dabei muß man freilich, was den Vergleich zwischen Deutsch und Englisch als Wissenschaftssprache betrifft, nach den Fächern unterscheiden und kann etwa drei Gruppen bilden. Die erste Gruppe wird von solchen Wissenschaften wie Enzymforschung und Gen-Technologie gebildet; in ihr ist die Entscheidung für das Englische als Wissenschaftssprache längst gefallen. Zur zweiten Gruppe sind solche Wissenschaften zu rechnen, die zur Zeit ein gewisses Schwanken zwischen dem Deutschen und dem Englischen erkennen lassen. Zu ihr gehören solche Fächer wie Psychologie und Linguistik, in denen sich beispielsweise einige Zeitschriften, die in der Bundesrepublik Deutschland erscheinen, neuerdings solche englischen Titel wie *Psychological Research* und *Theoretical Linguistics* gegeben haben. Schließlich gibt es eine dritte Gruppe von Wissenschaften, die keine nennenswerte Neigung erkennen lassen, Deutsch gegen Englisch als Wissenschaftssprache einzutauschen. Ich denke dabei an solche Fächer wie Geschichte und Philosophie, die bis auf seltene Ausnahmen bisher an der deutschen Sprache festgehalten haben. Eine gewisse Sonderstellung nehmen die Fremdsprachenphilologien ein, die um ihres Gegenstandes willen häufig die betreffende Fremdsprache als Publikationssprache wählen, in Deutschland übrigens wesentlich seltener als in anderen Ländern – das ist ein Relikt aus Voßlers Zeiten.

Was soll man nun als Linguist und Fremdsprachenlinguist dazu sagen? Die Versuchung ist groß, gar nichts dazu zu sagen, da es nicht zu den traditionellen Aufgaben des Linguisten und Fremdsprachenlinguisten gerechnet wird, zu Fragen dieser Art Stellung zu nehmen. Wenn ich es dennoch tun soll, will ich als erstes vor einer kurzschlüssig-nationalistischen Reaktion warnen, die darauf hinausliefe, deutschen Wissenschaftlern den Gebrauch des Deutschen als Wissenschaftssprache zur moralischen Verpflichtung oder sogar zur Amtspflicht zu machen. Die französische Kultur- und Wissenschaftspolitik hat sich, was die Rolle des Französischen als Wissenschaftssprache betrifft, ein riskantes Stück weit auf diesen Weg begeben, ohne durchgreifenden Erfolg übrigens. Dieses Beispiel ist nicht nachzuahmen. Aber der Sprachwissenschaftler, der auf die subtilen Steuerungsmechanismen des mündlichen und schriftlichen Gesprächs zu achten gelernt hat, fällt auf der anderen Seite auch nicht ganz leicht auf die naive Auffassung herein, daß bestimmte wissenschaftliche Erkenntnisse in bestimmten wissenschaftlichen Fächern sozusagen mit naturwüchsiger Notwendigkeit nach dem Englischen als Publikationssprache verlangen. Es geht ja die Rede, in einigen Fächern sei zwar vielleicht nicht die gesamte wissenschaftliche Publikation anglophon, aber die Spitzenforschung, die spreche allemal Englisch. Der Ausdruck Spitzenforschung ist mir in diesem Zusammenhang verdächtig. Er erinnert bedenklich an den Spitzensport und vergleichbare Spitzenleistungen, deren Überbietungen der Vorgängerleistungen mit der Stoppuhr oder einem anderen Meßinstrument meßbar sind. Vielleicht sind auch die Angriffsspitzen einer vorrückenden Forschungsfront gemeint. Das sind aber alles schlechte Metaphern für die Tätigkeiten des Wissenschaftlers, und die elementaren Erscheinungsformen der wissenschaftlichen Öffentlichkeit und ihres Sprachverkehrs kommen bei solchen Denkmodellen gar nicht erst in den Blick. Wenn es nämlich ein so einfaches Kriterium für die Zugehörigkeit zur Spitzenforschung geben sollte, dann werden sich bald gerade die mediokren Geister ein so billig zu habendes Qualitätskriterium nicht entgehen lassen. Ich meine also, es sollte zwar jedem Wissenschaftler freistehen, statt der deutschen die englische oder ich weiß nicht welche andere Sprache als wissenschaftliche Publikationssprache zu wählen. Aber das darf nicht aus oberflächlicher Effekthascherei und Prahlerei geschehen. Im übrigen ist eine

sorgfältige empirische Erforschung der Gedanken und Hinterge-
danken, durch die sich Wissenschaftler verschiedener Disziplinen
bei der Wahl ihrer Publikationssprache leiten lassen, ein überaus
dringendes Forschungsdesiderat.

Solange wir aber darüber nichts Genaueres wissen, ist vielleicht
ein anderer Aspekt dieser Frage wichtiger. Ich will einmal – *until
further notice* – unterstellen, daß es für den Fortschritt der Forschung unerläßlich ist, möglichst alle relevanten Forschungsergebnisse, wenigstens in einer bestimmten Gruppe von wissenschaftlichen Fächern, in englischer Sprache zu publizieren, damit sie die
Chance der größtmöglichen Verbreitung erhalten. Wenn man das
also einmal unterstellt, so ist damit dennoch nicht, beileibe nicht,
der gesamte Sprachverkehr dieser Wissenschaften beschrieben. Sie
bleiben ja trotz des anglophonen Sprachgestus Wissenschaften, die
in Deutschland betrieben, von unserer Gesellschaft unterhalten
und hierzulande an die nächste Generation weitergegeben werden.
Irgendwann also, vielleicht auf der Stufe des Lehrbuchs, der Vorle-
sung oder des Fortbildungskurses, muß doch die Übersetzung ins
Deutsche geleistet werden. Und sie muß natürlich gut geleistet
werden, das verlangt die betreffende Wissenschaft, und das verlangt auch die deutsche Sprache. Ich würde es nun sehr beklagen,
wenn diejenigen Wissenschaftler, die aus guten oder auch aus
weniger guten Gründen in englischer statt in deutscher Sprache
publizieren, diese spätere – oder besser gleichzeitige – Umsetzung
ins Deutsche als eine unwichtige und niedere Tätigkeit erachteten,
für die sie als »Spitzenforscher« eigentlich kein Interesse aufzubringen brauchen. Wir wissen ja inzwischen, daß bei allen Fort-
schritten der Wissenschaften immer die Fortschrittsnebenfolgen
und Umweltbelastungen zu bedenken sind, die mit ihnen verbunden sein können. Das gilt auch für den Sprachgebrauch der Wissenschaften. Beim Schritt von der deutschen zur englischen Publikationssprache treten, wenn es denn ein Fortschritt ist, ebenfalls
Fortschrittsnebenfolgen auf, die für den kulturellen Status unseres
Landes unkalkulierbar oder jedenfalls bis heute nicht kalkuliert
sind.[10] Man kann beispielsweise nicht das Englische als universale
Wissenschaftssprache wollen und gleichzeitig meinen, man könnte
junge Leute dauerhaft motivieren, zu dieser Sprache, die ja auch
als internationale Verkehrssprache offensichtlich überaus tauglich
ist, noch weitere europäische oder außereuropäische Fremdspra-

chen zu lernen. Die unter diesen Umständen erwartbaren Motivationsabbrüche sind in der jetzigen Schülergeneration bereits deutlich nachweisbar.

Ich will dieses Problem hier jedoch nicht ausloten, sondern mich damit begnügen, die englisch publizierenden Wissenschaftler unseres Landes daran zu erinnern, daß sie mit dem Übertritt zur publikationstechnischen Anglophonie nicht aus der Verantwortung für die deutsche Wissenschaftssprache entlassen sind. Da sie ein kulturelles Umweltproblem schaffen, bleiben sie, auch wenn sie ihren Forschungsergebnissen eine englische Sprachform geben, für die Umsetzung und Übersetzung dieses Wissenschaftsenglisch in *gutes* Wissenschaftsdeutsch verantwortlich und dürfen diese Aufgabe nicht angestellten Dolmetschern und Hilfskräften überlassen. Das ist insbesondere bei der Begriffsbildung zu bedenken, und kein deutscher Wissenschaftler sollte Beifall für eine englische Begrifflichkeit finden, wenn er sich nicht gleichzeitig Mühe gegeben hat, dafür zu sorgen, daß diese Begriffe in mündliches und schriftliches Wissenschaftsdeutsch gut übertragbar sind. Es gibt daher zu dem oben erläuterten Veröffentlichungsgebot, dem alle Wissenschaftler unterworfen sind, eine anglophone Variante, die in der folgenden Maxime ausgedrückt werden kann: Wenn du deine Forschungsergebnisse in englischer Sprache veröffentlichst, so bist du für die Folgeveröffentlichungen in deutscher Sprache – bis hin zu den Gymnasialfächern – mitverantwortlich! Und was das Rezeptionsgebot betrifft, das ja gleichzeitig ein Kritikgebot ist, so darf der Leser vom wissenschaftlichen Autor, der englisch schreibt, selbstverständlich gutes Wissenschaftsenglisch verlangen, ebenso wie er von einem wissenschaftlichen Autor, der deutsch schreibt, gutes Wissenschaftsdeutsch verlangen muß.

Mit anderen Worten: Wir Wissenschaftler können, welche Publikationssprache wir auch wählen, dem Problem der sprachlichen Form nicht aus dem Weg gehen, und wir treffen in der Art und Weise, wie wir die Ergebnisse unserer Forschung präsentieren, immer auch eine ästhetische Wahl. Das gilt auch unter den Bedingungen strenger Sachlichkeit. Denn die Sprache *ist* zwar nicht die Sache, aber sie formt die Sache mit, und so kommt es, daß nicht nur in der Sprachwissenschaft, sondern in allen Wissenschaften die Sprache zur Sache gehört.

1 K. Voßler: Geist und Kultur in der Sprache. Heidelberg 1925, S. 220–241.

2 H. Weinrich:»Eine List der sprachlichen Vernunft«, in: Jahrbuch 1977 der Deutschen Akademie für Sprache und Dichtung. Heidelberg 1978, S. 87–92.

3 Hier nur einige bibliographische Hinweise: Th. Bungarten (Hg.): Wissenschaftssprache. Beiträge zur Methodologie, theoretischen Fundierung und Deskription. München 1981. Wissenschaft – Sprache – Gesellschaft. Über Kommunikationsprobleme zwischen Wissenschaft und Öffentlichkeit und Wege zu deren Überwindung (Loccumer Protokolle 6/1982). H.-M. Gauger:»Wissenschaft als Stil«, Merkur 34 (1980) S. 365–374. H.-R. Fluck: Fachsprachen. Einführung und Bibliographie. München 1976 (= UTB 483). D. Möhn/R. Pelka: Fachsprachen. Eine Einführung. Tübingen 1984 (= Germanistische Arbeitshefte 30).

4 Vgl. H. R. Jauß (Hg.): Die nicht mehr schönen Künste. Grenzphänomene des Ästhetischen. München 1968 (= Poetik und Hermeneutik 3).

5 Näheres zu diesem Problem in meinem Buch: Sprache in Texten. Stuttgart 1976, Kapitel XVIII–XXII.

6 J. D. Watson/F. H. C. Crick:»Molecular Structure of Nucleic Acids. A Structure for Deoxyribose Nucleic Acid«, Nature. The Weekly Journal of Science, 25. April 1953, S. 737 f.

7 J. D. Watson: The Double Helix. London 1968; deutsch: Die Doppel-Helix. Ein persönlicher Bericht über die Entdeckung der DNS-Struktur. Reinbek bei Hamburg 1973 (= Rowohlt Taschenbuch 6803).

8 Vgl. H. Weinrich:»En principio era la narración«, in M. A. Garrido Gallardo: La Crisis de la literariedad. Madrid 1985 (im Erscheinen).

9 Näheres in meinem Buch: Literatur für Leser. Essays und Aufsätze zur Literaturwissenschaft. Stuttgart 1971, Kapitel »Erzählte Philosophie oder Geschichte des Geistes«, S. 150–163.

10 Ansätze zu einer Reflexion über diese Problemlage gibt es in der Psychologie. Vgl. W. Traxel:»Internationalität oder Provinzialismus? Über die Bedeutung der deutschen Sprache für deutschsprachige Psychologen«, Psychologische Beiträge 17 (1975) S. 584–594. – G. A. Lienert;»Über Werner Traxel: Internationalität oder Provinzialismus, zur Frage: Sollten Psychologen in Englisch publizieren?«, ebd. 19 (1977) S. 487–492. – W. Traxel:»Publish or perish! – Auf deutsch oder englisch?«, ebd. 21 (1979) S. 62–77. – F. Süllwold:»Wissenschaft, Sprache und Originalität«, ebd. 22 (1980) S. 191–203. – H.-J. Eysenck:»A comment on the Traxel-Lienert discussion regarding publication in English by German Psychologists«, ebd. S. 372–376. – J. H. Becker:»Englischsprachige Publikationen deutscher Psychologen. Trends, Inhalte, Herkunft, internationale Aufnahme«, ebd. S. 356–371. – J. H. Becker:»Englischsprachig publizieren – Ein Vergleich deutscher Psychologen mit deutschen Forschern aus anderen

Disziplinen und eine Analyse von Autoren und Rezipienten der Zeitschrift ›Psychologische Forschung‹/›Psychological Research‹ vor und nach der Titeländerung«, in G. Lüer (Hg.): Bericht über den 33. Kongreß der Deutschen Gesellschaft für Psychologie in Mainz 1982, Göttingen 1983, S. 116–119. – Wissenschaftsrat (Hg.): Empfehlungen zur Forschung in der Psychologie, o. O. 1983, S. 52 f. Ich danke Herrn Professor Heinz Heckhausen, Max-Planck-Institut für psychologische Forschung, München, für diese bibliographischen Hinweise.

Plädoyer für ein
interdisziplinäres Wörterbuch
der deutschen Sprache

Es soll jetzt von dem Kulturgut Wörterbuch die Rede sein. Es soll also gefragt werden, was dieses Gut in der Welt gilt und was es uns Deutschen gilt. Schießlich soll die Frage aufgeworfen werden, ob wir uns mit den Wörterbüchern, die es jetzt von der deutschen Sprache gibt, zufriedengeben können und welche Art Wörterbuch für die Zukunft nötig ist.

Die ältesten Wörterbücher, die wir haben, sind Glossare, Indices und Konkordanzen – Wörterbücher also, die dem Verständnis bestimmter Texte im Hinblick auf bestimmte Interpretationszwecke dienen. Auch heute noch sind Wörterbücher dieses Typs schätzenswerte Hilfsmittel, und wir machen von ihnen einen ständigen Gebrauch, die Schüler mit ihren Vokabelheften, die Philologen mit ihren Kant- und Kafka-Indices, die Theologen mit ihren Bibel-Konkordanzen. Wir wollen ferner die einsprachigen von den zweisprachigen Wörterbüchern unterscheiden, die beim Erlernen einer Fremdsprache unerläßlich sind, sowie von den mehrsprachigen Wörterbüchern, wie sie das humanistische Zeitalter liebte. Und schließlich haben wir uns seit dem 18. Jahrhundert daran gewöhnt, mehr oder weniger scharf zwischen Wörterbüchern als Wort-Lexika und Enzyklopädien als Sach-Lexika zu unterscheiden. Jeder dieser Wörterbuchtypen hätte wohl Anspruch auf eine eigene Behandlung und Darstellung, ich will mich aber im folgenden auf das einsprachige Wörterbuch konzentrieren, das als die Mitte der Wörterbuchkunst angesehen werden kann.

Das einsprachige Wörterbuch ist, aufs Ganze gesehen, eine Schöpfung des 17. Jahrhunderts. In seiner reinsten Ausprägung hat es die Form des Akademie-Wörterbuches. Das erste Wörterbuch dieser Art wurde im Jahr 1612 von der angesehenen Florentiner Akademie, der Accademia della Crusca, herausgegeben. Es ist nun für die Geschichte des Wörterbuchwesens höchst folgenreich geworden, daß dieses Wörterbuch, das *»Vocabolario degli Accademici della Crusca«*, mit dem hohen Anspruch auftrat, die Vielzahl der Dialekte Italiens auf ein bestimmtes Sprachmuster festzulegen, nämlich auf die klassische Sprache der drei großen Florentiner Autoren Dante, Petrarca, Boccaccio (*»le tre Corone«*). Der Sprachgebrauch dieser drei Dichter des 14. Jahrhunderts wurde durch das Akademie-Wörterbuch des beginnenden 17. Jahrhunderts für vorbildlich erklärt und allen künftigen Generationen mit Autorität als guter Sprachgebrauch empfohlen.[1] Günstiger für ein autoritatives Wörterbuch waren die Bedingungen in Frankreich. So sah es die Pariser Académie Française sogleich nach ihrer Gründung im Jahre 1634 als ihre Hauptaufgabe an, ein großes Wörterbuch der französischen Sprache zu schaffen, in dem alle Wörter des guten Sprachgebrauchs *(bon usage)* verzeichnet sind.[2] Im Unterschied zu den Florentiner Kollegen, von denen sie sich beraten ließen, suchten die Pariser Akademiker den vorbildlichen Sprachgebrauch der französischen Sprache nicht um mehrere Jahrhunderte zurück in der Vergangenheit, sondern in ihrer eigenen Epoche, dem 17. Jahrhundert, das sich selber als klassisch setzte. Die Akademie schrieb sich daher selber die Kompetenz zu, in sprachlichen Dingen Autorität zu sein. Welche Wörter also in das autoritative Wörterbuch der Akademie aufzunehmen sind und welche nicht, darüber befinden seitdem die vierzig Akademiker, wenn sie allwöchentlich zusammenkommen, um über die richtige Bedeutung und den rechten Gebrauch der Wörter zu beraten. Ob nun eine Bedeutung richtig und ein Gebrauch rechtens ist, das kann diese Körperschaft, ohne andere Instanzen zu befragen, deshalb mit eigener Autorität entscheiden, weil die Akademiker ja unter dem Gesichtspunkt berufen sind, daß sie den guten Sprachgebrauch der französischen Sprache selber repräsentieren (vgl. unten S. 124). Im Jahre 1694 erschien ihr Wörterbuch. Damit war nun endgültig der Wörterbuch-Typus des »autoritativen Wörterbuches« fixiert. Es ist definierbar als ein Wörterbuch mit dem Zweck, eine Kultursprache auf einen klassischen, das heißt vorbildlichen Sprachzustand festzulegen und fortan alle Veränderungen dieser Sprache unter Kontrolle zu halten.[3]

Der Glanz des Wörterbuches der Académie Française strahlte weit ins 18. Jahrhundert hinein und machte dieses Jahrhundert, wie Martin Lehnert gesagt hat, »wörterbuchhungrig«. Die Real Academia Española machte sich gleich nach ihrer Gründung (1713) ans lexikographische Werk und schuf ihr berühmtes »*Diccionario de Autoridades*« (1726–1739), das schon im Titel zu erkennen gibt, daß es ein autoritatives Wörterbuch sein will, mit der Variante allerdings, daß die großen Autoren der kastilischen Literatur, mit genauer Werkangabe zitiert, für den guten Gebrauch der spanischen Sprache maßgeblich sein sollen.[4] Und einige Zeit später entstand in England unter dem Eindruck und Einfluß des französischen Akademie-Wörterbuches Samuel Johnsons berühmtes »*Dictionary of the English Language*« (1755), das den englischen Sprachgebrauch bis ins 19. Jahrhundert maßgeblich bestimmt hat. Im Plan dieses Wörterbuches (1747) hat Johnson den Zweck deutlich beschrieben: *The chief intent of it is to preserve the purity and ascertain the meaning of our English idiom.* Zwar ist der englische Lexikograph dann bei der Arbeit an seinem Wörterbuch von der Idee einer definitiven Fixierung der Sprache wieder abgerückt. Kein Lexikon, so schreibt er ein paar Jahre später im Vorwort seines Wörterbuches, hat je eine Sprache vor dem Wandel bewahrt und deren Wörter »einbalsamiert«. Dennoch gehört auch dieses Wörterbuch zu denen, die an den Sprachgebrauch Wertmaßstäbe angelegt und auf diese Weise Normen gesetzt haben.[5] Johnsons Sprachnormen sind in England rund ein Jahrhundert lang beachtet worden, nur in Amerika ist ihre Geltung durch Gegennormen bestritten worden. Ihren Ausdruck haben sie wiederum in einem Wörterbuch gefunden, dem »*American Dictionary of the English Language*«, von N. Webster.[6] Beide Wörterbücher der englischen Sprache, der Johnson wie auch der Webster, sind, ebenso wie das »*Vocabolario degli Accademici della Crusca*« und das »*Dictionnaire de l'Académie Française*«, autoritative Wörterbücher.

Gleichzeitig ist aber das 18. Jahrhundert in Europa auch das Jahrhundert der großen Enzyklopädien, der Sach-Lexika mit umfassendem Informationsanspruch. Ich will an dieser Stelle nur das »*Dictionnaire historique et critique*« (1697) von Pierre Bayle nennen, in dem sich die Aufklärung ankündigt, und – angeregt durch die »*Cyclopaedia*« (1728) von Ephraim Chambers – die fünfunddreißigbändige »*Encyclopédie ou Dictionnaire raisonné des sciences, des arts et des métiers*« (1751–1780) von Diderot und d'Alembert, in der sich die Aufklärung vollendet.[7] Ungenannt bleiben müssen hier viele andere Enzyklopädien, die in Europa im 18. Jahrhundert hervorgebracht worden sind und die nicht nur den Zwecken der Aufklärung, sondern auch dem wachsenden Klassifikationsbedürfnis der aufblühenden Wissenschaften Genüge leisten sollten. Natürlich werden in diesen Enzyklopädien nicht immer nur Sachen und Sachverhalte, sondern auch Wörter und Begriffe erklärt, und so wollen wir für unsere kleine Geschichte und Typologie des Wörterbuchwesens auch das »enzyklopädische Wörterbuch« als einen eigenen Wörterbuch-Typus verzeichnen.

Wir betreten das 19. Jahrhundert. Dieses hat uns, neben verschiedenen anderen löblichen Errungenschaften, die Sprachwissenschaft gebracht, und zwar in Gestalt der Philologie. Das hat auch dem Wörterbuchwesen einen anderen Antrieb und neuen Auftrieb gegeben. Die Initiative ging nun von Deutschland aus. Der zugleich unglückliche und glückliche Umstand, daß Jacob und Wilhelm Grimm, zwei Professoren der »Göttinger Sieben«, aus politischen Gründen ihres Amtes enthoben wurden, verschaffte ihnen die Zeit, das große Werk eines »Deutschen Wörterbuches« (1854–1970) in Angriff zu nehmen, das einem historischen Plan gehorcht. Weit entfernt von dem »unerträglichen Zwang« eines autoritativen Wörterbuches, soll dieses Wörterbuch nun die Sprache in ihrer reichen Vielfalt und als einen Organismus zeigen, der sich von den Anfängen bis zur Gegenwart lebendig entwickelt. Was also ist eines Wörterbuches Zweck? Jacob Grimm antwortet: »Es soll ein Heiligtum der Sprache gründen, ihren ganzen Schatz bewahren, allen zu ihm den Eingang offen halten.« Und an einer anderen Stelle nennt er sein Wörterbuch erwartungsvoll »ein hehres Denkmal des Volks, dessen Vergangenheit und Gegenwart in ihm sich verknüpfen«.[8] Auch Grimms Wörterbuch, dessen zweiunddreißig Bände rund hundert Jahre zu ihrem Erscheinen gebraucht haben, hat einen eigenen Wörterbuch-Typus begründet. Ich will ihn das »historisch-philologische Wörterbuch« nennen. Von den Nachfolge-Wörterbüchern dieses Typus sollen ausdrücklich erwähnt und hervorgehoben werden das »*New English Dictionary on Historical Principles*«, auch »*Oxford English Dictionary*« genannt (1884–1928), ferner die unvollendeten historischen Wörterbücher der niederländischen Sprache (seit 1864) und der schwedischen Sprache (seit 1893). Auch die Accademia della Crusca und die Real Academia Española haben ihre lexikographischen Arbeiten in neuerer Zeit auf eine konsequent historische Konzeption umgestellt.[9]

Das größte, umfangreichste und aufwendigste Unternehmen, das die Geschichte der Wörterbücher bisher gekannt hat, ist der *»Trésor de la langue française«*, der unter der Leitung von Paul Imbs seit 1971 in Nancy gemacht wird. Dieses Wörterbuch folgt einem zugleich synchronischen und diachronischen Schichtenmodell: die französische Sprache soll in möglichst vollständiger Dokumentation, jedoch getrennt nach historischen Sprachschichten in mehreren Teilwörterbüchern erfaßt werden. Den Umfang dieses Unternehmens kann man daran ermessen, daß allein die moderne Sprachschicht, die für die Lexikographen von Nancy von 1789 bis zur Gegenwart reicht und deren lexikographische Bearbeitung am Anfang des ganzen Unternehmens steht, allein für den Buchstaben A nicht weniger als drei große Bände gebraucht hat. Und dieses Wörterbuch wird gemacht – das ist eine sehr französische Konzeption – auf der Basis einer Textsammlung, die auf jegliche Dokumentation der mündlichen Sprache verzichtet und die ausgewerteten Texte zu achtzig Prozent aus der schönen Literatur nimmt.[10] Ich will diesen Wörterbuch-Typus, der in seiner Anlage sichtlich den großen Corpus-Wörterbüchern der alten Sprachen, insbesondere dem *»Thesaurus linguae Latinae«* (seit 1894) folgt, das »thesaurierende Wörterbuch« nennen. Wesentliches Merkmal dieses Wörterbuch-Typus ist das Bestreben, Vollständigkeit zu erreichen oder ihr doch wenigstens durch eine möglichst umfangreiche Dokumentation nahezukommen. Mit begrenzterer Zielsetzung hat dieser Typus auch sonst Nachfolger gefunden, beispielsweise in dem Projekt eines *»Tesoro della lingua delle origini«* der Accademia della Crusca (seit 1964). Die offensichtliche Unmöglichkeit jedoch, für die Sprache der Gegenwart auch nur annähernd das Ideal vollständiger Dokumentation zu erreichen, zieht auch die Unmöglichkeit nach sich, in diesem Wörterbuch-Typus das repräsentative Wörterbuch des 20. Jahrhunderts zu sehen.

Welches Wörterbuch sollen wir nun heute in Deutschland benutzen? Von Rainer Maria Rilke wissen wir, daß er einmal ganz Paris durchquert hat, um bei André Gide, der das große »Deutsche

Wörterbuch« der Brüder Grimm besaß, nachzuschlagen, ob es nicht in der deutschen Sprache zur Bezeichnung der Handinnenfläche außer dem bildlichen Ausdruck »Handteller« einen anderen, eigentlichen Ausdruck gibt, vergleichbar dem französischen Wort *paume*. Er brauchte dieses Wort für sein Gedicht »Handinneres« (vgl. auch sein französisch geschriebenes Gedicht *»Paume«*). Wie wichtig oder unwichtig nun für den Normalsprecher die Bezeichnung der Handinnenfläche auch sein mag, der Gang Rilkes zu Gide ist zumindest in einer Hinsicht charakteristisch. Der französische Schriftsteller besaß Grimms »Deutsches Wörterbuch«, wie er selbstverständlich auch alle maßgeblichen französischen Wörterbücher besaß. In Frankreich weiß man, daß das Wörterbuch ein hohes Kulturgut ist, und wenn man über den rechten Gebrauch der Sprache im Zweifel ist, so denkt man sich nicht selber schnell ein neues Wort oder eine neue Bedeutung aus, sondern man befragt das Wörterbuch. Rilke, der deutsche Schriftsteller, besaß zwar nicht den Grimm, aber er hatte doch wenigstens bei seinem Aufenthalt in Frankreich die Gewohnheit angenommen, im Wörterbuch nachzuschlagen.[11] Darin unterscheidet er sich von vielen anderen Schriftstellern deutscher Sprache und nicht wenigen unserer Landsleute, die häufig überhaupt kein Wörterbuchbewußtsein haben, weil sie von allen Wörterbüchern nur den Rechtschreib-Duden kennen.

Der Duden nun, wenn ich einem weitverbreiteten Sprachgebrauch folge und unter diesem Markenzeichen einstweilen nur das bekannte Wörterbuch der Rechtschreibung, sowohl in seiner Mannheimer als auch in seiner Leipziger Fassung, verstehen darf, ist ein eigenartiges Wörterbuch. In Deutschland verkörpert der Duden noch immer die sprachliche Autorität schlechthin. Das ist nicht die Schuld der Duden-Redaktion, der ich gerne bescheinige, daß sie die Kunst des Wörterbuchmachens vollkommen beherrscht. Es ist nicht einmal die Schuld der Kultusminister-Konferenz von 1955, die für alle Streitfragen der deutschen Rechtschreibung die Schreibweise des Mannheimer Duden für verbindlich erklärt hat. Die überaus starke Autorität des Duden, die natürlich sofort an das autoritative Wörterbuch des 17. und 18. Jahrhunderts denken läßt, hängt mit seinen besonderen Entstehungsbedingungen zusammen. Der »Ur-Duden«, nämlich das »Vollständige orthographische Wörterbuch der deutschen Sprache« des Gymnasial-Direktors Dr. Konrad Duden, erschien im Jahre 1880, und aus der Geschichte des »Duden«, wie dieses erfolgreiche Wörterbuch nach seinem Schöpfer bald genannt wurde, ist bekannt, daß dieses Datum nicht zufällig in der Nähe des Jahres 1871 liegt, das der deutschen Nation die späte Staatsgründung brachte. Der neue Nationalstaat brauchte, wenn schon die deutschen Länder noch vielfach an ihren Mundarten oder den mundartlich gefärbten Varianten der Hochsprache festhielten, zumindest eine einheitliche Schriftnorm. Diese Norm war in den anderen europäischen Nationen, die schon früher ihre staatliche Einheit gefunden hatten, längst hergestellt, und zwar gerade durch die autoritativen Wörterbücher des 17. und 18. Jahrhunderts. So wie nun der deutsche Nationalstaat mit erheblicher historischer Verspätung zustande gekommen ist, so ist auch der Duden ein historischer Spätling geworden. Dieser Umstand erklärt gleichzeitig den Zwergwuchs des Rechtschreib-Duden: in seinem Typus um mehr als hundert Jahre verspätet, konnte er nur in der Reduktionsform eines Wörterbuches der Rechtschreibung seine autoritative Kraft entfalten. Nun haben seit den Tagen des Dr. Konrad Duden die Duden-Redaktionen zweifellos große Anstrengungen unternommen, aus dieser Situation das Bestmögliche zu machen. Tatsächlich ist der Rechtschreib-Duden, sowohl in seiner westlichen als auch in seiner östlichen Variante, inzwischen weit mehr als ein Wörterbuch der Rechtschreibung geworden; er gibt eine ganze Reihe von Hinweisen zur Aussprache, zur Grammatik und zur Bedeutung der Wörter und stellt insgesamt ein konzises und kompaktes Wörterbuch dar, das die Bedürfnisse eines rudimentären Sprachbewußtseins befriedigt.[12]

Außer dem Rechtschreib-Duden haben wir nun aber inzwischen eine Reihe weiterer Wörterbücher, durch die unsere Wörterbuchlandschaft verändert worden ist. Wir haben insbesondere drei Wörterbücher mittleren Umfangs, jeweils sechsbändig. Eines kommt aus der DDR, die andern beiden aus der Bundesrepublik. Aus der DDR stammt das von der Ostberliner Akademie der Wissenschaften herausgegebene »Wörterbuch der deutschen Gegenwartssprache« (1964–1978). Dieses von Ruth Klappenbach und Wolfgang Steinitz geplante Wörterbuch versprach für die deutsche Sprache, wie sie von der »bildungstragenden Schicht der Gegenwart« gesprochen wird, ein ganz ausgezeichnetes Wörterbuch zu werden.

Nach guten Anfängen hat es sich jedoch vom 4. Band an in unerträglicher Weise ideologisch einfärben und zum Ausdruck einer Abgrenzungsneurose machen lassen müssen, so daß man es heute einem unbefangenen Benutzer nicht mehr ohne weiteres empfehlen kann, obwohl viele Artikel, die ideologisch nichts hergeben, nach wie vor zuverlässige Auskunft erteilen.

Um so vorteilhafter hat es sich gefügt, daß auch die Mannheimer Duden-Redaktion seit einigen Jahren aus den Beengungen der orthographisch orientierten Wörterbucharbeit herausgetreten ist und »Das große Wörterbuch der deutschen Sprache« (1978–1981) vorgelegt hat, das mit seinem ganz aus den Quellen geschöpften Material das zur Zeit beste dieser Wörterbücher mittleren Umfangs geworden ist. Allerdings ist es wesentlich weniger bildungsfreundlich als das Wörterbuch aus der DDR und läßt den Wortschatz unserer Klassiker, sofern er von der deutschen Gegenwartssprache abweicht, in bedenklicher Weise außer acht. So ist es leider ein Wörterbuch mit dem Rücken zur deutschen Sprachkultur geworden. Aber auch mit dieser zeitbedingten Eigenschaft macht der Duden-Sechsbänder seinem Markenzeichen Ehre, und ich lasse mich von meiner Wertschätzung für dieses Wörterbuch nicht durch einige spektakulär vorgetragene, in ihren Proportionen unbillige Kritiken abbringen.[13]

Ein dritter Sechsbänder mit dem Titel »Deutsches Wörterbuch« trägt den Namen Brockhaus/Wahrig (1980–1984). Es hat etwa den doppelten Seitenumfang des sechsbändigen Duden-Wörterbuchs und kommt auf diesen Umfang vor allem durch eine exhaustive Berücksichtigung fachsprachlicher Wortschätze, insbesondere aus der Rechts- und Verwaltungssprache. Das ist grundsätzlich zu begrüßen. Die Begriffserläuterungen, die diesen Fachausdrücken beigegeben sind, sind jedoch, insbesondere bei den zusammengesetzten Begriffen, häufig nichtssagend oder nur für den fachinternen Gebrauch geeignet. Sogar das Wort »Taxi« wird durch eine lange verwaltungssprachliche Definition erläutert, die das Komische streift. Gewisse Vorzüge besitzt dieses Wörterbuch hingegen in den grammatischen Informationen, die den Wörterbuchartikeln beigegeben sind. Der größte Mangel des Brockhaus/Wahrig liegt darin, daß er nicht aus den Quellen erarbeitet, sondern aus anderen Wörterbüchern und Fachwörterbüchern kompiliert ist. Der Brockhaus/Wahrig ist von Herbert Ernst Wiegand und Antonin

Kučera scharf, in einzelnen Aspekten vielleicht zu scharf kritisiert worden, aber im ganzen sehe ich mich leider nicht in der Lage, das Wörterbuch zu verteidigen.[14]

Neben diesen sechsbändigen Wörterbüchern der deutschen Sprache sind noch einige einbändige Wörterbücher zu nennen. Für den gegenwärtigen Sprachzustand sind das die beiden von Gerhard Wahrig erarbeiteten Wörterbücher mit den Titeln »Deutsches Wörterbuch« (1968/1974) und »dtv-Wörterbuch der deutschen Sprache« (1978), die beide als Vorläufer des Brockhaus/Wahrig gelten können. Aus dem Hause Duden liegt ferner das »Deutsche Universalwörterbuch« (1983) vor, ein Ableger des sechsbändigen Wörterbuchs aus dem gleichen Hause. Für alle Fragen der Sprachgeschichte haben wir ferner Hermann Pauls »Deutsches Wörterbuch« (1879), seit der 6. Auflage in der Bearbeitung von Werner Betz (1966).

Und – natürlich – wir haben den Grimm, und wir haben ihn jetzt sogar als fotomechanischen Nachdruck in einer Taschenbuchausgabe des dtv-Verlages (1984). Aber Grimms »Deutsches Wörterbuch« ist, wie man gesagt hat, ein gotischer Dom: sehenswert und bewundernswert, doch kein Wohnhaus, und natürlich muß immer daran ausgebessert werden, wie das auch jetzt in den lexikographischen Arbeitsstellen der Göttinger und der (Ost-)Berliner Akademie der Wissenschaften geschieht.

Das ist also insgesamt nicht wenig, aber es ist nicht genug. Verglichen mit den Wörterbüchern des englischen und französischen Sprachraums haben wir immer noch zu wenig für das Kulturgut Wörterbuch getan. Wir brauchen daher heute, 150 Jahre nach der Konzeption des Grimmschen Wörterbuchs, ein neues Wörterbuchkonzept für die Zukunft. So wie unsere Vorgänger im 19. Jahrhundert Wörterbücher geplant und begonnen haben, die wir noch heute mit Gewinn konsultieren können, so müssen wir in unserer Zeit Überlegungen anstellen, wie neue Wörterbücher zu schaffen sind, die auch den nachfolgenden Generationen des nächsten Jahrhunderts noch von Nutzen sein werden. Wir sollten also, so meine ich, ein neues großes Wörterbuch der deutschen Sprache planen, das den gegenwärtig bestehenden und den mit einiger Wahrscheinlichkeit für die Zukunft zu erwartenden Kommunikationsbedingungen Rechnung trägt. Es geht also nicht nur um ein neues Wörterbuch, sondern gleichzeitig um einen neuen Wörterbuch-Typus.

Ich glaube, wir müssen von einer bestimmten Diagnose ausgehen, die sich darauf erstreckt, was die deutsche Sprache für das gesellschaftliche Leben im deutschsprachigen Raum leistet und leisten kann. Können wir uns mit ihrer Hilfe immer in aller wünschenswerten Klarheit verständigen, oder können wir es nicht? Die Wörterbuchmacher der voraufgehenden Generationen, von Jacob Grimm bis Konrad Duden, hatten da schon ihre Bedenken. Sie machten sich klar, daß Deutschland erst spät zur Nation zusammengewachsen ist. Die deutsche Nationalsprache mußte also als gemeinsame Sprache aller Deutschen einen schweren Stand gegenüber den Regionalsprachen und Mundarten haben. Einem Wörterbuch der deutschen Sprache fiel daher unter anderem die Aufgabe zu, das prekäre Verhältnis zwischen der Gemeinsprache und den Regionalsprachen zu thematisieren, zu problematisieren oder, wie im Beispiel des Rechtschreib-Duden, durch das Minimalprogramm einer gemeinsamen Rechtschreibung zu entschärfen. Nun wissen wir sehr wohl, daß die deutsche Sprachlandschaft auch heute noch regionale Spielarten in Fülle aufweist, mehr als die Sprachlandschaft vieler anderer Länder. Und selbstverständlich muß ein deutsches Wörterbuch, das eine gewisse Größe hat, solche Tatsachen berücksichtigen. Dabei spielen auch die entstehenden, jedoch in ihrer Bedeutung manchmal überschätzten Sprachdifferenzen zwischen dem Sprachgebrauch in der Bundesrepublik und in der DDR eine gewisse Rolle. Ein neues großes Wörterbuch der deutschen Sprache wird nun gewiß nicht die Aufgabe haben, die bunte Fülle der Mundarten nach *einem* Muster einzufärben. Das besorgen schon die Massenmedien genug und übergenug. Das eigentliche Kommunikationsproblem der gegenwärtigen und wahrscheinlich der zukünftigen Sprachsituation in Deutschland liegt sicher nicht auf diesem Gebiet. Es liegt nicht mehr in dem Verhältnis zwischen einer Hochsprache und den Mundarten, sondern zwischen der deutschen Gemeinsprache als der allgemeinen Verkehrssprache und den verschiedenen Fachsprachen der immer stärker auseinanderstrebenden Berufe, Technologien, Wirtschaftszweige und Wissenschaften. Hier, so lautet meine Diagnose, liegt das zentrale Kommunikationsproblem der modernen Sprache.

Dieses Kommunikationsproblem hat zwei Seiten. Auf der einen Seite müssen die Laien – als Schulkinder oder als lebenslang lernende Erwachsene – ständige Anstrengungen machen, um in die vielen Fachsprachen, von denen sie umgeben sind, einzudringen. Diese Bemühungen reichen von der Naturlehre im Grundschulunterricht über die komplizierten Terminologien verschiedener Verwaltungssprachen bis hin zu der manchmal als Geheimsprache praktizierten Fachsprache der Ärzte. Wie erlernt man eigentlich all diese Fachsprachen, zumal aber diejenige, die man für seinen Beruf braucht? Die andere Seite dieses Kommunikationsproblems ist jedoch ebenso wichtig. Derjenige nämlich, der sich seines Berufes halber in einer bestimmten Fachsprache bewegt und diese Fachsprache vielleicht zu seiner zweiten Sprachnatur hat werden lassen, sollte dennoch auf keinen Fall vergessen, daß die Gemeinsprache der gemeinsame Grund aller Fachsprachen ist. Wir machen aber leider allzuoft die Erfahrung, daß die Fachleute, wenn sie einmal die Gewohnheit fachsprachlich-terminologischer Ausdrucksweise angenommen haben, nur mit größten Schwierigkeiten wieder in die Gemeinsprache zurückfinden. Sie wollen nicht nur, sie können auch schwierige Sachverhalte nicht mehr so einfach sagen, daß sie auch von Laien verstanden werden. Und auch die Fachleute anderer Fachsprachen sind in diesem Sinne Laien. Es ist aber außerordentlich wichtig und für das soziale Zusammenleben unerläßlich, daß unsere Gesellschaft nicht in eine Vielzahl fachsprachlicher Gettos auseinanderfällt, zwischen denen die Kommunikation abreißt. Denn wir wollen ja einer demokratischen Gesellschaft angehören. Was das aber (unter anderem) bedeutet, kann man aus einem bedenkenswerten Wort des Pädagogen Hartmut von Hentig entnehmen, der einmal die Demokratie als »Herrschaft der Laien« definiert hat.[15] Tatsächlich kann eine Demokratie nur dann gedeihen, wenn weder die Diktatoren noch die manchmal ebenfalls diktatorischen Experten alle Macht im Staate haben. Die Laien, deren Repräsentanten ja nach unserer Verfassung als Abgeordnete im Parlament höchste Macht ausüben sollen, müssen unbedingt in der Lage sein, auch komplizierte Sachverhalte hochspezialisierter Fachgebiete zu beurteilen. Und da man diesen Laien nicht zumuten kann, sich für jeden politischen Entscheidungsfall in die zugehörige Fachsprache einzuarbeiten, müssen eben in einer Demokratie die Fachleute aufgefordert und nötigenfalls mit der zugehaltenen Hand gezwungen werden, ihre fachlichen Zwecke immer auch gemeinsprachlich zu begründen.

Was für die Fachsprachen allgemein gilt, gilt in erhöhtem Maße für die Fachsprachen der Wissenschaften. Es ist unübersehbar, daß wir in einer Epoche leben, die in zunehmendem, vielleicht sogar beängstigend zunehmendem Maße unter die Macht und Herrschaft der Wissenschaften gerät. Die Wissenschaften, und zwar gleichermaßen die Natur-, Geistes- und Gesellschaftswissenschaften, greifen immer unmittelbarer in unser gesellschaftliches und privates Dasein ein und bestimmen immer gebieterischer die Umweltbedingungen, unter denen wir leben müssen. Ich brauche dieses Bild hier nicht weiter auszumalen; dieses Zeitalter ist mit Evidenz ein wissenschaftliches Zeitalter und wird es mit Sicherheit bleiben. Die Wissenschaften aber haben mit Notwendigkeit ihre Fachsprachen, und jede Wissenschaft hat die eigene und manchmal deren mehrere. Nicht nur Kulturkritiker, sondern auch viele Wissenschaftler selber haben auf diese Verhältnisse mit der Klage reagiert, daß man sich zwischen den Wissenschaften, manchmal sogar innerhalb der Wissenschaften nicht mehr verstehen kann, ganz zu schweigen von den Verständigungsschwierigkeiten zwischen der Umgangssprache einerseits und den vielen Fachsprachen der Wissenschaften andererseits. Diese Klagen nützen aber nichts, denn die Wissenschaften, die auf Arbeitsentwürfe in der Gestalt sprachgebundener Theorien und auf Anwendungen in Gestalt ebenfalls sprachgebundener Terminologien angewiesen sind, sind ohne Fachsprachen und deren *termini technici* nicht arbeitsfähig.[16] Und so muß jeder, der in eine Wissenschaft oder Technologie eingeführt werden will, zunächst deren eigene Sprache lernen. Für diese Bedürfnisse gibt es daher auch längst in allen Ländern Fachwörterbücher. Ich nenne als Beispiele etwa Surys »Wörterbuch der Psychologie und ihrer Grenzgebiete« (1951 ff.), Römpps »Chemie-Lexikon« (1947 ff.) und das »Wörterbuch der Medizin« (1956 ff.) von Zetkin/Schaldach. All diese Fachwörterbücher, gleich welcher Qualität, sind unter linguistisch-lexikographischen Gesichtspunkten Wildwuchs. Sie bieten zwar, wenn sie gut gemacht sind, dem Adepten der betreffenden Wissenschaft eine Einführung in die wissenschaftliche Terminologie. Aber zwei wichtige Dinge leisten sie in aller Regel nicht: sie stellen weder eine Verbindung zu den anderen Wissenschaften her, noch schlagen sie die Brücke zur Gemeinsprache.

Gerade darauf aber kommt es an. Denn es ist für die einzelnen Wissenschaften von größter Bedeutung, daß sie bei ihren Forschungsarbeiten nicht vergessen, welche vortheoretischen Erfahrungen der Gemeinsprache mitgebracht werden, wenn Wörter des alltäglichen Gebrauchs in Fachterminologien einwandern oder wenn Ausdrücke dieser Fachterminologien mehr oder weniger analog zu den Wörtern der Gemeinsprache neu gebildet werden. Und auf der anderen Seite ist es für die Gemeinsprache lebenswichtig, daß sie von den Begriffswörtern der verschiedenen Wissenschaften und Technologien den rechten Gebrauch machen kann. Die Gemeinsprache, für uns also unser gutes Deutsch, ist in dieser Hinsicht der Gemeinnenner für die verschiedenen Fachsprachen aller wissenschaftlichen Disziplinen und in ihrem Gefolge der Technologien.[17] Natürlich ist die Gemeinsprache nicht nur das; sie ist zugleich unsere tägliche Umgangssprache, unsere öffentliche Verkehrssprache und unsere geliebte Literatursprache. Wenn wir ein neues großes Wörterbuch der deutschen Sprache machen wollen – und wir sollten es machen –, dann müssen wir neben diesen klassischen Aufgaben der Gemeinsprache auch dieser neuen, für die Lebensform einer hochindustrialisierten Zivilisation unerläßlichen Tatsache Rechnung tragen, daß die Gemeinsprache der gemeinsame Grund für eine Vielzahl von wissenschaftlichen Fachsprachen ist oder, vorsichtiger gesagt, sein muß. Denn wenn die Wissenschaftssprachen ihre Verbindung mit der Gemeinsprache abreißen lassen, dann bringt das für die Wissenschaften und Technologien nicht nur die Lächerlichkeit der Pedanterie und Sektiererei mit sich, sondern auch sehr viel schwerer wiegende Gefahren für eine unzureichende Reflexion auf die eigenen Voraussetzungen. Abgetrennt von den Wissenschaftssprachen, muß aber auch die Gemeinsprache zum Geplapper verkümmern, so wie sie auf andere Weise verkümmern würde, wäre sie von der Sprache der Literatur abgeschnitten.

Ich male nun sicher die Situation unserer deutschen Sprache nicht zu schwarz, wenn ich sage, daß es mit der Kommunikation zwischen denen, die nur die deutsche Verkehrssprache sprechen, und denen, die auch oder nur ihre Fachsprachen sprechen, nicht immer zum besten bestellt ist. Die geringe Widerstandskraft mancher Sprecher und Schreiber gegen wissenschaftlichen, halbwissenschaftlichen und pseudo-wissenschaftlichen Jargon, der beflissene Gebrauch und rasche Verbrauch von Wegwerf-Vokabeln irgendeiner wissenschaftlichen Provenienz, schließlich die überall herumliegenden Schablonen für die schnell wechselnden Meinungen des

Tages – all diese wohlbekannten Erscheinungen wollen wir nicht als Anzeichen eines allgemeinen Verfalls unserer Sprache und Krise unserer Kultur lesen, sondern in genauerer Lesart als eine spezifische Störung der Kommunikation im Bereich zwischen der Gemeinsprache und der wachsenden Zahl der wissenschaftlichen Fachsprachen.

Hier tut Abhilfe not. Hier sind in erster Linie die Linguisten, sofern sie nicht durch ihre eigene Fachsprache selber sprachlos geworden sind, zur Abhilfe aufgerufen. Hier muß Wörterbucharbeit geleistet werden, und zwar gezielt im Hinblick auf ein großes, konsistentes Wörterbuch der deutschen Sprache, das im besonderen Maße dem Verhältnis der deutschen Gemeinsprache zu den mehr oder weniger internationalen Wissenschaften Rechnung trägt. Wir können es seinem Typus nach das »interdisziplinäre Wörterbuch« nennen. Dieses Wörterbuch müßte zunächst aus einem nicht zu klein bemessenen Grundwörterbuch bestehen, das den Wortbestand der deutschen Sprache von der alltäglich gesprochenen Umgangssprache bis hin zu den verfeinerten Formen der deutschen Literatursprache, und zwar nicht nur der Gegenwartsliteratur, enthält. Um dieses Grundwörterbuch herum müßte sich ein Kranz von Satelliten-Wörterbüchern für die wichtigsten Fachsprachen legen, um die wichtigsten Bereiche der modernen Wissenschaft und Technologie sprachlich zu erschließen. Wichtig ist dabei, daß all diese Teilwörterbücher nach dem gleichen linguistischen und lexikographischen Konzept gemacht werden, so daß jeder Benutzer bei Bedarf vom Grundwörterbuch zu den anschließenden Fachwörterbüchern oder, was für das Gedeihen der Wissenschaften nicht gleichgültig ist, von den Fachwörterbüchern zum Grundwörterbuch der Gemeinsprache verwiesen werden kann. Der Wörterbuchbenutzer soll sich also beispielsweise bei dem Wort »Prägung« vom Grundwörterbuch zum Fachwörterbuch der Biologie und Verhaltensforschung weiterschicken lassen, und umgekehrt soll sich ein anderer Wörterbuchbenutzer von dem Stichwort »Funktion« im Fachwörterbuch der Mathematik zu der ganz anderen Bedeutung dieses Wortes im Grundwörterbuch zurückschicken lassen.

Es ist also nötig, für das geplante Wörterbuch ein hochentwikkeltes Verweisungssystem vorzusehen, das gleichzeitig dazu dient, die um der Benutzer willen notwendige, aber immer irrationale

Ordnung des Alphabets mit der mehr oder minder systematisierten Ordnung innerhalb der Disziplinen zu versöhnen. Indem der Benutzer des Wörterbuches nach den Instruktionen der Verweisungen zwischen dem Grundwörterbuch und den Satelliten springt, entdeckt er die Strukturen der Sprache. Das Prinzip der Verweisung soll also hier nicht im Sinne einer bloßen Technik der Wörterbuch-Organisation verstanden werden. In den Verweisungen soll sich vielmehr eine bestimmte theoretische und gleichzeitig didaktische Auffassung vom Stand der Sprache in der gegenwärtigen Welt niederschlagen. Ich folge mit diesen Überlegungen übrigens keinem geringen Beispiel. Denn schon in der großen Enzyklopädie, mit der Diderot und d'Alembert im 18. Jahrhundert ein großes Lexikon zum Instrument der Aufklärung gemacht haben, wird das Verfahren der Verweisung *(renvoi)* von einem Lexikon-Artikel zum anderen als ein Verfahren begriffen, durch das man den Benutzer anregen kann, bestimmte Denkverbindungen herzustellen. Es stellt nämlich jenen Sachzusammenhang der Dinge *(enkyklios paideia)* wieder her, der durch die alphabetische Ordnung des Lexikons aus pragmatischen Gründen zunächst einmal zerstört worden ist.[18] Nun glauben wir heute zwar nicht mehr an einen umfassenden,»kreisförmigen« Zusammenschluß aller Disziplinen, aber wir müssen auf der anderen Seite daran interessiert sein, daß ein Wörterbuch nicht dazu beiträgt, unser Wissen und Verstehen noch weiter in Parzellen und Elemente auseinanderzureißen, als das ohnehin schon geschieht. Ich wünsche mir also für das zukünftige Wörterbuch möglichst viele Benutzer, die sich über ein Verweisungssystem von der Gemeinsprache zu den Fachsprachen und von den Fachsprachen zur Gemeinsprache sowie schließlich von einer Fachsprache über die Gemeinsprache zu einer anderen Fachsprache leiten lassen. Wer diese Erfahrungen einige Male an konkreten Wörtern seines Interessenbereichs gemacht hat, hat damit unmittelbar ein Stück sprachlicher Wirklichkeit erfahren. Das ist immer auch zugleich ein Stück Aufklärung und, sofern Wissenschaftssprachen an diesen Verweisungen beteiligt sind, ein Stück Wissenschaftstheorie.

Es versteht sich, daß die hier skizzierten lexikographischen Leistungen nicht von einem einbändigen Wörterbuch kleineren Umfangs erbracht werden können. Man muß schon ein recht großes Wörterbuch der deutschen Sprache ins Auge fassen, das in seinem Gesamtumfang nicht unter zwanzig großformatigen Bänden bleiben kann. Etwa zehn Bände müssen dann dem Grundwörterbuch vorbehalten bleiben, die übrigen zehn Bände sollten den verschiedenen Fachsprachen zugewiesen werden. Das sind dann also Fachwörterbücher für Wirtschaft, Politik und Verwaltung, Technik, Medizin, aber auch Literatur, Kunst und andere Fachbereiche, die im einzelnen noch in der lexikographischen Praxis abgegrenzt werden müssen. Reicht dieser Umfang aber wohl aus? Hier liegt tatsächlich ein erhebliches Problem, insbesondere was den Umfang der Fachsprachen betrifft. Um uns von der Komplexität der Fachsprachen ein Bild zu machen, wollen wir uns einige Zahlen vergegenwärtigen.[19] Da erfahren wir beispielsweise von der Fachsprachenforschung, daß allein die Fachsprache der Chemie einen Wortschatz von 100 000 Wörtern hat, mit einer monatlichen Zuwachsrate von rund 100 Einheiten. Für die Fachsprache der Medizin liegen Schätzungen vor, die maximal auf 500 000, minimal auf 170 000 Wörter kommen. Wie diese vielen fachsprachlichen Wörter der Medizinersprache zusammenkommen? Sie werden folgendermaßen aufgeschlüsselt: 80 000 Wörter für die verschiedenen Medikamente, 10 000 für Körperteile und Organe, 20 000 für Organfunktionen und nicht weniger als 60 000 für die verschiedenen Krankheiten. Tröstlich ist jedoch zu hören, daß ein normaler Medizinstudent von diesen vielen Ausdrücken nur etwa 6000 bis 8000 beherrscht; der Umgangssprache gehören etwa 500 an. Äußerst umfangreich ist beispielsweise auch die Fachsprache der Technik. Sie umfaßt nicht nur selber eine große Zahl von *termini technici*, sondern »beschickt« auch mit ihren Ausdrücken bis zu elf Prozent der Umgangssprache. Eine weitere Berechnung sagt nun, daß man in der deutschen Sprache gut und gerne 300 verschiedene Fachsprachen unterscheiden kann, die allerdings nicht alle den Umfang der chemischen, medizinischen oder technischen Fachsprache haben. Wie soll diese Masse in einem Wörterbuch gebändigt werden, auch wenn zehn große Bände für die einzelnen Fachsprachen vorgesehen sind?

Die Komplexität ist tatsächlich eines der schwierigsten Probleme der Lexikographie. Das gilt in erhöhtem Maße, wenn ein Wörterbuch, wie hier vorgeschlagen, eine starke fachsprachliche Komponente erhalten soll. Dieses Problem haben übrigens schon die Enzyklopädisten des 18. Jahrhunderts gesehen. Die Kunst der

Reduktion *(l'art de réduire)* gehört nach d'Alembert zu den wichtigsten Fähigkeiten eines Wörterbuchmachers.[20] So soll sich auch ein neues großes Wörterbuch der deutschen Sprache nicht unbedingt durch eine extrem hohe Quantität des behandelten Wortmaterials auszeichnen. Hier muß eine strenge Auswahl getroffen werden. Das Auswahlprinzip ergibt sich aus dem ins Auge gefaßten Benutzerkreis. Wenn das Wörterbuch in seiner fachsprachlichen Komponente für Laien gemacht wird, dann müssen in die fachsprachlichen Satelliten-Wörterbücher auch vorzugsweise und vielleicht ausschließlich diejenigen Wörter aufgenommen werden, mit denen sich eine Disziplin nach außen wendet, entweder an eine allgemeine Öffentlichkeit oder an eine andere Disziplin. Die Kunst des Wörterbuchmachens wird hier zu einem guten Teil im Weglassen bestehen.

Im übrigen wird sich das skizzierte Wörterbuch hüten müssen, die Fachsprachen nur als gewaltige Nomenklaturen aufzufassen, wie das bei den von Industrie und Handel hier und dort ins Leben gerufenen Ausschüssen für Terminologienormung häufig der Fall ist. In der neueren Fachsprachenforschung, die allerdings noch am Anfang ihrer Entwicklung steht, setzt sich die Auffassung durch, daß Fachsprachen nicht nur durch ein gewaltiges Plus an Substantiven ausgezeichnet sind, sondern in gewissen Grenzen auch durch eine eigene, mehr oder weniger stark abweichende Grammatik. Hier sollte das Wörterbuch nicht an Information sparen.

Die großen Wörterbücher des 19. Jahrhunderts, mit Vorläufern im 17. und 18. Jahrhundert und Nachfahren im 20. Jahrhundert, waren historische Wörterbücher, die mit den Wörtern zugleich die Wortgeschichte gaben. Da wir nun in Deutschland das Grimmsche Wörterbuch haben, braucht das neue große Wörterbuch der deutschen Sprache nicht ebenfalls ein historisch orientiertes Wörterbuch zu sein. Es sollte prinzipiell ein Wörterbuch der deutschen Gegenwartssprache sein. Mit dieser Entscheidung soll aber die Geschichte nicht aus dem Wörterbuch verbannt werden. Auch hier empfiehlt es sich wieder, an die Laien zu denken. Man darf von ihnen annehmen, daß sie auch von der Geschichte der Sprache nicht alles wissen wollen, was überhaupt von ihr wißbar ist. Bei solchen alltäglichen und trivialen Wörtern also wie *Tisch* und *Baum*, *groß* und *klein*, *essen* und *trinken* genügt es, den gegenwärtigen Sprachgebrauch zu verzeichnen, wie er in einem Corpus mit schriftlichen und mündlichen Texten im Umfang etwa dreier Generationen eingefangen werden kann. Für Wörter dieser Art genügt es, wenn man dem betreffenden Artikel eine kurze Notiz über die Etymologie beifügt, mit der das historische Wissensbedürfnis für diese Wörter wahrscheinlich ausreichend zu befriedigen ist. Andere Wörter gibt es jedoch in der Sprache, und es sind insgesamt nicht wenige, über die wir durch kein zeitgenössisches Corpus zureichend unterrichtet werden können. Diese Wörter haben, so möchte ich sagen, eine erhöhte historische Charge. Ich denke etwa an solche Wörter wie *Republik, Klassik, Toleranz, Glück, Intellektueller, Freiheit, Gleichheit, Brüderlichkeit.* Bei diesen Wörtern sowie bei dem gesamten Wortschatz unserer wichtigsten klassischen Texte muß man über ein für die Zwecke dieses Wörterbuches festzusetzendes Jahr Null in den geschichtlichen Raum zurückgreifen, und zwar je nach dem Wort mit unterschiedlicher Eindringtiefe. Das kann in der Weise geschehen, daß man das Corpus, das dem Wörterbuch zugrunde zu legen ist, über Werk-Indices gezielt erweitert. Bei dem Wort *Demokratie* muß man also beispielsweise die Wortgeschichte unbedingt bis zur Antike zurückverfolgen, bei den Wörtern *Toleranz* und *Intellektueller* ist es hingegen meines Erachtens nicht nötig, auf *tolerare* bei Cicero und *intellectualis* bei den Kirchenvätern zurückzugreifen. Für das Wort *Toleranz* liegt die angemessene historische Eindringtiefe bei den Religionskriegen im Anschluß an die Reformation, für das Wort *Intellektueller* beim Dreyfus-Prozeß. Dabei ist allerdings zu beachten, daß die historische Eindringtiefe selbst bei einem und demselben Wort verschieden sein kann, je nachdem ob es sich um die Gemeinsprache oder um eine Fachsprache handelt. Alsdann wird sich sicher an vielen Einzelfällen zeigen, daß manche Wörter der Gemeinsprache eine fachsprachliche Vorgeschichte haben – und umgekehrt. So läßt sich etwa das neuerdings in die Gemeinsprache eingedrungene Wort *Lebensqualität* in der Fachsprache der Philosophie bis auf Senecas *qualitas vitae* zurückverfolgen, und umgekehrt hat das Wort *Widerstand*, ehe es ein *terminus technicus* der physikalischen Fachsprache wurde, natürlich eine lange Vorgeschichte in der deutschen Gemeinsprache. Auf diese Weise müßte das Wörterbuch statt eines schematischen Schichtenmodells ein differenziertes historisches Diagramm des Wortschatzes abbilden, das in der unterschiedlichen historischen Sensibilität der Wörter eine unterschiedliche Sprachsensibilität der geschichtlichen Epochen zu erkennen gibt. Dabei muß schließlich auch deutlich werden, daß die historische Belastung eines allzuviel gebrauchten und vielleicht sogar zu inhumanen Zwecken mißbrauchten Wortes so groß ist, daß man ein solches Wort heute nicht mehr gebrauchen kann. Gewisse Wörter also aus dem »Wörterbuch des Unmenschen«, von der *Volksgemeinschaft* bis zur *Endlösung*, brauchen dann nicht durch eine explizite Norm aus dem Verkehr gezogen zu werden, sondern verbieten sich durch die Evidenz der vom Mißbrauch zeugenden historischen Belege für den weiteren Sprachgebrauch. Hier wird die Norm durch die Evidenz der Geschichte repräsentiert.

Gibt es nun eine Wahrheit der Wörterbücher? Liegt diese Wahrheit vielleicht beim »interdisziplinären Wörterbuch«? Oder liegt sie eher beim autoritativen, dem enzyklopädischen, dem historisch-philologischen oder dem thesaurierenden Wörterbuch? Ich glaube, die eingangs gegebene Typologie der großen einsprachigen Wörterbücher hat zur Genüge deutlich gemacht, daß zwischen den Wörterbuch-Typen und den historischen Epochen eine Korrespondenz besteht. Man kann nicht ohne Rücksicht auf die geschichtlichen Zeiten aus dem Inventar der skizzierten Typen einen Wörterbuch-Typus herausgreifen, um von diesem zu sagen, er verkörpere schlechthin die Wahrheit der Wörterbücher. Gerade das Beispiel des Rechtschreib-Duden hat ja gezeigt, daß eine gravierende historische Verspätung für einen bestimmten Wörterbuch-Typus nicht ohne nachhaltige Folgen bleiben kann. Ich ziehe daraus die sicherlich plausible Folgerung, daß auch bei den Wörterbüchern die Wahrheit historisch ist. Die Wahrheit des Wörterbuches ist im 17. und 18. Jahrhundert eine andere als im 19. und 20. Jahrhundert. Eine bestimmte Kongruenz und Korrespondenz zwischen der Art und Weise, ein Wörterbuch zu machen, und dem, was ich summarisch den »Geist der Zeiten« nennen will, ist wohl die Voraussetzung dafür, daß überhaupt von der Wahrheit eines bestimmten Wörterbuches oder Wörterbuch-Typus die Rede sein kann. Es handelt sich demnach für jede Epoche darum, herauszufinden, welcher Wörterbuch-Typus ihr gemäß ist. Da ich davon überzeugt bin, daß unsere Epoche von ihrer *conditio scientifica* geprägt ist, habe ich hier als Wörterbuch-Typus dieser Epoche das interdisziplinäre Wörterbuch vorgeschlagen.

Ich bin mir im klaren darüber, daß ein solches Wörterbuch schwierig zu machen ist. Keine geringen Begabungen werden da von den Lexikographen verlangt. Ein Wörterbuch zu machen, ist ja immer schon ein mühseliges Geschäft gewesen, zu dem außer solchen spektakulären wissenschaftlichen Befähigungen wie Scharfsinn, Phantasie, Konsequenz und Urteilskraft auch viele unauffällige, einem handwerklichen Ethos verwandte Tugenden gehören wie Geduld, Fleiß, Beständigkeit, Genauigkeit im Detail und – an letzter, aber nicht geringster Stelle – eine große Sammelleidenschaft. Aber heute müssen die Wörterbuchmacher selbstverständlich auch ausgebildete Linguisten sein, allein schon um neben den Segnungen der linguistischen Methoden auch deren Gefahren richtig einschätzen zu können. Und weiter: wie soll der Wörterbuchmacher die historische Sensibilität eines Wortes einschätzen können, wenn er nicht selber historisch gebildet ist, was ohne eine umfassende Belesenheit in der Weltliteratur nicht möglich ist? Da aber schließlich in dem geplanten Wörterbuch auch alle Fachsprachen zu Wort kommen sollen, was eine zu ernste Sache ist, als daß sie nur den Fachleuten überlassen bleiben dürfte, so haben wir von unseren Wörterbuchmachern außerdem noch zu verlangen, daß sie sich so weit wie möglich interdisziplinär umsehen. Wir müssen damit an die zu findenden Lexikographen dieses Wörterbuches Erwartungen richten, die unter den Bedingungen des 20. Jahrhunderts einige Züge des längst verschollen geglaubten Universalmenschen, des *homo universalis*, erkennen lassen.[21] Kein Zweifel, daß dadurch das ganze Wörterbuch-Unternehmen einen utopischen Einschlag erhält. Aber was ist je in der Geschichte ohne Utopie bewegt worden?

ANMERKUNGEN

1 F. Pagliai: L'Accademia della Crusca e il suo vocabolario. Florenz 1967. G. Nencioni: La nuova Crusca. Florenz 1973. S. Parodi (Hg.): Gli atti del primo vocabolario. Florenz 1974. C. A. Mastrelli: »Filologia e lessicografia all'Accademia della Crusca«, in: Italianistica Scandinava. Atti del II Congresso degli Italianisti Scandinavi 1976. Turku 1977, S. 57–69.
2 Vgl. B. Spillner: »Die Rolle des Hofes bei der Herausbildung des ›bon usage‹ in der französischen Sprache des 17. Jahrhunderts«, in A. Buck u. a. (Hg.): Europäische Hofkultur im 16. und 17. Jahrhundert. 2 Bde. Hamburg 1981, Bd. 2, S. 13–21.

3 Vgl. I. Popelar: Das Akademiewörterbuch von 1694 – das Wörterbuch des Honnête Homme? Tübingen 1976 (= Beihefte zur Zeitschrift für Romanische Philologie 152). G. Matoré: Histoire des Dictionnaires français. Paris 1968. W. Krauss:»Macht und Ohnmacht der Wörterbücher«, in ders.: Zur Dichtungsgeschichte der romanischen Völker. Leipzig 1965, S. 5–23. M. Höfler:»Das Wörterbuch der Académie Française von 1694 bis 1935. Hauptlinien und Seitenpfade eines lexikographischen Monuments«, in: Gelehrte Bücher vom Humanismus bis zur Gegenwart. Wolfenbüttel 1983, S. 51–61.

4 M. Seco Raymundo/I. Soldevila Durante:»Le Dictionnaire historique de la langue espagnole«, in: Tavola rotonda sui grandi lessici storici. Florenz 1973, S. 3–7.

5 S. Johnson: The Plan of a Dictionary of the English Language. Menston 1970 (= English Linguistics 1500–1800, n° 223). Vgl. M. Lehnert:»Das englische Wörterbuch in Vergangenheit und Gegenwart«, Zeitschrift für Anglistik und Amerikanistik 4 (1956), S. 267–323.

6 Vgl. J. R. Hulbert: Dictionaries: British and American. London, 2. Aufl. 1968.

7 F. Schalk: Einleitung in die Enzyklopädie der französischen Aufklärung. München 1936. P. Grosclaude: Un audacieux message: l'Encyclopédie. Paris 1951. J. Proust: Diderot et l'Encyclopédie. Paris 1962. F. Schalk: Die Wirkung der Diderot'schen Enzyklopädie in Deutschland«, in ders.: Studien zur französischen Aufklärung, Frankfurt, 2. Aufl. 1977, S. 221–229.

8 Deutsches Wörterbuch, Vorwort von Jacob Grimm (1854). Vgl. auch B. Beckmann:»Das Deutsche Wörterbuch in Gegenwart und Zukunft«, in: Das Institut für deutsche Sprache und Literatur. Berlin 1954, S. 125–136. F. de Tollenaere:»Un dictionnaire historique de la langue allemande. Le Trésor des frères Grimm«, Cahiers de Lexicologie 6 (1965), S. 105–110. J. Drückert:»Das Grimmsche Wörterbuch in Geschichte und Gegenwart«, Acta Linguistica 25 (1975), S. 449–464.

9 Einen Überblick über die Problemlage bei den verschiedenen historischen Wörterbüchern Europas gibt der Band»Tavola rotonda sui grandi lessici storici«. Florenz 1973.

10 P. Imbs: Trésor de la langue française, Préface. Vgl. H. J. Wolf:»Tradition und Neuerungen im Trésor de la langue française«, Romanische Forschungen 87 (1975), S. 485–500. Zu den französischen Wörterbüchern allgemein: K. Baldinger (Hg.): Introduction aux dictionnaires les plus importants pour l'histoire du français, Paris 1974 (= Bibliothèque française et romane, Série D, 8). F. J. Hausmann: Einführung in die Benutzung der neufranzösischen Wörterbücher. Tübingen 1977 (= Romanische Arbeitshefte 19).

11 Brief vom 3. 2. 1914 an A. Kippenberg, nach H. E. Holthusen:»Rilke-Finsternis?«, Merkur 29 (1975) S. 1042–1053, hier S. 1051.

12 K. Duden: Vollständiges Orthographisches Wörterbuch der deut-

schen Sprache (1880). Faksimiledruck mit einem Nachwort von P. Grebe, Mannheim o. J. (= Sammlung Duden 1). P. Grebe (Hg.): Akten zur Geschichte der deutschen Einheitsschreibung 1870–1880, Mannheim 1963 (= Sammlung Duden 3). Zur Geschichte und Leistung des Dudens, hg. vom Bibliographischen Institut, Mannheim 1968. G. Drosdowski: »Der Duden – Geschichte und Aufgaben eines ungewöhnlichen Buches«, in: Almanach 1974, hg. von K. W. Frohn, Köln 1974, S. 117–128. H. Sarkowski: Das Bibliographische Institut. Verlagsgeschichte und Bibliographie 1826–1976, Mannheim 1976.

13 Der Spiegel 26. 11. 1984.

14 H. E. Wiegand/A. Kučera: Brockhaus-Wahrig: Deutsches Wörterbuch auf dem Prüfstand der praktischen Lexikologie. Teil I: 1. Band (A–BT); 2. Band (BU–FZ). Kopenhagener Beiträge zur Germanistischen Linguistik 18/1981, S. 94–217. Teil II: 1. Band (A–BT); 2. Band (BU–FZ); 3. Band (G–JZ). Germanistische Linguistik 3–6/1980, S. 285–373.

15 H. v. Hentig: »Die Sache und die Demokratie«, Neue Sammlung 2 (1969), S. 101–129, hier S. 102.

16 Vgl. E. Ströker: Das Problem der Sprache in den exakten Wissenschaften, in J. Simon (Hg.): Aspekte und Probleme der Sprachphilosophie, Freiburg 1974, S. 231–282 (mit weiteren Literaturhinweisen).

17 Encyclopédie ou Dictionnaire raisonné des sciences, des arts et des métiers, s. v. Encyclopédie (der Artikel ist von Diderot).

18 Nach H.–R. Fluck: Fachsprachen. Einführung und Bibliographie. München 1976 (= UTB 483), besonders Kap. 5. Vgl. auch D. Möhn/R. Pelka: Fachsprachen. Eine Einführung. Tübingen 1984 (= Germanistische Arbeitshefte 30).

19 Vgl. besonders den von d'Alembert verfaßten Discours préliminaire der Encyclopédie. Separate Ausgabe: D'Alembert: Discours préliminaire de l'Encyclopédie, hg. H. Wieleitner, Heidelberg 1911 (leicht gekürzt).

20 Zum Trost kann man sich an das erinnern, was Cicero vom Redner gesagt hat, der ebenfalls über alle möglichen Gegenstände *(quacumque de re)* Bescheid wissen muß: »(. . .) tamen illud tenebo, si quae ceteris in artibus atque studiis sita sunt orator ignoret tantumque ea teneat quae sunt in disceptationibus atque usu forensi, tamen his de rebus ipsis si sit ei dicendum, cum cognorit ab eis qui tenent quae sint in quaque re, multo oratorem melius quam ipsos illos quorum ea sint artes esse dicturum« (De oratore libri tres, I 65).

21 Zur Weiterentwicklung des hier vorgestellten Wörterbuchplans vgl. H. Henne/W. Mentrup/D. Möhn/H. Weinrich (Hg.): Interdisziplinäres Wörterbuch in der Diskussion. Düsseldorf 1978 (= Sprache der Gegenwart 45). Vgl. auch G. Drosdowski/H. Henne/H. E. Wiegand: Nachdenken über Wörterbücher. Mannheim 1977. H. E. Wiegand: »Germanistische Wörterbuchforschung nach 1945«, Der Deutschunterricht 36 (1984) S. 10–27.

II

Europäische Sprachkultur

Die Accademia della Crusca
als Lehrmeisterin
der Sprachkultur in Deutschland

Als im Goethe-Jahr 1949 die Deutsche Akademie für Sprache und Dichtung gegründet wurde, knüpfte sie – spät, sehr spät – an eine Tradition an, die über viele europäische Vorbilder, insbesondere über die Académie Française (gegründet 1634), auf die »Mutter« all dieser Akademien zurückverweist: die Accademia della Crusca zu Florenz. Sie wurde im Jahre 1583 gegründet und besteht seitdem als eine zunächst lokale, dann nationale Institution, die vor allem durch ihre großen lexikographischen Leistungen zum Zentrum des Sprachbewußtseins und der Sprachkultur in Italien geworden ist. So hat Arthur Schopenhauer wohl recht, wenn er in seinen »Parerga und Paralipomena« schreibt, daß Italien »um seine Accademia della Crusca zu beneiden ist«.

Accademia della Crusca heißt »Akademie der Kleie«. Mit dieser untertreibenden Metapher wollten die Florentiner Akademiker zum Ausdruck bringen, daß die Sprachkultur im wesentlichen darin besteht, die Kleie vom Mehl (lutherisch gesprochen: die Spreu vom Weizen) zu trennen. Sie bewegten sich damit in einer landwirtschaftlich-handwerklichen Metaphorik, die sich auch in den Emblemen und Impresen der Akademie abbildete.

Wären die historischen Bedingungen günstiger gewesen, als sie es tatsächlich waren, so hätte die Accademia della Crusca lange vor 1949, nämlich schon wenige Jahrzehnte nach ihrer eigenen Gründung, das Modell für eine ähnliche Sprachakademie in Deutschland abgeben können. Alle Voraussetzungen waren dafür in der »Fruchtbringenden Gesellschaft« gegeben, die im Jahre 1617 gegründet wurde und in der kleinen obersächsischen Stadt Köthen ihren Sitz hatte. Es steht außer Zweifel, daß diese Gesellschaft eine echte Sprachakademie im Sinne der Accademia della Crusca und der (späteren) Académie Française gewesen ist, doch hat sie aus verschiedenen Gründen das 17. Jahrhundert nicht überlebt. Immerhin haben aber auch die wenigen Lebensjahrzehnte der Fruchtbringenden Gesellschaft nachhaltigen Einfluß auf die Entwicklung der deutschen Sprachkultur ausgeübt.[1]

Es lohnt sich, diesen Wirkungen nachzugehen. In den ausgehenden Jahren des 16. Jahrhunderts, als in Florenz die Accademia della Crusca gegründet wurde, war das Städtchen Köthen eine kleine obersächsische Residenzstadt. Bevor dort im Jahre 1606 Fürst Ludwig von Anhalt-Köthen (1579–1650) die Herrschaft seines kleinen Reiches antrat, machte er als junger Mann seine Bildungsreisen in fremde Länder. Eine dieser »Kavaliersreisen«, wie man damals sagte, begann er 1598 im Alter von neunzehn Jahren in Begleitung eines Freundes, der ebenfalls dem deutschen Hochadel entstammte. Die Reise ging nach Italien. Die beiden Freunde verlebten die meiste Zeit in Florenz, wo der junge Fürst seine Tage anfangs vor allem damit zubrachte, von italienischen Meistern das Lautenspiel und die neuesten höfischen Tanzschritte zu lernen. Aber er besuchte auch das Spital Santa Maria Nuova und suchte aus diesem Besuch Lehren zu ziehen, die ihm in seinem fernen deutschen Fürstentum von Nutzen sein könnten. Er war überdies sprachbegabt und beherrschte bald vollkommen die italienische – oder sagen wir genauer die toskanische – Sprache. Mit verschiedenen Literaten und Gelehrten der Stadt pflegte er freundschaftlichen Umgang. Unter diesen waren nun auch einige, die der Accademia della Crusca angehörten. Zu ihnen bildete er ein besonders enges Verhältnis aus, und so kann man verstehen, daß der kaum großjährige Fürst Ludwig von Anhalt-Köthen am 21. Juli 1600 zusammen mit seinem Freund, dem Grafen Adolf von Hanau-Münzenberg, zum Mitglied der Accademia della Crusca gewählt wurde. Wie alle anderen Akademiker erhielt auch der Fürst Ludwig einen akademischen Beinamen, der zur Getreide-Metaphorik der Akademie paßte. Sein Beiname war »der Entbrannte« *(l'Acceso)*. Das war, wie die Emblematik seines zu diesem Zweck gemalten Sinnbildes, der sogenannten Imprese, erkennen läßt, im Sinne eines »brennenden Stoppelfeldes« zu verstehen, das durch seine Asche zur Düngung des (Kultur-)Bodens beiträgt.[2]

86

Nach drei italienischen Jahren kehrte Fürst Ludwig nach Deutschland zurück und begann, sein kleines Fürstentum zu regieren. Als einige Jahre später der Holländer Daniel l'Eremite als Botschafter des Großherzogs Cosimo II. von Toskana verschiedene deutsche Fürsten besuchte, fand er in Köthen einen fast italienischen Fürstenhof vor, und Fürst Ludwig selber machte nach der sonst höchst kritischen Meinung des Botschafters den Eindruck eines Mannes, der auf vollkommene Weise deutschen Ernst und italienische Grazie miteinander verband.[3]

Der deutsche Lebensernst des Fürsten Ludwig zeigte sich zunächst darin, daß er sich intensiv um die Landwirtschaft seines Fürstentums kümmerte. Er legte Versuchsfelder und Mustergärten an und zeigte bei all diesen Tätigkeiten eine recht glückliche Hand. Zu diesen Arbeiten ließ er sich übrigens im besonderen Maße von einem »Traktat über die Landwirtschaft« anregen, der von dem Bologneser Piero de' Crescenzi zunächst lateinisch verfaßt und im Jahre 1605 ins Italienische übersetzt worden war. Die Übersetzung stammte von Bastiano de' Rossi, der damals ebenfalls Mitglied der Accademia della Crusca und sogar ihr Sekretär war. Er widmete die Übersetzung seinem Freund, dem gerade nach Deutschland zurückgekehrten Fürsten Ludwig, der die Anregungen dieses Traktats in seinem Fürstentum wohl gebrauchen konnte.[4]

Nachdem er seine Felder und Gärten in Ordnung gebracht hatte, griff Fürst Ludwig im Jahre 1617 eine weitere Florentiner Idee auf und gründete mit der anregenden Unterstützung seines Freundes Caspar von Teutleben seine eigene Akademie, die er die Fruchtbringende Gesellschaft nannte und der er später auch selber präsidierte. So entstand die erste deutsche Sprachakademie.[5]

Das Muster der Accademia della Crusca war bei fast allem, was sich Fürst Ludwig für seine Akademie einfallen ließ, deutlich zu erkennen, insbesondere in ihrer Emblematik, die ebenfalls vorwiegend die Landwirtschaft als Bildspender benutzte. So nahm der Fürst beispielsweise als Mitglied der Fruchtbringenden Gesellschaft den akademischen Beinamen »der Nährende« an, und seine Imprese zeigte ein Weizenbrot. Auch in ihren sonstigen Dispositionen folgten die Statuten der Fruchtbringenden Gesellschaft in strenger Analogie dem Muster der Accademia della Crusca. So wurde als zentrales Emblem der Fruchtbringenden Gesellschaft ein Baum gewählt, und zwar die Kokospalme, und von diesem Baum erwartete man natürlich, daß er »fruchtbringend« sei. Wenn man sich nun alle diese Florentiner Analogien vor Augen hält, liegt die Frage nahe, warum Fürst Ludwig seine Gründung nicht überhaupt »Akademie« genannt hat. Die Antwort ist leicht zu geben. Die Köthener Fruchtbringende Gesellschaft war zweifellos eine vorwiegend auf die Sprache ausgerichtete Institution, ebenso wie das ja auch von der Accademia della Crusca gilt. Im Rahmen dieser sprachlichen Ausrichtung setzte sich die deutsche Sprachgesellschaft nun besonders das Ziel, den Zustrom allzu vieler fremder Wörter zu bekämpfen. Eben deshalb aber wollte der Gründer der Fruchtbringenden Gesellschaft nicht selber durch die Wahl des griechisch-italienischen Wortes Akademie ein schlechtes Beispiel geben. So griff Ludwig für diesen Zweck auf das durch und durch deutschstämmige Wort »Gesellschaft« zurück, das er in italienisch geschriebenen Briefen durch *compagnia* wiederzugeben pflegte, nicht ohne jedoch für seine Gesellschaft und ihre Mitglieder hin und wieder auch die italienischen Ausdrücke *accademia* oder *accademici* zu gebrauchen. Heute kann man nicht mehr daran zweifeln, daß der Ausdruck Akademie in der deutschen Sprache völlig heimisch geworden ist, so daß nichts mehr dagegen spricht, die Fruchtbringende Gesellschaft ganz im Sinne der Accademia della Crusca eine Akademie zu nennen.

Diese Analogie wird auch durch die weitere Bildersprache der Embleme und Impresen bestätigt, wie sie von der Fruchtbringenden Gesellschaft gebraucht wurden. Die Metapher »Frucht« setzt in enger Nachbarschaft zu der Metapher Korn/Mehl/Kleie ein Bildfeld fort, das schon Horaz geläufig war und sodann in Italien von Dante, Bembo, Speroni und anderen aufgegriffen worden ist mit dem Ziel, die Sprache und den entweder guten oder schlechten Sprachgebrauch mit quasi-botanischen Bildern zu erläutern. Auch in ihren Emblemen und deren metaphorischer Geltung erweist sich daher die Fruchtbringende Gesellschaft nach dem Vorbild der Accademia della Crusca als eine Akademie zur Pflege der Sprachkultur.[6]

Wie konnte nun eine Sprachakademie, die im Jahre 1617 in Deutschland gegründet wurde, die Zeiten überdauern? Wir befinden uns ja am Vorabend des Dreißigjährigen Krieges, von dem Richard Wagner, Hitler noch nicht ahnend, einmal gesagt hat, er sei die größte deutsche Geschichtskatastrophe gewesen. Inmitten dieser Katastrophe, durch deren Folgen die deutsche Kultur um ein Jahrhundert zurückgeworfen wurde, überlebt jedoch wie durch ein Wunder – so versteht es weiterhin Richard Wagner – der *deutsche Geist:* »Das Volk war vernichtet, aber der deutsche Geist hatte bestanden.« Den überzeugendsten Beweis dafür sieht Wagner in dem »musikalischen Wundermann« Johann Sebastian Bach, in dessen Gestalt sich damals jener deutsche Geist inkarnierte, der dann später natürlich in Richard Wagner eine weitere Inkarnation erlebte. Die deutschen Fürsten hingegen, so fügt Wagner hinzu, haben in jener Kulturkatastrophe des Dreißigjährigen Krieges nichts dafür getan, den Geist der deutschen Nation zu retten und zu bewahren.[7]

Ich habe nicht genauso deutlich wie Richard Wagner vor meinen Augen, welche Hypostase wohl zu Recht den Namen »deutscher Geist« verdient, aber was die deutschen Fürsten des 17. Jahrhunderts betrifft, so ist doch recht gut bezeugt, daß zumindest Fürst Ludwig von Anhalt-Köthen wie auch seine Nachfolger in der Präsidentschaft der Fruchtbringenden Gesellschaft einiges für das Fortleben des deutschen Geistes getan haben. Man muß nämlich anerkennen, daß die Schaffung dieser Sprachakademie wirklich ein nationales Werk war, da ja die Fruchtbringende Gesellschaft – anders als die meisten italienischen und die später nach ihrem Beispiel gebildeten deutschen Akademien – als nationale Akademie konzipiert war, deren Wirkungsbereich sich über alle Lande deutscher Zunge erstreckte. So erwies sich die Fruchtbringende Gesellschaft nach dem Tod des Fürsten Ludwig im Jahre 1650 auch nicht an ihren Ursprungssitz Köthen gebunden, und die beiden Nachfolger des Fürsten, nämlich Herzog Wilhelm IV. von Sachsen-Weimar (1598–1662) und Herzog August von Sachsen-Weißenfels (1614–1680), verlegten den Sitz der Fruchtbringenden Gesellschaft an ihre jeweiligen Höfe, also nach Weimar und Halle. Dementsprechend nahm die Gesellschaft von Anfang an Mitglieder aus allen deutschen Landen auf, Adelige ebenso wie Bürgerliche und – was im Zeitalter der Religionskriege viel bedeutete – Protestanten ebenso wie (einige wenige) Katholiken. Insgesamt hatte die Gesellschaft in den drei Phasen ihrer Lebensdauer 890 Mitglieder. Unter den Adeligen, die etwa drei Viertel der Mitglieder bildeten (und das war vielleicht doch zuviel), fanden sich ein König, drei Kurfürsten, neunzehn Fürsten und viele andere Adelige unterschiedlichen Adelsstandes. Im Innenleben der Gesellschaft jedoch wurde die erbliche Adelswürde – zumindest *idealiter* – durch die Anciennität ersetzt, und demzufolge gebrauchte man im persönlichen wie im brieflichen Umgang untereinander sowie schließlich auch in den Veröffentlichungen der Gesellschaft ausschließlich die akademischen Beinamen. Es steht außer Zweifel, daß diese, wenn ich so sagen darf, »demokratischen« Verkehrssitten nicht wenig dazu beigetragen haben, auch in Deutschland jenen Formen des höflichen Umgangs und der geselligen Konversation Geltung zu verschaffen, wie sie in Italien von Castiglione und Stefano Guazzo modellhaft vorgestellt worden sind.[8]

Unter den bürgerlichen Mitgliedern der Fruchtbringenden Gesellschaft befand sich auch Georg Philipp Harsdörffer, der mit akademischem Beinamen »der Spielende« hieß. Dieser Gesellschafter hat in seinen zahlreichen Schriften am meisten dazu beigetragen, der höfisch-höflichen Konversation in Deutschland Heimatrecht zu verschaffen. Seine »Frauenzimmer-Gesprächsspiele«, in denen die Damen den Gesprächston angeben, sind Bestseller seiner Epoche geworden. Von der deutschen Sprache kann Harsdörffer folglich schreiben: »Man möchte uns aber nicht aufruken / unsere Sprache were nur geschikt zum Ernst (...). Nein / sie ist ebenso füglich zur Freundlichkeit und zur Liebe.«[9] Die Verpflichtung zur Sprachkultur im mündlichen und schriftlichen Umgang mit der deutschen Sprache steht auch ausdrücklich in den Statuten der Gesellschaft. Nachdem nämlich der erste Artikel dieser Statuten von der »Tugend« der Mitglieder gehandelt hat, kommt der zweite Artikel sogleich auf die Sprachkultur zu sprechen, und es heißt wörtlich: »So soll auch den Gesellschaftern (...) obligen / unsere hochgeehrte Muttersprache / in ihrem gründlichen Wesen / und rechten Verstande / ohn Einmischung fremder ausländischer Flikwörter / sowol in Reden / Schreiben als Gedichten / aufs allerzier- und deutlichste zu erhalten und auszuüben.«[10]

Nun machte allerdings der nicht-lokale Charakter der Fruchtbringenden Gesellschaft die Pflege der deutschen Sprache recht schwierig. Zwar hat sich Fürst Ludwig einige Male mit Mitgliedern der Gesellschaft, die gerade in Köthen anwesend waren, zusammengesetzt, um mit ihnen Fragen des guten Sprachgebrauchs zu erörtern. Bei einer Gelegenheit hat man beispielsweise darüber diskutiert, wie wohl das lateinische Wort *materia* am besten ins

Deutsche zu übertragen wäre, und man verfiel auf das deutsche Wort *Zeug*, das dann zwar nicht in der allgemeinen deutschen Bildungssprache, wohl aber später in der philosophischen Fachsprache (Heidegger) Karriere gemacht hat.[11] In den meisten Fällen äußerten sich die sprachlichen Aktivitäten der Fruchtbringenden Gesellschaft jedoch in Form von Briefen, die der Fürst als Oberhaupt der Gesellschaft entweder schrieb oder empfing. Die Korrespondenz wurde im Archiv der Gesellschaft aufbewahrt, das jedoch nicht mit dem Fremdwort »Archiv« benannt war, sondern »Erzschrein« hieß, also einen (fast) deutschen Namen trug, der allerdings nicht vom deutschen Sprachgebrauch angenommen worden ist. Viele dieser Briefe, die bis heute nur teilweise im Druck vorliegen, sind regelrechte Episteln und haben einen hohen dokumentarischen Wert für die Geschichte des deutschen Sprachbewußtseins. Allein die Tatsache, daß Fürst Ludwig auch solche Briefe in deutscher Sprache beantwortete, die an ihn in devotem Latein gerichtet waren, hatte in jener Zeit der andauernden Kulturkrise eine nachhaltige Bedeutung für das Sprachbewußtsein der Deutschen.[12]

In einem der deutsch geschriebenen Briefe entschuldigt sich ein Mitglied der Gesellschaft einmal bei Fürst Ludwig, er habe wenigstens die Wörter *ratio* und *iudicium* als lateinische Wörter stehen lassen müssen, da es dafür keine befriedigenden deutschen Äquivalente gebe. Angesichts solcher Schwierigkeiten richtete sich die sprachpflegerische Tätigkeit der Fruchtbringenden Gesellschaft verständlicherweise besonders darauf, für die Wörter griechisch-lateinischen Ursprungs, die einen Großteil der damaligen Bildungs- und Wissenschaftssprache ausmachten, deutsche Ausdrücke zu suchen.

Das zweite Arbeitsfeld der Gesellschaft war der Kampf gegen die alarmierende Zahl französischer Wörter, die damals – insbesondere in der Zeit nach dem Dreißigjährigen Krieg – als modisches Fremdwortwesen in die höfische und bürgerliche Sprache eindrangen und von den Höflingen und ihren Nachahmern als Inbegriff sprachlicher Eleganz angesehen wurden. Die Metaphorik des Mehls, das von der Kleie zu trennen ist, oder auch der Pflanzen, die vor der Überwucherung durch Unkraut zu bewahren sind, trug sehr dazu bei, all diese sprachlichen Aktivitäten auf das ideale, aber auch problematische Ziel der sprachlichen Reinheit *(puritas)* hinzuordnen.

Am auffälligsten zeigt sich die sprachliche Reinheit in einer wohlgeregelten Rechtschreibung. Das wenigstens war die herrschende Meinung in der Fruchtbringenden Gesellschaft, wo man in der Orthographie denjenigen Bereich der Sprache sah, der für einen regulativen Zugriff normbewußter Sprachpflege besonders zugänglich war. So versteht sich, daß Fürst Ludwig das Gesellschaftsmitglied Christian Gueintz sehr in seinem Vorhaben bestärkte, ein orthographisches Handbuch der deutschen Sprache zu schreiben. Das Werk kam zustande. Mit vielen bis ins einzelne gehenden Ratschlägen des Fürsten und Oberhaupts der Gesellschaft wohl versehen, veröffentlichte Gueintz, der den Beinamen »der Ordnende« trug, im Jahre 1645 das langersehnte Regelwerk unter dem Titel »Die deutsche Rechtschreibung«.[13] Höchst zufrieden mit seinem Gesellschafter, erklärte Fürst Ludwig sogleich den Gebrauch dieser und keiner anderen Rechtschreibung für verbindlich, und wenn er in der Folge einen Brief erhielt, in dem ein Mitglied der Gesellschaft sich Verstöße gegen die neuen Regeln zuschulden kommen ließ, konnte er sehr ungehalten werden. Es scheint, daß diese Strenge sich gelohnt hat, denn schon bei den Friedensverhandlungen am Ende des Dreißigjährigen Krieges haben verschiedene Schreiber die Rechtschreibregeln der Fruchtbringenden Gesellschaft befolgt.

Wenn man sich nun fragt, wieso und warum ausgerechnet das unbedeutende Residenzstädtchen Köthen zum Mittelpunkt eines so ausgedehnten sprachlichen und kulturellen Wirkens werden konnte, so muß man sich die bekannte Tatsache vor Augen halten, daß die Mundart Obersachsens für die Entwicklung der deutschen Hochsprache eine besondere Bedeutung gehabt hat. Als Mittelpunkt dieser Sprachlandschaft galt damals die ebenfalls recht kleine Residenzstadt Meißen. Schon zu Luthers Zeiten erschien vielen das »Meißner Deutsch« aus Gründen, die hier nicht im einzelnen besprochen werden können, als Muster der sich herausbildenden deutschen Kultursprache. Nun hat es aber natürlich damals wie auch noch in späteren Zeiten nicht wenige Köpfe in Deutschland gegeben, die ganz und gar nicht bereit waren, den Sachsen, geschweige denn den Meißner Sachsen, diese Ehre zuzugestehen: Das ist die besondere deutsche Form jenes Sprachnormenstreites, der in allen europäischen Ländern die Entstehung der Nationalsprachen begleitet hat und insbesondere aus Italien als *Questione della lingua* bekannt ist. In Deutschland wurde dieser Streit jedoch längst nicht so heftig wie in Italien ausgetragen, und zwar vor allem deshalb nicht, weil schon Luther in seiner Bibelübersetzung und in seinen populärtheologischen Schriften die Sprache von Meißen als Grundlage für sein »gemeines Deutsch« genommen hatte. Und auch später ist es hauptsächlich dem religiösen und theologischen Ansehen Luthers zuzuschreiben, daß die Meißner Sprachform ihren sprachlichen Modellcharakter bewahren und zeitweise sogar noch verstärken konnte, vor allem in den protestantischen Gegenden Deutschlands.

Auch die fürstliche Residenz von Köthen – und das gilt in ähnlicher Weise später für Weimar und Halle – gehörte zu Obersachsen und war überdies protestantisch. Diese günstige Lage trug sehr viel dazu bei, daß die Mitglieder der Fruchtbringenden Gesellschaft ein starkes sprachliches und kulturelles Sendungsbewußtsein entwikkeln konnten. Immerhin mußte sich dieses Sendungsbewußtsein aber auch durch literarische Aktivitäten der Gesellschafter legitimieren. Dafür setzte Fürst Ludwig höchstpersönlich ein Zeichen. Denn obwohl er eigentlich für das Schreiben und Dichten keine besondere Begabung mitbrachte, gab er sich doch sein ganzes Leben hindurch mit Übersetzungen aus dem Italienischen ab, in der Poesie ebenso wie in der Prosa. So übertrug er beispielsweise Petrarca, Gelli, Malvezzi und Vermigli. Aber auch sein Reisetagebuch, das er als junger Mann geführt hat und das uns auch über seine Begegnungen mit den Mitgliedern der Crusca in Florenz unterrichtet, kann durchaus als ein literarisches Werk angesehen werden.[14] Im Felde der eigentlichen Dichtung kann jedoch die Köthener Gesellschaft sonst nicht als besonders fruchtbringend gelten. Immerhin war auch Opitz, der mit seinem »Buch von der Deutschen Poeterey« (1624) die erste deutsche Poetik geschrieben hat, Mitglied der Fruchtbringenden Gesellschaft; er wurde es jedoch erst, nachdem er diese Poetik geschrieben hatte. Im ganzen muß man einschränkend sagen, daß die Fruchtbringende Gesellschaft keine Vereinigung von Dichtern und Schriftstellern im modernen Wortsinn gewesen ist und daß sich die deutsche Barockliteratur mit ihren bedeutendsten Erscheinungen auch in anderen deutschen Landschaften, beispielsweise in Schlesien, kraftvoll entfaltet hat.

Da die Fruchtbringende Gesellschaft aber nicht so sehr an der deutschen Dichtung als vielmehr an der deutschen Sprache interessiert war, wurde sie durch das immer gegenwärtige Vorbild der Accademia della Crusca fast unausweichlich auf den Weg gebracht, ein großes Wörterbuch der deutschen Sprache zu konzipieren. So zeichnet sich seit dem Jahre 1640 in der Korrespondenz des Fürsten mit den anderen Mitgliedern der Gesellschaft, insbesondere mit Gueintz, Harsdörffer und Schottel (Schottelius), in denen man die kompetentesten Sprachwissenschaftler der Fruchtbringenden Gesellschaft sehen darf, das Projekt eines großen lexikographischen Unternehmens ab.[15] Alle diese Experten waren sich nun mit dem Fürsten Ludwig darin einig, daß dieses »Wörterbuch« – so nannte Gueintz mit einem deutschen Neuwort das ersehnte Werk – dem Muster des »Vocabolario degli Accademici della Crusca« (1612) folgen und wie dieses ein normatives Wörterbuch der deutschen Sprache sein sollte, das sich mit seinem Wortmaterial an den Quellen, das heißt, an literarischen und nicht-literarischen Mustertexten der deutschen Sprache zu orientieren hatte. Gemeinsam war den Gesellschaftern weiterhin die Überzeugung, daß dieses Wörterbuch nicht von einer einzelnen Person zu machen wäre, sondern als Gemeinschaftswerk und gewissermaßen als »Frucht« der Fruchtbringenden Gesellschaft heranreifen müsse. Ich muß hier aber sogleich anmerken, daß diese Frucht schließlich doch nicht herangereift ist und daß die Kokospalme der Köthener Gesellschaft in diesem Sinne alles andere als fruchtbringend war. Offensichtlich waren die deutschen Akademiker ihren italienischen Kollegen damals an Organisationstalent und lexikographischer Effizienz weit unterlegen. Nichtsdestoweniger sind die verschiedenen Wörterbuchprojekte, die im Kreis und Umkreis der Fruchtbringenden Gesellschaft entwickelt worden sind, keineswegs ganz nutzlos geblieben. Zum erstenmal in der deutschen Sprachgeschichte wurden nämlich in diesen Projekten Grundlagen und Kriterien für ein großes normatives Wörterbuch der deutschen Sprache entwickelt, wie sie dann später für die Konzeption und Verwirklichung anderer Wörterbücher maßgeblich geworden sind.

Das am weitesten vorangetriebene Wörterbuchprojekt innerhalb der Fruchtbringenden Gesellschaft war das von Schottel, der den akademischen Beinamen »der Suchende« trug. Schottel, den einige den Varro, andere den Grimm des 17. Jahrhunderts genannt haben – ich selber würde ihn am liebsten den Chomsky jenes Jahrhunderts nennen –, suchte die Wahrheit des Wörterbuchmachens in der Grammatik. Darin allerdings entfernte er sich weit vom Wörterbuch der Accademia della Crusca. Schottel war nämlich überzeugt, daß eine Grammatik der deutschen Sprache, wie er selber eine solche im Jahre 1663 publiziert hatte, notwendigerweise jedem beliebigen Wörterbuch dieser Sprache voraufzugehen hatte. Diese Grammatik, die in ihrer Intention, nicht jedoch unbedingt in ihrer Ausführung mit der allgemeinen und rationalen Grammatik von Port-Royal (1660) verglichen werden kann, hatte nach Schottel die Aufgabe, die »Grundrichtigkeit« der deutschen Sprache, das heißt, ihre Übereinstimmung mit den als grundvernünftig angenommenen Gesetzen des menschlichen Geistes aufzuweisen. Darüber hinaus wollte Schottel in diesem Werk die historische und theologische Würde der deutschen Sprache aufzeigen, die er darin sah, daß diese Sprache eine jener 72 »Haubt-Sprachen« ist, die bei der großen Sprachverwirrung von Babel entstanden sind. Das Italienische hingegen konnte als Tochtersprache des Lateinischen nicht den Anspruch erheben, diesen Hauptsprachen zugerechnet zu werden. Nun ist aber nach Schottel weiterhin zu beachten, daß sich der Geburtsadel einer Sprache nicht im ganzen Wortschatz zeigt, sondern nur in den sogenannten »Stammwörtern«, von denen die deutsche Sprache nach seiner Meinung ungefähr fünftausend Einheiten besitzt. Die wichtigste lexikographische Aufgabe sah Schottel folglich darin, in einem systematischen Wörterbuch die lexikalische Struktur sichtbar zu machen, durch die alle anderen Wörter formal von den Stammwörtern abhängen. An die Praxis der Wörterbuchbenutzung dachte er dabei ziemlich wenig. Hauptzweck der lexikographischen Tätigkeit war also nach der Absicht Schottels offensichtlich eine Erhärtung der linguistischen These, daß in den Stammwörtern einer Sprache eine generative Kraft wirksam ist. Mit solchen Gedanken im Kopf wandte sich unser barocker Chomsky von seiner Sammlung philologischer Exzerpte, die er in fünfzehn Jahren angelegt hatte, entschlossen ab und verlor darüber, wie es manchmal zu geschehen pflegt, das Interesse an der empirischen Forschung.

Ein schwach ausgebildetes empirisches Interesse ist auch das charakteristische Merkmal desjenigen Wörterbuchs geworden, das tatsächlich im Jahre 1691 nach Schottels Programm von dem Lexikographen Kaspar Stieler, der ebenfalls Mitglied der Fruchtbrin-

genden Gesellschaft war, verwirklicht wurde. Sein Wörterbuch
nennt sich im Titel »Der Teutschen Sprache Stammbaum . . .«, und
es ordnet daher nach konsequent Schottelscher Manier nur die
Stammwörter alphabetisch an, während alle anderen generierba-
ren Wörter ohne Rücksicht auf die Praxis der zweckmäßigen Wörterbuchbenutzung ihnen untergeordnet werden. So muß man beispielsweise aus den geschilderten Gründen das Wort *Mutter* unter
dem Stichwort *Amme* suchen. Man kann leicht verstehen, daß dem
Stielerschen Wörterbuch weder besonderer Erfolg noch größere
Resonanz beschieden war. Immerhin kann Stieler, der innerhalb
der Fruchtbringenden Gesellschaft den akademischen Beinamen
»der Spate« (= der Späte) trug, als der erste normativ denkende
Lexikograph der deutschen Sprache angesehen werden.[16]

Wenn man sich nun fragt, warum der normative Wörterbuch-
Typus trotz seines offensichtlichen Erfolges in Italien, Frankreich,
England und Spanien nicht auch in Deutschland ebenso erfolgreich
geworden ist, wenigstens nicht im 17. Jahrhundert, so kann man
dafür eine Reihe von plausiblen Gründen anführen, und es ist
sicher in erster Linie darauf hinzuweisen, daß Deutschland in jener
Epoche kein eindeutiges politisches und kulturelles Zentrum
gehabt hat. Man darf jedoch vielleicht auch – in gebührendem
Abstand zu dem soeben genannten Argument – an einen quasi-
strukturellen Aspekt des Problems denken. Ich glaube nämlich,
daß die botanische Metapher des fruchtbringenden Baumes als
leitendes Emblem der Fruchtbringenden Gesellschaft in dieser
Hinsicht einige unglückliche Konsequenzen nach sich gezogen hat.
Denn die von Schottel und Stieler benutzten grammatischen und
lexikographischen Leitbegriffe im Umkreis des Zentralbegriffs
»Stammwort« waren leicht, möglicherweise allzuleicht in das Bildfeld des fruchttragenden Baumes und seines Stammes integrierbar,
so daß es für die Mitglieder der Gesellschaft sehr schwer werden
mußte, den trügerischen Einflüsterungen dieser metaphorischen
Logik zu widerstehen. Es ist also nicht auszuschließen, daß die
Fruchtbringende Gesellschaft beim Scheitern ihrer praktischen
Lexikographie in gewisser Hinsicht das Opfer ihrer eigenen botani-
schen Emblematik geworden ist.

Anderthalb Jahrzehnte vor Stieler war jedoch bereits ein anderes Wörterbuch erschienen, das viel praktischer und – so darf man
wohl sagen – viel besser war als das von Stieler. Dieses Wörterbuch

steht zwar nicht in direktem Zusammenhang mit der Fruchtbringenden Gesellschaft, wohl aber mit Italien. Es handelt sich um ein zweisprachiges Wörterbuch, von Matthias Kramer verfaßt und in den Jahren 1676/1678 in Nürnberg gedruckt.[17] Es besteht aus zwei Teilen, nämlich einem italienisch-deutschen und einem deutsch-italienischen Wörterbuch. Nürnberg war damals das wichtigste Handelszentrum Deutschlands, wo sich die großen Handelsstraßen in der Nord-Süd- und in der Ost-West-Richtung kreuzten. Der Nord-Süd-Handel brachte viele Deutsche nach Italien und auch einige Italiener nach Deutschland. Und für die praktischen Kommunikationsbedürfnisse dieser Personen machte Kramer, der in Nürnberg als Lehrer der italienischen Sprache tätig war, sein Wörterbuch. Es ist recht interessant, sich dieses Wörterbuch daraufhin anzusehen, welches Bild der italienischen Sprache es enthält. Denn von dieser Sprache schreibt der Verfasser im Vorwort seines Wörterbuches, er wolle seinen deutschen Adressaten eine Sprache nahebringen, die durch die ausdauernde Sprachpflege solcher Autoren wie Petrarca, Boccaccio und Bembo wie auch schließlich der Accademia della Crusca aus »vulgären« Anfängen aufgestiegen und schließlich eine wohlgeregelte, wohlgestaltete und höchst kultivierte Sprache geworden ist. In den späteren Neuauflagen dieses von den Zeitgenossen sehr geschätzten Wörterbuches hat Kramer den deutschen Teil noch stark erweitert und insbesondere hinsichtlich der Phraseologie ausgebaut, so daß man das Wörterbuch trotz seines zweisprachigen Charakters als ein ziemlich vollständiges und jedenfalls höchst nützliches Wörterbuch der deutschen Sprache seiner Zeit ansehen kann. Aber auch der italienische Teil des Wörterbuches wurde von seinen damaligen italienischen Benutzern sehr gelobt, und Matthias Kramer, der übrigens nie in Italien gewesen war, galt als Autorität auch in der italienischen Sprache.

Die nächste Etappe in der Geschichte des deutschen Wörterbuchwesens führt nach Berlin. Im Jahre 1711, zu einem Zeitpunkt also, als kaum noch Leben in der Fruchtbringenden Gesellschaft war, inaugurierte der Preußenkönig Friedrich I. in Berlin die »Sozietät der Wissenschaften«, die später von Friedrich dem Großen in »Académie des Sciences et Belles Lettres« umgetauft wurde.[18] Dieser neue Name macht erstens deutlich, daß diese Gesellschaft in sich zwei Akademietypen vereinigte, die wissenschaftliche und die sprachlich-literarische Akademie, und zweitens, daß bis ins 18. Jahrhundert hinein und gerade im 18. Jahrhundert die Stellung der deutschen Sprache in Deutschland noch immer höchst prekär war, da ja der Preußenkönig den deutschen Namen seiner Akademie durch einen französischen Namen ersetzte. Aber kehren wir noch einmal für einen Augenblick zum Anfang des Jahrhunderts zurück. Das Projekt dieser »Sozietät der Wissenschaften«, insbesondere auch die Idee der Vereinigung einer wissenschaftlichen und einer sprachlich-literarischen »Klasse« in einer einzigen Akademie, war das Werk des Philosophen Gottfried Wilhelm Leibniz, den Friedrich der Große einmal »eine Akademie für sich« genannt hat. Offensichtlich von dem 1694 erschienenen »Dictionnaire de l'Académie Française« angeregt (aber gleichfalls nicht ohne Kenntnis des Florentiner »Vocabolario«), schlug Leibniz dem damaligen Kurfürsten der Mark Brandenburg im Jahre 1700 sogleich vor, die neuzugründende Akademie mit der Verwirklichung eines großen Wörterbuches der deutschen Sprache zu betrauen, so wie man es sich seit einem Jahrhundert vorgestellt und erträumt hatte. Und so geschah es. Der König »in« Preußen, der er seit 1701 geworden war, verband tatsächlich mit dem Gründungsakt diesen Auftrag an die Berliner Sozietät der Wissenschaften.

Die lexikographischen Vorstellungen, die Leibniz zu diesem Projekt bereits im Jahre 1697 in seinen »Unvorgreiflichen Gedanken betreffend die Ausübung und Verbesserung der teutschen Sprache« aufgezeichnet hatte, ließen die Prinzipien eines solchen Wörterbuches bereits deutlich erkennen.[19] Insbesondere stellte Leibniz sich dieses Werk nach dem Muster der großen normativen Wörterbücher Italiens und Frankreichs als vollständigen Thesaurus der deutschen Sprache vor, der jedoch aus drei einzelnen Teilwörterbüchern bestehen sollte: einem für den »Sprachbrauch« (= Sprachgebrauch der Gemeinsprache), einem weiteren für den »Sprachquell« (= Etymologie) und einem dritten für den »Sprachschatz« (= technische und wissenschaftliche Fachsprachen). In dem an erster Stelle genannten Wörterbuch der Gemeinsprache sollte der Sprachgebrauch (usus) und nicht die Sprachvernunft (ratio) die letzte Entscheidung haben, aber andererseits stellte Leibniz sich gerade diesen Wörterbuchteil auch als ein Instrument zur Verbesserung und Vervollkommnung des allgemeinen Sprachgebrauchs vor. Die Sprachreinheit – und das bedeutete damals vor allem eine Zurückdrängung fremder Elemente in der Sprache – galt Leibniz ebenfalls als legitimer Zweck eines solchen normativen Wörterbuches, vorausgesetzt allerdings, daß sich der Purismus in Grenzen hält. Für den etymologischen Wörterbuchteil sah Leibniz die historische Methode vor, und er empfahl den Wörterbuchmachern, für diesen Zweck in erster Linie die philologischen Erkenntnisse nutzbar zu machen, die man inzwischen bei der Edition alter Texte erworben hatte. Der interessanteste Teil des Leibnizschen Wörterbuchprojektes war jedoch wohl das Wörterbuch der technischen und wissenschaftlichen Fachsprachen, für das er übrigens nicht eine alphabetische, sondern eine sachliche Anordnung des Wortmaterials vorschlug, damit in der Organisation des Wörterbuches die verschiedenen Fächer und Bereiche des menschlichen Wissens erkennbar würden. Dieser fachsprachliche Wörterbuchteil sollte aber gleichzeitig so beschaffen sein, daß er seinen Benutzern nicht nur zur Entwicklung ihrer Sprachkompetenz dienen, sondern auch und vielleicht sogar an erster Stelle ihrer »Wissenslust« entgegenkommen konnte.

Die Leibnizschen Ideen sind ziemlich getreu verwirklicht worden, und zwar nicht nur bei der Gründung der Berliner Sozietät der Wissenschaften als einer Institution, sondern auch bei der Verwirklichung eines großen Wörterbuches der deutschen Sprache. Schöpfer dieses Wörterbuches wurde Johann Leonhard Frisch, der selber gleichfalls Mitglied der Sozietät und lange Jahre hindurch sogar Direktor ihrer sprachlich-literarischen Klasse war.[20] Frisch machte sich die von Leibniz und dessen Mitarbeitern formulierten Anregungen zu eigen und legte der Gesellschaft alsbald verschiedene Probeartikel für einen erschöpfenden Thesaurus der deutschen Sprache vor. Die Kollegen der Sozietät blieben jedoch skeptisch oder waren jedenfalls realistisch genug, von dem Gesamtprogramm zur definitiven Verwirklichung schließlich nur das Wörterbuch der Gemeinsprache ins Auge zu fassen. Das war eine kluge Entscheidung, die es Frisch nach jahrzehntelanger intensiver Wörterbucharbeit im Jahre 1741 schließlich ermöglichte, sein großes »Teutsch-Lateinisches Wörter-Buch« herauszubringen, das von Jacob Grimm später »das erste gelehrte deutsche Wörterbuch« genannt worden ist.[21] Trotz seines Titels, der an ein zweisprachiges Wörterbuch denken läßt, handelt es sich bei diesem Werk tatsächlich um ein einsprachiges Wörterbuch der deutschen Sprache. Das

Lateinische dient hier nämlich nur als Interpretationssprache, man kann fast sagen, als eine Art Metasprache. Praktisch hat dieses Wörterbuch ein einziger Mann geschaffen: Johann Leonhard Frisch. Aber andererseits muß man auch anerkennen, daß ein solches Werk ohne die beständige sowohl ideelle wie materielle Hilfe der Sozietät der Wissenschaften sicher nicht verwirklicht worden wäre.

Die deutschen Autoren des 18. Jahrhunderts, insbesondere Lessing, Herder, Wieland und Gottsched, haben einen reichen Gebrauch von dem Berliner Wörterbuch gemacht, dessen Erfolg allerdings in der darauf folgenden Zeit von den großen Wörterbüchern Adelungs (1774–1786) und Campes (1807–1811) in den Schatten gestellt wurde.[22] Für Adelung und Campe war außer dem Vorbild des Crusca-Wörterbuches, das auch auf sie Einfluß hatte, vor allem das Muster des »Dictionary of the English Language« maßgeblich, das Samuel Johnson im Jahre 1755 publiziert hatte. Außerdem hatten Adelung und Campe gegenüber Frisch natürlich den großen Vorteil, schon die »klassische« Literatur berücksichtigen zu können, die sich in der zweiten Hälfte des 18. Jahrhunderts herausbildete.

Schließlich wollen wir noch einen kurzen Blick auf das große »Deutsche Wörterbuch« der Brüder Grimm werfen, dessen erster Band im Jahre 1854 erschien. Bei der Ankündigung dieses Wörterbuches im Jahre 1838 hatte Jacob Grimm noch das Modell des normativen Wörterbuches der Accademia della Crusca vor Augen; bei der Ausführung seines großen Werkes entfernte er sich jedoch von diesem Muster, um selber einen neuen Wörterbuch-Typus zu schaffen: das historisch-philologische Wörterbuch. Von diesem tatsächlich durch und durch von der Sprachgeschichte her konzipierten Wörterbuch hat der Lexikograph Tollenaere später gesagt: »Das vertikal zugeschnittene Wörterbuch, dessen Prototyp das Grimmsche Wörterbuch ist, trägt ganz den Stempel der Sprachwissenschaft des 19. Jahrhunderts.«[23]

Wenn wir nun zum Abschluß die wichtigsten Fakten der europäischen Wörterbuchtypologie in einem Satz zusammenfassen wollen, können wir sagen, daß dem Wörterbuch der Accademia della Crusca nach zweieinhalb »fruchtbringenden« Jahrhunderten zum erstenmal in dem »Deutschen Wörterbuch« der Brüder Grimm eine ernsthafte Konkurrenz und lexikographische Alternative erwachsen ist. Von diesem neuen Wörterbuch-Typus ist dann seinerseits eine starke Modellwirkung auf das moderne Wörterbuchwesen in Europa ausgegangen, und auch die Accademia della Crusca hat sich schließlich in ihren neueren lexikographischen Arbeiten diesem Einfluß nicht entziehen können. So wechseln auch in der Geschichte des Wörterbuchmachens die Perioden des Nehmens und des Gebens ab, und das ist vielleicht keine schlechte Perspektive für einen weiteren »fruchtbringenden« Austausch wissenschaftlicher Erfahrungen zwischen den Nationen Europas.

ANMERKUNGEN

1 Über die Geschichte der Fruchtbringenden Gesellschaft unterrichtet man sich am besten in den Forschungen von M. Bircher, K. Conermann, G. Dünnhaupt und F. van Ingen. Vgl. insbesondere M. Bircher/F. van Ingen (Hg.): Sprachgesellschaften, Societäten, Dichtergruppen. Arbeitsgespräch in der Herzog-August-Bibliothek Wolfenbüttel. Hamburg 1978 (= Wolfenbütteler Arbeiten zur Barockforschung 7). M. Bircher/E. Mannack (Hg.): Deutsche Barockliteratur und europäische Kultur. Hamburg 1977. G. Dünnhaupt: Bibliographisches Handbuch der Barockliteratur. Personalbibliographie zum deutschen Schrifttum des 17. Jahrhunderts. Stuttgart 1979. Als Quellensammlung konsultiert man: Die Fruchtbringende Gesellschaft. Quellen und Dokumente in vier Bänden. München 1971.
2 Vgl. den von S. Parodi herausgegebenen »Catalogo degli Accademici«. Florenz 1983, S. 37. Die Imprese des Fürsten Ludwig ist abgebildet bei R. P. Ciardi/L. Tongiorgi Tomasi: Le pale della Crusca. Cultura e Simbolica. Florenz 1983, S. 263.
3 Vgl. F. W. Barthold: Geschichte der Fruchtbringenden Gesellschaft. Sitten, Geschmacksbildung und schöne Redekünste deutscher Vornehmen vom Ende des XVI. bis über die Mitte des XVII. Jahrhunderts. Berlin 1848, bes. S. 37 f.
4 G. Krause: Stiftung und Wirksamkeit der Fruchtbringenden Gesellschaft. Fürst Ludwig zu Anhalt-Köthen und sein Land vor und während des Dreißigjährigen Krieges. 3 Bde. Neusalz 1879.
5 Vgl. Ludwig von Anhalt-Köthen: Der Fruchtbringenden Gesellschaft Nahmen, Vorhaben, Gemählde und Wörter (1646). Neudruck München 1971 (= Die Fruchtbringende Gesellschaft. Quellen und Dokumente in vier Bänden. Bd. I). Carl Gustav von Hille: Der Teutsche Palmbaum (1668). Neudruck München 1970 (= Ebd., Bd. II).
6 Vgl. H.-W. Klein: Latein und Volgare in Italien. Ein Beitrag zur Geschichte der italienischen Nationalsprache. München 1957, S. 59, 92,

190. – Zum Begriff des Bildfeldes vgl. das Kapitel »Münze und Wort. Untersuchungen an einem Bildfeld«, in meinem Buch: Sprache in Texten, Stuttgart 1976, S. 276–288.

7 Vgl. Richard Wagner: »Was ist deutsch?« (1865) und »Deutsche Kunst und deutsche Politik« (1867), in ders.: Mein Denken. Eine Auswahl der Schriften, hrsg. von M. Gregor-Dellin. München 1982, S. 316–329, 333–355, hier bes. S. 324 f. und S. 335 ff.

8 Vgl. E. Bonfatti: La »civil conversazione« in Germania. Letteratura del comportamento da Stefano Guazzo a Adolph Knigge 1575–1788. Udine 1979.

9 Georg Philipp Harsdörffer: Frauenzimmer-Gesprächsspiele. 8 Bde. (1641–1649), Neudruck Tübingen 1968, hier bes. Bd. 1, S. 17.

10 Vgl. F. Zöllner: Einrichtung und Verfassung der Fruchtbringenden Gesellschaft vornehmlich unter dem Fürsten Ludwig zu Anhalt-Cöthen. Berlin 1899. – V. Denk/O. Martin: Fürst Ludwig zu Anhalt-Cöthen und der erste deutsche Sprachverein. Zum 300jährigen Gedächtnis an die Fruchtbringende Gesellschaft. Marburg 1917, bes. S. 68.

12 Vgl. M. Bircher (Hg.): Korrespondenzen und Akten der Fruchtbringenden Gesellschaft (1650–1680). München 1973 (= Die Fruchtbringende Gesellschaft. Quellen und Dokumente in vier Bänden. Band IV). Ders.: »Die Erschließung der Briefbestände der Fruchtbringenden Gesellschaft: Probleme ihrer Kommentierung und Edition«, in: H.-H. Krummacher (Hg.): Briefe deutscher Barockautoren. Probleme ihrer Erfassung und Erschließung. Arbeitsgespräch in der Herzog-August-Bibliothek Wolfenbüttel, 10. und 11. März 1977. Hamburg 1978, S. 49–56 (= Wolfenbütteler Arbeiten zur Barockforschung 6).

13 Der vollständige Titel des Buches von Christian Gueintz lautet: »Die deutsche Rechtschreibung, Auf sonderbares gut befinden Durch den ordnenden verfasset / Von der Fruchtbringenden Gesellschaft übersehen und zur nachricht an den tag gegeben«. Halle 1645. Vgl. F. W. Barthold, a. a. O., S. 315 f.

14 Vgl. hierzu Hille, a. a. O., S. 25, 193; Dünnhaupt in Bircher/Mannack, a. a. O., S. 211 f.

15 Vgl. hierzu und zum folgenden H. Henne (Hg.): Deutsche Wörterbücher des 17. und 18. Jahrhunderts. Hildesheim 1975. – G. Stötzel: »Das Abbild des Wortschatzes. Zur lexikographischen Methode in Deutschland von 1617 bis 1967«, Poetica 3 (1970), S. 1–23. H. Stammerjohann: »Das Wörterbuch der Crusca und die Lexikographie des Deutschen«, Italienisch 5 (1984), S. 28–44.

16 Kaspar Stieler: Der Teutschen Sprache Stammbaum und Fortwachs/ oder Teutscher Sprachschatz. Nürnberg 1691. Neudruck Hildesheim 1968. Vgl. dazu G. Ising: Die Erfassung der deutschen Sprache des ausgehenden 17. Jahrhunderts in den Wörterbüchern Matthias Kramers und Kaspar Stielers. Berlin 1956.

17 Das neue Dictionarium oder Wort-Buch/ in Italiänisch-Teutscher und

Teutsch-Italiänischer Sprach/ reichlich ausgeführt mit allen seinen natürlichen Redensarten. 2 Bde., Nürnberg 1676/1678, 2. Aufl. 1700/1702. Nachdruck der zweiten Auflage Hildesheim 1975, vgl. G. Ising, a. a. O.

18 Vgl. F. Hartmann/R. J. Vierhaus (Hg.): Der Akademiegedanke im 17. und 18. Jahrhundert. Bremen 1977 (= Wolfenbütteler Forschungen 3).

19 Das Sprach- und Akademieprogramm von Gottfried Wilhelm Leibniz findet man insbesondere in den beiden folgenden Schriften: Ermahnung an die Teutsche, ihren verstand und sprache besser zu üben, samt beigefygten vorschlag einer Teutsch gesinten Gesellschaft (1682/83), Unvorgreiffliche Gedancken, betreffend die Ausübung und Verbesserung der Teutschen Sprache (1697), in: Collectanea Etymologica. Hannover 1717. Neudruck beider Abhandlungen hg. von U. Pörksen. Stuttgart 1983 (= Reclam 7987).

20 Johann Leonhard Frisch: Teutsch-Lateinisches Wörter-Buch. Berlin 1741, Nachdruck Hildesheim 1975. Vgl. G. Powitz: Das deutsche Wörterbuch des Johann Leonhard Frisch. Berlin 1959 (= Veröffentlichungen des Instituts für deutsche Sprache und Literatur 19). Unter den Mitarbeitern des Philosophen sind insbesondere Daniel Ernst Jablonski und Johann Theodor Jablonski ehrend zu erwähnen (vgl. Powitz, a. a. O., S. 23 f.).

21 Deutsches Wörterbuch, Vorwort von Jacob Grimm, Bd. I (1854), S. XXII.

22 Johann Christoph Adelung: Versuch eines vollständigen grammatisch-kritischen Wörterbuches der Hochdeutschen Mundart. 5 Bde., Leipzig 1774–1786. Johann Heinrich Campe: Wörterbuch der Deutschen Sprache. 5 Bde., Braunschweig 1807–1811.

23 S. de Tollenaere:»Un dictionnaire historique de la langue allemande: le Trésor des Frères Grimm«. Cahiers de Lexicologie 6 (1965), S. 105–110. Vgl. B. Beckmann:»Das Deutsche Wörterbuch in Gegenwart und Zukunft«, in: Das Institut für Deutsche Sprache und Literatur, Berlin 1954, S. 125–136.

Vaugelas und die Lehre
vom guten Sprachgebrauch in der
französischen Klassik

Als der französische Schriftsteller Joachim Du Bellay im Jahre
1549 die sprachlich-literarische Programmschrift seiner Dichter-
gruppe, der Pléiade, veröffentlichte und ihr den Titel »Verteidigung und Profilierung der französischen Sprache« (*La Deffence et
illustration de la langue françoyse*) gab, stieß bereits der Titel auf
die Kritik eines Zeitgenossen. Der Schriftstellerkollege Barthélemy Aneau warf nämlich dem Wortführer der Pléiade vor, zu
einer »Verteidigung« der französischen Sprache bestehe gar kein
Anlaß, »denn keine Verteidigung ohne vorhergehende Anklage«[1].
Er versteht also den Ausdruck »Verteidigung« als juristische Metapher, nämlich als Verteidigung vor Gericht. Diese Interpretation
mißversteht den Text; aus dem metaphorischen Kontext der Schrift
von Du Bellay geht eindeutig hervor, daß der Ausdruck »Verteidigung« im Titel als militärische Metapher aufzufassen ist, also als
Verteidigung in der Schlacht. Das zeigt insbesondere das letzte
Kapitel, ein *Finale furioso* in Form einer hochpathetischen Kriegs-
allegorie, in der Du Bellay die jungen Dichter Frankreichs aufruft,
nunmehr aus der Verteidigungsstellung hervorzubrechen und zum
Angriff auf die Kulturschätze Griechenlands und Roms anzutre-
ten.

Das Mißverständnis ist symptomatisch. Seit der Antike war es
nämlich üblich, Wesen und Merkmale der Sprache mit juristischen
Metaphern zu erläutern, sehr viel mehr als mit militärischen Metaphern. Dafür sorgte schon der Redner *(orator)*, in dessen Person
Sprache und Recht verbunden waren und es auch in der Tradition
des europäischen Sprachbewußtseins blieben, so daß noch der Ex-
Jurist Jacob Grimm später sagen wird: »Zwischen recht und spra-

che waltet eine eingreifende analogie.«[2] Diese Vergleichstradition war sicher auch Barthélemy Aneau bekannt und bildete für ihn einen metaphorischen Erwartungshorizont, in den er die Metaphern der Programmschrift Du Bellays – falsch – einordnete.

Daß dieser metaphorische Erwartungshorizont in Frankreich auch noch im 17. Jahrhundert maßgeblich war und bei dem Publikum vorauszusetzen ist, an das Claude Favre de Vaugelas im Jahre 1647 bei der Abfassung seiner *»Remarques sur la langue françoise«*[3] als an seine Leser denken mußte, zeigen mit besonderer Deutlichkeit die verschiedenen Satiren auf die Académie Française, die schon um der komischen Wirksamkeit willen ganz besonders auf den Erwartungshorizont des Publikums achtzugeben hatten. Auch in ihnen finden wir bevorzugt juristische Metaphern und Allegorien verwendet. So hat beispielsweise in Saint-Èvremonds *»Comédie des Académistes«*[4] der ganze fünfte Akt die Form einer Gerichtsverhandlung, bei der die »Akademisten« über inkriminierte Wörter zu Gericht sitzen (Szene I), um sie dann zu verurteilen (Szene II). *»Digne comparaison!«* läßt Saint-Èvremond kommentierend hinzusetzen. Ein anderer Satiriker entwirft ein imaginäres Verhandlungsprotokoll vom 13. März 1646 über die *»Grands jours de l'Éloquence françoise«*, vor der Académie als *assise* durchgeführt[5].

So können wir uns nun vorstellen, daß schon der erste Satz der *Remarques* von Vaugelas beim Publikum genau in die Mitte des metaphorischen Erwartungshorizontes traf: »Ich mache hier keine Gesetze für unsere Sprache aus eigener Machtvollkommenheit« *(Ce ne sont pas icy des loix que ie fais pour nostre langue de mon authorité priuée . . .)* Es bleibt nicht bei diesem metaphorischen Auftakt, und wir finden bei der Lektüre der *Remarques* auf Schritt und Tritt juristische Metaphern, deren Zahl und Gewicht uns verbieten, sie als bloßen Schmuck der Rede zu werten. Sie stehen vielmehr an so entscheidenden Stellen der Argumentation, daß wir sie als wesentlich, ja als konstitutiv für das Sprachdenken des Grammatikers Vaugelas ansehen müssen.

Juristisches Denken dürfte Vaugelas von seiner Kindheit her vertraut gewesen sein. Sein Vater, bekannt unter dem Namen des Präsidenten Favre (Faber), war einer der angesehensten Juristen seiner Zeit und Verfasser vieler rechtswissenschaftlicher Abhandlungen. Wer nun aber glaubt, im Sprachdenken des Sohnes, der, um es mit einem Ausdruck eben dieses Vaters zu sagen, *nihil nisi grammaticus*[6] geworden war, nur einen Reflex des Rechtsdenkens des berühmten Vaters zu finden, sieht sich arg getäuscht. Der Präsident Favre war besessen von dem Gedanken, aus der Kunst der Rechtsfindung eine Rechtswissenschaft zu machen, die auf so sicheren Fundamenten ruhen sollte wie die Mathematik[7]. So handelt der »vollkommene Jurist«, der sich für die einzelnen *regulae* nur beschränkt interessiert, sie vielmehr immer auf das *principium* zurückführt, das er als *ratio regulae* definiert[8]. Mit einem Wort: Der Präsident Favre ist unter den Juristen des 16. und des beginnenden 17. Jahrhunderts neben Guillaume Maran einer der Wortführer der *Ratio*-Partei, die mit der Partei des *Usus fori (pragmatici* oder *formularii)* in heftiger Fehde liegt[9]. Wenn wir also annehmen dürfen, daß Vaugelas von Haus aus mit juristischen Denkformen vertraut war, so darf das nicht in dem Sinne verstanden werden, als ob er von seinem Vater bestimmte Denkpositionen geerbt hätte. Im Gegenteil, es sieht fast so aus, als habe Vaugelas seine eigene Position gerade in der Rebellion gegen den Rationalismus seines Vaters gefunden, und wir erahnen hinter der Theorie des *usage* eine kleine Familienauseinandersetzung um die Positionen von *ratio* und *usus* in Sprache und Recht.

Denn Vaugelas stellt sich entschieden auf die Seite des Sprachgebrauchs (*usus, usage*). Der Sprachgebrauch ist der Herr und Souverän der Sprachen, genauer der lebenden Sprachen (I, 51–I, 246). Vaugelas vergleicht ihn mit dem Geschmack (Préf. III) und mit dem Glauben (Préf. V), zwei Weisen der Erfahrung also, die sich nicht vor der Vernunft auszuweisen haben. Diese Betonung des *usus* ist nichts gänzlich Neues in der Geschichte des Sprachbewußtseins. Horaz hatte schon gelehrt: ... *usus/quem penes arbitrium est et ius et norma loquendi* (Ars poetica v. 71 f.). Ähnlich Quintilian: *consuetudo vero certissima loquendi magistra* (Inst. Or. I, 6, 3). Dante stellte die Volkssprache ganz auf den *usus* ab, im Gegensatz zum Latein, das der *ratio* der Grammatik gehorcht (Conv. I, 5). Vaugelas konnte auf diese Tradition zurückgreifen.

Aber es bedeutet etwas grundsätzlich anderes, wenn Vaugelas und wenn Horaz oder Quintilian vom *usus* reden. Denn bei den römischen Theoretikern lehnt sich dieser Begriff metaphorisch an ein Rechtswesen an, in dem zwar die Gewohnheit (*consuetudo, usus)* als rechtsschöpferisches Prinzip anerkannt war, aber doch nur als eine zusätzliche Rechtsquelle, die dem geschriebenen, auf Satzung eines Gesetzgebers beruhenden Recht durchaus untergeordnet war. Eine alte Glosse des römischen Rechts besagt: *deficiente iure procedat (iudex) ad generalem consuetudinem, vel etiam particularem*[10]. Noch der Präsident Favre, der sich auf die römischen Juristen bezieht, siedelt die *consuetudo* nur im Spielraum *(locus)* an, den der Gesetzestext der Interpretation beläßt; da allerdings ist die Gewohnheit *optima legum interpres*[11]. Sein Sohn jedoch schert ganz aus dieser Tradition aus, möglicherweise weil er im Gegensatz zum Vater seinen Wohnsitz in Paris und damit in einem Gebiet ungeschriebenen Gewohnheitsrechtes hat. Wenn Vaugelas *usus* sagt, so lehnt er sich, wie ich zeigen möchte, metaphorisch an ein vom Römischen Recht grundverschiedenes Rechtswesen an, in dem der *usus* nun nicht eine Nebenrolle zur Auslegung unklar formulierter Satzung spielt, sondern als einzige Rechtsquelle im Mittelpunkt des ganzen Rechtswesens steht. Ich gebe eine moderne Definition: *La coutume . . . est une règle de droit qui se dégage lentement des faits, des pratiques habituellement suivies dans le milieu social*[12]. Zum Vergleich eine Definition aus dem 17. Jahrhundert von dem Juristen Petrus Salazar: *Consuetudo est ius non scriptum, diuturnitate populi, vel eius maioris partis, vel viciniae moribus comprobatum*[13]. Ein im Sinne dieser Definitionen verstandenes Gewohnheitsrecht ist seit den Anfängen in Nordfrankreich und bis weit nach Südfrankreich hinein herrschendes Recht gewesen. Auch als 1454 auf Grund der Ordonnance Karls VII. von Montis-lès-Tours die lokalen und regionalen *coutumes* aufgezeichnet und zu *Coutumiers* zusammengestellt wurden, galt das Gewohnheitsrecht im Prinzip als ungeschriebenes Recht[14]. Die Aufzeichnung war nur akzidentell. Das Gewohnheitsrecht der Hauptstadt Paris, in einem *Coutumier* 1510 redigiert und 1580 reformiert, war ursprünglich auch nur ein Recht von ausschließlich lokaler Bedeutung[15], doch setzt gegen Ende des 16. Jahrhunderts unter maßgeblicher Beteiligung Estienne Pasquiers eine Bewegung ein, die dahin geht, aus dem Gewohnheitsrecht der Stadt Paris ein allgemeines Landrecht für Nordfrankreich *(le pays du droit coutumier)* zu machen[16].

Es wird im folgenden zu zeigen sein, daß sich Vaugelas tatsächlich an das französische Gewohnheitsrecht seiner Zeit anlehnte und nicht an das Römische Recht, wie eine oberflächliche Betrachtung der Topik glauben lassen könnte. Zunächst einige Bemerkungen zur Terminologie. Vaugelas verwendet in seiner Sprachtheorie den Ausdruck *usage*, vermeidet demgegenüber den Ausdruck *coutume*. Das Gewohnheitsrecht zieht hingegen den Ausdruck *coutume* vor und benutzt den Ausdruck *usage* (älter: *us*) seltener[17]. Am Anfang waren beide Ausdrücke synonym: *consuetudo ususque* (Justinian). Das gleiche Synonymenpaar finden wir aber auch im 17. Jahrhundert noch bei La Fontaine in einer Fabel: *Jean Lapin allégua la coutume et l'usage* (VII, 16). Es ist der gleiche synonymische Sprachgebrauch wie in der Ordonnance von 1667 über »*coutume et usage*« von Paris[18]. Auch die Sprachtheoretiker verwenden die Ausdrücke *usage* und *coutume* als Synonyme, von der mittelalterlichen Grammatik bis zu Saint-Èvremond, Scipion Dupleix und zu einem Beschluß der Französischen Akademie vom 5. 4. 1701[19]. Gelegentlich werden die beiden Begriffe jedoch auch unterschieden. Die sachliche Unterscheidung, nach der die Bezeichnung *usage* für das tatsächlich ungeschriebene Gewohnheitsrecht, die Bezeichnung *coutume* hingegen für das in *Coutumiers* aufgezeichnete Gewohnheitsrecht reserviert wurde, scheint allerdings nur eine vereinzelt auftretende Spitzfindigkeit gewesen zu sein; vor Gericht galt ein solcher Unterschied nicht[20]. Auch eine Unterscheidung wie bei dem Juristen und Kardinal Hostiensis: *Consuetudo est usus rationalis*[21] dürfte von der Rechtsphilosophie und Rechtstheologie her in die Sprache hineininterpretiert sein. Aber die Prozeßpraxis läßt doch deutlich eine gewisse Vorliebe für den Begriff *coutume* erkennen, der häufig in einer präziseren Bedeutung für ein genau formulierbares Gewohnheitsrecht genommen wird, während man *usage* sagt, wenn es sich um ein weniger genau bestimmbares Gewohnheitsrecht handelt. So kommt es, daß das Wort *coutume* mehr als das Wort *usage* den Klang eines *terminus technicus* hat. Vaugelas nun, der seine *Remarques* entsprechend seiner eigenen Sprachdoktrin in der Sprache der höfischen Gesellschaft, das heißt nach Möglichkeit unter diskretem Verzicht auf Fachterminologien schreibt, mußte aus eben diesem Grunde den um ein geringes weniger terminologischen Ausdruck *usage* vorziehen. Das ist eine Frage der Nuance und des eleganten Ausdrucks, während ein sachlicher Unterschied zwischen *coutume* und *usage* damit von Vaugelas nicht gemeint ist.

Wenn wir nun die *Remarques* des Vaugelas immer vor dem Hintergrund des zeitgenössischen Gewohnheitsrechtes sehen, so können wir auch den ersten Satz des Buches richtig verstehen: *Ce ne sont pas icy des loix que ie fais pour nostre langue de mon authorité priuée; je serois bien temeraire, pour ne pas dire insensé; car à quel titre et de quel front pretendre vn pouuoir qui n'appartient qu'à l'Vsage que chacun reconnoist pour le Maistre et le Souuerain des Langues viuantes?* Nyrop charakterisiert Vaugelas wegen dieser Bemerkung als »Empiriker«[22]. Das ist unscharf interpretiert, weil Nyrop die Rechtsmetaphorik außer acht läßt. Vaugelas kann deshalb nicht Gesetzgeber sein, weil es im Gewohnheitsrecht per definitionem keinen Gesetzgeber gibt[23]. Vaugelas mag diese Unterscheidung von seinem Vater gelernt haben, der deutlich zwischen geschriebenem Recht und Gewohnheitsrecht unterscheidet[24]. Gewohnheitsrecht ist im Gegensatz zum geschriebenen Recht nicht gegeben *(constitutum, praescriptum)*, sondern überkommen *(receptum)*[25]. In gleicher Weise nennt Vaugelas den Sprachgebrauch mehrfach *usage reçu* (vgl. Préf. V): Es handelt sich also nicht darum, Recht zu stiften, sondern ausschließlich darum, vorhandenes Gewohnheitsrecht als bestehend nachzuweisen: eine *quaestio facti*. Das methodische Bewußtsein des Vaugelas lehnt sich in aller Deutlichkeit an diese Rechtslage an: *tout consiste en la question de fait, de sçauoir si c'est l'Vsage ou non* (I, 247). Seine Rolle ist dabei nicht die eines Richters, vielmehr, wie Vaugelas ausdrücklich betont, die eines Zeugen (Préf. I). Gemeint ist aber nicht etwa, wie modernes Rechtsbewußtsein suggerieren könnte, ein Tatzeuge, sondern ein Zeuge, der das Bestehen oder Nichtbestehen eines Gewohnheitsrechtes, hier des Sprachgebrauchs, und sonst nichts zu bekunden hat. Die Rolle solcher Zeugen *(tesmoins de l'vsage)* ist im Gewohnheitsrecht vorgesehen[26]. Bereits in der »Ordinatio de Inquisitione consuetudinum facienda« aus dem Jahre 1270 heißt es von den Zeugen, »sie sollen getreulich sagen und mitteilen, was sie hinsichtlich dieser Gewohnheit als gebräuchlich erkennen und erkannt haben«[27]. Eben diese Funktion nimmt auch Vaugelas für sich in Anspruch: *ie ne pretens passer que pour vn simple tesmoin, qui depose ce qu'il a veu et oüi* (Préf. I). Die (gerichtlich anerkannte) Zeugenaussage über den *usus* heißt gewöhnlich *declaratio*. So heißt es in einer Prozeßordnung aus dem Jahre 1496 für das Gebiet von Anjou und Maine für den Fall, daß die streitenden Parteien eine bestehende *coutume* anführen, als Umschreibung ihrer Beweislast: *faire preuve et declarations desdites coutumes et usages*[28]. Ähnliches sagt der Jurist Charondas le Caron, der ausdrücklich darauf hinweist, daß der Richter das Gewohnheitsrecht nicht *macht*, sondern es »deklariert«[29]. Dies ist die metaphorische Grundlage für Vaugelas' Einteilung des Sprachgebrauchs in den *usage déclaré*, »durch anerkannte Zeugenaussage bestätigten Sprachgebrauch«, und den *usage douteux*, »unbestätigten Sprachgebrauch«[30]. Die gleiche Unterscheidung findet sich bei zahlreichen Juristen; es gibt eine *consuetudo notoria (coutume notoire)* und eine *consuetudo dubia (coutume douteuse*[31]). Den Ausdruck *notoire* findet man jedoch bei Vaugelas nicht. Hier zeigt sich sehr auffällig, daß Vaugelas zwar seine Denkmodelle als Metaphern aus dem zeitgenössischen Gewohnheitsrecht bezieht, nicht aber unbedingt auch die Termini. Diese übernimmt er nur dann, wenn sie nicht allzu juristisch aussehen und wenn er erwarten darf, daß sie im reduzierten Lexikon der Konversationssprache kein unliebsames Aufsehen erregen.

Die Gewohnheiten, die durch Zeugenaussage vor Gericht festgestellt werden mußten, mochten vielerlei Art sein. Darunter waren jedoch auch solche, die eine metaphorische Übertragung auf die Sprache verständlicher machen. Wir erfahren nämlich aus einem alten *Coutumier* von Arras, daß einmal eine Delegation von juristischen *Auditeurs*[32] vom König nach Arras geschickt wurde, um an Ort und Stelle zu erkunden, was man nach der *coutume* des Artois unter den Ausdrücken *moeble, chatel* und *hiritages* versteht[33]. Wir dürfen in dieser Delegation, die zur Feststellung der genauen Wortbedeutung nach Arras reist, wohl die ersten Mundartforscher sehen. Wir sehen aber zugleich, und das ist für unsere Untersuchung wichtiger, daß die vor Gericht festzustellende *coutume* auch semantischer Art sein kann oder mit anderen Worten, daß der Sprachgebrauch als Teilbereich der allgemeinen Gewohnheit im Sinne des Gewohnheitsrechts aufgefaßt werden kann. Dabei gilt, wie der zeitgenössische Jurist Challine feststellt, als semantisches Interpretationsprinzip, daß die Ausdrücke des Gewohnheitsrechts nicht nach ihrer »eigentlichen Bedeutung« genommen werden, sondern »nach dem Sprachgebrauch, welcher der Herr der Wörter ist«[34]. Vaugelas stellt im Grunde den Sprachgebrauch nicht anders fest als jene erwähnte Juristendelegation, nämlich durch eine *enquête* an Ort und Stelle. Seine Funktion entspricht der eines *Auditeur* im Gewohnheitsrecht. Er beschreibt einmal, wie er es anstellt, am Hofe möglichst zuverlässige Auskunft über den herrschenden Sprachgebrauch zu erhalten, und verrät dabei allerhand Kniffe, die noch der heutige Mundartforscher mit Gewinn beherzigen kann. Insbesondere sollen die Befragten nicht merken, worum es dem Explorator geht. Nur eine unbefangene Auskunft, möglichst eingebettet in ein beliebiges Gespräch, kann als zuverlässig gelten (II, 286 ff.). Pellisson hebt lobend an Vaugelas hervor, er habe sich nie auf seine eigene Einsicht verlassen, obgleich der Hof auf seine Worte als auf ein Orakel zu hören pflegte[35]. Das ist gewiß lobenswert, aber es ist, vom Gewohnheitsrecht her gesehen, eine Selbstverständlichkeit, denn *usage* ist immer die Gewohnheit einer Gruppe; den *usage particulier (coutume privée)* als das Gewohnheitsrecht eines einzelnen haben die Juristen des Gewohnheitsrechts nur als die allerletzte Instanz angesehen, die, solange andere Instanzen da sind, keinerlei Wert für die Rechtsfindung hat[36].

Bei seinen *enquêtes* ging es Vaugelas jedoch nicht um den Sprachgebrauch schlechthin, sondern um den guten Sprachgebrauch *(le bon usage[37])*, den er an anderer Stelle auch *bel usage* (II, 33) oder *excellent usage* nennt (I, 110 f.), zum Unterschied vom *mauvais usage* (Préf. VIII), *commun usage* (I, 110 f.) oder *usage injuste[38]*. Erich Auerbach übersetzt *bon usage* mit »gesellschaftlicher Sprachgebrauch«[39], im Einklang mit der modernen Definition, wie wir sie etwa bei Albert Dauzat finden: *Le bon usage . . . c'est l'usage de la classe cultivée de Paris à une époque donnée[40]*. Aber es gibt eine Definition von Vaugelas selber, die folgende: *Voicy donc comme on definit le bon usage. C'est la façon de parler de la plus saine partie de la Cour, conformément à la façon d'escrire de la plus saine partie des Autheurs du temps* (Préf. II). Der zeitgenössische Grammatiker Scipion Dupleix und der moderne Sprachwissenschaftler Ferdinand Brunot halten diese Definition für den Schlüssel des Buches von Vaugelas[41], und zwar mit Recht. Denn in dieser Definition ist jedes Wort bedacht und bezeichnet eine bestimmte Position seines Sprachdenkens gegenüber anderen möglichen Positionen, wie sie von anderen Sprachtheoretikern zu anderen Zeiten einmal vertreten worden sind. Es läßt sich mühelos zu jedem positiven Begriff dieser Definition der entsprechende

Gegenbegriff zeigen, der eben dadurch verneint und dessen Position zurückgewiesen wird. So kristallisiert sich in dieser Definition sein ganzes Sprachdenken, und es möge mir gestattet sein, die in ihr verwendeten Begriffe als Leitbegriffe für die folgende Untersuchung zu verwenden.

Was zunächst die Formel des *bon usage* betrifft, so kann man mühelos eine große Zahl von Autoren anführen, sowohl Juristen als auch Sprachtheoretiker, die eine *bona consuetudo* von einer *mala consuetudo* unterscheiden, bei Varro und Cicero angefangen, dann in der italienischen Sprachtheorie etwa bei Castiglione und Varchi schon sehr vergleichbar mit Vaugelas[42]. Aber in der Geschichte des Gewohnheitsrechtes hat diese Unterscheidung ein besonderes Gewicht, insofern ein schlechtes Gewohnheitsrecht durch einen autoritativen Akt, etwa des Königs oder des Parlaments, außer Kraft gesetzt werden konnte[43]. Es ist also eine sehr folgenreiche und gefährliche Wertung, die der *usus* da erfährt.

Ein anderes kommt hinzu. Die Unterscheidung von guter und schlechter *consuetudo* hat bei einigen Juristen einen besonderen Klang. Sie ist nämlich verbunden mit dem hauptsächlich auf Thomas von Aquins Rechtsphilosophie beruhenden Versuch, das mittelalterliche Gewohnheitsrecht mit dem Römischen Recht und dem Kirchenrecht zu harmonisieren und sie alle aus dem Naturrecht herzuleiten[44]. Soweit nun ein Gewohnheitsrecht mit der *ratio* im Einklang war, wurde es als *consuetudo rationabilis* positiv bewertet, sofern es aber der *ratio* zuwiderlief, wurde es als *consuetudo irrationabilis* verworfen[45]. Die *ratio* war somit die Richterin über Gut und Böse im Gewohnheitsrecht, und noch der Präsident Favre bestätigt als entschiedener Rationalist: *neque sine ratione consuetudinem esse posse*[46]. Sánchez de las Brozas (Sanctius), der unter den Grammatikern ebenso entschieden Rationalist ist wie der Präsident Favre unter den Juristen, bestätigt diese Auffassung für die Sprache[47].

Um so auffälliger muß sein, daß Vaugelas von dieser Auffassung, die *ratio* und *usus* zu harmonisieren sucht, ganz abweicht und den guten Sprachgebrauch von der Sprachvernunft völlig unabhängig macht. Der fast provokatorische Nachdruck, mit dem er die Autonomie des guten Sprachgebrauchs betont, läßt erkennen, daß er sich über die Tragweite seiner Äußerungen und den Affront gegen die Rationalisten (einschließlich seinen eigenen Vater!) im klaren war. Obwohl doch bei dem alten Begriffspaar *usus–ratio* die wertenden Akzente eindeutig verteilt waren, insofern der Mensch, definiert als *animal rationale*, seine Menschenwürde von der *ratio* erhielt, sagt Vaugelas doch den guten Sprachgebrauch von der *ratio* los[48]. Vergleichen wir daraufhin drei verschiedene *Remarques*. Jedesmal verhält sich der Sprachgebrauch anders zur Sprachvernunft. Das erste Mal heißt es: *Au reste cette Reigle n'est pas vn simple caprice de l'Vsage, elle est toute fondee en raison* (I, 349). Das zweite Mal formuliert Vaugelas: *Cette raison semble conuaincante; mais outre la raison, voyons l'Vsage de la langue* (I, 168). Und das dritte Mal ist das Verhältnis wieder anders: *Il vaut mieux avoüer franchement, que l'Vsage l'a ainsi voulu, comme en plusieurs autres façons de parler, contre toute sorte de raison* (I, 175). Das Vorwort faßt alle drei Möglichkeiten zusammen: *En vn mot, l'Vsage fait beaucoup de choses par raison, beaucoup sans raison, et beaucoup contre raison* (Préf. V). Das erscheint als eine sehr kühne Formulierung in einem Jahrhundert, das einen Descartes hervorgebracht hat und das man manchmal das Jahrhundert der Vernunft schlechthin nennt. Einem juristisch geschulten Ohr hat dieser Satz jedoch zu seiner Zeit wesentlich weniger unzeitgemäß geklungen, weil er nur eine alte, von den Kanonisten auf das Gewohnheitsrecht angewandte Unterscheidung auf das Sprachdenken übertrug. Die Kanonisten unterschieden eine *consuetudo secundum legem, praeter vel ultra legem* und *contra legem*[49]. Das ist zwar nicht ganz genau dasselbe, weil *lex* und *ratio* auch für den Kanonisten nicht ohne weiteres gleichzusetzen sind[50], aber die Gleichheit des Denkschemas ist doch deutlich zu erkennen.

So muß man mit Vaugelas zugeben, daß der Sprachgebrauch eine seltsame Sache *(une bizarre chose)* ist (I, 275). Er tyrannisiert die Vernunft (II, 340), da »nach Meinung der Juristen das, was alle falsch machen, richtig ist«[51]. Welcher Juristen? darf man vielleicht fragen. Sein Vater beispielsweise war ganz und gar nicht dieser Ansicht; er polemisiert ausdrücklich gegen diesen Satz und fragt empört: »Was ist der Vernunft so zuwider, wie das Falsche?«[52] Und sein Hauptwidersacher unter den Grammatikern, Scipion Dupleix, macht mit Mühe eine widersprechende Rechtsmaxime ausfindig und zitiert: »Was irrtümlich widerrechtlich eingeführt ist, darf nicht in Geltung bleiben«.[53] Hier sieht man zugleich, wie suggestiv Vaugelas mit seinem kohärenten Metaphernsystem wirkt; er zwingt seinen Widersachern das metaphorische Terrain auf. Vernunft oder Irrtum, gleichviel, Vaugelas hat jedenfalls allemal sein Vergnügen, wenn er den launischen Sprachgebrauch wieder einmal auf einer Anomalie ertappt, z. B. bei der Erörterung des Wortes *courtepointe* 'Steppdecke', das der Vernunft nach eigentlich *contrepointe* heißen sollte (II, 124). Er schwelgt dann geradezu in den traditionell negativ gewerteten Charakterisierungen wie *corruption* und *abus*, um dann gerade an der widervernünftigen, aber durch den Sprachgebrauch sanktionierten Form festzuhalten. Ein anderes berühmtes Beispiel ist die Bemerkung über das Wort *poitrine*. Er wendet sich zunächst gegen die abwegigen Gründe *(impertinentes raisons)*, nach denen dieses Wort zu meiden sei, weil man auch *poitrine de veau* sagen könne. Er führt das Argument mit einem eleganten Analogieschluß ad absurdum: nach dem gleichen Prinzip dürfe man auch das Wort *tête* nicht gebrauchen, da man ja auch *tête de veau* sagen könne. Also darf man das Wort *poitrine* doch gebrauchen? Hier kommt nun in seinem Gedankengang die auf den ersten Blick völlig überraschende Wendung, die ihm offenbar selber Spaß gemacht hat: Nein, man soll das Wort *poitrine* trotzdem nicht gebrauchen, da es auf Grund der zwar absurden, aber doch existenten Argumente der geschilderten Art im lebendigen Sprachgebrauch diskriminiert ist (I, 134). Dieses Beispiel hat für Vaugelas den Wert eines Modellfalles, und so nimmt er einige Überlegungen dazu eigens in das Vorwort hinein und gibt ihnen damit generellen Wert: ... *en mesme temps que ie condamne la raison par laquelle on nous a osté ce mot dans cette signification, je ne laisse pas de m'en abstenir* (Préf. IX). Zwar äußert er gelegentlich ein sparsames Bedauern über dieses oder jenes Wort, auf das man in Zukunft wird verzichten müssen (I, 223), aber sein Vergnügen, wenn er einmal wieder eine hübsche Ausnahme entdeckt hat, wirkt sehr viel spontaner. Die Sprachvernunft hat abgedankt und ist in den Dienst des Sprachgebrauchs getreten: *Mais y a-t-il rien de plus facile que d'accommoder son esprit à la raison, ... qui veut seulement qu'on suiue l'Vsage* (Préf. III)? Auch diese Formel hat ihr Vorbild im Gewohnheitsrecht, wenn der Jurist Charondas le Caron, allerdings mißbilligend, sagt: *la coutume n'a souvent pour raison que l'usage*[54]. Es nützt daher nichts, im Land des Gewohnheitsrechts an das geschriebene (Römische oder Kanonische) Recht zu appellieren; denn Gewohnheitsrecht bricht hier geschriebenes Recht[55]. In der gleichen Weise wie die Gewohnheitsrechtler das geschriebene Gesetzbuch des Römischen Rechtes als unerheblich beiseite schieben, weist Vaugelas die lateinische Grammatik als Autoritätsinstanz zurück; sie wird nie konsultiert, und wenn der Sprachgebrauch eindeutig bezeugt *(déclaré)* ist, braucht niemand nach Etymologien zu fragen (II, 335 und I, 194).

Indem Vaugelas der von der systematischen Grammatik verkörperten Sprachvernunft die Autorität in sprachlichen Fragen entzieht, gibt er sie gleichzeitig einer anderen Instanz: dem lebendigen Sprachgebrauch des königlichen Hofes. Man kann auch hier die Negationen mithören, wenn man an die bildungssoziologische Schichtung der französischen Gesellschaft des 17. Jahrhunderts denkt, wie sie insbesondere von Erich Auerbach beschrieben worden ist. Wir können drei solche bildungssoziologische Schichten (in der Sprache Vaugelas': *classes de suffisance et de politesse* [Préf. VIII]) unterscheiden: *Cour, Ville (Paris)* und *Peuple*[56], und indem Vaugelas die sprachliche Autorität dem Hof zuspricht, spricht er gleichzeitig den anderen beiden Schichten, dem gebildeten Großbürgertum der Stadt Paris und dem einfachen Volk, die sprachliche Autorität ab. Das einfache Volk war noch bei Pierre de la Ramée und Malherbe als maßgeblich für richtigen Sprachgebrauch anerkannt worden. Vaugelas polemisiert mehrfach dagegen, mit deutlichen Spitzen gegen Malherbe[57]. Er setzt *peuple* mit *plebs* gleich und erwartet von dieser Schicht nur Sprachverderbnis: *le peuple n'est le maistre que du mauvais Vsage* (Préf. VIII). Hier befindet sich Vaugelas wieder im Einklang mit den Grundsätzen des zeitgenössischen Gewohnheitsrechts. Der Jurist Jacques de Révigny schließt den *rusticus* ausdrücklich von dem Vorrecht aus, die *consuetudo* zu bezeugen[58]. Auch Jean Bouteiller wendet sich in der »Somme rural« gegen die Autorität des *commun peuple* in Fragen des Gewohnheitsrechtes[59].

Der Stadt Paris *(la Ville)* ergeht es indes nicht viel besser. Gelegentlich des Wortes *avoine* 'Hafer' bemerkt Vaugelas: *Ainsi il faut dire, auoine, auec toute la Cour, et non pas aueine auec tout Paris* (I, 185). Ohne daß sie eigens erwähnt werden, sind damit auch solche Pariser Institutionen wie die Sorbonne, aber auch Institutionen des Rechts wie das Parlament als mögliche Sprachautoritäten ausgeschieden. Autoren des 16. Jahrhunderts wie Jacques Peletier und Henri Estienne hatten diese Institutionen noch als Sprachautoritäten erwogen, und Charles Sorel nimmt im 17. Jahrhundert in der Kritik an Vaugelas ihre Gedanken wieder auf: Der gute Sprachgebrauch finde sich auch in den Synoden, Reden und Predigten der Geistlichen sowie in der Justiz und Beamtenschaft der Städte[60]. Vaugelas entscheidet sich demgegenüber eindeutig für den Hof, in diesem Punkt ganz ohne Anregung aus dem Gewohnheitsrecht. Die Anregung mag ihm einfach aus der Tradition des europäischen Sprachbewußtseins gekommen sein. Schon Dante hatte das angestrebte *Vulgare illustre* auch als *Vulgare aulicum* gekennzeichnet, wobei er das Wort *aula* erläutert als *totius regni communis domus*[61]. Aber im 16. Jahrhundert ist die sprachliche Autorität des Hofes in Frankreich sehr umstritten, trotz des bildungsfreudigen Geistes am Hofe Franz' I., dessen fördernden Einfluß auf die Sprache Voltaire mit Recht unterstreicht[62]. Für eine sprachliche Autorität des Hofes sprechen sich Pillot und Meigret aus, bisweilen auch Peletier und Ronsard, ferner Malherbe, sofern man ihn, wie es Heinrich Lausberg getan hat, aus seinem Desportes-Kommentar und nicht aus der Anekdote des Tallemant des Réaux heraus interpretiert. Gegen die Hofautorität in sprachlichen Fragen wenden sich demgegenüber im 16. Jahrhundert Pasquier, Théodore de Bèze, Matthieu, Robert Estienne und mit besonderer Schärfe Henri Estienne, der immer wieder die durch Italianismen verderbte Sprache der Hofleute rügt: *D'ou vient ce iergon si sauvage, appelé courtisan langage?*[63] Im 17. Jahrhundert hat sich jedoch das Bild gewandelt. Der Hof ist nicht mehr italianisiert und ist jedem sprachlichen Avantgardismus abhold, und er hat zudem im gesellschaftlichen Leben der Nation eine unvergleichliche Autorität gewonnen. So ist es vielleicht nicht verwunderlich, daß Vaugelas alle sprachliche Autorität dem Hof überläßt, bewundernswert ist nur die uneingeschränkte Konsequenz, mit der sein klarer Kopf diese Entscheidung trifft. Recht deutlich ist das an dem Beispiel des Wortes *ébène* abzulesen. Nach dem höfischen Sprachgebrauch ist das Wort ein Femininum, die Schreiner jedoch, die mit Ebenholz arbeiten, verwenden das Wort auch als Maskulinum. Wer soll entscheiden? Vaugelas zögert keinen Augenblick: Selbstverständlich muß man sich auch in diesem Fall an den Hof halten und darf nur dessen Sprachgebrauch folgen (II, 78). In der Tat hat sich dieser Sprachgebrauch durchgesetzt; noch heute ist das Wort ein Femininum. In dieser Entscheidung zeichnet sich bereits ein sprachlicher Absolutismus ab, der dann ein paar Jahre später von dem Jesuitenpater und Vaugelas-Anhänger Bouhours formuliert wird. Bouhours beschließt seine »*Entretiens d'Ariste et d'Eugène*« mit einem pathetischen Enkomion auf den König, in dessen hervorragender Sprachbegabung sich die Vollkommenheit der französischen Sprache inkarniere. Und in seiner Schrift »*Remarques nouvelles sur la langue françoise*« (1693), deren Titel schon die Abhängigkeit von Vaugelas erkennen läßt, heißt es von Ludwig XIV.: *Les Rois doivent apprendre de luy à regner; mais les peuples doivent apprendre de luy à parler* (S. 211).

Der Hof ist jedoch nach der Auffassung von Vaugelas nicht alleinige Instanz des guten Sprachgebrauchs. Als zweite Instanz kommen die guten Schriftsteller *(les bons auteurs)* hinzu: *Toutefois quelque auantage que nous donnions à la Cour, elle n'est pas suffisante toute seule de seruir de reigle, il faut que la Cour et les bons Autheurs y concourent, et ce n'est que de cette conformité qui se trouue entre les deux, que l'vsage s'establit* (Préf. II). Der Hof ist dabei gegenüber den guten Autoren die wichtigere und höhere Instanz, weil die gesprochene Sprache vor der geschriebenen Sprache die Priorität hat (Préf. II). Man würde sich jedoch sehr täuschen, wenn man diese Äußerungen so verstehen würde, als ob der Sprachgebrauch des Hofes für die gesprochene Sprache, der Sprachgebrauch der Schriftsteller aber für die geschriebene Sprache maßgeblich wäre. Es gibt nach der Auffassung von Vaugelas nur einen guten Sprachgebrauch, und dem muß man sowohl im Sprechen wie im Schreiben folgen[64]. Diese Feststellung mag auf den ersten Blick als Quisquilie erscheinen, erlaubt jedoch erst das Verständnis dafür, daß Vaugelas hier an zwei *konkurrierende*[65] Instanzen denkt, die für den guten Sprachgebrauch *Zeugnis* ablegen sollen. Es müssen mindestens zwei Zeugeninstanzen sein, wenn das Zeugnis nicht nach der alten Rechtsmaxime »*Testis unus, testis nullus*« wertlos sein soll. Diese Maxime galt auch im französischen Gewohnheitsrecht, und zwar seit dem Ende des 15. Jahrhunderts auch dann, wenn von einer Gruppe *(turba)* die Gewohnheit bezeugt wurde; die Gruppe galt dann jeweils nur als ein Zeuge, und es bedurfte zur Gültigkeit des Zeugnisses gemäß der zitierten Rechtsmaxime einer zweiten Gruppe[66]. An einer anderen Stelle drückt Vaugelas den gleichen Sachverhalt in einem Bild aus: *Mais le consentement des bons Autheurs est comme le sceau, ou vne*

117

verification, qui authorise le langage de la Cour, et qui marque le bon vsage, et decide celuy qui est douteux (Préf. II). Auch das Bild des Siegels *(sceau)* ist nicht ein beliebig gewähltes Bild zum Schmuck der Rede, sondern bezeichnet präzise ein Analogon aus dem Gewohnheitsrecht, wo die Siegel-Metapher heimisch ist[67].

Bei beiden Instanzen, sowohl dem Hof als auch den Schriftstellern, ist nun, wie Vaugelas in der Definition des guten Sprachgebrauchs und an mehreren anderen Stellen ausdrücklich betont, zu beachten, daß nicht der ganze Hof und daß nicht alle Schriftsteller Autorität über die Sprache haben, sondern von beiden Instanzen jeweils nur der »gesündere Teil« *(la plus saine partie)*. Darunter müssen wir uns wohl den kleineren Teil der Hofleute und Schriftsteller vorstellen, eine Elite, die sich von der Menge abhebt: *Le mauuais [usage] se forme du plus grand nombre de personnes, qui presque en toutes choses n'est pas le meilleur, et le bon au contraire est composé non pas de la pluralité, mais de l'élite des voix* (Préf. II). Schon die Zeitgenossen haben an dieser Zurücksetzung des Majoritätsprinzips zugunsten des Eliteprinzips Anstoß genommen[68]. Das rationalistische 18. Jahrhundert hat sich noch weniger damit abfinden können; Beauzée, der Verfasser des Artikels *»Usage«* in der großen Enzyklopädie, variiert in bezeichnender Weise Vaugelas' Definition des guten Sprachgebrauchs: *Le bon usage est la façon de parler de la plus nombreuse partie de la cour, conformément à la façon d'écrire de la plus nombreuse partie des auteurs les plus estimés du temps.*

Wir wollen nun in gewohnter Weise wieder beim Gewohnheitsrecht anfragen, welches die genaue Bedeutung der Eliteformel *la plus saine partie* 'der gesündere Teil' ist, und müssen zu diesem Zweck etwas weiter ausholen. Ihrer Definition nach beruht eine Gewohnheit auf einer allgemeinen Übereinstimmung *(consensus omnium)*[69]. Da aber alle nichtgeschäftsfähigen Personen (Kinder, Geisteskranke usw.) hierbei außer Betracht bleiben, genügt für die Konstituierung eines Gewohnheitsrechts die Mehrheit der geschäftsfähigen Personen *(maior pars)*[70], und man kann unter Mißachtung der Nuance sagen: *omnium pluriumve consensu*[71]. Aber seit Plato, Cicero und Livius weiß man, daß der größere Teil nicht immer der bessere ist[72]. Seitdem liegen Majoritätsprinzip und Eliteprinzip im Streit.

Auf die Frage des Sprachgebrauchs übertragen, lassen sich diese

Prinzipien recht deutlich bei Henri Estienne in seinen »Deux dialogues du nouveau langage françois italianizé« (1578) zeigen. Nachdem sich Philausone, der den Dialogpart der italianisierten Höflinge innehat, für eine Hofautorität in sprachlichen Dingen ausgesprochen hat, macht Philalethe, als »Freund der Wahrheit« der Wortführer Estiennes, auf die Schwierigkeiten dieser Auffassung aufmerksam: *Car si vous voulez parler le langage courtisan, il vous faut parler comme parle la plus grand'part de la cour: or n'est pas le langage de ceste plus grand'part sans plusieurs abus* (II, 285). Die Italiener am Hof dürfen beispielsweise auf keinen Fall Sitz und Stimme *(voix en chapitre)* haben, wenn es um den Sprachgebrauch des Französischen geht. So bleibt von den Personen des Hofes nur die Hälfte übrig. Es dürfte aber keinesfalls als vernünftig *(raisonnable)* gelten, daß die Hälfte des Hofes so viel Autorität hat, wie der ganze Hof vielleicht beanspruchen könnte. Weiter aber ist anzunehmen, daß von der verbleibenden Hälfte wiederum mindestens die Hälfte von der Sprechweise der Italiener angesteckt worden ist und kein unbefangenes Urteil über den französischen Sprachgebrauch mehr erteilen kann. Aber auch das verbleibende Viertel setzt sich nicht nur aus Personen reifen Urteils *(jugement)* zusammen, sondern wiederum vielleicht nur die Hälfte. Insgesamt bleibt also nun von allen Personen am Hofe nur ein Achtel übrig, von denen man einen mustergültigen Sprachgebrauch erwarten darf. Dieses Achtel nun, das ist die Konklusion, die der »Freund der Wahrheit« seinen Argumenten gibt, hat keinen Anspruch, für den gesamten Hof zu sprechen, und so kommt der Hof als sprachliche Autorität nicht in Frage. Sein Widersacher Philausone hat jetzt nur noch ein Argument: Er appelliert an die Lizenz der *pars pro toto*. Das aber ist nur ein Scherz, und das letzte Argument geht gegen den Hof (II, 259 ff.).

Wenn wir mit diesen Argumenten Henri Estiennes nun die Thesen von Vaugelas vergleichen, so dürfen wir wohl bei ihm das gleiche Dilemma voraussetzen, daß sich nämlich der *usus* durch einen *consensus maioris partis* ausweisen muß, daß aber andererseits der größere Teil keineswegs der bessere Teil zu sein braucht[73]. Ferner dürfen wir sicher bei ihm die Quintiliansche Lösung dieses Problems als bekannt voraussetzen, der analog zu einem *consensus bonorum* als Grundlage der Sitte den guten Sprachgebrauch auf einem *consensus eruditorum* beruhen läßt (Inst. Or. I, 6, 43–45).

Vaugelas nun übernimmt diese Formel nicht, sondern schließt sich bewußt und aus guten Gründen an eine andere Tradition an, die für den Rechtsgeschichtler an der Formel *la plus saine partie = sanior pars* sofort zu erkennen ist. Die Formel ist ursprünglich im klösterlichen Wahlrecht zu Hause und findet sich zum erstenmal in der Benediktinerregel zur Ordnung der Abtwahl[74]. Sie dringt dann bald als Wahlrechtsprinzip in die Königswahl in Wahlmonarchien und überhaupt in die kirchlichen Wahlen ein, wo das Prinzip der *sanior pars* erst mit dem Inkrafttreten des Codex Juris Canonici im Jahre 1918 durch das Majoritätsprinzip ersetzt wurde[75]. Vaugelas' Schüler Bouhours verwendet einmal den Begriff der *plus saine partie* und ordnet ihn dabei mit präziser Metaphorik in den Rechtsbereich des fürstlichen Wahlrechts ein[76]. Von hier aus versteht man auch die vielen Wahl-Metaphern bei Vaugelas, die innerhalb der juristischen Metaphorik einen festgefügten Bezirk bilden. Bei der Erörterung der beiden synonymen Wörter *pource que* und *parce que* 'weil' entscheidet sich Vaugelas beispielsweise für die letztere Form und fügt erläuternd hinzu, daß sie »fast alle Stimmen auf sich vereinigt« *(qui l'emporte de presque toutes les voix* – I, 117).

Aber trotz des ausdrücklichen Zeugnisses von Bouhours glaube ich nicht, daß Vaugelas bei dem Begriff des gesünderen Teils an die Ordnungen der Königswahl oder der kirchlichen Wahlen gedacht hat. Es gibt nämlich einen dritten Anwendungsbereich des Begriffs, der nach den voraufgehenden Überlegungen näherliegen dürfte, nämlich das Gewohnheitsrecht. Pissard zitiert einmal aus einem *Arrêt* von Saint-Michel, wo es um eine örtliche *coutume* geht. Man findet dort Äußerungen zu einem Rechtsstreit über Grade der Verwandtschaft, und es heißt, daß »der größere und gesündere Teil« der Leute in einer bestimmten Ansicht übereinstimmen[77]. Und das *Livre Rouge* aus Reims (Anfang des 14. Jahrhunderts) beschreibt im einzelnen, wie ein Gewohnheitsrecht durch eine Gruppe von Zeugen festgestellt wird. Es werden alle Einzelheiten der betreffenden Gewohnheit erfragt, und es wird dabei auch genau ermittelt, ob die ganze Bevölkerung oder nur »ihr größter und gesündester Teil« in dieser Hinsicht übereinstimmt[78]. Der Rechtshistoriker Viollet bezeichnet daher die Formel *la plus grande et saine partie* als sehr geläufig im französischen Gewohnheitsrecht und häuft Belege für sie aus dem Kommunalrecht des 17. Jahrhunderts[79].

Was für die Feststellung einer Gewohnheit im allgemeinen galt, galt im besonderen Maße für jene exemplarische Feststellung der *coutumes*, wie sie bei der Redaktion der großen *Coutumiers* vorzunehmen war. Dabei wird ebenfalls, wenn schon nicht *alle* Leute hinsichtlich einer Gewohnheit übereinstimmender Ansicht sind, eine Übereinstimmung gleichzeitig des größeren und des gesünderen Teils der Bevölkerung angestrebt[80]. Die Identität von *maior pars* und *sanior pars* ist aber ein Idealfall. Wenn sie nicht gegeben ist, hat der gesündere Teil vor dem größeren Teil Vorrang, und Bouteillers *Somme rural* läßt keinen Zweifel daran, daß der gesündere Teil der Bevölkerung von den *»riches & notables«* gebildet wird[81]. Und in einem anderen *Coutumier* heißt es ähnlich: *Ly justice se doit tenir alle plus saine partie des tesmoings*[82]. Denn der gesündere Teil, so sagt es eine andere Rechtsquelle, ist immer der bessere Teil[83]. Man sieht, auch in diesem entscheidenden Punkt seiner Sprachdoktrin befindet sich Vaugelas auf dem sicheren Boden der Analogien aus dem Gewohnheitsrecht der Zeit.

Was nun die inhaltliche Bestimmung des Begriffs *sanior pars* angeht, so ist sie für Vaugelas nicht leicht anzugeben. Der zeitgenössische Kritiker Scipion Dupleix und der Jesuitenpater Buffier hatten schon skeptisch gefragt, woran man den gesünderen Teil des Hofes und der Schriftsteller erkennen könne[84]. Aus der Wortbedeutung heraus können wir kaum argumentieren. Bei der Benediktinerregel wäre das leichter gewesen; denn der Begriff des *sanum consilium* knüpft sichtlich an die paulinische Theologie an, in der mehrfach von den *sana verba* oder der *sana doctrina* der christlichen Lehre die Rede ist[85]. Die spätere Theologie spricht von der *sana fides* gegen die *corruptio*[86] und von einer *gratia sanans* gegen die Schädigung der menschlichen Natur in der Erbsünde. Wer sie besitzt, hat einen »gesunden Menschenverstand«, *un intelletto sano* (Dante), *un esprit sain* (La Bruyère). Vaugelas, der den Sprachgebrauch einmal mit dem Glauben vergleicht, könnte Inhalte dieser Art mit der Formel *la plus saine partie* verbunden haben. Aber das wäre auch noch kein sehr konkreter Inhalt. Einmal gibt er wenigstens eine soziologische Erläuterung und bezeichnet den guten Sprachgebrauch als die Sprache der *honnêtes gens* (Préf. VII), wobei er aus der Praxis seiner *enquêtes* verrät, daß er die Damen der Gesellschaft als Auskunftspenderinnen besonders schätzt. Sie haben ein Sprachbewußtsein, das weniger durch das Studium der lateinischen und griechischen Grammatik der eigenen Sprache entfremdet ist (II, 84). Im übrigen aber dürfte es Vaugelas nicht sehr viel anders ergangen sein als jenem Juristen René Choppin, der bei einer Erörterung gewohnheitsrechtlicher Fragen den lateinischen (paulinischen) Begriff des *sanum consilium* in der französischen Form *sainct conseil* 'heiliger Rat' übernimmt und mit diesem Lapsus beweist, daß er sich nichts Genaues bei einem »gesunden« Urteil zu denken weiß[87]. Vaugelas scheint jedoch an dieser Stelle seiner *Remarques* mit vollem Bewußtsein unpräzise gewesen zu sein, so präzise auch sonst sein Sprachdenken ist. Er läßt absichtlich offen, welche Personen zum »gesünderen Teil« des Hofes und der Schriftsteller zu zählen sind. Hier bleibt in seinem System Raum für jenes *je ne sais quoi,* das man im 17. Jahrhundert auch den guten Geschmack nennt. Nur der Geschmack, mit dem Vaugelas einmal den Sprachgebrauch vergleicht (Préf. III), erlaubt zum Beispiel unter den Schriftstellern jene zu erkennen, die zu den besten und zur »ersten Klasse« gehören[88]: die Klassiker. Und wenn auch die meisten *(la pluspart)* der französischen Autoren das Wort *pourpre* als Femininum verwenden, so muß man sich doch an die wenigen und »klassischen Autoren« *(Autheurs classiques)* halten, die dieses Wort als Maskulinum gebrauchen[89]. Aber einen Kanon der klassischen Autoren gibt Vaugelas nicht; das bleibt Boileau vorbehalten.

Indem wir uns in der bisherigen Untersuchung an die Definition gehalten haben, die Vaugelas selber für den guten Sprachgebrauch gegeben hat, ergaben sich zwei Instanzen sprachlicher Autorität, die in konkurrierender Rechtsfindung den guten Sprachgebrauch bezeugen: der Hof und die Schriftsteller, und zwar von beiden Gruppen der gesündere Teil. An anderer Stelle weist jedoch Vaugelas auf eine dritte Instanz *(tribunal)* hin, die insbesondere dann in Erscheinung tritt, wenn die erstgenannten Instanzen versagen (Préf. IV). Es sind die *gents sçauans en la langue* (Préf. XIII). Diese lösen dann die schwierigen Sprachprobleme auf Grund ihrer besonderen Einsicht *(particuliere connoissance de la langue* – Préf. IV). Das ist häufig dann der Fall, wenn der allgemeine Sprachgebrauch *(usage general)* keine eindeutige Weisung für einen Sonderfall *(usage particulier, cas)* gibt. Mit anderen Worten: Es stellt sich hier das Problem einer Sprachkasuistik. Aufgabe der Sprachgelehrten ist nun, aus dem allgemeinen Sprachgebrauch den besonderen Sprachgebrauch abzuleiten, und zwar durch einen Analogieschluß. Die sprachliche Analogie wird von Vaugelas wie folgt definiert: *vne ressemblance ou vne conformité qui se trouue aux choses desia establies, sur laquelle on se fonde comme sur un patron, et sur vn modelle pour en faire d'autres toutes semblables* (Préf. IV). So kommt die Analogie dem Sprachgebrauch zu Hilfe, wenn dieser nicht eindeutig bezeugt *(déclaré)* ist (II, 180). Dabei ist zu beachten, daß Vaugelas, abweichend von der Tradition, Analogie und Vernunft nicht gleichsetzt (Préf. V). Mit der Sprachvernunft hat Vaugelas nach wie vor nichts im Sinn, auch wenn in Zweifelsfragen die Sprachgelehrten konsultiert werden müssen.

Man erkennt unschwer, daß Vaugelas mit der dritten autoritativen Instanz im System seines Sprachdenkens Platz gelassen hat für solche Bücher wie die *Remarques* und solche Sprachgelehrten, wie er selber einer war. Wenn nämlich Vaugelas in seinen Bemerkungen zu schwierigen Problemen des französischen Sprachgebrauchs vom Hof und von den Schriftstellern keine eindeutige Auskunft erhalten hat, dann (und nur dann!) füllt er selber durch Analogieschlüsse die Lücke aus. Aber diese persönliche Rechtfertigung reicht sicher nicht aus, die dritte Instanz zu erklären, und wir wollen uns wiederum fragen, ob das Gewohnheitsrecht eine vergleichbare Einrichtung hat, auf die sich Vaugelas metaphorisch bezogen haben könnte. Im Gewohnheitsrecht nun gab es, und zwar für Paris bis zu einer Ordonnance Ludwigs XIV. aus dem Jahre 1667, die Einrichtung der sogenannten *informatio (inquisitio) per turbas testium (enquête par turbes)*[90]. Eine *turba* war eine Gruppe von mindestens zehn, höchstens sechzig Personen, die auf Grund ihrer Einsicht und Erfahrung besonders geeignet erschienen, eine *coutume* zu bezeugen. Die Quellen nennen sie *sapientes homines, hommes des plus sages et anciens* oder auch *sages coustumiers*[91]. Wir müssen uns darunter wohl berühmte Rechtslehrer und angesehene Advokaten vorstellen, die aber in dieser Funktion nur Zeugen, nicht Richter sein dürfen. Hier liegt, wie mir scheint, das Denkmodell für Vaugelas' Sprachdoktrin. Auch Vaugelas rechnet mit einer *turbe de sages coutumiers,* die auf Grund ihrer besonderen Sachkenntnis als Kollegium über den Sprachgebrauch befinden. Das ist die Académie Française. An sie kann man bei schwierigen Problemen der französischen Sprache appellieren, so wie man in schwierigen Fragen des Gewohnheitsrechts eine *turba* erfahrener Rechtskenner konsultieren kann, wobei in beiden Fällen eine rechtsverbindliche Auskunft erteilt wird. In beiden Fällen rekrutiert sich das Kollegium natürlich aus dem gesünderen Teil der Gewohnheitsträger, ist jedoch mit ihm nur partiell identisch. Die Mitglieder einer *turba* sollen nicht nur die Gewohnheit aus eigener Anschauung vorzüglich kennen, sondern sie sollen auch nach Möglichkeit Juristen sein. In ähnlicher Weise sind die Mitglieder der Französischen Akademie, insofern sie aus dem gesünderen Teil des Hofes (heute: des Adels, der Generalität und des hohen Klerus) und der Schriftsteller gewählt werden, bereits *per se* Träger des guten Sprachgebrauchs, aber sie sollen darüber hinaus noch eine besondere Einsicht in den Geist der französischen Sprache haben, die sie auch bei schwierigen Sprachproblemen zur Auskunft befähigt.

Es darf uns dabei nicht irremachen, daß Vaugelas den Ausdruck *turbe* nicht verwendet. Er kann ihn nicht verwenden, wenn er nicht selber gegen den guten Sprachgebrauch verstoßen will. Denn *turbe* ist eines jener Wörter, die Vaugelas selber aus dem guten Sprachgebrauch der Konversationssprache ausweist: *de certains termes, qui sentent le stile de Notaire, et qui dans les actes publics sont tresbons, mais qui ne valent rien ailleurs* (Préf. IX). So ersetzt er den Terminus *turbe* durch das elegante Wort *compagnie* (II, 346). Wir haben schon mehrfach solche Fälle gehabt, wo Vaugelas den allzu terminologischen Klang eines Wortes der Rechtssprache scheut. Man muß bei ihm eher von einer Metaphorik der Sache als des Vokabulars sprechen.

Es ist daher, wie mir scheint, kaum möglich, die *Remarques* zu verstehen, ohne der Französischen Akademie Rechnung zu tragen, in die ja Vaugelas als einer der ersten am 27. 3. 1634 aufgenommen wurde. Er schreibt die *Remarques* als einer der Sprachkenner dieses Kollegiums[92] – wir können aus der Analogie des Gewohnheitsrechts verdeutlichend hinzusetzen: als einer der *sages coutumiers* dieser *turbe*. Pellisson stellt aus den Registern der Akademie fest, daß Vaugelas die sprachlichen Diskussionen innerhalb dieses Gremiums für sein Buch benutzt hat[93], und Vaugelas berichtet selber in seinen *Nouvelles Remarques: J'ay demandé à l'Académie si le Verbe ›plaindre‹ vouloit toujours aprés soy le régime ›de ce que‹ . . . Et elle a résolu . . .* (II, 429). Die Akademie bezeugt als Kollegium *(turba)* den Sprachgebrauch in strittigen Fällen, das heißt, soweit der Konsens des Hofes und der guten Schriftsteller ihn nicht bereits festgestellt hat, und Vaugelas ist nur der »Berichterstatter«: *ce n'est pas moy qui prononce ces Arrests, mais qui les rapporte seulement*[94]. Nyrop hat daher Vaugelas mit gutem Recht, die Akademie sich selber mit weniger gutem Recht den Justizschreiber *(greffier)* des guten Sprachgebrauchs genannt. Die Metapher stimmt, insofern die schriftliche Fixierung der *Arrêts* zu den Obliegenheiten des Justizschreibers gehört. *Arrêt* aber bedeutet nicht nur Gerichtsurteil, sondern bezeichnet auch das Gutachten, das die *turbiers* als Zeugen über eine bestehende Gewohnheit abgeben[95], wobei für den Wert dieses Zeugengutachtens konstitutiv ist, daß es als kollegiales Gutachten erteilt, wenn es auch durch einen Wortführer fixiert und publiziert wird[96]. Der Wortführer der Französischen Akademie als einer *turba* von Zeugen für strittige Fragen des französischen Sprachgebrauchs ist Vaugelas, sein *recueil d'arrêts* (Préf. I) sind die *Remarques*. Es war daher nicht bloß eine nachträgliche höfliche Geste der Akademie Vaugelas gegenüber, wenn sie jahrzehntelang die *Remarques* als ihre eigene Grammatik angesehen hat[97]. So waren die *Remarques* auch gemeint, und Vaugelas' Schüler Bouhours fragt mit Recht: *L'esprit de M. de Vaugelas ne vit-il pas encore dans l'Académie; ou plutôt n'estoit-ce pas l'esprit de l'Académie qui animoit M. de Vaugelas, quand il composoit ses Remarques?*[98]

Vaugelas tut jedoch noch mehr, als nur über Zeugengutachten Bericht zu erstatten. Er stellt auch Überlegungen an, führt Gründe auf und wägt Gegengründe ab. Diese ändern jedoch an dem Zeugengutachten nichts mehr (Préf. V). Auch das entspricht dem bei der *enquête par turbes* geübten Verfahren. Schon in der »Ordonnance« von 1270 wird verfügt, daß die *sapientes* des Zeugenkollegiums ihrem Zeugengutachten die *causa dicti* anfügen sollen[99]. Hier hat die *causa* und damit die *ratio* inmitten des *usus* ihren Platz, ebenso wie bei Vaugelas das analogische Räsonnement inmitten des Sprachgebrauchs.

Zu dem Komplex der *causa dicti* scheint für Vaugelas auch zu gehören, daß er mehrfach die Umstände bei der Findung des guten Sprachgebrauchs im Zeugenkollegium der Französischen Akademie oder einer ihrer Arbeitsgruppen *(bureaux)* mitteilt. Zu der Wendung *prendre a tesmoin* merkt er an: *Cette question fut faite dans vne celebre compagnie, où tout d'vne voix on fut d'auis, qu'il fallait dire* . . . (II, 346). Das klingt genauso wie bei dem Verfasser der 1698 erschienenen *»Remarques et décisions de l'Académie Françoise«*, der Vaugelas' Nachfolge als Wortführer der *turba* übernimmt, wo es zu der Fügung *inimitable à* heißt: *on a esté consulter le premier Bureau qui l'a condamnée tout d'une voix* (S. 17, vgl. auch S. 74). An diesen Bemerkungen fallen wieder die Ausdrücke des Abstimmungsverfahrens auf. In der Tat wird uns auch aus anderen Quellen bestätigt, daß das Zeugengutachten der Akademie durch Abstimmung unter den anwesenden Mitgliedern über den Sprachgebrauch dieser oder jener Wendung zustande kommt. Dabei ist nun höchst auffällig, daß in diesem Gremium jetzt nicht das elitäre Wahlprinzip, sondern das Majoritätsprinzip gilt. Es ist nichts davon bekannt, daß Vaugelas irgendwann den Versuch gemacht hätte, der Akademie statt des majoritären das elitäre Wortwahlrecht aufzuzwingen. Er hat sicher nicht aus Schüchternheit davon Abstand genommen, sondern wohl aus der Überlegung heraus, daß die vierzig Akademiker als Kollegium bereits eine Elite darstellen, aus der nicht noch einmal ein »gesünderer Teil« als Elite der Elite herausgehoben werden darf. Das elitäre Wahlprinzip der *sanior pars* dient zur Konstituierung einer Elite, in dieser aber sind dann alle Personen gleichberechtigt. Das ist nun wiederum nicht etwa nur eine höfliche Geste des Akademikers gegenüber seinen Kollegen, sondern das ist einmal mehr eine Konsequenz aus der metaphorischen Korrespondenz, die Vaugelas zwischen dem Gewohnheitsrecht und dem Sprachgebrauch aufgestellt hat. Wenn die Französische Akademie eine Art *turba* weiser Zeugen *(sages coutumiers)* ist, dann muß sie auch wie eine *turba* über den *usage* beschließen. Und mir ist keine Quelle bekannt, nach der das Prinzip der *sanior pars* auch in einer *turba* angewandt worden wäre. Die *turba* ist bereits die *sanior pars* oder rekrutiert sich jedenfalls aus ihr. Einzelne *Coutumiers* fordern sogar für das Zeugengutachten einer *turba* Einstimmigkeit der Zeugen, verwirklicht wohl als fiktive Kaschierung einer tatsächlichen Mehrheitsentscheidung. Vielleicht unterstreicht Vaugelas deswegen so gerne die einstimmige Entscheidung der Akademiker gegenüber einem strittigen Sprachproblem (vgl. II, 346).

In den ohne Verfassernamen erschienenen *»Remarques et décisions de l'Académie Françoise«* (1698) nimmt der Redaktor auch einmal zu einem Beispiel Stellung, das Vaugelas schon besprochen hatte, und er gelangt zu einem anderen Ergebnis als dieser; denn der Sprachgebrauch hat sich geändert (S. 169). Und in den ersten Jahren des 18. Jahrhunderts kommt es unter der redaktionellen Leitung Thomas Corneilles zu einer Gemeinschaftsarbeit der Französischen Akademie in den »*Observations de l'Académie Françoise sur les Remarques de M. de Vaugelas*« (1704). Das Vorwort gibt die *causa scribendi* an: Es sollen nur die Veränderungen des Sprachgebrauchs verzeichnet werden, die in den voraufgehenden fünfzig Jahren eingetreten sind[100]. Denn der Sprachgebrauch wandelt sich, und auch das Zeugengutachten des Vaugelas gilt nicht für alle Zeiten. Ebenso wie Vaugelas im Gegensatz zu früheren Grammatikern nur Autoritäten seiner eigenen Epoche kennt (Préf. II), so verlangt auch eine neue Generation wieder neue Bemerkungen über einen neuen Sprachgebrauch. Dem tragen die Publikationen der Französischen Akademie um die Wende zum 18. Jahrhundert Rechnung. Nicht jedoch, ohne daß die metaphorische Logik des Gewohnheitsrechtes, die Vaugelas selber inauguriert hat, nach einer solchen Anpassung der Sprachlehre an die sich wandelnde Sprachwirklichkeit verlangt. Denn eine der wichtigsten Maximen des Gewohnheitsrechtes besagt: »Die spätere Gewohnheit bricht die frühere Gewohnheit« *(Tollit autem consuetudo posterior consuetudinem priorem)*[101], oder in einer anonymen französischen Rechtsquelle: *La costume derrenière tolt et oste la première costume*[102]. Ebenso wie Rechtsbräuche stillschweigend *(consensu tacito)* außer Gebrauch kommen oder durch andere ersetzt werden können, so ist auch der Sprachgebrauch aus dem Jahre 1647 nicht der von 1698 oder von 1704 und muß dem neueren Sprachgebrauch weichen. So wäre dann in Vaugelas' Sprachdenken selber auf Grund der Metaphorik des Gewohnheitsrechts angelegt, daß der gute Sprachgebrauch, auch wenn er das Siegel des größten französischen Grammatikers trägt, nicht in einem akademischen Purismus erstarrt, sondern lebendiger Sprachgebrauch einer lebenden Sprache bleibt.

ANMERKUNGEN

1 Anonymus (=Barthélemy Aneau): Le Quintil Horatien sur la Deffence et illustration de la langue françoyse. Lyon 1550, S. 189. Vgl. auch die Ausgabe der »Deffence« von H. Chamard. Paris 1904, S. 24f.
2 J. Grimm: »Über die Alterthümer des deutschen Rechts« (1841), in ders.: Kleinere Schriften & Vorreden, Zeitgeschichtliches und Persönliches. Hildesheim 1966, S. 545–551, hier S. 547.
3 Vaugelas: Remarques sur la langue françoise, utiles à ceux qui veulent bien parler et bien escrire. Paris 1647. Ich zitiere nach der Ausgabe von A. Chassang. 2 Bde., Paris o. J., unter Angabe des Bandes und der Seitenzahl. Vgl. auch den Faksimile-Nachdruck, hg. von J. Streicher. Genf 1970 (= Slatkine Reprints).
4 Ch. de Saint-Èvremond: La Comédie des Académistes (1638), hg. von G. L. van Roosbroeck. New York 1931 (= Publications of the Institut des Etudes Françaises 41).
5 Nach P. Pellisson/Abbé d'Olivet: Histoire de l'Académie Française (1729), hg. von Ch.-L. Livet. 2 Bde. Paris 1858, Bd. 1, S. 455 ff.
6 Favre: Coniecturarum iuris civilis libri viginti. Genf 1630, Widmung.
7 Iurisprudentiae Papinianeae Scientia. Lyon 1607, Vorrede. Rationalia in Pandectas. 1604, Epistula dedicatoria.
8 Favre: »Non posse fieri ut quis perfectus iurisconsultus dici possit nisi qui rerum omnium et divinarum et humanarum cognitionem habeat, potissimum vero perspectam verborum et rerum significationem« (Iurispr. Pap. Scientia, a. a. O., Tit. 1, S. 18. Vgl. auch die Vorrede).
9 Man vergleiche besonders »De recta iuris docendi ratione«. Toulouse 1615, und »De erroribus pragmaticorum et interpretum iuris«, 1598.
10 Nach H. Pissard: Essai sur la connaissance et la preuve des coutumes. Thèse Paris 1910, S. 22, Anm. 2. Vgl. auch S. Brie: Die Lehre vom Gewohnheitsrecht, Breslau 1899, S. 4 ff.
11 Iurispr. Pap. Scientia, a. a. O., Tit. 2, S. 78.
12 A. Lebrun: La coutume, ses sources, son autorité en droit privé. Paris 1932, S. 2.
13 P. Salazar: De usu et consuetudine tractatus, 1661, Kap. 8, 3.
14 Die Bedeutung der *Coutumiers* und überhaupt des Gewohnheitsrechts für die französische Sprachgeschichte hat Kurt Baldinger mehrfach unterstrichen und in der lexikologischen Auswertung der alten Urkundensprache, die dem Institut für romanische Sprachwissenschaft der Deutschen Akademie der Wissenschaften zu Berlin als besondere Forschungsaufgabe zugewiesen war, evident gemacht. Vgl. K. Baldinger: »Die Arbeiten des Instituts für romanische Sprachwissenschaft«, in: Das Institut für deutsche Sprache und Literatur. Berlin 1954; ferner ders.: »Das Institut für romanische Sprachwissenschaft der Deutschen Akademie der Wissenschaften zu Berlin«, Orbis 2 (1953), S. 176–195. Ders.: »Die *Coutumiers* und ihre Bedeutung für die Geschichte des französischen Wortschatzes«,

Zeitschrift für Romanische Philologie 67 (1951) S. 3–48. Ders./K. Lalla/ A. Rommel: Die Arbeiten des Instituts für romanische Sprachwissenschaft. Zur Geschichte der französischen Urkundensprache. Berlin 1956 (= Sitzungsberichte der Deutschen Akademie der Wissenschaften zu Berlin, Klasse für Sprachen, Literatur und Kunst. 1955, 1). Ich verdanke diesen Veröffentlichungen sowie persönlichen Mitteilungen von Prof. Kurt Baldinger wertvolle Anregungen für diese Darstellung.

15 Der Jurist P. Challine:»La Coustume de Paris n'a aucune superiorité sur les outres Coustumes« (Methode generale pour l'intelligence des coustumes de France. Paris 1666, Regel 13, S. 190).

16 E. Chénon: Histoire générale du droit français public et privé. Paris 1929, Bd. 2, S. 317 f. Auch Challine weist darauf hin (a. a. O.).

17 Der Ausdruck *usage* erschien wahrscheinlich deshalb weniger geeignet, weil er eine zweite juristisch relevante Bedeutung hat und»Nutzrecht« bedeutet. Vgl. zum Begriff auch: G. Funke: Gewohnheit. Bonn 1958 (= Archiv für Begriffsgeschichte 3).

18 Pissard, a. a. O., S. 175, Anm. 1.

19 »La maniere de language qui t'enseignera bien adroit parler et escrire doulz francois selon l'usage et la coustume de France« (1396). Saint-Èvremond, a. a. O., 5, 1. S. Dupleix: Liberté de la langue françoise dans sa pureté. Paris 1651, S. 56. Vgl. F. Masson: L'Académie Française (1629–1793). Paris 1913, S. 58.

20 Vgl. Lebrun, a. a. O., S. 102, Anm. 2.

21 Randglosse im Ms. Bibl. Maz. 1319: Summa aurea, Tit. de consuetudine, abgedruckt bei Pissard, a. a. O., Appendix S. 195.

22 Grammaire historique de la langue française. Bd. 1. Kopenhagen, 3. Aufl. 1914, S. 75. Wenn Marcel Cohen Vaugelas einen *faiseur de lois* nennt (Grammaire et style. Paris 1954, S. 62), so bedarf diese Charakterisierung keiner anderen Widerlegung als der durch Vaugelas selber.

23 Jacques de Révigny:»Ille peccatum facit qui dixit prescribi consuetudinem; unde non inducitur per viam prescriptionis, sed per consensum populi collectum particulariter.« (Nach Pissard, a. a. O., S. 27, Anm. 1).

24 Favre:»Alia enim sunt iura praescriptionis, alia consuetudinis.« (Iurispr. Pap. Scientia, a. a. O., Tit. 2, S. 80).

25 Favre:»Ius enim constitutum, illud est, quod scriptum est, quod non scriptum est, non constitutum, sed receptum est et introductum.« (a. a. O., Tit. 2, S. 79).

26 Challine, a. a. O., Regel 13, S. 178.

27 »Dicent et fideliter referent illud quod sciunt et credunt et viderunt usitari super illa consuetudine.« (Nach Pissard, a. a. O., S. 98, Anm. 1).

28 Stilles et usages de proceder es pays d'Anjou et de Maine, Art. 136. Zit. bei Pissard, a. a. O., S. 131, Anm. 3.

29 Charondas le Caron:»Car le juge (. . .) n'induict et faict une coustume (. . .), mais il declare la coustume telle que le frequent, continuel et long usage du peuple a introduicte et approuvée« (Pandectes ou digestes du

droict françois [1607], Buch 1, Kap. 25, S. 401, zitiert nach Lebrun, a. a. O., S. 96, Anm. 2).

30 Préface IV, vgl. auch II, 200 f. Dieselbe Unterscheidung noch in der großen französischen Enzyklopädie, s. v. *usage* (der Artikel stammt von Beauzée): »Dans les langues vivantes, le bon usage est douteux ou déclaré.« Zu den von Vaugelas verwendeten Ausdrücken ist anzumerken, daß er als Verbum statt des Wortes *déclarer* lieber *déposer* verwendet.

31 So Jacques de Révigny, zitiert bei Pissard, a. a. O., S. 21, Anm. 3. – Ferner ein Arrêt aus dem Anjou von 1437: »Les coustumes doivent estre prouvées par X advocats en turbe, ou les doit le juge déclairer pour noctoires« (Coustumes suivant les rubriches du Code, 4ᵉ partie, art. 532, zitiert nach Pissard, a. a. O., S. 72).

32 Zur Bedeutung des Begriffs *Auditeur* vgl. die »Coutumes du Beauvoisis« von Beaumanoir: »tieus manieres de gens qui sont baillies pour oir Tesmoings sont apelés Auditeurs« (Kap. 40).

33 »Auditeur de par le roi furent envoiiez à Arras pour savoir la coustume d'Artoys que chose estoient moeble et chatel, et quel chose estoit hiritages« (Nach Pissard, a. a. O., S. 135, Anm. 1).

34 Challine: »Les termes des Coustumes ne s'expliquent pas toûjours selon leur propre signification, mais selon leur vsage qui est le maître des mots« (a. a. O., Regel 9, S. 13).

35 Pellisson/D'Olivet, a. a. O., Bd. 1, S. 234 ff.

36 Vgl. Bouteiller: »Car il y a coustume priuée & coustume notoire. Et est perilleuse chose à arguer la premiere pour doute de la preuue.« (La Somme rural ou le Grand Coustumier general de practique civil et canon, hg. von L. Charondas le Caron. Lyon 1621, livre 1., tiltre 2, p. 8).

37 Maurice Grevisse knüpft mit seiner Grammatik bewußt an die Tradition Vaugelas' an, nicht nur im Titel »Le bon usage«, sondern von der 6. Auflage ab auch im Untertitel: »Grammaire française, avec des remarques sur la langue française d'aujord'hui«.

38 »Et l'on a beau se plaindre de l'injustice de cet vsage, il ne faut pas laisser de s'y soumettre, encore qu'on le croye injuste.« (1, 110 f.) Die Wortwahl ist ganz juristisch (ohne übermäßig terminologisch zu klingen); man vergleiche bei seinem Vater das Kapitel De consuetudine iniusta (Iurispr. Pap. Scientia, a. a. O., Tit. 1, S. 3).

39 E. Auerbach: Das französische Publikum des 17. Jahrhunderts. München 1933, S. 25.

40 A. Dauzat: Le Guide du bon usage. Paris 1955, S. 7.

41 Vgl. K. A. Ott: Die Sprachhaltung des 17. Jahrhunderts in den Remarques sur la langue françoise von Cl. F. de Vaugelas. Diss. Heidelberg 1947, S. 7.

42 *Consuetudo recta / consuetudo mala* (Varro: De lingua Latina IX, S. 5 f.) Cicero: Tusc. Quaest. II. Castiglione: »La buona consuetudine adunque del parlare credo io che nasca dagli uomini che hanno ingegno, e che con la dottrina, ed esperienza s'hanno guadagnato il buon giudizio«

(Buch 1, Ed. 1903, S. 62). Varchi: »che il vero e buono uso sia principalmente quello de' letterati« (Ercolano, Buch 2).

43   Fr. Olivier-Martin: Histoire du droit français. 2. Aufl. 1951, S. 112. Auch der Papst greift gelegentlich gegen eine *mala consuetudo* ein. (Vgl. Brie, a. a. O., S. 185.)

44   Vgl. Brie, a. a. O., S. 178. – Ferner Fr. Olivier-Martin: Zeitschrift der Savigny-Stiftung für Rechtsgeschichte 58 (1941), 133.

45   Vgl. Brie, a. a. O., S. 72 f.

46   Iurispr. Pap. Scientia, a. a. O., Tit. 2, S. 79.

47   Fr. Sánchez de las Brozas (Sanctius): »Usus porro sine ratione non movetur; alioqui abusus, non usus dicendus erit« (Minerva. Salamanca 1587, I, 1, S. 6 f.).

48   Scipion Dupleix polemisiert in diesem Sinne gegen Vaugelas. Wer nicht nach der *ratio* spricht, hat eine animalische Natur (Liberté de la langue françoyse dans sa pureté. Paris 1651, S. 58).

49   Vgl. E. Janssens: »La coutume, source formelle du droit d'après Saint Thomas d'Aquin et d'après Suarez«, Revue Thomiste 36 (1931), S. 681–726. Vgl. ferner Dictionnaire du droit canonique, hg. v. R. Naz, s. v. *coutume*.

50   Der Präsident Favre: »Duo enim tantum sunt quae consuetudini opponi possint: lex et ratio.« – Er ist als Rationalist natürlich anderer Ansicht als sein Sohn und fährt fort: »Proinde ita demum valere potest consuetudo et ius facere, si neque iuri scripto repugnet neque rationi« (Iurispr. Pap. Scientia, a. a. O., Tit. 2, S. 79).

51   Vaugelas: »communis error facit ius, disent les Jurisconsultes« (I, 421).

52   Favre: »Quid enim tam contrarium rationi quam error?« (Jur. Pap. Scienta, a. a. O., Tit. 2, S. 79.)

53   Scipion Dupleix: »quae contra ius per errorem introducta sunt, ne ulterius contrahantur« (Liberté de la langue françoyse dans sa pureté, 1651, S. 75 f.).

54   Charondas le Caron, Pandectes, a. a. O., zitiert nach Lebrun, a. a. O., S. 123, Anm. 2.

55   Im »Grand Coutumier de France« des Jacques d'Ableiges heißt es: »Et ès pays coustumiers les coustumes qui sont contraires au droict escript passent et détruissent le droict et sont appellées haineux de droict« (Buch 2, Tit. 2, S. 190, zitiert nach Lebrun, a. a. O., S. 62).

56   E. Auerbach: »La Cour et la Ville«, in: Vier Untersuchungen zur Geschichte der französischen Bildung. Bern 1951, S. 12–50.

57   »Il s'ensuit que ceux-là se trompent, qui en donnent toute la jursdiction au peuple« (Préf. 8 – vgl. Préf. 2).

58   IV, 3. zitiert bei Pissard, a. a. O., S. 33, Anm. 3.

59   A. a. O., zitiert bei Lebrun, a. a. O., S. 54, Anm. 1.

60   J. Peletier: Dialogue de l'ortografe, Poitiers 1550, zitiert bei L. Kukenheim: Contributions à l'histoire de la grammaire italienne, espagnole et française à l'époque de la Renaissance. Amsterdam 1932, S. 94.

H. Estienne: Hypomneses de Gallica lingua (1582), zitiert bei Kukenheim, a. a. O., S. 95. Ch. Sorel: Discours sur l'Académie Françoise, Paris 1654, S. 60 u. 64.

61 De vulgari eloquentia I, 18, 2.

62 »La cour de François Ier adoucit la langue comme les esprits« (Dictionnaire philosophique, s. v. *François*).

63 »Autre remonstrance«, in: Deux dialogues du nouveau langage françois italianizé (1578). 2 Bde. Paris 1883, Bd. I, S. 16.

64 »L'Vsage, qu'on est obligé de suiure aussi bien en escriuant, qu'en parlant« (I, 286).

65 Vgl. das Wort *concourent* in dem Zitat weiter oben. Es wird synonymisch variiert durch das Wort *conformité,* dem das *conformément* aus der Definition des guten Sprachgebrauchs entspricht (Préf. 2).

66 G. Lepointe: Petit Vocabulaire d'Histoire du Droit français, Paris 1948, s. v. *turbe.*

67 Vgl. den zeitgenössischen Juristen Paul Challine: »Les Coustumes sont des conuentions publiques accordées du consentement des trois ordres du Royaume, introduites par l'vsage des peuples, qui les ont receuës & approuuées par vne longue suitte d'années & qui ont esté conseruées par l'authorité souueraine du Roy qui leur donne le sceau, & la vigueur« (a. a. O., Regel 3, S. 26). Das Denkmodell der konkurrierenden Instanzen ist bei Challine gut zu erkennen. Das gleiche Siegel-Bild findet man übrigens bei Beaumanoir, a. a. O., Kap. 40.

68 Charles Sorel fragt einmal ganz aufgebracht: »Quoy le plusgrand nombre ne le doit il pas emporter sur le moindre?« (Discours sur l'Académie Françoise, Paris 1654, S. 65).

69 Vgl. Servius ad Aen. VII, 601: »Varro vult morem esse communem consensum omnium simul habitantium, qui inveteratus consuetudinem facit« (zitiert bei Gaudemet: Revue historique de Droit 17, 144). Ebenso der Präsident Favre: »in consuetudine inducenda non huius et illius vel hominis vel etiam ordinis morem inspicere debemus, sed totius populi usum« (Iurispr. Pap. Scientia, a. a. O., Tit. 2, S. 79).

70 Rochus Curtius: »nam in consuetudine inducenda attenditur maior pars populi« (Enarrationes in celeberrimum Iur. cap. Cum tanto . . ., Lyon 1550, f° 59 v. – Vgl. auch Brie, a. a. O., S. 147 f.).

71 Sulpicius Apollinaris bei Aulus Gellius, Noctes Atticae XII, 13, 5. Vgl. Petrus Salazar: »Propterea ut populi consuetudo dici valeat, omnis populus, vel eius maior pars in id debet convenire quod utitur« (a. a. O., Kap. 7., 5. Vgl. auch 7, 4). Ferner: »de communi consensu vel maioris et sanioris partis« (Bormans/Schoolmeesters: Cartulaire de l'Eglise Saint-Lambert à Liège. 4 Bde. Brüssel 1893–1900, Bd. 1, S. 436).

72 Plato: Staat, pass. Cicero: De re publica VI. Nonius-Fragment 519, 17. Livius: »sed (ut plerumque fit) maior pars meliorem vincit« (21, 4).

73 Vgl. auch H. Estienne: Ad. M. Ter. Varronis assertiones analogiae sermonis Latini appendix, 1591, Kap. 20.

74 »In abbatis ordinatione illa semper consideretur ratio, ut hic consti-
tuatur quem sive omnis concors congregatio secundum timorem Dei, sive
etiam pars quamvis parva congregationis saniore consilio elegerit« (§ 64).
Ich verdanke den Hinweis meinem Freund und Kollegen, Professor Arno
Borst.

75 N. Hilling: »Der Grundsatz der *pars sanior* bei den kirchlichen Wahlen«, Veröffentlichungen der Görres-Gesellschaft, Sektion für Rechts- und
Sozialwissenschaften, Heft 40. Paderborn 1923, S. 228–234; hier: S. 229.
Vgl. auch B. Schimmelpfennig: »Das Prinzip der ›sanior pars‹ bei Bischofs-
wahlen im Mittelalter«, Concilium 16 (1980), S. 473–477.

76 Bouhours: »Il faut qu'un mot, pour estre receu, ait les suffrages du
peuple qui doit s'en servir. Et de mesme que dans les Royaumes electifs,
l'élection d'un Prince n'est point legitime, si les Estats assemblez ne le
choisissent d'un commun accord, dans les langues une diction nouvelle
n'est point autorisée, si toute la société, ou du moins la plus saine partie de
la société ne se declare en sa faveur.« (Doutes sur la langue françoise,
proposez à Messieurs de l'Académie françoise par un gentilhomme de
province, Paris 1674, anonym erschienen, S. 48 f.)

77 »Fut dit par la greigneur et plus saine partie que la seur de père et de
mère estoit plus proche de lignage que celle qui nestoit que de mère seulement« (nach H. Pissard, a. a. O., S. 56, Anm. 1).

78 »Se témoings sont produis à prover costume, véez ci interrogatoires
convenables lesquels on leur puet et doit faire en tout ou en partie: premier, se ils ont veu jugier selon icelle coustume et quantes fois, et de quels
juges, et entre quels personnes, et en quel temps, et se il fut appeleit de ce
jugement ou non, et se ils scevent que tous li peuples ou la plus grante et la
plus sainne partie se oit accordée et consentie expressément ou taisible-
ment en celle coustume entroduire« (ebenfalls nach H. Pissard, a. a. O., S.
125, Anm. 2).

79 P. Viollet: Histoire des institutions politiques et administratives de la
France. 3 Bde. Paris 1890–1903, hier Bd. 3, S. 108, Anm. 1.

80 Ein Edikt aus dem Jahre 1509, das die Redaktion der *Coutumiers*
betrifft, bestimmt: »Nous (. . .) vous avons donné et donnons pour faire
ladite publication, pouvoir, puissance et auctorité de les accorder, du consentement toutesuoyes desdits trois Etats (. . .) ou de la plus grande et
saine partie d'iceux« (zitiert nach Lebrun, a. a. O., S. 74, Anm. 4).

81 Bouteiller: »la plus grande partie; mais à ce ne s'en faut mie arrester,
si ainsi n'estoit que à celle partie fussent les plus notables de la ville. Et si
de l'vn des costez estoit assemblée vne partie des petits & pauures du
peuple qui fussent le plus de testes, & d'autre part eust contr'assemblée qui
fust vne autre partie des plus notables de la ville qui fussent moins de
testes, sçaches que pour ce demeureroit que la volonté du plus grand
nombre des petits, iaçoit ce que ils fussent le plus, deussent passer deseure
lassens des riches, & notables qui seroient les moins en nombre, mais ils
seroient la plus saine partie de la communauté; car en faict de la commu-

133

nauté, se faut plus prendre à la saine partie que à la greigneur« (Somme rural, a. a. O., Buch 2, Tit. 19, S. 1371).

82 Recueil des anciennes Coutumes de la Belgique. Brüssel 1858–1911; V, 1 (Lüttich, zwischen 1269 und Anf. des 14. Jahrhd.).

83 »Ceuls qui y seront ordené par la meilleure et plus saine partie . . .« (Espinas: Recueil de documents relatifs à l'histoire du droit municipal en France des Origines à la Révolution, Artois II. Paris 1934 ff., S. 613).

84 S. Dupleix: Liberté de la langue françoyse dans sa pureté. 1651, S. 24. Buffier: Grammaire françoise, Paris, 1714, n° 32 f.; zitiert in Beauzées *Usage*-Artikel in der Großen Enzyklopädie, Bd. 36, S. 80. Vgl. A. François: La grammaire du purisme et l'Académie Française au XVIIIe siècle. Paris 1905, S. 127.

85 2. Thim. 1, 13; 2 Thim. 4, 3; 1. Thim. 3, 6. Für Gregor VII. gilt bei der Papstwahl derjenige als gewählt, »quem saniori consilio pars cleri melior (pars cleri et populi melior et religiosior, pars fidelior et religiosior) elegerit« (vgl. P. Schmid: Der Begriff der kanonischen Wahl in den Anfängen des Investiturstreits. Stuttgart 1926, S. 55, Anm. 178).

86 Chrysostomos, Patrologia Graeca 61, 622 b.

87 Commentaire sur les Coustumes de la prévosté et vicomté de Paris. Paris 1614, S. 868.

88 »Nos meilleurs Autheurs, et de la premiere classe« (II, 117).

89 I, 131. – Vgl. die Wendung: *certains Autheurs approuuez* (II, 67). Zum Klassikbegriff vgl. E. R. Curtius: Europäische Literatur und lateinisches Mittelalter. Bern 9. Aufl. 1978, S. 253–256; ferner H. Weinrich: »Münze und Wort. Untersuchungen an einem Bildfeld«, in ders.: Sprache in Texten. Stuttgart 1976, S. 276–288.

90 Vgl. Pissard, a. a. O., S. 112–134. Die *enquête par turbes* verlor etwas an Bedeutung durch die Redaktion der *Coutumiers,* war aber immerhin im 16. und 17. Jahrhundert noch recht häufig, zumal im Privatprozeß. (Vgl. Pissard, a. a. O., S. 174; ferner H. Regnault: Manuel d'Histoire du Droit français. Paris 1947, S. 80.) Der Wortlaut des Abrogationserlasses von 1667: »Abrogeons toutes enquêtes d'examen à futur, et celles par turbes touchant l'interpretation d'une coutume et usage« (Titre 13, zitiert nach Pissard, a. a. O., S. 175, Anm. 1).

91 Ordonnance des hl. Ludwig von 1270 und Bouteiller, a. a. O., Buch 1, Tit. 2, S. 9. – Vgl. Lebrun, a. a. O., S. 54, Anm. 1.

92 Die Akademie bestätigt das 1704: »un Ouvrage né dans son sein« (Avertissement, in Vaugelas: Remarques, hg. v. A. Chassang, Bd. 1, S. 6).

93 Pellisson/D'Olivet, a. a. O., Bd. 1, S. 52.

94 Préface XIV, vgl. Préface I. Zum Begriff *rapporter* vgl. Philippes de Beaumanoir: ». . . Sont apelés Auditeurs, pour che que il doivent oir che que les Tesmoins [hier: Tatzeugen] diront & fere escrire leur dit & sceler de leurs Sceaux, & *rapporter* le dit des Tesmoins escrit & scelé en jugement par devant les Jugeeurs« (Coustumes du Beauvoisis, hg. v. A. Salmon. 2 Bde., Paris 1899–1900, Kap. 40).

95 Vgl. Guy Coquille von den in Coutumiers aufgezeichneten Coutumes: »celles qui (. . .) ont esté arrestées, mises par écrit« (Coustume du Nivernois, in: Œuvres. Pars 1665, Bd. 2, S. 1. Vgl. A. Lebrun, a. a. O., S. 84, Anm. 2). Sehr deutlich auch in den *Stilles et usages de procéder es pays d'Anjou et de Maine* (1496): »les parties font simplement conclusion et *arrest* à leurs dictes enquestes (. . .). Et si lesdites coustumes sont *arrestées,* le juge les pourra déclarer notoires« (zitiert nach Pissard, a. a. O., S. 131, Anm. 3).

96 Pissard, a. a. O., S. 149 f.

97 Grammaire de l'Académie Française. Paris 1926, Vorwort.

98 Doutes sur la langue françoise. Paris 1674, S. 147 f.

99 Pissard, a. a. O., S. 117 f. und 149 f.

100 »Ces observations (. . .) marquent en peu de mots les changements arrivez depuis cinquante ans, et rendent compte de l'usage present: regle plus forte que tous les raisonnemens de grammaire, et la seule qu'il faut suivre pour bien parler« (Avertissement, zitiert in Vaugelas: Remarques, hg. von A. Chassang, Bd. 1, S. 6).

101 Nach Guillaume de Paris (13. Jahrhundert), Ms. Bibl. Mazarine 1319, abgedruckt bei Pissard, a. a. O., Appendix, S. 192.

102 Nach Lebrun, a. a. O., S. 63, Anm. 6.

Die *clarté* der französischen Sprache und die Klarheit der Franzosen

Das Jahr 1782 markiert den Höhepunkt der Universalität der französischen Sprache. In diesem Jahr setzt die Königlich Preußische Akademie in Berlin einen Preis für die Beantwortung der folgenden drei Fragen aus:

Was hat die französische Sprache zur Universalsprache Europas gemacht?

Wodurch verdient sie diesen Vorrang?

Ist zu erwarten, daß sie ihn behält?

Die zweite Frage soll uns hier interessieren. Rivarol, dessen elegantem *Discours sur l'universalité de la langue française* der Preis zugesprochen wird, ist davon überzeugt, daß die französische Sprache die Universalität durch ihre Wesenseigenschaften verdient, und er hat es verstanden, das Preiskollegium wie auch seine ganze Leserschaft davon zu überzeugen, daß die französische Sprache mehr als eine Sprache unter anderen ist: *Sûre, sociale, raisonnable, ce n'est plus la langue française, c'est la langue humaine*[1]. Alle diese Eigenschaften haben jedoch für Rivarol einen Generalnenner, nämlich die Klarheit *(clarté)*, welche der französischen Sprache *par excellence* zukommt. *Ce qui n'est pas clair n'est pas français*[2], so lautet seine prägnante Formel, die bei der Nachwelt ein vielfältiges Echo finden sollte. Rivarol hat diesen Satz nicht einfach unter dem Diktat des Nationalstolzes niedergeschrieben, seine Auffassung entsprach vielmehr ziemlich genau den bei den Gebildeten ganz Europas herrschenden Überzeugungen. So hat sich zum Beispiel der deutsche Gelehrte Johann Christoph Schwab, der sich ebenfalls mit einem Traktat um den Preis der Akademie beworben hat, in ganz ähnlicher Weise geäußert. Er schreibt, die Klarheit, welche das Wesen des französischen Stils ausmache, sei im Mechanismus dieser Sprache angelegt[3].

Solche *communis opinio* der europäischen Gebildeten im 18. Jahrhundert wird verständlich, wenn man an den Mann denkt, den Rivarol in der genannten Schrift den Franzosen *par excellence* nennt: Voltaire. Er hat mehr als jeder andere zu der universalen Geltung der französischen Sprache und zur Verbreitung der Klarheitsidee beigetragen. Voltaire äußert sich recht oft zu diesem Thema, und schon im Vorwort seines Oedipus-Dramas finden wir den Satz: *Le génie de notre langue est la clarté et l'élégance.* Der Satz wiederholt sich fast wörtlich im *Dictionnaire philosophique: Le génie de cette langue est la clarté et l'ordre* (Art. *François*). Die beiden Begriffe Klarheit und Ordnung sind für ihn unter diesem Gesichtspunkt gleichbedeutend, denn die Klarheit ist identisch mit der »natürlichen Ordnung der Vorstellungen«. In seinem *Siècle de Louis XIV* wird dann die französische Sprache mit ihren Qualitäten Gegenstand seiner historischen Interessen. Er schreibt dort von der klassischen französischen Sprache: *La langue française est de toutes les langues celle qui exprime avec le plus de facilité, de netteté, et de délicatesse, tous les objets de la conversation des honnêtes gens; et par là elle contribue dans toute l'Europe à un des plus grands agréments de la vie* (Kapitel 32). Das Wort *netteté* vertritt hier das Wort *clarté*, das später im allgemeinen Sprachgebrauch mehr Erfolg gehabt hat.

Man ist nicht sehr erstaunt, nach den Zeugenaussagen Voltaires und Rivarols den Prozeß entschieden zu sehen. Und bis auf den heutigen Tag ist die *clarté* das beliebteste Attribut der französischen Sprache geblieben. Das bestätigt uns François-Poncet in einer Rede, die er 1956 vor dem Kongreß der Alliance française gehalten hat. Dort erklärt er das hohe Ansehen, das die französische Sprache nach wie vor in der Welt genießt, mit den immanenten Qualitäten dieser Sprache, vornehmlich ihrer Klarheit. Wenn die französische Sprache auch nicht mehr wie im 18. Jahrhundert die Weltsprache, *la langue universelle*, ist, so ist sie doch nach François-Poncet immer noch die Sprache einer Weltelite[4]. Auch der Titel des bekannten Buches von Daniel Mornet: *Histoire de la clarté française* (Paris 1929) spricht für sich. Er läßt gleichzeitig erkennen, wie sich die Begriffe *clarté* der französischen Sprache und *clarté française* vermischen, Begriffe, die wir im folgenden sorgsam auseinanderhalten wollen.

Die Klarheit der französischen Sprache ist jedoch nicht immer mit der schönen Einhelligkeit bestätigt worden, die wir bei den Preisrichtern Rivarols und überhaupt bei den europäischen Gebildeten des 18. Jahrhunderts feststellen können. André Thérive beispielsweise spottet in seinem Buch »*Libre histoire de la langue française*« (Paris 1954) über den »fast abergläubischen Kult der *clarté*« (S. 153). Der Schweizer Charles Bally fordert Beweise und meint, die meisten derjenigen, die der *clarté française* huldigen, würden wohl in Schwierigkeiten geraten, wenn sie sagen müßten, worin sie eigentlich bestehe[5]. Und Franck Schoell resigniert: »*Cela n'a jamais été prouvé et ne peut pas l'être*«[6]. Das ist der Moment der Ironie, und Jean Anouilh läßt eine Person in seinem Stück »*Le Rendez-vous de Senlis*« sagen: *Mais vous n'avez pas l'air de très bien comprendre? Je me sers pourtant de la langue française, la plus concise, la plus claire, la langue des diplomates et des souverains* (III. Akt).

Mehr noch. Es gibt Autoren, und sogar mitten im 18. Jahrhundert, welche die Skepsis gegenüber der *clarté* bis zur Umkehrung getrieben haben. Der Moralist Chamfort ist bereit zu glauben, daß die französische Sprache die Klarheit liebt, aber, so fährt er fort, wir lieben eben dasjenige am meisten, dessen wir am meisten ermangeln[7]. Bei ihm könnte man noch sagen, daß der Moralist auf der Suche nach einem Witzwort einfach die Medaille umgewendet hat. Aber was soll man von dem Aufklärer d'Alembert sagen, der nicht nur der französischen Sprache die Klarheit abspricht, sondern sogar genau das Gegenteil behauptet: *Aucune langue sans exception n'est plus sujette à l'obscurité que la nôtre*. Er zieht daraus sogleich die Konsequenz in Form einer stilistischen Vorschrift: die *clarté* ist nur insofern Erbteil der französischen Sprache, als der französische Schriftsteller verpflichtet ist, die Klarheit nie aus den Augen zu verlieren, denn sie droht ihm ständig zu entgleiten[8].

Die Autoren des 18. Jahrhunderts und unseres Zeitalters sind jedoch nicht die ersten, die über das Problem der Klarheit nachdenken. Wir finden Diskussionen über dieses Problem schon bei den Griechen und Römern, aber bei ihnen, das ist bemerkenswert, handelt es sich nicht um die Klarheit als Eigenschaft einer Sprache. Die Klarheit ist Diskussionsgegenstand als stilistisches Prinzip, das der Rhetorik und Poetik zugehört[9]. Aristoteles etwa fordert in seiner Poetik, die Rede solle klar (σαφής) sein, ohne doch deswegen niedrig zu sein (1458a 18 ff.). Man findet dann diese Vorschrift

bei den Römern wieder, so zum Beispiel in der »*Institutio Orato-*
ria« von Quintilian. Sie lautet: *oratio vero, cuius summa virtus est*
perspicuitas (I, 6, 41). Wir notieren hier vor allem, daß der
Fachausdruck für diese Vorschrift das Wort *perspicuitas* ist und
nicht das Wort *claritas,* das sonst im klassischen Latein und in der
Sprache Quintilians durchaus vorkommt, aber nur höchst selten in
diesem Zusammenhang gebraucht wird. Wir wollen nun diese beiden Wörter etwas weiter bis in eine uns näherliegende Zeit verfolgen. Als in der Renaissance die Schriftsteller bewußter als im Mittelalter die rhetorischen und poetischen Theorien der Antike
befolgten, übernahmen sie auch den Begriff *perspicuitas* zur
Bezeichnung des stilistischen Gebots und als rhetorische »*virtus*«.
In Frankreich erhält das Wort ein leicht französiertes Gewand und
erscheint als *perspicuité.* In dieser Gestalt vegetiert das Wort bis auf
den heutigen Tag. Es ist in der französischen Sprache niemals recht
heimisch geworden; mit seinem allzu gelehrten Aussehen, und –
was in der Sprachgeschichte stärker ins Gewicht fällt – ohne ein
zugehöriges Adjektiv hatte es keinen größeren Erfolg zu erwarten.
Daher wird das Wort *perspicuité* vom 17. Jahrhundert an in der
Rhetorik und Poetik durch das Wort *clarté* ersetzt. Bis dahin, und
das gilt nicht nur für die Sprache des 16. Jahrhunderts, hatte das
Wort *clarté* vornehmlich die Bedeutung von Leuchtkraft, Glanz
und Berühmtheit, was auch dem lateinischen Sprachgebrauch entspricht. Für die Autoren des 16. Jahrhunderts sind die Sonne, der
Himmel und die Augen schöner Frauen »*clairs*«, aber auch die
Ehre und der Adelstitel. Racine kennt noch diese Wortbedeutung;
es ist die *clarté* des kaiserlichen Ranges, das heißt der Ruhmesglanz
dieses Ranges, welcher Junie blendet (Brit. II, 3). In diesem
Zusammenhang ist bemerkenswert, was Jacques Peletier in seinem
»*Art poétique*« (1555) unterläuft, als er das schon genannte Gebot
des Aristoteles übernimmt. Er übersetzt: *La premiere e la plus dine*
vertu du Poème èt la Clerte (I, 9). Das ist zwar Wort für Wort das
aristotelische Gebot, aber der Sinn ist ein ganz anderer; denn Pele-
tiers *clerté* bedeutet Glanz und meint daher etwas ganz anderes als
die aristotelische σαφήνεια. Peletier fordert für die Dichtung eine
Qualität, die oft genug der Klarheit sogar zuwiderläuft. Es ist also
ein sehr tiefgreifender Bedeutungswandel, der das Wort *clarté* im
17. Jahrhundert seinem alten Anwendungsbereich entzieht (wo es
durch *lustre, splendeur* usw. ersetzt wird). Erst durch diesen

Bedeutungswandel wurde das Wort *clarté* frei für die neuen Aufgaben als rhetorisch-poetischer Terminus, die bis dahin von dem Wort *perspicuité* so unzureichend wahrgenommen wurden. Das ist jedoch noch nicht die *clarté* der französischen Sprache. Wir sind erst bei dem rhetorisch-poetischen Begriff, der eine Stilqualität *(virtus dicendi)* bezeichnet. In diesem Sinn muß man den wohlbekannten Vers aus Boileaus *»Art poétique«* verstehen: *Ce que l'on conçoit bien s'énonce clairement* (I, v. 153). Genau besehen, hat der Begriff *clarté* niemals diese ursprüngliche Bedeutung, die ihm von den Griechen und Römern zugekommen ist, ganz verloren. Boileaus Lehrsatz ist beispielsweise in einem Brief Voltaires deutlich wiederzuerkennen, wo dieser schreibt: *Rien ne marque mieux un esprit juste et droit que de s'exprimer clairement. Les expressions ne sont confuses que quand les idées le sont*[10]. Und in seinem *»Dictionnaire philosophique«* bezeichnet er die Regelmäßigkeit und die Klarheit als unerläßliche Eigenschaften des Stils, der sich dann durch die Eigenschaft der Eleganz zur Höhe der Poesie erheben kann (s. v. *Langues*). Hören wir noch, was dieser Gedanke in der Vereinfachung Supervielles ergibt. Er schreibt in seiner Poetik: *Le poète dispose de deux pédales, la claire lui permet d'aller jusqu'à la transparence, l'obscure va jusqu'à l'opacité (»En songeant à un Art poetique«*, 1951). Wie dem auch sei, der zeitgenössische Autor belegt uns damit zumindest die Kontinuität des aristotelischen Gebotes bis in unsere Zeit.

Wir schauen zum Vergleich auf einige andere Sprachen. Da ist zunächst Isidor von Sevilla, der die Qualitäten der griechischen Sprache hervorhebt: *Graeca autem lingua inter ceteras gentium clarior habetur. Est enim et Latinis et omnibus linguis sonantior*[11]. Isidor gebraucht allerdings das Wort *clarus* zur Kennzeichnung einer Sprache, des Griechischen, aber der Kontext läßt eindeutig erkennen, wie wir das Wort verstehen müssen: Isidor preist nicht die Klarheit, sondern den Glanz des Griechischen. Es ist der gleiche Glanz, den Du Bellay mit seiner *Deffence et illustration de la langue françoise* dem Französischen verleihen will[12].

Durch Isidors Beispiel vorsichtig geworden, zögern wir auch, die folgende Äußerung Boccaccios für die Klarheit der italienischen Sprache zeugen zu lassen. Boccaccio spricht von Dante als dem Schöpfer der italienischen Nationalsprache und schreibt: *Per costui la chiarezza del fiorentino idioma è dimostrata*[13]. Das ist ebenfalls, wie Du Bellay sagen würde, die »*illustration*« des Florentinischen, und wir müssen mit Hans Wilhelm Klein resümieren, daß die italienischen Autoren der Renaissance keine *chiarezza italiana* als Muster der *clarté française* geliefert haben[14].

Anders verhält es sich jedoch mit Spanien. Bei den Autoren des 16. Jahrhunderts finden wir auch in Spanien die Idee der Klarheit in der wohlbekannten Form des stilistischen Gebots. So lobt beispielsweise Fernando de Herrera die *claridad, clareza* oder *puridad* in Gedichten des Garcilaso de la Vega. In seinem Kommentar zu diesen Gedichten gibt er einmal auch eine Charakterisierung der spanischen Sprache, in Wirklichkeit eine lange Liste von lobenden Eigenschaftswörtern. Die Klarheit ist nicht darunter[15]. Sie findet sich dort ebensowenig wie in den etwa gleichzeitigen Schriften Henri Estiennes, der ebenfalls zum Lobe der französischen Sprache Epitheta häuft, ohne auf die Klarheit zu verfallen[16]. Im 17. Jahrhundert wandelt sich jedoch in Spanien das Bild. Der Anfang dieses Jahrhunderts ist in Spanien durch die kulteranistische Bewegung gekennzeichnet, die unter dem Impuls Góngoras und seiner Schule für die Dichtung ästhetisches Neuland jenseits der Verständlichkeit suchte. Die empörten Paladine des gesunden Menschenverstandes schlugen Alarm und ziehen die Kulteranisten der Dunkelheit. So richtete sich auf die Dunkelheit *(oscuridad)* die allgemeine Aufmerksamkeit der Öffentlichkeit, und die Ankläger waren gezwungen, gegen die Dunklen das Banner der Klarheit *(claridad)* zu schwingen. Die Klarheit konnte in diesem leidenschaftlichen Streit natürlich nicht eine Stiltugend unter anderen bleiben, sondern wurde die Stiltugend *par excellence,* deren Übung fast eine patriotische Pflicht war. In diesem Sinne muß man Lope de Vegas *claridad castellana* von 1624 verstehen[17].

Einen so leidenschaftlichen Streit um Klarheit und Dunkelheit wie in Spanien hat es in Frankreich nicht gegeben. Aber die rhetorische Figur des Hyperbaton *(transmutatio,* ungewöhnliche Wortstellung), in der bei Góngora die syntaktischen Kühnheiten gipfeln, beschäftigt auch die französischen Dichter, und zwar schon im 16. Jahrhundert. Das Hyperbaton wird natürlich, da die Rhetorik es gutheißt, nicht grundsätzlich abgelehnt, aber man empfiehlt doch eine sparsame und maßvolle Anwendung dieser Figur. Auch diese Empfehlung stammt aus der rhetorischen Tradition, denn schon Quintilian hatte darauf hingewiesen, daß ein allzu kühnes Hyperbaton die Klarheit gefährden kann[18]. So ist es also zu verstehen, wenn Barthélemy Aneau, der Verfasser des *»Quintil Horatien«*, ein Hyperbaton bei Du Bellay als zu gewagt tadelt und folgendes schreibt: *tant s'en faut qu'il soit usagier au langage françois: duquel la plus grande vertu de facilité & clarté est qu'il suyct le droict ordre naturel*[19]. Auch der Gegenbegriff zum Hyperbaton, *le droict ordre naturel,* stammt aus der Rhetorik und lautet bei Quintilian *ordo naturalis*[20]. Der durch und durch rhetorische Kontext läßt also erkennen, daß es sich hier immer noch um die rhetorische *virtus (vertu)* der Klarheit handelt; trotzdem hat Harmer recht, wenn er diese Stelle als Erstbeleg für die *clarté* der französischen Sprache anführt[21]. Denn die rhetorische *virtus* ist hier mit einer besonderen Beschaffenheit gerade der französischen Sprache motiviert, und damit ist neben das stilistische Gebot der *clarté* eine Spracheigenschaft *clarté* getreten. Man darf allerdings nicht übersehen, daß Barthélemy Aneau, der sonst das Wort *clarté* in der Bedeutung »Glanz« verwendet (siehe oben), die neue Bedeutung »Klarheit« nur schüchtern und in der Sicherung des Synonymenpaares *facilité et clarté* zu gebrauchen wagt. Die Bedeutung »Klarheit« liegt mehr bei dem Wort *facilité* als bei dem Wort *clarté.* Aber der Sprachgebrauch ist in Bewegung, das ist an der Synonymenpaarung deutlich abzulesen.

Die eigentliche Entdeckung der *clarté* als einer Eigenschaft der französischen Sprache bleibt dem 17. Jahrhundert vorbehalten[22]. Das 17. Jahrhundert ist in Frankreich unter dem Gesichtspunkt des Sprachbewußtseins das Jahrhundert des großen Grammatikers Vaugelas. Dieser Grammatiker war kein Pedant, und er schätzte auch die pedantischen Wörter nicht. Es scheint, daß er den Bedeutungswandel zum Abschluß gebracht hat, der das Wort *clarté* (und gelegentlich das Wort *netteté*) an die Stelle des Wortes *perspicuité* gesetzt hat[23]. Vaugelas empfiehlt, wie es auch die andern Jünger der griechischen und römischen Sprachtheoretiker tun, die stilistische Klarheit: *la clarté de l'expression, qui doit estre le principal soin de celuy qui parle ou qui escrit*[24]. Aber gleichzeitig weist er darauf hin, daß der französischen Sprache selber die Tendenz innewohnt, die Klarheit der Schriftsteller zu begünstigen und jede Art von Dunkelheit abzustoßen. Mehr als andere Sprachen sei das Französische auf Klarheit angelegt: *la clarté du langage, que la Langue Françoise affecte sur toutes les Langues du monde*[25]. Diese

142

Auffassung wird in der 2. Hälfte des 17. Jahrhunderts allgemeine Überzeugung der Sprachdenker, wobei den anderen Sprachen die Eigenschaft der *clarté* mehr oder weniger deutlich abgesprochen wird. Der Grammatiker François Charpentier begnügt sich noch mit der Feststellung, die *clarté* komme der französischen Sprache *par excellence* zu[26]; der Jesuitenpater Bouhours spricht der französischen Sprache darüber hinaus das Klarheitsmonopol zu[27].

Der Gedanke, daß der französischen Sprache eine gewisse Klarheit als immanente Spracheigenschaft zukommt, ist also durch die großen Grammatiker des 17. Jahrhunderts entwickelt und verbreitet worden. Man mag ein gewisses Beigewicht der *clara et distincta perceptio* des Descartes und des Cartesianismus im allgemeinen mit in Rechnung stellen. Aber die Idee der klaren und deutlichen Vorstellung, so wichtig sie auch sein mag, ist nicht die Wurzel der Klarheitsidee. Eher mag schon Descartes von der europäischen Tradition des Sprachbewußtseins und der Rhetorik beeinflußt sein und dort die gleichen Impulse aufgenommen haben, die auch bei Vaugelas die Klarheitsidee hervorgebracht haben. Immerhin, da sich die Idee der *clarté* der französischen Sprache und die philosophische Idee der klaren und deutlichen Vorstellung auf dem Marsch durch die Geschichte unterwegs getroffen haben, sind sie auch die vielfältigsten Verbindungen und Vermischungen eingegangen und haben es zugelassen, daß die einen die *clarté française* mit dem *esprit cartésien,* die andern den *esprit cartésien* mit der *clarté française* erklären.

Auch als unter dem Einfluß Vaugelas' und seiner Schüler aus der rhetorischen *virtus* eine Spracheigenschaft *clarté* geworden war, behielt der Begriff viele Merkmale, die nur aus seiner rhetorischen Herkunft erklärbar sind. Vor allem die Tatsache, daß die besondere Klarheit der französischen Sprache drei Jahrhunderte lang so gut wie ausschließlich aus der »natürlichen Wortstellung« des Französischen, also aus der normalen Abfolge Subjekt – Prädikat – Objekt, begründet wird, ist nur von der rhetorischen Herkunft des Begriffs her zu verstehen. In der Rhetorik hatte die Klarheit als *virtus dicendi* ursprünglich zwei Anwendungsbereiche: erstens die Genauigkeit der Wortbedeutungen, zweitens die Stellung der Wörter im Satz[28]. Im europäischen Manierismus-Streit im 16. und 17. Jahrhundert, bei dem die syntaktischen Freiheiten des Hyperbatons besonders umstritten waren, schiebt sich der syntaktische

Anwendungsbereich des Klarheitsbegriffes in den Vordergrund des Sprachbewußtseins, und mit Vaugelas und seinen Nachfolgern ist die *clarté* endgültig ein syntaktischer oder jedenfalls in der Syntax fundierter Begriff geworden. Das wurde zudem durch die Struktur der französischen Sprache nahegelegt. Das Französische schien wie geschaffen für die *clarté*. Denn die französische Sprache der klassischen Periode hatte bekanntlich auf die vielen Freiheiten des Altfranzösischen in bezug auf die Wortstellung im Satz verzichtet und die Abfolge Subjekt – Prädikat – Objekt zur Regel gemacht[29]. In diesem Satztypus sah man die Verwirklichung der Klarheit. Da das Französische nun diesen Satztypus verallgemeinert hat, hat es als Sprache realisiert, was die Rhetorik bisher nur vom Stil des einzelnen verlangt hatte. Die Abfolge Subjekt – Prädikat – Objekt und das prinzipielle Verbot, diese Ordnung umzukehren (Inversion), das war die klare, die logische, die natürliche Syntax. Sie entsprach der natürlichen Abfolge der Vorstellungen im Denken. Logik und Grammatik fielen in der französischen Sprache zusammen. So oder ähnlich lauten die Folgerungen, zu denen die Autoren auf Grund der Identifikation der Klarheit und der festen Wortstellung im französischen Satz gelangen. Wir greifen aus dem Chor den schon erwähnten Jesuitenpater Bouhours heraus. Er schreibt: *la langue française est peut-être la seule qui suive exactement l'ordre naturel, et qui exprime les pensées en la manière qu'elles naissent dans l'esprit*[30]. Auch Rivarol sieht hier den Beweis für die *clarté* der französischen Sprache, die dadurch allen sogenannten Inversionssprachen, zu denen auch das Deutsche gerechnet wird, überlegen ist: *Le français, par un privilège unique, est seul resté fidèle à l'ordre direct, comme s'il était toute raison . . . C'est de là que résulte cette admirable clarté, base éternelle de notre langue*[31].

Wir kommen zur *quaestio iuris*. Ist die feste Wortstellung mit der Abfolge Subjekt – Prädikat – Objekt wirklich die natürliche, die logische Wortstellung? Wir können uns mit der Antwort kurz fassen; denn sowohl durch die Entwicklung der Sprachwissenschaft als auch durch das Fortschreiten der Logik ist dieser Argumentation der Boden entzogen. Was zunächst die Logik betrifft, so verzichtet sie heute zum Teil ganz auf den Subjektbegriff[32], oder sie schreibt das Prädikat grundsätzlich als erste Stelle der Aussage[33]. Von einem besonderen logischen Wert der grammatischen Abfolge Subjekt – Prädikat – Objekt weiß sie nichts. Aber auch die Sprachwissenschaft weiß nichts von einer Wortabfolge, die prinzipiell besser und daher natürlicher wäre als andere. Vergils »*Arma virumque cano*« (mit Inversion) ist genauso eindeutig zu verstehen wie Voltaires »*Je chante ce héros*« (ohne Inversion). Die Kasusendungen leisten im ersten Falle genau das gleiche, was im zweiten Falle die Wortstellung leistet: zwei verschiedene Methoden von gleicher Nützlichkeit. Mit Klarheit hat das nichts zu tun. Wir können dieses Ergebnis noch generalisieren. Denn es gibt überhaupt in keiner Sprache eine Wortstellung, die *a priori* als natürlich oder als der Funktion der Sprache besonders angemessen bezeichnet werden könnte. Die Wörter, aus denen sich ein Satz zusammensetzt, sind nicht selbständige Teile der Information, die uns der Satz gibt. Die Satzinformation ist nicht analysierbar als Summe der Wortbedeutungen. Die Wörter eines Satzes haben zwar jeweils eine Bedeutung, aber diese wird erst durch die Integration in das Satzganze determiniert und präzisiert. Erst im Determinationsgeflecht des Kontextes fügen sich die einzelnen Wortbedeutungen zum Satzsinn. Der Sinn eines Satzes ist daher mehr als die Summe seiner Wortbedeutungen; er beruht vielmehr auf einem subtilen gegenseitigen Abhängigkeitsverhältnis aller semantischen Elemente. Dabei ist zu beachten, daß die wechselseitige Determination der Wörter im Satz nicht nur progressiv, sondern auch regressiv abläuft, so daß das erste Wort eines Satzes gewiß das letzte, dieses aber auch rückläufig das erste determiniert. Der Satz ist also eine Ganzheit und eine Gestalt[34]. Alles hängt von allem ab, diese Feststellung gilt von jedem Satz wie auch von der Sprache insgesamt. Man kann daher nicht *a priori* sagen, welche Wortstellung am leichtesten und klarsten gestattet, den Sinn des Satzes zu erfassen. Denn nur das Sprechen und das Hören laufen linear ab, das Verstehen hingegen hat Ganzheitscharakter, weil der Satz Gestaltcharakter hat. Das ist natürlich ein Vorgang, der schwer zu beobachten und schon gar nicht zu messen ist; denn er besteht aus einem immer verschiedenen Spiel von Aufnahmebereitschaft, Vorahnung, provisorischem Verstehen, Korrektur, Suspension und schließlich Verstehen. Es handelt sich also nicht um ein lineares Fortschreiten vom Minimum des Verstehens beim ersten Wort bis zu seinem Maximum beim letzten Wort. Das gilt für alle Sprachen, einschließlich des Französischen. Die Inversion ist daher nicht *a priori* dem Verstehen abträglich; denn ob der Hörer zuerst das Objekt und dann das

Subjekt, oder ob er zuerst das Subjekt und dann das Objekt hört, das ist eine Frage der jeweiligen Informationsprogression vom Bekannten zum Unbekannten, und den Sinn des Gedankens hat man ohnehin erst verstanden, wenn man den ganzen Satz oder wenigstens doch eine größere Wortgruppe aufgenommen hat. Diese Überlegungen stammen nicht von heute oder gestern. Man findet ähnliche Gedanken schon in der »*Lettre sur les sourds et muets*« von Diderot (1751)[35]. In dieser Schrift untersucht Diderot das Problem der logischen Wortstellung und der Inversion vornehmlich im Hinblick auf die Stellung des Adjektivs vor oder nach dem Substantiv. Als guter Philosoph betrachtet er das Substantiv als Repräsentanten der Substanz, die Adjektive als Repräsentanten der Akzidentien und zieht dann die sprachwissenschaftlichen Konsequenzen aus der Philosophie Humes, in der die Substanz geleugnet wird. Da also in der Ordnung der Dinge die Akzidentien nicht einer Substanz anhaften und da in der Ordnung der Erfahrung den Akzidentien ebenfalls keine Substanzwahrnehmung voraufgeht, liegt auch in der Sprache keine »natürliche« Wortstellung vor, wenn das Adjektiv, wie es im Französischen die Regel ist, dem Substantiv nachfolgt. Diderot sieht in dieser für das Französische charakteristischen Wortstellung Substantiv – Adjektiv nichts als einen im ganzen bedauerlichen Einfluß des Aristotelismus, der in Frankreich so lange geherrscht habe. In Wirklichkeit und nach der gesunden Philosophie Humes müsse die sogenannte Inversion als die natürliche Wortstellung im Satz gelten[36]. Den modernen Leser, der sich nicht mehr so sehr um Substanzen und Akzidentien sorgt wie Hume und seine Zeitgenossen, beeindrucken diese Überlegungen Diderots vielleicht nicht sehr stark. Aber es gibt in Diderots Schrift noch eine andere Überlegung, die uns allerdings sehr viel näherliegt. Er untersucht in seinem Traktat Sätze wie *j'ai faim* und unterstreicht in seiner Analyse, daß man in diesem Satz nicht eine Folge von drei aneinandergereihten Vorstellungen sehen darf, weil nämlich der Hörer diese drei Wörter auf der Stelle in eine Ganzheit integriert, die etwa dem lateinischen Wort *esurio* entspricht: *Le pinceau n'exécute qu'à la longue ce que l'œil du peintre embrasse tout d'un coup*[37]. Diese beiden Überlegungen stehen bei Diderot noch unverbunden nebeneinander, und er zieht aus dem Ganzheitsbegriff noch keine Folgerungen für das Problem der Inversion. Er bleibt also davon überzeugt, daß die Inversion dem Satz zwar

Wärme, Eloquenz und Energie verleiht, im ganzen jedoch dem Verständnis eher abträglich als zuträglich ist[38]. Was dem Französischen an Wärme, Eloquenz und Energie verlorengeht, wird an Klarheit und Präzision gewonnen: *on le comprend à mesure qu'il est parlé*[39]. Darin unterscheidet sich das Französische beträchtlich von anderen Sprachen: *le français est fait pour instruire, éclairer et convaincre; le grec, le latin, l'italien, l'anglais, pour persuader, émouvoir et tromper; parlez grec, latin, italien au peuple, mais parlez français au sage*[40]. Zu ähnlichen Ergebnissen kommt Rousseau. Er ist mit Diderot davon überzeugt, daß die französische Sprache auf Grund ihrer Klarheit die Sprache der Philosophen und Weisen ist[41]. Aber er sieht vor allem die Kehrseite dieses Vorzugs. Dieselbe »didaktische Ordnung«, die dem Französischen die Klarheit einträgt und es für das philosophische Gespräch tauglich macht, sie macht das Französische ungeeignet für die Musik und die Poesie[42]. Die Ursprache der Menschheit aber war ganz poetisch, bildhaft und musikalisch; sie muß folglich eine Inversionssprache gewesen sein. Erst mit der Entartung des Menschengeschlechtes unter dem Joch der Gesellschaft wurde die Sprache, so argumentiert Rousseau weiter, genauer, klarer, aber auch schleppender, dumpfer und kälter[43].

Man sieht, daß Diderot und Rousseau, obwohl sie dem Inversionsverbot nicht sehr gewogen waren, dennoch von der *clarté* der französischen Sprache und von der Bedeutung dieser Eigenschaft für die philosophische Diskussion überzeugt sind. Und die Klarheit mußte ja wohl einem Jahrhundert lieb und teuer sein, das sich das aufgeklärte Jahrhundert nannte und sich bemühte, mit seinen aufgeklärten Ideen in eine noch finstere Welt hineinzuleuchten. Die Welt hat beides akzeptiert, das Licht der französischen Aufklärer und die Überzeugung, daß die französische Sprache in vorzüglicher Weise eine klare Sprache ist. Heute, da das Licht der Aufklärung etwas in die Ferne gerückt ist, können wir nun den Gemeinplatz von der *clarté* der französischen Sprache nicht mehr unbesprochen und unwidersprochen hinnehmen. Mit einer neuen Betrachtung der Syntax und Logik der Sprache fällt das einzige Argument, das die Idee der *clarté* durch die Jahrhunderte getragen hat, und wir bemerken, daß die *clarté* der französischen Sprache immer schon ein Mythos war. So urteilten auch der Franzose Franck Schoell und der Engländer L. C. Harmer[44]. Wir können also nicht mehr mit

Rivarol die Wertschätzung der französischen Sprache mit der *clarté* dieser Sprache erklären. Aber wir dürfen vielleicht umgekehrt die weite Verbreitung und zähe Langlebigkeit des Mythos der *clarté* mit der Geschichte der französischen Sprache erklären. Die seinerzeitige Universalität der französischen Sprache machte den Mythos glaubwürdig. Diese Universalität ist ihrerseits dem politischen, kulturellen und speziell literarischen Rang Frankreichs im 17. und 18. Jahrhundert zu verdanken. So hat es schon Voltaire an mehreren Stellen seines Werkes gesehen[45].

Ist mit der Charakterisierung als Mythos nun alles über die *clarté* gesagt? Keineswegs, wie mir scheint. Denn wir sehen uns bei der *clarté* vor einem jener heilsamen Mythen, denen Jules Romains in »Donogoo-Tonka« Denkmäler setzt. Denn die *clarté,* die im Sprachdenken des Grammatikers Vaugelas jene kühne Verwandlung erfahren hat, hat sich seitdem ein zweites Mal verwandelt. Aus einer rhetorischen *virtus* war sie ein Mythos geworden; aus dem Mythos aber entstand ein sprachliches Ethos, verpflichtend für jeden, der Französisch spricht oder schreibt. Albert Dauzat, der an die *clarté* glaubte, ist uns Zeuge für diese zweite Verwandlung, wenn er in seinem *»Guide du bon usage«* schreibt: *La clarté du français impose des devoirs à ceux qui le parlent, plus encore à ceux qui l'écrivent*[46]. Adel verpflichtet hier. So hat gerade der Mythos der *clarté* das Ethos der Klarheit hervorgebracht, welches übrigens substantiell mit der alten *virtus dicendi* identisch ist. Diese hat also einen weiten Weg zurückgelegt und den langen Umweg durch das große Reich der Mythen und Ideologien gemacht, um schließlich am Ausgangspunkt wieder anzukommen. Aber dieser Umweg ist ihr zugute gekommen. Denn das Ethos der Klarheit ist mehr als das stilistische Gebot, das den Sprechenden und Schreibenden auch in anderen Ländern nahegelegt wird. Das Ethos der Klarheit hat mehr Gewicht, ist suggestiver und pathetischer als das bloße Gebot. Das dürfen wir dem Mythos zuschreiben, und das erklärt zum großen Teil, warum die Franzosen tatsächlich mehr als andere Nationen die Pflicht zur Klarheit empfinden und erfüllen. Das erklärt damit auch, daß die Franzosen wirklich und tatsächlich klarer sind als die andern. Dabei geht es nicht so sehr um die Frage, ob Tocqueville, Bergson und Montherlant klarer sind als etwa Ranke, Croce oder T. S. Eliot. Dergleichen Parallelen haben wenig Sinn. Aber man kann sich mühelos davon überzeugen, daß die alltäglichen

Reden und Publikationen in Frankreich im Durchschnitt einen höheren Grad von Klarheit aufweisen als in anderen Ländern. Das kommt daher, daß jeder Gebildete in Frankreich Träger des Klarheitsethos ist und die Klarheit eines Textes als unerläßliche Bedingung des Schreibens empfindet.

Die skizzierten drei Phasen der Klarheitsidee als *virtus*, Mythos und Ethos sollen nicht als chronologische Phasen verstanden werden. Der Mythos impliziert das Ethos schon bei Vaugelas, und bei diesem oder jenem mag man noch heute den Mythos ohne das Ethos finden. Es geht nicht um eine historische Periodisierung, sondern um die Logik der geschichtlichen Entwicklung. Das Ethos setzt den Mythos voraus, so wie der Mythos die rhetorische *virtus* voraussetzt. Es führt kein direkter Weg von dem stilistischen Gebot, das sich mit mehr oder weniger Erfolg an den einzelnen wendet, zu dem einmütigen Klarheitsethos einer Nation, wenn da nicht ein Mythos Hilfestellung leistet.

Wir wollen jedoch nicht die Bedeutung der Institutionen übersehen, in denen sich Mythos und Ethos der Klarheit entfaltet haben. Es mag genügen, die wichtigsten ganz knapp zu skizzieren[47]. An erster Stelle ist die Pariser Gesellschaft zu nennen, die sich seit dem 17. Jahrhundert für die Sprache passioniert und diese Passion der ganzen Nation vererbt hat, so daß die Zeitschrift *L'Année littéraire* im Jahre 1755 sagen konnte: *La grammaire règne depuis quelque temps.* Die Grammatik herrscht in Frankreich auch in der Literatur, und das Wörterbuch liegt häufiger auf dem Schreibtisch des Autors als anderswo. Die großen Autoren gelten daher mit Recht als die Sprachmeister. Ein wichtiges Medium des Klarheitsethos ist auch das Rechtswesen, das sich in Frankreich früher und nachdrücklicher zur Volkssprache bekannt hat als in andern Ländern Europas[48]. Das wichtigste Medium aber ist die französische Schule, die speziell den Schulaufsatz in einem für den Außenstehenden immer wieder überraschenden Maße in den Dienst der Klarheit stellt. Dabei haben sicher in älteren Zeiten die Jesuitenschulen eine besondere Rolle gespielt, die ihrerseits wieder durch ihre großen Schüler wie Descartes und Voltaire das Ethos der Klarheit an die Literatur weitergegeben haben. Das Beispiel der Jesuitenschulen ist instruktiv. Es läßt nämlich sehr deutlich erkennen, daß man nicht die *clarté française* durch eine solche Institution wie die Jesuitenschulen erklären kann, so bedeutsam diese auch für die französische Geistesgeschichte sind. Denn die Jesuiten hatten ihre Schulen auch in anderen Ländern, in Spanien, Süddeutschland, Österreich. Warum sollen sie gerade in Frankreich eine Wirkung hervorgebracht haben, die man ihnen andernorts nicht nachsagt! Und doch ist es durchaus wahrscheinlich, wenn auch schwer beweisbar[49], daß die Klarheit des Ausdrucks in den französischen Jesuitenschulen eine größere Rolle gespielt hat als in den entsprechenden Schulen anderer Länder. Das liegt eben daran, daß die französischen Jesuitenschulen selber unter dem Einfluß des spezifisch französischen Klarheitsethos stehen. Wir wollen nicht vergessen, daß einer der ersten, der in Frankreich die *clarté* propagierte, der Jesuitenpater Bouhours war.

Nachträglich, das heißt als Antwort auf kritische Stimmen zur Klarheitsidee und zu ihrer Verknüpfung mit der Frage der Wortstellung, hat sich Albert Dauzat weitere Argumente zugunsten der *clarté* der französischen Sprache ausgedacht. Es sind die folgenden: 1. präzise Wortbedeutungen, 2. keine Wortzusammensetzungen, 3. Vielzahl von *outils grammaticaux*, 4. analytischer Sprachcharakter[50]. Wir wollen kurz auf sie eingehen, obwohl ihnen das historische Gewicht fehlt. Die Auseinandersetzung mit den Argumenten 2 bis 4 allerdings können wir uns ersparen, da die Sprache hier ausschließlich durch die Brille der Orthographie gesehen wird. Das an erster Stelle genannte Argument ist demgegenüber erwägenswert. Es greift bezeichnenderweise auf die andere, die semantische Seite der alten rhetorischen *virtus* zurück (s. oben). Sind nun die Wortbedeutungen im Französischen tatsächlich fester als in anderen Sprachen? Es würde mich methodisch sehr interessieren, das einmal demonstriert zu sehen. Aber nehmen wir einmal an, es sei wirklich so. Das hohe Ansehen, das die Wörterbücher in Frankreich genießen, legt eine solche Auffassung nahe. Daraus ist aber sogleich zu folgern, daß die Wörterbücher in Frankreich offenbar nicht deshalb häufiger und gläubiger konsultiert werden, weil die Wortbedeutungen im Französischen klarer sind – das würde das Nachschlagen eben erübrigen –, sondern die Wortbedeutungen sind allenfalls deshalb klarer und eindeutiger, weil man sich im Sprachgebrauch mehr an die Autorität des Wörterbuches anlehnt. Warum aber tut man das? Offenbar nicht aus praktischen Erwägungen, sondern aufgrund eines bestimmten sprachlichen Ethos, das mir mit dem Ethos der Klarheit identisch zu sein scheint. Wenn also die Wortbedeutungen im Französischen, wie zwar schwer zu beweisen, jedoch recht plausibel ist, klarer abgegrenzt sind als in andern Sprachen, so setzt diese Tatsache selber im letzten den Mythos der *clarté* voraus. Denn das Ethos der Klarheit haben die Franzosen mindestens ebenso passioniert ergriffen, wie sie den Mythos der *clarté* bereitwillig geglaubt haben. Und dieses Ethos hat tatsächlich in Frankreich ein Maß an Klarheit des Denkens und Formulierens hervorgebracht, das den Nachbarn heute wie eh und je Vorbild ist. Diese Klarheit des Denkens und des Ausdrucks ist die wahre *clarté française,* die Klarheit der Franzosen.

Epilog für Leser deutscher Zunge

Da die Klarheit seit langem ihren Wohnsitz in Frankreich aufgeschlagen hatte, mußten wir uns im deutschen Sprachraum wohl oder übel mit der Dunkelheit begnügen, die manche aus euphonischen Gründen Tiefe genannt haben. Voltaire selber hat uns dazu mit einem leichtfertigen Scherzwort autorisiert, als er in einem Brief an Henri Pitot schrieb: *Vous trouvez que je m'explique assez clairement; je suis comme les petits ruisseaux: ils sont transparents parce qu'ils sont peu profonds*[51]. Diese »deutsche Tiefe«, über die Gottfried Benn sich so herzerfrischend lustig macht[52], ist auch ein Mythos, und zwar ein Anti-Mythos. Wenigstens dieser Mythos ist gefährlich, weil er allen, die schlecht schreiben, als Alibi dienen kann. Weinheber gebraucht in seinem Hymnus auf die deutsche Sprache nicht weniger als dreimal das Wort »tief« und nennt dann die deutsche Sprache die »dunkle Geliebte«. Wachen wir, daß sie nicht eine obskure Geliebte wird.

ANMERKUNGEN

1   Rivarol: Discours sur l'universalité de la langue française, hg. v. M. Hervier. Paris 1929, S. 100 f.
2   Ebd., S. 90.
3   Johann Christoph Schwab: Dissertation sur les causes de l'universalité de la langue françoise (Übersetzung). Paris 1803, S. 113 f. Vgl. R. de Piedmont: Beiträge zum französischen Sprachbewußtsein im 18. Jahrhundert. Der Wettbewerb der Berliner Akademie zur Universalität der französischen Sprache von 1782/84. Tübingen 1984 (= Lingua et Traditio 7).

4   Le français dans le Monde, Ve Congrès de l'Alliance française. Paris 1956, S. 30 u. 35. Vgl. auch den Band La France dans le Monde (Recueils et monographies, N° 34). Paris 1960, bes. S. 28.

5   Ch. Bally: Linguistique générale et linguistique française. Bern 3. Aufl. 1950, S. 358.

6   F. Schoell: La langue française dans le monde. Paris 1936, S. 326.

7   Maximes et pensées, App. II.

8   Réflexions sur l'élocution oratoire. Mélanges, Bd. 2. Paris 1773, S. 336; zitiert von Hervier in seiner Ausgabe des Discours von Rivarol, S. 90.

9   Vgl. H. Lausberg: Handbuch der literarischen Rhetorik. 2 Bde. München 1960; bes. §§ 315–321, 528–537.

10 Brief vom 19. 2. 1750 an den Marquis des Issarts.

11 Etym. 9, 1, 4.

12 Die polemische Schrift Le Quintil Horatien (Lyon 1550) erläutert das Wort *illustration* im Titel der Schrift von Du Bellay als *donnant lustre et clarté à la langue.*

13 Vita di Dante, Kap. 2.

14 H. W. Klein: Latein und Volgare in Italien. München 1957, S. 85.

15 Komm. zu Son. I; Sevilla 1580, S. 74 f.

16 Vgl. E. Huguet: Vorwort seiner Ausgabe der »*Précellence du langage françois*«. Paris 1896.

17 La Circe, Vorrede. Dieselbe Wendung findet sich in einem unter dem Pseudonym des Ldo. Claros de la Plaça verfaßten Pamphlet aus dem beginnenden 17. Jahrhundert (Ms. II, 1323 der Madrider Palastbibliothek). Vgl. auch das Vorwort der *Obras* des Fürsten von Esquilache (1639).

18 Inst. Orat. 8, 2, 14; nach Lausberg, a. a. O., § 716.

19 Du Bellay: Œuvres poétiques, Bd. 3, hg. v. H. Chamard. Paris 1912, S. 4, Anm. 2.

20 Inst. Orat. 9, 4, 23; vgl. Lausberg, a. a. O., § 951. Man findet das Begriffspaar *ordo naturalis: ordo artificialis (artificiosus)* auch auf anderen Gebieten der Rhetorik. Vgl. ders. §§ 446 ff. und A. Scaglione: Komponierte Prosa von der Antike bis zur Gegenwart. Bd. 1: Die Theorie der Textkomposition in den klassischen und westeuropäischen Sprachen. Stuttgart 1981.

21 L. Ch. Harmer: The French Language Today. London 1954, S. 48. Ich verweise überhaupt auf das Kapitel 2 dieses Buches, in dem Harmer eine Reihe von wichtigen Stellen zum Klarheitsproblem zusammenstellt und in mehreren Punkten zu den gleichen Ergebnissen kommt wie ich.

22 Zu diesem Ergebnis kommt auch Harmer, a. a. O., S. 52.

23 »Il (scil. Quintilien) encherit bien encore dans ce mesme chapitre de perspicuitate, il veut que l'expression soit si claire, qu'elle frappe l'esprit du Iuge . . . (Remarques sur la langue françoise, hg. von A. Chassang, 2 Bde., Paris 1880, Bd. II, S. 370).

24 A. a. O., Bd. II, S. 275.

25 A. a. O., Bd. II, S. 401 (= Nouvelles Remarques).

26 De l'excellence de la langue françoise. Paris 1683, Bd. II, S. 610. Ich berichte nach Harmer, a. a. O., S. 50, Anm. 1.

27 Bouhours: »... une certaine clarté que les autres langues n'ont point« (Entretiens d'Ariste et d'Eugène, hg. v. R. Radouant, Paris 1920, S. 58).

28 Vgl. Lausberg, a. a. O., §§ 531–537: Von der *perspicuitas narrationis* als Teil der »Inventio« und »Dispositio« (§§ 315–321) kann man hier absehen.

29 Daß die Inversion im modernen Französisch gar nicht so selten ist, wie gelegentlich gesagt wird, zeigt in einer schönen Übersicht Harmer, a. a. O., S. 56 ff. Vgl. auch im einzelnen A. Blinkenberg: L'ordre des mots en français moderne. 2 Bde. Kopenhagen 1928/1933.

30 A. a. O., S. 55.

31 A. a. O., S. 89 f.

32 An die Stelle des Subjekts tritt oft der Eigenname. Vgl. P. Lorenzen: Formale Logik. Berlin 1958, S. 8 ff. (= Sammlung Göschen 1176/1176 a).

33 Etwa F. Carnap: Einführung in die symbolische Logik. Wien 2. Aufl. 1960, S. 5. Vgl. auch F. Schmidt: Logik der Syntax. Berlin 1957, S. 93.

34 Vgl. W. Porzig: Das Wunder der Sprache. Bern 2. Aufl. 1957, S. 202 f.

35 Klagen über das französische Inversionsverbot findet man allerdings schon in Fénelons *Lettre à l'Académie française*, Kap. 5. (Vgl. Harmer, a. a. O., S. 54).

36 Œuvres complètes, hg. v. Assézat. Bd. 1, S. 349 ff.

37 Ebd., S. 369.

38 Ebd., S. 371.

39 Ebd., S. 372.

40 Ebd., S. 372.

41 Lettre sur la musique française. 1753, Avertissement.

42 Ebd.

43 Essai sur l'origine des langues. 1781, Kap. 5.

44 Schoell, a. a. O., S. 366, und Harmer, a. a. O., S. 109.

45 Brief an Lord Hervey 1740 (Nr. 1261), Brief an Guyot vom 7. 8. 1767 und Dictionnaire philosophique, s. v. *Langues*.

46 A. Dauzat: Le Guide du bon usage. Paris 1955, S. 16.

47 D. Mornets *Histoire de la clarté française,* Paris 1929, beschreibt im einzelnen die Stationen der *clarté,* indem er – kritisch gegenüber den Autoren, unkritisch gegenüber der *clarté* – den Klarheitsgrad der großen Werke der französischen Literatur zu bestimmen versucht: vom Nullpunkt des Mittelalters (»la pensée du moyen âge ne s'est pas souciée d'être claire«) bis zum Höhepunkt des *esprit classique*. Das ist eine naive und unhistorische Kunstrichterei. Bei kritischer Lektüre sind jedoch bei Mornet einige der Medien erkennbar, in denen sich Mythos und Ethos der *clarté* entfaltet haben.

48 Sehr aufschlußreich ist z. B. der Text der königlichen Ordonnance von

Villers-Cotterêts (1539), die bekanntlich das Französische als Gerichtssprache bestätigt. Es heißt in diesem Erlaß:»qu'ils (scil. les arrêts) soient faits et éscrits si clairement qu'il n'y ait ne puisse auoir aucune ambiguïté ou incertitude, ne lieu à demander interprétation«. (Vgl. F. Brunot: Histoire de la langue française des origines à 1900. Bd. 2. Paris 3. Aufl. 1947, S. 30, Anm. 1.)

49 Die Lehrpläne lassen dergleichen m. W. nicht erkennen. (Vgl. G. Metz: Über Stellung und Betrieb der Rhetorik in den Schulen der Jesuiten. Heidelberg 1898.)

50 A. a. O., S. 13 ff.

51 Brief vom 20. 6. 1737. Vgl. M. Wandruszka: Der Geist der französischen Sprache. Hamburg 1959, S. 130.

52 Probleme der Lyrik, Wiesbaden 2. Aufl. 1951, S. 21.

Das spanische Sprachbewußtsein
im Siglo de Oro

Im *Siglo de Oro*, dem »Goldenen Zeitalter« Spaniens, das wir grob
mit dem Zeitraum des 16. und 17. Jahrhunderts identifizieren wollen, stieg die spanische Sprache aus der Beliebigkeit eines auf der
Iberischen Halbinsel verbreiteten Verständigungsmittels zum
hohen Rang einer klassischen Literatursprache und – fast – einer
europäisch-amerikanischen Universalsprache auf. Die Sprachgeschichte beschreibt nun im einzelnen, wie sich die spanische Sprache bei diesem Prozeß in ihren phonetischen, syntaktischen und
semantischen Eigenschaften wandelte, um sich den veränderten
und erweiterten Anforderungen anzupassen, die an sie gestellt
wurden. Das wird in den folgenden Überlegungen als in großen
Zügen bekannt oder jedenfalls als grundsätzlich erkennbar vorausgesetzt. Ich erbitte statt dessen die Aufmerksamkeit des Lesers für
das Sprachbewußtsein, das diesen Prozeß begleitet, indem es den
Sprachwandel widerspiegelt oder – was interessanter zu beachten
ist – indem es steuernd in den Sprachwandel einzugreifen versucht.

Zu Beginn des 16. Jahrhunderts hatte Spanien zwei Sprachen,
unter denen die öffentlichen Kommunikationsbedürfnisse ziemlich
konfliktlos aufgeteilt waren: Spanisch (Kastilisch) und Latein. Jede
dieser beiden Sprachen hatte ihre Anwendungsbereiche, in denen
die Wahl der Sprache fraglos vorentschieden war. Was das Spanische betrifft, so steht zunächst außer Frage, daß die Dichter sich
der spanischen Sprache bedienen. Eine erwähnenswerte lateinische Dichtung spanischer Autoren gibt es im Siglo de Oro nicht.
Fraglos gilt ferner, daß Spanisch die Herrschaftssprache, die Sprache der Gesetze und der Staatsverwaltung ist. So ist der Brauch
unangefochten seit dem 13. Jahrhundert[1]. Sogar der königliche
Erlaß, in dem der Universität Salamanca im Jahre 1561 das Latei-

nische als Unterrichtssprache vorgeschrieben wird, ist selber in spanischer Sprache abgefaßt[2]. Fraglos gilt im Siglo de Oro des weiteren die Regel, daß die (mündlichen) Predigten spanisch gehalten werden. Humanistische Predigten in lateinischer Sprache, wie sie die Königin Isabel gern hörte, bleiben vereinzelt. In diesen drei Bezirken Dichtung, Verwaltung und Predigt steht also der Gebrauch der Landessprache außer Frage, und das Sprachbewußtsein konzentriert sich hier auf das Wie des Sprachgebrauchs. In den anderen Bezirken des geistigen und literarischen Lebens muß sich die spanische Sprache im Siglo de Oro ihre Rechte überhaupt erst erkämpfen; hier überdeckt zunächst die Frage nach dem Ob die Frage nach dem Wie. So stehen die Dinge in den verschiedenen Wissenschaften, in der Philosophie und Theologie einschließlich der (gedruckten) Predigt- und Erbauungsliteratur sowie der Bibel selber, ferner im Schul- und Universitätsunterricht und im zwischenstaatlichen Verkehr. In einigen dieser Bezirke hatte die Volkssprache alte Rechte. Die Tradition der bedeutenden spanischen Übersetzerschulen des Mittelalters ist nie ganz abgerissen. Bibelübersetzungen ließ bereits Alfons der Gelehrte anfertigen. Auch aus der Pastoraltheologie, aus den Naturwissenschaften und vor allem aus der Geschichtsschreibung und Politik kennen wir viele Werke, die bereits vor dem Siglo de Oro, besonders im 15. Jahrhundert, mit naiver Selbstverständlichkeit spanisch verfaßt oder ins Spanische übersetzt worden sind. Diese naive Selbstverständlichkeit endet mit dem Eindringen humanistischer Ideen zu Beginn des 16. Jahrhunderts und – was die Bibel und die Erbauungsliteratur betrifft – mit der beginnenden Gegenreformation. Der Gebrauch der Volkssprache wird nun unterbunden, zurückgedrängt oder öfter noch zwar beibehalten, aber gleichzeitig von apologetischer Reflexion begleitet. Der Ort dieser Reflexion ist der Prolog, und wir finden in ihm, wie u. a. die Anthologien von Pastor und Bleiberg erkennen lassen, die meisten Zeugnisse zum Sprachbewußtsein im Siglo de Oro[3]. Viele dieser volkssprachlichen Werke sind noch Übersetzungen, aber das ist kein Mangel in den Augen der Spanier des Siglo de Oro. Wissenschaft und Bildung sind gegeben, nicht aufgegeben; wenn man die großen Autoren der Antike übersetzt hat, *hat* man die Wissenschaft. Pedro Simón Abril, der unter den Übersetzern der passionierteste Förderer der spanischen Sprache ist, nimmt sich bei seiner Aristoteles-Übersetzung vor,

»die ganze Philosophie in unsere kastilische Sprache zu versetzen« *(poner en nuestro lenguage castellano toda la filosofia)*[4], und Sánchez de Lima sagt nicht *hemos traducido,* sondern *tenemos traducidos*[5]. Der Erstübersetzer darf sich allgemein *inventor* nennen. Quevedo kann 1609 stolz feststellen, daß die Bibliothek des Don Diego Sarmiento de Acuña ausschließlich aus spanisch geschriebenen Büchern besteht[6]: jede Materie ist in Spanien heimisch geworden. Das haben vornehmlich die Übersetzer geleistet.

Die Argumente, die in den Prologen zur Rechtfertigung des Spanischen erscheinen, ähneln einander zum Verwechseln. Fast alle Autoren beteuern, nicht nur wenigen, sondern möglichst vielen nützen zu wollen, ja der ganzen spanischen Nation. Wissen verpflichtet zur Mitteilung, so war es schon im Mittelalter ein beliebter Exordialtopos. Es wäre *invidia,* meint Juan Fragoso, wenn er sein chirurgisches Werk lateinisch schriebe[7]. Zum anderen beteuern die Autoren, die spanische Sprache sei nun mündig und fähig, allen Gegenständen gerecht zu werden. Der *gravitas* der Themen entspreche die *gravedad* der spanischen Sprache[8]. Dieses Wort ist nicht von ungefähr bis auf den heutigen Tag beliebtes Qualifikativ des Spanischen geblieben. Seltsamerweise wird in den Prologen die Reife der spanischen Sprache fast nie aus dem Rang der spanischen Dichtung abgeleitet. Die Maßstäbe für eine scharfe Unterscheidung anspruchsvoller Dichtung und bloßer Unterhaltungsliteratur fehlen vielfach noch in der Volkssprache. Gerade aber für die verderbliche Lektüre trivialer und leichtsinniger Bücher in der Volkssprache gibt die belehrende oder erbauende Übersetzungsliteratur ein Gegengift ab; so argumentieren beispielsweise Ambrosio Morales, Alejo Vanegas und Quevedo[9]. Ich weiß nicht, ob die Bücher diesen Zweck erreicht haben, aber sicher ist, daß besonders die geistlichen Predigt- und Andachtsbücher für die Festigung und Verbreitung der spanischen Sprache im Volk eine Bedeutung gehabt haben, die kaum hinter dem zurücksteht, was die Luther-Bibel für die deutsche Sprache geleistet hat. In Spanien war der Bibel durch die Restriktionen des Trienter Konzils diese Wirkung versagt. Aber der Erzbischof Bartolomé Carranza de Miranda, der sich auf dem Tridentinum nachdrücklich gegen eine volkssprachliche Bibel in Spanien ausgesprochen hat, setzt sich alsbald hin und schreibt einen spanischen Katechismus-Kommentar (1558)[10]. Der Erfolg bleibt trotz gelegentlicher Verbote, unter denen Juan de Avila, Luis de Granada und Luis de León zu leiden haben, nicht aus. Während Lorenzo Palmireno 1568 seinem »dörflichen Studenten« neben 42 spanischen Erbauungsbüchern noch 16 lateinische zur Lektüre empfiehlt[11], sieht das Bild um 1621 ganz anders aus. Um diese Zeit betritt ein Prediger, wie Jiménez Patón berichtet, eine Buchhandlung und fragt nach Predigtbüchern. Verwundert muß er feststellen, daß sie alle volkssprachlich sind. Mit Mühe findet der Buchhändler schließlich noch zwei lateinische. Aber der Prediger kauft doch die spanischen[12]. Kein Wunder also, daß die Rechtfertigungen der Volkssprache in den Prologen der geistlichen Schriften im 17. Jahrhundert fast ganz aufhören; kein Wunder auch, daß die aszetische Literatur der Spanier im 17. Jahrhundert für ganz Europa wegweisend wird.

Die Lesergunst entscheidet also gegen die lateinischen und für die spanischen Bücher, sofern nicht, wie bei der Bibel selber, ausdrückliche Verbote und Einschränkungen im Wege stehen. In der profanen Fachliteratur kommt ein anderes Moment hinzu. Auffällig ist nämlich, daß eine ungewöhnlich hohe Zahl dieser Bücher, sofern sie in der Volkssprache abgefaßt sind, dem König selber gewidmet sind. Der Grund ist nicht immer so naheliegend wie bei dem Traktat des Bernardino Gómez Miedes über die Gicht (1589), der dem gichtbrüchigen König unmittelbar von Nutzen sein soll[13]. Vielmehr müssen wir uns daran erinnern, daß das Spanische die Herrschaftssprache ist; wenn es den Autoren also gelingt, der staatlichen Autorität plausibel zu machen, daß die Wissenschaften einem öffentlichen Interesse entsprechen, dann dürfen sie auch für die Wissenschaften die Volkssprache beanspruchen als die Sprache, die für die herrschaftliche Ordnung öffentlicher Belange zuständig ist. Die Wissenschaftssprache wird an die Herrschaftssprache gleichsam angehängt. Den sichtbarsten Erfolg erringen diese Bestrebungen in den achtziger Jahren des 16. Jahrhunderts, als Philipp II. auf Betreiben des Mathematikers und Architekten Juan de Herrera am Hof eine Art Akademie für exakte Wissenschaften einrichtet. Für diese Forschungsstätte ist im Unterschied zu den Universitäten ausdrücklich das Spanische als Unterrichtssprache vorgeschrieben, und sowohl Pedro Ambrosio Ondériz, der einen Traktat über Euklid schreibt, als auch Pedro de Guevara, der einen »Arte general« im Sinne Lulls verfaßt, weisen in ihren Widmungen und Prologen stolz einen königlichen Schreibauftrag vor. Das sind keine Topoi. In der ersten Auflage 1584 verspricht Pedro de Guevara noch für spätere Zeiten eine lateinische Fassung seiner Schrift; in der zweiten Auflage, die schon 1586 folgte, bleibt dieses Versprechen weg[14]. Es dürfte so gewesen sein, daß der König von seinen Beratern jenes Argument zu hören bekam, das in Italien Pomponazzi und in Spanien besonders Pedro Simón Abril immer wieder vorgebracht und der Realienpädagogik vermacht haben: das Studium der alten Sprachen ist Zeitverlust. Wenn die Modernen, so sagt Abril, den Alten in der Wissenschaft und Bildung unterlegen sind, dann nicht, weil sie dümmer wären als jene, sondern weil sie ihre besten Jahre an die lateinische und griechische Grammatik vergeuden und erst zur Sache kommen, wenn es zu spät ist. Das ist, wenn man so will, ein Anti-Humanismus, und doch nennt sich derselbe Simón Abril in seiner Übersetzung der Nikomachischen Ethik Humanist *(Professor de Letras humanas y Filosofia)*. Philipp II. bot diesen Argumenten allem Anschein nach ein offenes Ohr[15].

Aber nicht erst er. Schon ein Jahrhundert früher ist die Königin Isabel, die noch auf dem Thron Latein lernte und der Luis Vives für ihre humanistischen Neigungen ein hohes Lob spendet, darauf bedacht, daß nicht zu viel Zeit auf Worte verschwendet wird[16]. Sie erteilt Alfonso de Palencia 1490 den Auftrag, ein lateinisch-spanisches Wörterbuch zu verfassen, und hat dabei die Kleriker als Benutzer des Wörterbuchs im Auge. Nicht aber, wie man bei einer Humanistin erwarten sollte, damit sie besser Latein lernen, sondern damit sie in ihrer Seelsorge nicht zu sehr durch Vokabelschwierigkeiten aufgehalten werden. Auch für sie, die Humanistin auf dem Königsthron, sind die Worte nicht das Nächstliegende. Auch auf ihrer Wertetafel rangiert *imperio* weit vor *lengua*[17].

Das alles soll nun nicht heißen, daß Spanien keinen Humanismus gekannt hätte. Antonio de Nebrija, der Kardinal Cisneros, Sánchez de las Brozas (Sanctius) und Luis Vives: sie und viele andere sind aus der Geschichte des Humanismus nicht fortzudenken. Trotzdem stand der spanische Humanismus zu seiner Zeit in Europa nicht im besten Ruf. Boccaccio, Lorenzo Valla, John Barclay, Chapelain: sie alle hielten nicht viel von den *studia humanitatis* in Spanien[18]. Sie haben wohl gespürt, daß der Humanismus in Spanien anders ist als beispielsweise in Italien. Er ist vor allen Dingen pragmatischer als anderswo und trägt sich nur mit halber

Überzeugung vor. Es scheint mir recht aufschlußreich zu sein, wie Quevedo 1609 sein Land vor dem Vorwurf rechtfertigt, es gebe nicht den besten Boden für den Humanismus ab. Für die Spanier, so sagt Quevedo, sei eben »das Bemühen um Grammatik und Humanismus« *(el cuidado en gramática y umanidad)* eine subalterne Beschäftigung, der sie gern den Rücken kehren, um sich den »soliden Wissenschaften« *(çiençias solidas)* wie Philosophie, Theologie, Medizin und Jurisprudenz zuzuwenden. In diesen Wissenschaften seien sie zum Ausgleich den anderen Nationen überlegen[19]. Ähnliche Gedanken dürfen wir wohl auch bei den größten der spanischen Humanisten voraussetzen, wobei vielleicht nur Nebrija auszunehmen ist. Bei Cisneros hingegen steht der Humanismus im Dienste der Theologie, bei Vives im Dienste der Philosophie, und bei Sanctius schlägt, in der Nachfolge Scaligers, die philologische Kunst in eine rationale Grammatik um, welche sich von der schönen Wirklichkeit der Sprache und Literatur weit zur Philosophie hin entfernt. Insbesondere vergessen die Spanier nie, daß die *Letras humanas* nach oben hin durch die *Letras divinas* begrenzt sind und daher nach der Weltordnung einen minderen Wert darstellen[20]. Das ließ kaum eine Möglichkeit, den Begriff der *Letras humanas* mit der ganzen Sinnfülle der Humanität anzureichern. So konnte es kommen, daß selbst der Humanist Pedro Simón Abril das Lateinische und Griechische 1587 »Fremdsprachen« nennt[21].

Da der Humanismus also in Spanien kaum den Anspruch erhebt, aus den ihm gesetzten Grenzen herauszutreten, gibt es zwar, wie wir gesehen haben, einen Wettstreit zwischen dem Lateinischen und der Volkssprache, aber keinen Antagonismus zwischen Latein- und Vulgärhumanismus. Der große Lateinhumanist Nebrija ist zugleich Verfasser der ersten spanischen Grammatik, und der humanistische Grammatiker Sanctius ediert und kommentiert spanische Gedichte. Die lateinische Sprache wird daher auch viel später als in Italien und Frankreich explizit zur »toten Sprache« abgewertet. Herrera nennt sie 1580, gut eine Generation später als Speroni und Du Bellay, »abgeschlossene Sprache« *(lengua acabada)*[22], und erst im 18. Jahrhundert finde ich bei dem Benediktiner Martín Sarmiento einen Beleg, wo sie ausdrücklich für tot erklärt wird[23]. Unauffälliger und reibungsloser also als in Italien tritt in Spanien die Volkssprache die Nachfolge des Lateinischen an. Dabei entwickeln die Spanier eine Denkform, die ich das proportionale Geschichtsbewußtsein nennen möchte. Quintilian hatte zum Beispiel empfohlen, die Schüler sollten zuerst Griechisch lernen, dann erst, und zwar durch den lebendigen Sprachgebrauch, Latein. Castiglione, Robert Estienne und Rabelais' Gargantua nehmen die Vorschrift wörtlich und lassen ihre Söhne erst Griechisch, dann Latein lernen[24]. Bei den Spaniern gibt es eine so treue Erfüllung des Quintilianschen Gebotes nicht. Sie wollen das Gebot jedoch auch nicht mißachten. So bleibt nur übrig, es proportional zu erfüllen: Man kann also heute den Unterricht nicht mehr mit dem Griechischen beginnen lassen, sondern soll die Sprache nehmen, welche für die Heutigen die gleiche Bedeutung hat, wie sie für Quintilian das Griechische hatte, also das Lateinische[25]. Für die Volkssprache ergibt sich daraus, daß sie ebenso durch *usus* zu lernen ist, wie es Quintilian von *seiner* Volkssprache, dem Latein, gesagt hat. Zugleich kann man daraus mit Don Quijote folgern: »Der große Homer schrieb nicht Latein, denn er war Grieche, und Vergil schrieb nicht Griechisch, denn er war Römer. Dergestalt schrieben alle antiken Dichter in der Sprache, die ihnen mit der Muttermilch eingeflößt wurde, und liefen nicht den Fremdsprachen nach, um die Höhe ihrer Gedanken zu verdeutlichen«[26]. Es gibt solche Äußerungen proportionalen Geschichtsdenkens auch außerhalb der Iberischen Halbinsel, in Spanien aber ist das nicht ein Gedanke neben anderen, sondern eine Dominante des Sprachbewußtseins.

Es ist gut, sich diesen Grundgedanken gegenwärtig zu halten, wenn man die Bedeutung Nebrijas für das spanische Sprachbewußtsein des Siglo de Oro abschätzen will. Wir rühmen Nebrija mit Recht, daß er in dem spanischen Schicksalsjahr 1492 mit seiner »*Gramática castellana*« die erste spanische und vielleicht erste vulgärsprachliche Grammatik geschaffen hat[27]. Das war eine bedeutende Tat, und die erstaunte Frage der Königin Isabel, der die Grammatik gewidmet ist, wozu ein solches Werk wohl taugen könne, ist bezeichnend für die Resonanz, mit der Nebrija rechnen mußte. Eine Grammatik der Volkssprache erschien, wie Quintilian und Dante lehrten und alle glaubten, unnötig, da man ja die Volkssprache von selber, nämlich durch den bloßen Sprachgebrauch lernte. Man sog sie mit der Muttermilch ein, wie es oft heißt. Die lateinische Sprache freilich mußte man *per artem,* das heißt aus der

Grammatik lernen. Noch 1601 muß Francisco del Rosal seine Leser darauf aufmerksam machen, daß Latein und Grammatik nicht mehr, wie im Mittelalter, ein und dasselbe sind[28]. Im Jahre 1492 mußte eine Grammatik, eine *ars* der Volkssprache als ein Widerspruch gelten und als Inbegriff des Überflüssigen. Es ist Nebrijas großes Verdienst, sich von diesem Vorurteil freigemacht zu haben. Er macht in dem berühmten Prolog der Grammatik seinen Landsleuten klar, daß die Volkssprache, wenn sie nur unter den schwankenden Gesetzen des *usus* steht, immer ein unvollkommenes und gefährdetes Gebilde bleibt, daß sie aber, wenn sie durch eine *ars* geregelt wird, zu der gleichen Vollkommenheit gelangen kann wie eh und je das Griechische und Lateinische.

Das ist ein Gedanke von großer Tragweite. Um so erstaunlicher ist, daß Nebrijas Einfluß auf das Sprachbewußtsein der Spanier im Siglo de Oro geringer ist, als wir nach der Bedeutung seiner Grammatik anzunehmen geneigt sind. Das Lob, das ihm reichlich gespendet wird, gilt fast ausschließlich dem *restaurador de la lengua latina* (Aldrete)[29], dessen lateinische Grammatik noch im 17. Jahrhundert, wenn auch überarbeitet, offizieller Schultext ist[30]. Als Schöpfer der ersten spanischen Grammatik erntet er nicht annähernd den gleichen Dank, und er ist auch tatsächlich nicht der große Steuermann der Geister. Juan de Valdés kritisiert ihn sogar aufs schärfste. Woran liegt das? Wir suchen den Grund nicht mit Valdés in diesen oder jenen Unvollkommenheiten seiner Grammatik oder seines Wörterbuches, sondern in erster Linie darin, daß seine Grammatik im ganzen mehr einem idealen als einem realen Bedürfnis entsprach. Man lernte eben doch nicht die spanische Sprache nach Nebrijas Grammatik, sondern von der Mutter oder von der Amme. Und für die Ausländer gab es bald Spezialgrammatiken, die besser auf die Praxis des Sprachunterrichts zugeschnitten waren. Nebrijas Grammatik war im ganzen Siglo de Oro eine schöne Leiche; wir wissen von keiner Neuauflage im 16. und 17. Jahrhundert nach der *editio princeps*. Kluge Köpfe wie Juan de Valdés, Simón Abril und Espinel begriffen schnell, daß Quintilian und Dante doch eher recht hatten als Nebrija und daß man seine Muttersprache von selber lernt. Wenn der Grammatiker noch helfen will, dann soll er es nicht, wie Nebrija es getan hat, in einer systematischen und schematischen Grammatik versuchen, sondern etwa in philologischen Plaudereien über den lebendigen Sprachgebrauch. Das ist die Substanz des intelligenten »*Diálogo de la lengua*«, mit dem Juan de Valdés von Italien aus 1536 zu Nebrijas Initiative Stellung nahm. Seine Schrift ist den Spaniern erst im 18. Jahrhundert durch den Druck zugänglich geworden[31]. Seine Gedanken jedoch haben viele Parallelen bei anderen Autoren des Siglo de Oro. Cervantes sagt: »Die Klugheit ist die Grammatik des guten Sprechens« *(la discreción es la gramática del buen lenguage)*[32]. Und Gracián hält schon gar nichts von der Grammatik, um so mehr von der Kunst des Gesprächs, dem *arte de conversar* oder der *sabiduría conversable*[33].

Wir müssen noch ein wenig bei Juan de Valdés verweilen. Seine Kritik an Nebrija nimmt besonders heftige Formen an, wo er ihm vorwirft, er habe als Andalusier gar nicht das Recht, eine Grammatik und ein Wörterbuch des Kastilischen zu schreiben. Und er sammelt in teilweise unvollständigen und verdrehten Zitaten fleißig Stellen nichtkastilischen Sprachgebrauchs, um sie einer scharfen Kritik zu unterziehen. Es ist jedoch nur bedingt richtig, in dieser Polemik einen Ausdruck der Rivalität zwischen den spanischen Dialekten um den Rang der spanischen Gemeinsprache zu sehen. Diese Frage war schon seit dem 13. Jahrhundert entschieden, als Ferdinand III. das Kastilische zur Amtssprache bestimmte und als Alfons X. verfügte, bei Streitigkeiten in der Auslegung der Gesetze sei der Sprachgebrauch Toledos maßgeblich[34]. Und Amado Alonso hat gezeigt, daß die *lengua castellana* so gut wie ohne Reibungen die *lengua española* geworden ist[35]. Der Andalusier Antonio de Nebrija hat nie daran gedacht, die Maßgeblichkeit des Kastilischen in Frage zu stellen. Wenn ihm auch einige Andalusismen unterlaufen sind, so rechtfertigt das noch nicht die bissige Polemik, die Valdés gegen ihn führt. Valdés ist in diesem Punkt wirklich unsachlich; seine Polemik ist nämlich selber ein Italianismus. Er schafft nach italienischen Gewohnheiten künstlich in Spanien das Klima einer *Questione della lingua,* eines Streites also, der in Spanien überflüssig war. So sehr sich auch sonst die Probleme der Volkssprache in Italien und Spanien glichen, und so vieles Valdés auch von den in der Sprachreflexion weiter vorangeschrittenen Italienern übernehmen konnte, hier fehlte die Analogie. Die Lage des Kastilischen war mit der des Toskanischen nicht zu vergleichen. Das hatte Nebrija besser gesehen, als er, der Andalusier, mit Selbstverständlichkeit eine Grammatik des Kastilischen und nicht des Andalusischen schrieb und als er sie der Kastilierin Isabel und nicht dem Aragonesen Ferdinand widmete.

Der italienischen *Questione della lingua* steht also kein gleichartiger spanischer Sprachenstreit gegenüber. Genauer gesagt: der Streit geht in Spanien heftiger um andere Sprachprobleme, insbesondere, und zwar mehr als in Italien, um den Ursprung der spanischen Sprache. Ist das Spanische verderbtes Latein? Setzt es die iberische Ursprache oder das Baskische fort? Welchen Anteil hat das Arabische? Ist es eine der 72 Sprachen, von denen man glaubte, daß sie bei der Sprachverwirrung von Babel entstanden sind? All diese Fragen werden lebhaft und oft mit Leidenschaft erörtert. Wenn ich auf das ganze Problem hier nicht weiter eingehe, so deshalb, weil es von Werner Bahner und Arno Borst bereits im einzelnen untersucht worden ist. Beide Forscher waren sich dankenswerterweise nicht zu gut, den Mäandern dieser Ursprungsspekulation nachzugehen und uns damit zu beweisen, daß sich auch in der Abstrusität ein ernstzunehmendes Sprach- und Geschichtsbewußtsein entfalten kann[36].

Die Autoren fragen jedoch nicht nur nach dem Ursprung, sondern auch nach dem Ziel der spanischen Sprache. Sie ist bei Nebrija mit der Ursprungsfrage zu einer eindrucksvollen Geschichtsdeutung verbunden. Er schreibt im Prolog seiner Grammatik: »Immer war die Sprache die Begleiterin der Reichsherrschaft und folgte dieser dergestalt, daß sie gemeinsam begannen, aufwuchsen und erblühten und daß schließlich auch der Niedergang ihnen beiden gemeinsam war.«[37] Die spanische Sprache folgte tatsächlich dem Aufstieg des spanischen Reiches zur Weltmacht, zugleich mit der spanischen Literatur. Dieser Satz wird zwar oft auch als Ausdruck eines Sprachimperialismus verstanden. Er war jedoch nicht so gemeint.

Nebrija hatte andere Gedanken. Seine Geschichtskonzeption ist die der *translatio imperii*[38]. Er erweitert sie um die Analogie einer, wenn ich so sagen darf, *translatio linguae*. Die bei Isidor von Sevilla vorgegebene gemeinsame Organismus-Metaphorik bot die Anregung. *Translatio linguae* – der Ausdruck kommt freilich weder bei Nebrija noch bei einem seiner Nachfolger vor, er wäre ja als »Übersetzung der Sprache« mißverständlich. In der Sache aber finden wir bei Nebrija und bei vielen Autoren des Siglo de Oro eine Geschichtsauffassung, nach der es analog zur *translatio* des

Reiches eine *translatio* der Sprache gibt. Der Weg dieser *translatio linguae* führt von den Juden über die Griechen und die Römer zu den Spaniern[39]. So will es nach Nebrija die göttliche Vorsehung, und Aldrete weiß sogar 1614 von den Versündigungen, um derentwillen den Völkern die ausgezeichnete Sprache genommen wird[40]. Auch dieser Gedanke gehört zur Lehre von der *translatio*. Die spanische Sprache ist daher eine auserwählte Sprache; ihre Vollkommenheit ist im Heilsplan vorgesehen. So bestätigt es uns Barriento noch am Ende des Siglo de Oro, im Jahre 1674: »Und es scheint bezüglich unseres Spaniens heilige Vorsehung gewesen zu sein, dieses Land unter den Nationen besonders auszuzeichnen als Schild des Glaubens, den es nicht nur mit dem Schwert, (...) sondern auch mit der Sprache hartnäckig verteidigt.«[41] Hier mündet das spanische Sprachbewußtsein des Siglo de Oro in eine Geschichtstheologie und gewinnt aus ihr seine letzten Gewißheiten.

Bei den bisherigen Überlegungen war zwar von der Literatur, nicht jedoch von der Dichtung im engeren Sinne ausführlicher die Rede, obwohl das Siglo de Oro doch gerade die hohe Zeit der spanischen Dichtung ist. Die großen Autoren des Siglo de Oro sind die Klassiker. Das bedeutet nicht nur, daß wir ihren Werken einen besonders hohen literarischen Rang zusprechen, sondern daß wir ihre Sprache noch für die heutige Sprache als vorbildlich und maßgeblich anerkennen. Die Literatur des Siglo de Oro ist also klassisch, insofern ihre Sprache klassisch ist. Wir werden nun zu verfolgen haben, wie sich der Aufstieg der spanischen Sprache zur klassischen Vorbildlichkeit im Bewußtsein der Autoren abbildet oder von ihnen zielstrebig gewollt wird.

Es ist allerdings sogleich daran zu erinnern, daß die Dichter sich mit Selbstverständlichkeit der spanischen Sprache bedienen und sich über das Ob nicht zu äußern brauchen. Im ganzen sind daher die Äußerungen der Dichter über ihre Sprache sehr viel seltener und knapper als die der anderen Autoren. Viele Dichter, und nicht die schlechtesten, geben, ich möchte sagen, problemlos ihren Beitrag zur Vervollkommnung der spanischen Sprache. Andere hingegen begleiten ihren Beitrag mit kritischer Reflexion oder nehmen ausdrücklich die Vervollkommnung der spanischen Sprache in die Finalität ihres literarischen Werkes auf. Es sind dies im Siglo de Oro vornehmlich Francisco de Figueroa, Fernando de Herrera,

Fray Luis de León, Mateo Alemán, Lope de Vega, Góngora, Quevedo, Gracián, gelegentlich auch Garcilaso, Cervantes und Calderón. Der Zahl und dem Umfang nach sind das nicht die ergiebigsten Zeugnisse zum Sprachbewußtsein der Spanier im Siglo de Oro, aber sie haben ein besonderes Gewicht. Denn diese Autoren äußern nicht nur mehr oder weniger kluge Gedanken über die Sprache, sondern sie verfügen vor allen Dingen über die Gabe, die Sprache selber nach ihren Vorstellungen zu formen. Das ist wichtiger. Niemand hat das besser gesehen als Lope de Vega, der einmal sagt:»Wenn meine Sprache mir etwas schuldet, so will ich es nicht sagen, wenn sie es selber nicht sagt.«[42] Diese Bescheidenheit ist nicht affektierte Bescheidenheit. Falls jedoch trotzdem der eine oder andere Autor, wie ja auch Lope selber bisweilen, aus seiner Zurückhaltung heraustritt, dann tut er es meistens, um sich und dem Lesepublikum klarzumachen, daß die Weichen der spanischen Sprache anders gestellt werden müssen.

Obwohl es uns heute selbstverständlich erscheint, daß die Sprache ihren Platz im Bewußtsein der Schriftsteller hat, ist es doch angebracht, die Voraussetzungen dafür sichtbar zu machen. Wir wollen deshalb noch einmal zu dem »Diálogo de la lengua« von Juan de Valdés zurückkehren. Valdés geht davon aus, daß die Absicht seines Dialogs im Grunde paradox ist. Man verlangt von ihm, er solle von seiner Sprache Rechenschaft ablegen (dar razón, dar cuenta = rationem reddere)[43]. Die ratio einer Spracheigentümlichkeit vorweisen kann man jedoch nur innerhalb einer ars. Er könnte also vom Lateinischen Rechenschaft ablegen, aber das ist nicht sein Thema. Das Spanische jedoch unterliegt dem usus, und da usus und ratio einander widersprechen, kann er auch nicht von spanischen Eigentümlichkeiten Rechenschaft geben (rationem reddere). Die spanische Sprache ist daher als Thema eigentlich unmöglich[44]. Man kann höchstens, und so tut es Valdés, bei den spanischen Spracheigentümlichkeiten immer wieder mit herausfordernder Hartnäckigkeit betonen:»Der hauptsächliche Vernunftgrund (razón), den ich habe, ist der Sprachgebrauch (uso) derer, die gut schreiben.«[45] Die gut schreiben und, so dürfen wir aus anderen Stellen des Dialogs hinzufügen, die gut sprechen: sie erlauben Valdés den Ausweg aus dem Dilemma ratio: usus. Es bleibt dabei, daß über die Volkssprache der usus verfügt. Aber das darf nicht jeder beliebige Sprachgebrauch sein, sondern nur der

Sprachgebrauch der Besten. Nur sie haben für die Sprache Autorität. Im Begriff der Autorität *(autoridad)* sind Sprachvernunft und Sprachgebrauch versöhnt. Valdés und seine Dialogpartner machen sich folglich nun sogleich Gedanken, wo konkret die Sprachautorität anzutreffen ist. Nicht bei Nebrija, so macht er sogleich deutlich, auch nicht im Amadis-Roman oder bei Juan de Mena, vielmehr einerseits in den alten Sprichwörtern des Volkes, andererseits bei den Gebildeten, sofern sie in Toledo und am Hof leben. Valdés läßt indes durchblicken, daß er trotz seines Aufenthalts im Ausland sich selber auch zu diesem Kreis zählt[46].

Halten wir fest, daß Valdés zwar mit sprachlicher Autorität rechnet, diese Autorität aber nicht bei den Literaten sucht. Das wird in der Folgezeit anders. Zwar dürfen wir nicht, wie schon erwähnt, mit einem Einfluß Valdésscher Gedanken auf das Sprachbewußtsein des Siglo de Oro rechnen, aber der Gedanke der Autorität, den Valdés mit aller Klarheit entwickelt, bleibt auch bei anderen Autoren als Korrektiv des *usus* im Spiel. Nur daß bei den anderen Autoren die guten Schriftsteller immer stärker die Künstler des Gesprächs als Sprachautoritäten verdrängen, bis diese bei Gracián wieder in ihre Rechte eingesetzt werden. Aber nun reden sie selber literarisch.

Der Anspruch der Dichtung auf sprachliche Autorität wird 1580 zum erstenmal programmatisch erhoben in dem ausführlichen Kommentar Fernando de Herreras zu den Gedichten von Garcilaso de la Vega[47]. Vorher, nämlich 1574, hatte schon Sánchez de las Brozas (Sanctius) Garcilasos Gedichte mit Kommentar herausgegeben, und vorher hatte auch schon Nebrija seine Sprachbeispiele gerne von dem Dichter Juan de Mena[48] bezogen. Aber erst Herrera erhebt die Zuständigkeit der Dichter zum Programm, nicht nur übrigens die Zuständigkeit des Kommentierten, sondern auch die des Kommentierenden. Beide zusammen erst machen die sprachliche Autorität aus und lösen die Autoritäten der von Valdés und Cervantes favorisierten *discretos cortesanos* ab. Diese Auffassung, die sogleich eine heftige Polemik auslöst, ist noch nicht die statische Konzeption einer Muster- und Regelklassik, denn noch steht den Spaniern kein fester literarischer Kanon vor Augen, und es wird sich das ganze Siglo de Oro hindurch auch keine Übereinstimmung über die kanonischen Autoren herausbilden. Herrera sieht die spanische Sprache noch in Bewegung. Er ist zwar davon überzeugt, daß sie einen höheren Grad der Vollkommenheit erreicht hat, als sie je zuvor hatte, daß ihr vielleicht sogar schon die Gefahr eines Niedergangs *(declinación)* droht, aber es wäre kleinmütig, sich mit dem Erreichten zufriedenzugeben. Der Fortschritt, der darin besteht, »hinter sich zu lassen, was vorher geschätzt war« *(dexar atras lo que antes era estimado)*, ist Gesetz der Dichtung wie der Sprache[49]. Zu dieser Zeit glauben allerdings weder er noch seine Zeitgenossen daran, die Antike je überbieten zu können. Sie wollen ihr jedoch auch nicht unterlegen sein. Die Litotes-Formel »nicht geringer als die Alten« *(no inferior a los antiguos)*, nach der zum Beispiel Garcilaso »nicht geringer als Vergil« gilt, taucht immer wieder auf und bezeichnet das *non plus ultra* des literarischen Selbstverständnisses im 16. Jahrhundert. Bezeichnend dafür ist auch, daß Herrera an einer Stelle die Armut an Ausdrucksmitteln in der spanischen Sprache beklagt, an anderer Stelle aber ihren Reichtum preist. Er ist nämlich vor allen Dingen davon überzeugt, daß das Spanische weiterhin bereichert werden muß, und zwar durch die Autoren. Das wird im 16. Jahrhundert durchweg quantitativ gesehen, und Herrera kommentiert daher lobend die Neologismen Garcilasos. Zugleich gibt er sich auch selber Mühe, in seinen eigenen Gedichten die spanische Sprache mit neuen Wörtern zu bereichern[50].

Diese Äußerungen erlauben uns gleichzeitig, einen Blick auf die Metaphorik des spanischen Sprachbewußtseins zu werfen. Herrera und seine Zeitgenossen haben eine Reihe von Bildfeldern zu ihrer Verfügung, innerhalb deren Grenzen sie argumentieren: Die spanische Sprache ist noch relativ arm, folglich muß sie reicher werden. Sie ist noch jung, folglich muß sie älter und reifer werden. Sie ist noch unansehnlich, folglich muß sie geschmückt werden. Sie ist noch von niederem Stande, folglich muß sie geadelt werden. Sie ist fruchtbarer Boden oder zarte Pflanze, folglich bedarf sie unermüdlicher Pflege *(culto, cultura)*, zu der die Dichter aufgerufen sind. Rhetorik und Poetik, die bereits in der Volkssprache vorliegen, müssen dabei zur Hand gehen. Die »Kultur« der Sprache ist nämlich ein Geschäft, das viel Klugheit verlangt: Denn der Reichtum muß mit Ökonomie gepaart sein. Der Schmuck der Rede darf nicht Schminke sein. Die Triebe dürfen nicht zu üppig schießen. »Auswählen« *(escoger)*, das ist, wie von Menéndez Pidal und Amado Alonso bemerkt wurde, Herreras Prinzip. Unter diesen Voraussetzungen hält er das Ziel für erreichbar, daß die spanischen Autoren nicht nur – mit der Litotes-Formel – nicht geringer als die Alten sind, sondern auch besser als die anderen Modernen[51].

Das 17. Jahrhundert geht einen entscheidenden Schritt weiter. Im 17. Jahrhundert sind die Autoren mit wachsender Gewißheit davon überzeugt, daß nunmehr die spanische Sprache dank der Literatur den ihr gemäßen Vollkommenheitsgrad erreicht hat. Aldrete sagt 1606 vom Spanischen: »Es hat seine Höchstform erreicht« *(a buelto a su punto)*[52], und Juan de Robles vergleicht 1635 das Spanische seiner Zeit mit dem Lateinischen zur Zeit Ciceros[53]. Aber das ist noch nicht der letzte Schritt. Wir wissen durch den Rhetoriker Benito Carlos Quintero von einem Wettbewerb, der in den zwanziger Jahren des 17. Jahrhunderts in einer literarischen Akademie Madrids stattgefunden hat und wo es um die Frage ging, »ob die spanische Dichtung wohl die lateinische übertreffe«[54]. Und eine Generation später bestätigt Fray Jerónimo de San Joseph, nicht ohne Sorgen vor der Maßlosigkeit: »Unser Spanien, das eine Zeitlang in sprachlichen Dingen als grob und barbarisch galt, läßt heute schon die blühendste Kultur der Griechen und Lateiner hinter sich.«[55] Wir befinden uns in der Zeit des großen Streites um den sogenannten Kulteranismus, jene literarische Bewegung, in der Góngora und seine Anhänger versuchten, poetisches und sprachliches Neuland jenseits der vordergründigen Verständlichkeit zu erschließen. Wieder, wie schon bei Herrera, ist die Lyrik (zusammen mit der lyrischen Epik) die Avantgarde der Literatur, und manche haben in Góngoras sprachlichen Kühnheiten nur eine radikalere Fortsetzung der Bemühungen Herreras um eine reichere Ausdrucksskala gesehen. Daran ist manches richtig. Gemeinsam ist Herrera und der Góngora-Schule vor allem die metaphorische Grundkonzeption: die spanische Literatursprache ist fruchtbarer Boden, dessen Ertrag durch *culto, cultura* gesteigert werden kann. Der Name Kulteranismus trifft genau diese Metaphorik der Sprachkultur.

Die eigentliche Auseinandersetzung um Góngoras Kühnheiten wird jedoch in einem anderen Bildfeld geführt, in der Metaphorik des Lichts. Denn die Gegner werfen ihm wie im Chor vor, er habe sich mit seiner Dichtung des Fehlers der Dunkelheit *(oscuridad)* schuldig gemacht. Dunkel seien die vielen Neologismen, dunkel die gewagten Metaphern, dunkel sei vor allem der Satzbau durch das häufige syntaktische Hyperbaton, »die moderne zu schreiben Manier« *(la moderna de escriuir manera)*[56] – und durch viele andere Freiheiten mehr. Dunkelheit, Dunkelheit, Dunkelheit – nichts anderes bekam Góngora mehr zu hören: freundschaftlich, kollegial, kritisch, feindselig oder gehässig.

Dunkelheit, das war ein gefährlicher Vorwurf in jener Zeit. Denn für die Dunkelheit der Rede lagen die schlechten Zensuren schon bereit, und zwar in der Rhetorik, deren Verbindlichkeit auch für die Dichtung damals noch allgemein anerkannt wurde. Dunkelheit ist ein *vitium*, Klarheit eine *virtus* des Stils, so stand es überall geschrieben, und die Gegner Góngoras konnten ganze Bataillone von Autoritäten zur Verteidigung der *claridad* aufmarschieren lassen. Góngora hatte eine Stellung bezogen, die schon lange unter Beschuß lag[57]. Wir sind heute, nachdem Dámaso Alonso, García Lorca und viele andere Góngoras Dichtung rehabilitiert haben, schnell geneigt, seinen Gegnern Unrecht zu geben. Aber wir wollen auch die andere Seite sehen. Der erbitterte Streit um *claridad* und *oscuridad* brachte nämlich dem spanischen Sprachbewußtsein einen großen Gewinn ein. Es konnte sich in ihm in aller Deutlichkeit – ebenso wie etwas später in Frankreich – ein Ethos der Klarheit ausbilden, das der spanischen Sprache schließlich ebenso zugute gekommen ist wie Góngoras Kühnheiten. Bei keinem deutlicher als bei Lope de Vega, der Góngora und seine Jünger mahnend auf die *claridad castellana* hinwies[58]. Auch auf anderen Wegen der Kritik entdeckt das spanische Sprachbewußtsein seine Werte. Manchmal sind sie in einem Wortspiel versteckt, nicht nur negativ in dem Wortspiel *culto* 'gepflegt' = *oculto* 'verborgen, dunkel', sondern häufiger noch positiv in dem Wortspiel *llano* 'plan, einfach' = *castellano* 'kastilisch'. Ein weiterer Vorwurf gegen die Kulteranisten besagt, in der Formulierung des Vergil-Übersetzers Cristóbal de Mesa: »Sie treiben Unzucht mit der Sprache« *(adulteran la lengua)*[59]. Die spanische Sprache ist nämlich eine keusche Sprache; *casta* 'keusch', *castiza* 'rein' nennt Unamuno sie noch in unserem Jahrhundert[60].

Der Gedanke der Keuschheit und Reinheit der spanischen Sprache verdient noch einige Aufmerksamkeit. Er hat deshalb so großen Erfolg in Spanien, weil er mit einer beträchtlichen metaphorischen Evidenz geladen ist. Die spanische Sprache ist ja Tochter der lateinischen Mutter. Aber nicht nur das. Die Kritik am Kulteranismus zielt neben dem Hyperbaton vor allem auf die Neologismen. Die Sucht, hemmungslos neue Wörter zu prägen, ist nun nach einer alten Metapher Falschmünzerei, die neuen Wörter sind *moneda adulterina*. Der Vorwurf des unzüchtigen und falschmünzerischen Umgangs mit der spanischen Sprache meint also konkret die Manier des Neologismus. Ein drittes ist zu beachten. Man kennt im Siglo de Oro seine Bibel und weiß, daß dort steht: *Eloquia Domini eloquia casta* (Ps. 11,7) und daß Paulus über die *adulterantes verbum Dei* sein Wehe ruft (2. Kor. 2,17). Der Streit um die kulteranistischen Kühnheiten ist nämlich, das wird oft übersehen, nicht nur ein Streit um die Sprache der Lyrik, sondern zugleich mit fast noch schärferer Polemik ein Streit um die Sprache der Predigt[61]. Die Predigtbücher und sakralen Rhetoriken der ersten Hälfte des 17. Jahrhunderts sind voll von der Auseinandersetzung um Góngoras Neuerungen, die einige Prediger auch für ihre Kunst in Anspruch genommen haben. Ihnen aber steht nicht nur die rhetorische Tugend der Klarheit entgegen, sondern sehr ausdrückliche Gebote und Verbote der Kirchenväter.

Mir scheint nun, daß man wichtige Argumente des Kulteranismus nicht richtig verstehen kann, wenn man nicht in Rechnung stellt, daß dieser Streit auf den beiden Geleisen der Lyrik und der Homiletik abläuft. Góngora selber gibt uns das Stichwort. Er verteidigt seine Dunkelheit in einem Brief mit dem Argument, sie zwinge den Leser durch Dunkelheit zur Spekulation *(obligándole a la especulación por la obscuridad de la obra)*[62]. Menéndez Pidal will das ästhetisch verstehen; der Leser soll sich anstrengen, die verborgenen Schönheiten der Dichtung zu ergründen[63]. Das ist gewiß richtig, aber es ist zu beachten, daß Góngoras Gedanke zugleich über die Ästhetik hinausweist in den Bereich der philosophischen und theologischen Spekulation, auf den hin die Dichtung orientiert wird. Das bestätigt uns Góngoras Gefolgsmann Vázquez Siruela, der 1628 von Góngoras Dunkelheit schreibt, sie sei in Wirklichkeit »Übermaß an Licht« *(abundancia de luz)*[64]. Die Schmuckformen seiner Dichtung seien strahlendstes Licht und blendend wie die Sonne. Dámaso Alonso wird später dankbar dieses Argument aufgreifen, um das Ärgernis der Dunkelheit aus der Welt zu schaffen: »Nicht Dunkelheit, sondern strahlendes Licht, blendendes Licht« *(No oscuridad: claridad radiante, claridad deslumbrante)*[65]. Dunkelheit nun als Anreiz und Bedingung der Spekulation, Dunkelheit als blendendes Licht – diese Gedanken gehören zusammen und sind in der Theologie und Philosophie zu Hause. Das haben die Zeitgenossen gleich richtig verstanden. Diese Dunkelheit ist die Dunkelheit der Bibel in einigen ihrer Bücher. Wir wollen Fray Jerónimo de San Joseph sprechen lassen. Es gibt, so räumt er ein, eine Dunkelheit oder besser gesagt eine Schwierigkeit der Heiligen Schrift; denn Gott gibt das Korn, nicht das Brot; er gibt die Nuß, nicht den Kern. Er wirft die Perlen nicht vor die Säue. Diese Dunkelheit aber ist in Wirklichkeit Übermaß des Lichts, wie die Sonne, wie Gott selber, »von dem es heißt, daß er, da er ja unendliche Klarheit ist, in unzugänglichem Licht wohnt«[66]. So hatte es schon die Scholastik gelehrt. Wir erkennen deutlich Góngoras Gedanken wieder. Dies ist also, so scheint mir, das äußerste Wagnis Góngoras, und damit läßt er Fernando de Herreras Programm weit hinter sich, daß er an die Dichtung und ihre Sprache Maßstäbe anlegt, die aus der philosophischen und theologischen Spekulation stammen. Sein kluger Widersacher Juan de Jáuregui ist dafür nicht blind; er nennt dies ein heidnisches Argument[67].

Die Rhetorik, so sagten wir, hatte bereits in der Antike über Klarheit und Dunkelheit gehandelt. Wir müssen noch spezifizieren. In der Rhetorik wurden nämlich zweierlei Formen der Klarheit und damit auch der Dunkelheit unterschieden. Ich bezeichne sie mit den Worten Jáureguis von 1624 als Klarheit bzw. Dunkelheit »in den Wörtern« *(en las palabras)* und »im (Satz-)Sinn« *(en las sentencias)*[68]. Während nun die Rhetorik in beiden Fällen Klarheit empfahl und Dunkelheit als *vitium* tadelte, bot diese Unterscheidung den spanischen Theologen eine willkommene Gelegenheit, die Mysterien der Offenbarung mit den Kategorien eines allgemeinen Literaturverständnisses in Einklang zu bringen. Die Lösung lautet gewöhnlich so: die *obscuritas sententiarum* ist eine scheinbare Dunkelheit und beruht auf einem Unvermögen, einem *vitium* des Lesenden. Sie ist, wie sogar der Antikulteranist Jáuregui zugeben muß, »meistens lobenswert«. Tadelnswert ist hingegen immer die *obscuritas verborum* als ein *vitium* des Schreibenden[69]. Góngora, der diese Unterscheidung natürlich kennt, möglicherweise aus der Poetik Carballos[70], reklamiert also für seine Dichtung das Recht auf Dunkelheit, indem er von der verwerflichen sprachlichen Dunkelheit in die unter gewissen Bedingungen gestattete sachliche Dunkelheit ausweicht.

Das ist bei Góngora ein apologetisches Argument *post eventum*. Für Quevedo und Gracián ist es Programm. Denn in dem von der Polemik um die Dunkelheit ausgesparten Raum der *obscuritas sententiarum* siedelt sich die zweite literarische Schule des spanischen Barock, der Konzeptismus, an. Auch Gracián will es dem Leser, ebenso wie Góngora, nicht leicht machen. Nur was er mit Mühe erlangt, wird der Leser zu schätzen wissen. Aber Gracián und Quevedo verschmähen die sprachlichen Lizenzen, die sich Góngora in seiner Dichtung herausnimmt; sie setzen auf das Ingenium und seine Kraft, dem Gedanken selber eine Wendung ins Besondere zu geben und ihn in ein schillerndes *concepto* zu verwandeln. Die Kunst wird damit nicht etwa aus der Sprache herausgelöst, nur – rhetorisch gesprochen – aus der Ordnung der *verba* in die Ordnung der *sententiae,* des sprachlichen Sinngefüges, verlagert. Die *conceptos* sind immer sprachliche Gedanken. Den Preis der *obscuritas sententiarum* dafür zu bezahlen, waren die Konzeptisten leichten Herzens bereit. »Hungrig lassen« *(dejar con hambre)* schien Gracián erlaubt; wir erinnern uns, daß Gott in der Bibel nicht Brot, sondern Korn gibt. Und noch deutlicher sagt es Gracián an anderer Stelle im *»Oráculo Manual«*: »Man ahme doch das göttliche Tun nach« *(Imítese, pues, el proceder divino)*[71]. Er spielt damit an auf Prov. 25, 2: *Gloria Dei est celare verbum.* Man sieht, die Theologie ist in der spanischen Geisteswelt des Siglo de Oro allgegenwärtig. Die Positionen sowohl des Kulteranismus als auch des Konzeptismus sind in der Theologie seit der Patristik vorbereitet. Das Sprachbewußtsein des Siglo de Oro schweift nicht nach zufälligen Impulsen im geistigen Raum, sondern es wählt seine Bahnen nach alten Mustern, die damit einen neuen Sinn erhalten.

ANMERKUNGEN

1   Vgl. A. Alonso: Castellano, Español, Idioma Nacional. 2. Aufl. Buenos Aires 1943, S. 75 f.
2   Constitutiones commodae aptaeque quam sanctae almae Salmanticensis Academiae toto terrarum orbe florentissimae. Salamanca 1584. Darin die »Estatutos hechos por la muy insigne Universidad de Salamanca«, año MDLXI (Tit. 21, S. 58).
3   J. F. Pastor: Las apologías de la lengua castellana en el Siglo de oro. Madrid 1929 (= Los clásicos olvidados Bd. 8). G. Bleiberg: Antología de elogios de la lengua española. Madrid 1951. A. Porqueras Mayo: El pró-

logo en el Renacimiento español. Madrid 1965 (= Anejos de Revista de Literatura Bd. 24). Ders.: El prólogo en el Manierismo y Barroco españoles. Madrid 1968 (= Ebd., Bd. 27).

4 P. S. Abril: Primera parte de la Filosofia, llamada la Logica. Alcalá 1587. Prólogo.

5 Miguel Sánchez de Lima:»Si bien se mira, tantas y tan buenas cosas ay escriptas en nuestro Romance Castellano, que no hazen falta ya las obras latinas, pues ya tenemos a Homero, a Virgilio, y otros muchos y muy buenos autores traduzidos de tal suerte, que ninguno siente falta de latinidad. (El Arte poetica en Romance Castellano. Alcalá 1580, fº 23v).

6 Francisco Quevedo Villegas: España defendida, hg. von R. Selden Rose. Madrid 1916, IV 70.

7 Juan Fragoso: Cirujía universal (1592). Alcalá 6. Aufl. 1606, »Prólogo«.

8 Vgl. etwa die Äußerung des Dichters Francisco de Figueroa in einem Brief an Morales, der um 1570 geschrieben wurde (Carta de F. de Figueroa al M. Ambrosio de Morales sobre el hablar y pronunciar la lengua castellana, in Conde de Viñaza: Biblioteca histórica de la filología castellana. Madrid 1893, Nr. 406, S. 440b).

9 Ambrosio Morales schreibt beispielsweise:»No se escrevia en Castellano sino o sucios amores, o fabulas vanas, quien avia de osar encomendarle mejores materias?« (Francisco Cervantes de Salazar: Obras, hg. von F. Cerdá y Rico. Madrid 1772, darin:»Discurso sobre la lengua Castellana«, S. 1–29, hier S. 18). Interessant ist auch, daß ein Jesuit 1596 darauf hinweist, daß den geistlichen Büchern in der Volkssprache die Bekehrung des hl. Ignatius von Loyola zu danken ist. Ignatius las bekanntlich im Spital zunächst Ritterbücher und dann erst, als keine andere Lektüre mehr greifbar war, Heiligenlegenden und Lebensbeschreibungen der Kirchenväter. (Vgl. Juan de Torres: Philosophia moral de principes XXV, 2, 934. Burgos 1596.)

10 Bartolomé Carranza de Miranda: Comentarios sobre el catecismo cristiano. Antwerpen 1558.

11 Lorenzo Palmireno: El estudioso de la aldea. Valencia 1568.

12 B. Jiménez Patón: Mercurius Trismegistus, sive de triplici Eloquentia sacra, española, Romana. Baeza 1621, fº 165v.

13 Bernardino Gómez Miedes: Enchiridion, o manual instrumento de salud, contra el morbo articular, que llaman Gota. Zaragoza 1589. Der Bischof Gómez Miedes hat noch eine andere Erfahrung dieser Art gemacht. Er hat eine lateinische Geschichte des Königs Jaime von Aragón geschrieben. Als diese nun zugleich als Fürstenspiegel für den jungen Prinzen vorgesehen wurde, mußte er sich selber die Mühe machen, sein eigenes Werk ins Spanische zu übersetzen, und es erschien unter dem Titel: La historia del muy alto e invencible rey don Jayme de Aragon, primero deste nombre. Valencia 1584. Der lateinische Text: De vita et rebus gestis Jacobi primi regis Aragonum, cognomento expugnatoris. Frankfurt 1606.

14 Pedro Ambrosio Ondériz: La perspectiva y especularia de Euclides. Madrid 1585. Darin das königliche Privileg mit der Bemerkung: »por auer orden nuestra, que en nuestra corte se leyessen las Matematicas en lengua castellana«. Pedro de Guevara: Arte general para todas las sciencias, en dos instrumentos. 2. Aufl. Madrid 1586. Der Verfasser schreibt in der Widmung: »Puseio en nuestra lengua Castellana por ser la voluntad de V. M. que en vuestra Academia se lean todas las sciencias en esta lengua, para que tanto bien sea de todos mas facilmente aprendido.« Zu den Aufgaben der Akademiker gehörte es nach den Bestallungsurkunden ausdrücklich, daß sie die Fachliteratur ins Spanische übersetzen. Vgl. auch: Felipe Picatoste y Rodríguez: Apuntes para una biblioteca científica española del siglo XVI. Madrid 1891.

15 Vgl. Sperone Speroni: Dialogo della lingua (1542). Die Meinungen Pomponazzis werden von Peretto vertreten. Vgl. A. Buck: Italienische Dichtungslehren vom Mittelalter bis zum Ausgang der Renaissance. Tübingen 1952, S. 130. Aristoteles: Etica nicomaquica, übers. von P. S. Abril, nach dem Manuskript hg. von A. Bonilla y San Martín. Madrid 1918. Die Berufsbezeichnung steht im Titel, die Meinungsäußerungen zur Realienpädagogik in der Widmung an König Philipp. Vgl. auch die Äußerungen des spanisch schreibenden portugiesischen China-Missionars Manoel de Faria e Sousa zum Lateinischen: »cuya Gramatica sola nos lleva los años de la infancia« (Imperio de la China, y cultura evangelica en el, Kap. III, Lissabon 1640, hier zitiert nach der Ausgabe Lissabon 1731, S. 34).

16 Vgl. dazu M. Romera-Navarro: »La defensa de la lengua española en el siglo XVI«, Bulletin Hispanique 31 (1929), S. 204–255, hier S. 207.

17 Alfonso de Palencia: Vocabulario en latin y romance. Sevilla 1490, »Argumento«.

18 Charakteristisch ist die Äußerung von John Barclay: »In Hispania studia literarum eo cultu non nitent, quem haec aetas nudis et squalentibus Musis reposuit, cum periisse videretur ille eruditionis spiritus qui omnem scientiarum partem debet implere. Non enim latinae eloquentiae studium ibi viget, non venustas poetices, non historiae, priscorumque rituum utilis et robusta lepiditas. Veterem ac pene barbaram in quaerendis scientiis rationem obtinent: Philosophiae incumbunt, Theologiam amant, non spernunt Legum et Canonum peritiam. Sed illas scientias graeca latinaque eruditione mitigari indignantur; putantque hoc modo fucum addi quo virilium literarum lineamenta elangueant.« (Icon Amicorum, Kap. VII, S. 145 f. Frankfurt 1623.) Die Spanier selber erkennen dieses Urteil an, beispielsweise Pedro Simón Abril: »En Italia, Francia, Alemaña, donde de las letras vmanas se tiene mas particular noticia, que en España . . .« (La Gramatica Griega, escrita en lengua Castellana. Madrid 1587, »Prólogo«).

19 Francisco de Quevedo Villegas: a. a. O., V 84.

20 Vgl. etwa Baltasár de Céspedes: Discurso de las letras humanas, llamado El Humanista (1600), hg. von Santos Diez González. Madrid 1784.

Céspedes ist Schwiegersohn und wissenschaftlicher Nachfolger von Sánchez de las Brozas (Sanctius).

21 Pedro Simón Abril: Primera Parte de la Filosofia, llamada la Logica, Alcalá 1587; La Gramatica Griega, escrita en lengua Castellana. Madrid 1587, »Comparación«. Die Bezeichnung der lateinischen Sprache als Fremdsprache findet man allerdings auch im italienischen Vulgärhumanismus, so etwa bei Pietro Bembo (Prose della Volgar Lingua, I, 6. Venedig 1538).

22 Fernando de Herrera: »Podemos usar vocablos nuevos en nuestra lengua, que vive i florece, en la latina mas rara i peligrosamente; porque ya está acabada« (Garcilaso de la Vega: Obras, con anotaciones de Herrera. Sevilla 1580, S. 573)

23 F. Martín Sarmiento O. S. B.: Elementos etimológicos según el Methodo de Euclides. 2 Bde. Ms. Real Academia Española, S. Com. 3-A-7,8.

24 Quintilian: »A sermone Graeco puerum incipere malo, quia Latinum, qui pluribus in usu est, vel nobis nolentibus perbibet, simul quia disciplinis quoque Graecis prius instituendus est, unde et nostrae fluxerunt« (Institutio Oratoria I, 1, 12). Bernardo Aldrete kennt und zitiert diese Stelle in seinem Buch Del origen y principio de la lengua castellana o romance que oi se usa en España. Rom 1606, Buch I, Kap. 7, S. 44. Zu Castiglione vgl. E. Loos: B. Castigliones Libro del Cortegiano. Frankfurt 1955, S. 150. Zu H. Estienne vgl. La Précellence du langage françois (1579), hg. von E. Huguet. Paris 1896, »Préface«. Zu Gargantua vgl. Rabelais: Pantagruel, Kap. VIII.

25 Ein lateinisch schreibender spanischer Autor urteilt 1540 sehr scharf von Quintilians Worten: »Omnes fere hoc tempore in errorem induxerunt.« (Franciscus Floridus Sabinus: Apologia in M. Plauti aliorumque Latinae linguae scriptores calumniatores. Basel 1540, Buch I, Kap. 1, S. 115. In positiver Wendung des Gedankens ist Bartolomé Jiménez Patón zu Beginn des 17. Jahrhunderts stolz darauf, daß die spanische Sprache zu seiner Zeit in Amerika ebenso »por arte« gelehrt wird wie früher das Lateinische im Imperium Romanum (Elocuencia española en arte. Toledo 1604, »Prólogo«).

26 Cervantes: »El grande Homero no escribió en latín, porque era griego, ni Virgilio no escribió en griego, porque era latino. En resolución, todos los poetas antiguos escribieron en la lengua que mamaron en la leche, y no fueron a buscar las extranjeras para declarar la alteza de sus conceptos« (Don Quijote, II, 16).

27 A. de Nebrija: Gramática Castellana, hg. von P. Galindo Romeo u. L. Ortiz Muñoz. 2 Bde. Madrid 1946. Es ist zweifelhaft, ob die italienische Grammatik »Regole grammaticali della lingua fiorentina«, die mit Sicherheit vor 1495 verfaßt worden ist, eine gewisse chronologische Priorität vor Nebrija hat. Vgl. dazu L. Kukenheim: Contributions à l'histoire de la grammaire italienne, espagnole et française à l'époque de la Renaissance.

Amsterdam 1932, S. 214. Ferner F. García Olmedo: Nebrija. Madrid 1942.

28 F. de Rosal: Origen y etymología de todos los vocablos originales de la lengua castellana (1601). Biblioteca Nacional Madrid, Ms. 6929, Alfab. I, f° 178r.

29 Aldrete, a. a. O. III, 2, 274.

30 Seit 1598 benutzt man die lateinische Grammatik Nebrijas in der Überarbeitung des Jesuiten Juan Luis de la Cerda: De institutione grammaticae. Madrid 1598. Ein Dekret Philipps III. verbietet ausdrücklich die Benutzung aller anderen Grammatiken außer der Nebrija-Bearbeitung von Cerda. Das Druckmonopol dieser Grammatik liegt seit 1613 beim Hospital General von Madrid, die Einkünfte werden zugunsten der Armen und Kranken verwendet.

31 Juan de Valdés: Diálogo de la lengua. Edición y notas por J. F. Montesinos. Madrid 1953 (= Clásicos Castellanos 86).

32 Cervantes, Don Quijote II, 19.

33 Baltasar Gracián: Oráculo Manual y arte de prudencia, hg. von M. Romera-Navarro. Madrid 1954, Aforismo 148 u. 22 (= Revista de Filología Española, Anejo, Bd. 62).

34 Vgl. hierzu auch H. Meier:»Spanische Sprachbetrachtung und Geschichtsschreibung am Ende des 15. Jahrhunderts«, Romanische Forschungen 49 (1935) S. 1–20.

35 Vgl. A. Alonso, a. a. O.

36 W. Bahner: Beitrag zum Sprachbewußtsein in der spanischen Literatur des 16. und 17. Jahrhunderts. Berlin 1956 (= Neue Beiträge zur Literaturwissenschaft 5). A. Borst: Der Turmbau von Babel. Geschichte der Meinungen über Ursprung und Vielfalt der Sprachen und Völker. 4 Bde. Stuttgart 1957–1963.

37 Nebrija:»Siempre la lengua fue compañera del imperio, i de tal manera lo siguió que juntamente començaron, crecieron i florecieron i despues junta fue la caida de entrambos.«

38 Zur»Translatio« vergleiche man insbesondere W. Goez: Translatio Imperii. Ein Beitrag zur Geschichte des Geschichtsdenkens und der politischen Theorien im Mittelalter und in der frühen Neuzeit. Tübingen 1958. Ferner J. Worstbrock:»Translatio artium. Über die Herkunft und Entwicklung einer kulturhistorischen Theorie«, Archiv für Kulturgeschichte 47 (1965), S. 1–22. Ferner V. Cilento:»Il mito medievale della ›translatio studii‹«, Filologia e letteratura 12 (1966), S. 1–15. In den genannten Schriften findet man weitere Hinweise zur Bibliographie.

39 In vergröbernder Verdeutlichung drückt Fray Alonso Venero das folgendermaßen aus:»Carlo magno translado el estudio general de Roma a Paris: el qual antiguamente auia sido transladado de Athenas a Roma. El rey don Fernando de Castilla: cuyo reyno começo Año del señor de MCCXVI translado el estudio general de Palencia a la ciudad de Salamanca.« (Enchiridion de los Tiempos. Burgos 2. Auflage 1555, f° 116 r.)

40 Bernardo Aldrete argumentiert, daß die hebräische Sprache ihren Rang als Sakralsprache wegen der Versündigungen des jüdischen Volkes verloren hat. So ist die Heilssprache von Jerusalem nach Rom gewandert. In diesem Zusammenhang nennt er die lateinische Sprache dann eine »auserwählte Sprache«.»Para vnir, i juntar los que assi quedaron desunidos, i apartados fue por Diuina prouidencia elegida Roma, la que diesse al mundo vn lenguage escogido.« Die weitere Translatio zur spanischen Sprache hin wird dann als Deszendenz beschrieben:»Desta lengua escogida muestro que deciende la Castellana, i como hija noble de tan excelente madre le cabe gran parte de su lustre i resplandor.« Das ist zugleich die Schreibintention für sein Buch, mit dem er die lateinische Abstammung der spanischen Sprache gegen alle Zweifler verteidigen will. (A. a. O., »Prólogo« u. I, 35, 137 f.) Ähnlich Mateo Alemán, der seine Landsleute als »hijos verdaderos« der lateinischen Mutter auffordert, die Orthographie der kastilischen Sprache zu pflegen (Mateo Alemán: Ortografia castellana. Mexiko 1609, Kap. 9, fᵒ 50 r.). Der Gedanke der »Translatio linguae« hat in Italien Entsprechungen bei Bembo, in Frankreich bei Du Bellay.
41 Barriento:»Y parece fue sagrada Prouidencia en orden a nuestra España singularizarla entre las Naciones, como a Escudo de la Fè que tenazmente defiende, no solo con la espada, (...) sino tambien con la lengua.« (Diego Barriento [= Luis José de Aguilar y Losada]: Censura a las distinciones (...) que ha publicado Don Joseph Pellicer de Tovar y Osaù. Toledo 1674, fᵒ 86 r.) Vgl. auch das Epigramm»Voce ligas una, quos ligat una Fides« von Baltasar Gutiérrez de la Peña bei Diego de Aguiar: Tercetos en latin congruo y puro castellano (1590). Madrid 1621.
42 Lope de Vega:»Si algo me deue mi lengua, no quiero yo dezirlo, si ella no lo dize.« (Comedias, Bd. 14. Madrid 1620,»Prólogo«).
43 »Rationem reddere« ist eine charakteristische Intention der rationalen Grammatiken des 16. Jahrhunderts. Scaliger schreibt beispielsweise: »Nonne divinus ille Plato curat hoc (...) ut orationis vel totius vel partis reddat rationem?« (Julius Caesar Scaliger: De causis linguae Latinae libri XIII. Lyon 1540,»Praefatio«.) Ähnlich der Brocense:»Non igitur dubium est, quin rerum omnium, etiam vocum, reddenda sit ratio: quam si ignoraverimus rogati, fateamur potius nos nescire, quam nullam esse constanter affirmemus.« (Francisco Sánchez de las Brozas: Minerva seu de causis linguae Latinae commentarius [1587]. Amsterdam 1752, I, 1, 5; vgl. I, 1, 3.)
44 Valdés als Gesprächspartner in seinem Dialog äußert sich folgendermaßen:»Porque he aprendido la lengua latina por arte y libros, y la castellana por uso, de manera que de la latina podría dar cuenta por el arte y por los libros en que la aprendí, y de la castellana no, sino por el uso común de hablar. Por donde tengo razón de juzgar por cosa fuera de propósito que me querais demandar cuenta de lo que stá fuera de toda cuenta.« (Diálogo de la lengua, a. a. O., S. 8.)

45 Valdés:»La principal razón que tengo es el uso de los que bien escriven.« (A. a. O., S. 84). Das ist auch die Meinung von Ambrosio Morales: »(...) el buen uso, que como dice Horacio es el verdadero derecho de un lenguaje.« (Carta de F. de Figueroa al M. Ambrosio de Morales sobre el hablar y pronunciar la lengua castellana. Real Academia Española Ms. B–A–6.) Das Manuskript enthält Randglossen von Morales als Entwurf einer Antwort an Figueroa. Ähnlich äußert sich Bernardo Aldrete vom Sprachgebrauch (uso):»que es el dueño de la lengua« (Varias antiguedades de España, Africa y otras provincias. Antwerpen 1614, Buch I, Kap. 20, S. 94.)

46 Vgl. etwa bei Valdés die Formulierung»Muchas personas discretas, nacidas y criadas en el reino de Toledo o en la corte« (a. a. O., S. 77). Zu Valdés in Neapel vgl. die Einleitung von Montesinos, S. XXXVIII. In ähnlicher Weise äußert sich Cervantes:»El lenguaje puro, el propio, el elegante y claro, está en los discretos cortesanos.« (Don Quijote, II, 19).

47 Garcilaso de la Vega: Obras, con anotaciones de Herrera, Sevilla 1580.

48 Garcilaso de la Vega: Obras (con anotaciones y enmiendas del Licenciado F. Sanchez, Cathedratico de Rhetorica en Salamanca). Salamanca 1574. Außer Nebrija wird der Dichter Juan de Mena von den beiden Humanisten Hernán Núñez und Francisco Sánchez de las Brozas kommentiert (vgl. W. Bahner, a. a. O., S. 118, Anm. 16).

49 Herrera-Kommentar zu Garcilaso, a. a. O., S. 294.

50 A. a. O., S. 73 f. (Reichtum) und S. 121 (Litotes). Vgl. auch Patón, a. a. O., Kap. 8, f° 44 r. – Tomás Tamayo de Vargas, in Plinius: Historia natural, übers. von Jerónimo de Huerta. Bd. 2, Madrid 1629, Epistel. Herrera wird seinerseits von Francisco de Medina dafür gelobt, daß er freigebig (»con hidalga franqueza de animo«) die Schätze seiner Beredsamkeit dem Vaterland zur Verfügung gestellt hat (»El Maestro Francisco de Medina a los Lectores«, in Garcilaso de la Vega: Obras con anotaciones de Herrera, Sevilla 1580.)

51 R. Menéndez Pidal: La lengua de Cristóbal Colón. Buenos Aires 1942 (= Colección Austral 280). A. Alonso, a. a. O., bes. S. 81 ff. Die optimistische Öffnung der Litotes-Formel bei Herrera lautet:»No inferior a los antiguos, y superior a los modernos.« (a. a. O., S. 73)

52 Aldrete, a. a. O., Buch 2, Kap. 6, S. 185.

53 Juan de Robles:»Está hoy nuestra lengua en el estado que la latina estuvo en tiempo de Cicerón.« (Primera parte del Culto Sevillano [1635]. Sevilla 1883, S. 152 = Sociedad de Bibliófilos Andaluces, Iª serie, Bd. 13).

54 Quintero:»si la poesia Castellana vencia en artificio a la latina« (Benito Carlos Quintero: Tenplo de la Eloquencia castellana. Sevilla 1629, Discurso I, f° 32v).

55 F. Jerónimo:»nuestra España tenida un tiempo por grosera y barbara en el lenguaje, viene hoy à exceder à toda la mas florida cultura de los

griegos y latinos.« (F. Jerónimo de San Joseph: Guía de la Historia [1651],
hg. von dem Marqués de Torres. Madrid 2. Aufl. 1768, II, 71).
56 Juan de Jáuregui: Discurso poético. Madrid 1624, f° 10r.
57 Vgl. H. Lausberg: Handbuch der literarischen Rhetorik. 2 Bde. München 1960, s. Index Bd. II, S. 763.
58 Lope de Vega, Prolog der Comedia Circe (1624), vgl. ders.: Censura sobre la poesía culta impresa en su Filomena. Madrid 1621, f° 17r. Allgemein zu Lopes Position im Kulteranismus-Streit M. Romera-Navarro: »Lope y su defensa de la pureza de la lengua y estilo poético«, Revue Hispanique 77 (1929), S. 287–381.
59 Vergil: Las Eglogas y Georgicas, übers. von Cristóbal de Mesa. Madrid 1618, »Prólogo«.
60 M. de Unamuno: En torno al casticismo (1895). Buenos Aires 1945 (= Colección Austral 403).
61 Vgl. etwa Juan Rodríguez: Sumulas de documentos de la predicación evangélica. Sevilla 1641, bes. Teil I, Kap. 10.
62 Brief von Góngora von September 1613 oder 1614 (?), in: Luis de Góngora y Argote: Obras completas, hg. von J. und I. Millé Giménez. Madrid 1956, S. 897.
63 R. Menéndez Pidal: »Oscuridad, dificultad entre culteranos y conceptistas«, Romanische Forschungen 56 (1942) S. 211–218, hier S. 215; auch in ders.: Castilla, la tradición, el idioma. Buenos Aires 2. Aufl. 1947 (= Colección Austral 501), S. 219–232.
64 Nach Menéndez Pidal, a. a. O., S. 225.
65 D. Alonso: Estudios y ensayos gongorinos. Madrid 1955, S. 90.
66 Fr. Jerónimo: »que por ser infinita claridad, se dice habitar en luz inaccesible.« (a. a. O., Buch 6, S. 98).
67 Jáuregui, a. a. O., f° 37r. Vgl. ders.: Antidoto contra la pestilente poesia de las soledades, aplicado a su Autor para defenderle de si mismo. Biblioteca del Palacio, Ms. II, 1323.
68 Jáuregui: Discurso, a. a. O., f° 37r. Vgl. Lausberg, a. a. O., §§ 528 ff.
69 Jáuregui, a. a. O., f° 37r. Fr. Jerónimo de San Joseph, a. a. O., Buch 6, S. 97 ff. Ähnlich auch Francisco Cascales: »No siempre la oscuridad es viciosa; que cuando (...) proviene de alguna doctrina exquisita, que el poeta señaló, no siendo muy a menudo, es loable y buena.« (Cartas filológicas, ep. I, 8, 1634, Biblioteca de Autores Españoles, Bd. 62, S. 483 b.)
70 Luis Alfonso de Carballo: Cisne de Apolo, hg. von A. Porqueras Mayo. 2 Bde. Madrid 1958.
71 Baltasar Gracián, a. a. O., Aforismo 299 u. 3.

Sprachanekdoten um Karl V.

In seinem Werk »Der Turmbau von Babel« hat Arno Borst den interessanten Nachweis geführt, daß auch in der literarischen oder quasi-literarischen Überlieferung aufschlußreiche Informationen zur Geschichte des europäischen Sprachbewußtseins enthalten sind – man muß sie allerdings manchmal quer zu ihrer Textintention interpretieren.[1] In diesem Zusammenhang macht Borst auch auf die Tradition der Sprichwörter und Anekdoten aufmerksam, in denen sich uralte Erfahrungen im Umgang mit der Sprachen- und Völkervielfalt niedergeschlagen haben.

Solchen Anekdoten liegt manchmal bereits in Ansätzen eine »vergleichende Sprachwissenschaft« zugrunde, die ursprünglich in theologische Betrachtungen eingebunden ist. So vergleicht etwa Augustinus im Jahre 417 die drei Weltsprachen Hebräisch, Griechisch und Latein, die zugleich die drei Sprachen der Kreuzesinschrift und insofern heilsgeschichtlich relevante Sprachen sind, und er unterscheidet sie als die Sprachen der Frömmigkeit, der Philosophie und der Staatsmacht. Und etwa um die gleiche Zeit unterscheidet der Talmud die Sprachen Griechisch, Latein, Syrisch und Hebräisch als die Sprachen, die jeweils für den Gesang, für Rechtsgeschäfte (auch die Kriegsführung), für das Schreiben (auch das Handeln) und für die Rede (auch das Gebet) besonders tauglich sind.[2] Solche Charakterisierungen, im Einzelfall jedoch auf andere Sprachen und andere Merkmale hin abgewandelt, werden sprichwörtlich. In einer lateinischen Fassung, die Henri Estienne zitiert, lautet das Sprichwort: »Es blöken die Italiener, es ächzen die Spanier, es heulen die Deutschen, es singen (oder krähen) die Franzosen« *(Balant Itali, gemunt Hispani, ululant Germani, cantant Galli).*[3] Und in einer spanischen Version, eingebunden in einen kommentierenden Text, finden wir das Sprichwort, allerdings mit veränderter Bewertung, als vergleichende Sprachbeschreibung wieder, und zwar in Fernando de Herreras Garcilaso-Kommentar von 1580: »Die Schönheit der toskanischen Sprache, die Anmut der französischen Sprache, der Scharfsinn und die Großartigkeit der spanischen Sprache«.[4]

Bei Estienne und Herrera zeigt sich nun bereits recht deutlich ein Strukturmerkmal, das der Anekdotenbildung höchst förderlich ist: das Sprichwort erhält eine Pointe. Das kann eine witzige Pointe sein wie bei dem Franzosen, der in dem musikalischen Französisch den »singenden« (krähenden) Hahn wiederfindet, oder auch eine eitle, mehr oder weniger selbstgefällige Pointe, die der eigenen Sprache und Nation die höchsten Attribute reserviert, so bei Herrera, der das spanische Sprachbewußtsein von seinem Italien-Komplex ablösen will. Varianten des Sprichworts finden wir in ganz Europa bis ins 19. Jahrhundert hinein.[5] Für die Anekdotisierung des Sprichworts wird jedoch ein zweites Strukturmerkmal noch wichtiger. Die vergleichende Sprachcharakterisierung wird nämlich mit einer historischen Person verbunden und ihr als Ausspruch in den Mund gelegt, wie es für die literarische oder subliterarische Gattung Anekdote typisch oder konstitutiv ist.

Diese Person ist in aller Regel Kaiser Karl V. Die älteste Fassung der Anekdote stammt, wie Erasmo Buceta berichtet hat, aus dem Jahre 1601 und findet sich in der Schrift *»De locutione«* von Girolamo Fabrizi d'Acquapendente. Der Autor stellt zwei Versionen der Anekdote vor. Die eine lautet: »Daher pflegte, wie ich höre, Kaiser Karl V. zu sagen, die Sprache der Deutschen sei militärisch, die der Spanier erotisch, die der Italiener rhetorisch, die der Franzosen edel.« Die andere Version lautet: »Ein anderer (scil. Autor), der selber Deutscher war, hat berichtet, der besagte Karl V. habe bei verschiedenen Gelegenheiten gesagt, wenn er mit Gott sprechen müsse, werde er Spanisch sprechen, da die Sprache der Spanier Würde und Majestät zeigt; mit Freunden spreche er Italienisch, weil das Idiom der Italiener vertraut ist; wenn jemandem zu schmeicheln sei, spreche er Französisch, weil es nichts Milderes als diese Sprache gibt; wenn er aber mit jemandem in drohendem oder ziemlich barschem Ton zu reden habe, dann spreche er Deutsch, weil die Sprache der Deutschen ganz und gar drohend, barsch und heftig ist.«[6]

Hauptsächlich in der an zweiter Stelle zitierten Fassung, die für die Stabilisierung des spanischen Sprachbewußtseins im Siglo de Oro eine erhebliche Stütze darstellt, wird die Anekdote durch das ganze 17. Jahrhundert hindurch von Autor zu Autor weitergereicht. Wir finden sie beispielsweise 1641 bei Gaspar de los Reyes Franco in einer leicht abgewandelten, präskriptiv formulierten Fassung wieder:»Bezüglich der Rangfolge aber der übrigen (scil. Sprachen) muß man laut Tympius wie folgt unterscheiden: Wer mit Gott sprechen will, soll Spanisch sprechen wegen der Majestät dieser Sprache; mit einem Fürsten soll man Italienisch sprechen wegen der Eleganz des Italienischen; mit Damen spreche man Französisch wegen dessen Lieblichkeit; mit Soldaten spreche man jedoch Deutsch, weil das von allen Sprachen die härteste ist.«[7] Aber auch in Frankreich (Brantôme, Bouhours, Bayle, Rivarol), Deutschland (Nikolas von Mulmen, Julius Wilhelm Zincgref, Opitz), England (Swift) und Rußland (Lomonossov) findet man die Anekdote in verschiedenen Varianten wieder: es handelt sich um eine richtige Wanderanekdote. Für die spanische Sprache bleibt in dieser Tradition in aller Regel die Charakteristik konstant, daß Karl V. sie zum Gebrauch im Gebet, zum Sprechen mit Gott bestimmt habe. Für die französische und die italienische Sprache finden wir daneben wechselnde und offenbar leicht vertauschbare Charakteristiken, während die deutsche Sprache in der Geschichte der Anekdote zunehmend schlecht abschneidet: in einigen Varianten (Swift, Kleinpaul, Behaghel) will Karl nur mit seinem Pferd deutsch sprechen. So sieht es auch noch Voltaire, der in einem Brief des Jahres 1750 von Potsdam her schreibt:»N'allez pas croire que j'apprenne la langue tudesque; je me borne prudemment à savoir ce qu'il en faut pour parler à mes gens et à mes chevaux«.[8] Wenn Gott ausnahmsweise einmal deutsch spricht, wie der Spanier Pedro Ruiz am Hofe des polnischen Königs Sigismund I. verkündet haben soll, dann treibt er in dieser Sprache die Stammeltern polternd aus dem Paradies heraus, weil sie nämlich, so kontert der Deutsche Johannes Lang, den spanisch-verführerischen Worten der Schlange gefolgt sind.[9]

Nun besteht kaum ein Zweifel, daß die Anekdote mit ihren Varianten nicht historisch ist, es sei denn, daß man mit Voltaire und Fontane die historischen Anekdoten überhaupt für das Beste an der Geschichte hält. Nichts deutet jedenfalls darauf hin, daß

Karl V. tatsächlich die Sprachen in dem Sinne verglichen hätte, wie es die Anekdote wissen will. Aber Arno Borst, der ebenfalls die Authentizität bezweifelt, macht doch darauf aufmerksam, daß die Anekdote offensichtlich an bestimmte Sprachgewohnheiten des Kaisers anknüpft. Sie scheint insbesondere erkennen zu lassen, daß Karl selber und seine nähere und weitere Umgebung beginnen, den Gebrauch oder Nichtgebrauch einer Sprache als Politikum zu nehmen, wobei zu beachten ist, daß in der nachreformatorischen Zeit natürlich auch die Frage, in welcher Sprache man betet, ein Politikum darstellt. Der Gebrauch der richtigen Sprache zur richtigen Gelegenheit wird demnach eine Frage der Etikette, und so sind ja die Verhältnisse im diplomatischen Verkehr bis heute geblieben.[10]

Das alles erklärt jedoch noch nicht ausreichend die Anekdotenbildung um Karl V. Um zu verstehen, daß sich diese Anekdoten so beharrlich mit der Person dieses Kaisers verbunden haben, ist als Kristallisationskern ein Ereignis in Rechnung zu stellen, das zu seiner Zeit erhebliches Aufsehen erregt hat. Es handelt sich um eine Rede, die Karl V. am Pfingstmontag, dem 17. April 1536, in Anwesenheit des Papstes am päpstlichen Hof in Rom gehalten hat. Anwesend waren bei dieser Rede unter anderen illustren Zuhörern auch die beiden Botschafter des Königs von Frankreich, der Bischof von Mâcon als Botschafter beim Papst und Herr de Velly als Botschafter beim Kaiser. Die Rede war aus verschiedenen Gründen bemerkenswert. Der Kaiser, der gerade in Tunis gesiegt hatte, beklagte die Geißel eines Krieges unter Christen und forderte insbesondere den König von Frankreich zum Frieden auf. Und wenn kein vollkommener Frieden herrschen könne, so sei es besser, die Führer der Völker kämpften Mann gegen Mann miteinander, als daß ihre Völker in den Krieg gerissen würden. Man konnte aus diesen Worten, falls sie wörtlich genommen werden durften, eine Herausforderung zum Zweikampf an den königlichen Vetter Franz I. heraushören.

Die Zweifel am genauen Verständnis der Rede wurden nun weiterhin dadurch verstärkt, daß Karl diese Rede in spanischer Sprache hielt. Die beiden französischen Botschafter, denen doch die kaiserliche Botschaft in besonderem Maße gelten mußte, machten dem Kaiser gegenüber alsbald geltend, daß sie der spanischen Sprache nicht mächtig seien und die Rede nicht verstanden hätten.

Für sie ließ der Kaiser daher am folgenden Tage seine Rede mündlich und schriftlich in italienischer Sprache resümieren. Zunächst aber soll er dem Bischof von Mâcon, wenn man Brantôme Glauben schenken darf, auf seinen Protest hin schnöde und noch immer in spanischer Sprache geantwortet haben:»Herr Bischof, verstehen Sie mich gefälligst, und erwarten Sie von mir keine anderen Worte als in meiner spanischen Sprache, die so edel ist, daß sie von der ganzen Christenheit gelernt und verstanden zu werden verdient«[11]. Obwohl die Rede Karls V. nicht in ihrem vollständigen Text, sondern nur in zwei von Morel-Fatio mitgeteilten spanischen Zusammenfassungen belegt ist, besteht kein Zweifel, daß der Kaiser seine Rede tatsächlich in spanischer Sprache gehalten hat. Die Kommentatoren, von Morel-Fatio über Menéndez Pidal bis zu García Blanco, sind sich daher einig in der Bewertung dieser Rede: sie ist ein großes Datum in der Geschichte der spanischen Sprache und markiert zum erstenmal – und mit welcher Autorität! – den Anspruch dieser Sprache auf Weltgeltung.

Es ist jedoch nicht ebenso eindeutig, ob Karl V. selber seinen Sprachgebrauch ebenfalls so verstanden und gemeint hat. Der Historiker Paolo Giovio, der 1536 in Rom weilte und das Ereignis gleichfalls mitteilt, gibt eine andere Motivation an; er schreibt, Karl habe deshalb die spanische Sprache gewählt, weil diese der italienischen Sprache (so übersetzt Morel-Fatio hier zu Recht die lateinische Wendung *Romanum eloquium*) am nächsten stehe, und Morel-Fatio meint dazu, der Kaiser habe zwar die italienische Sprache beherrscht, aber doch nicht gut genug, um eine ganze Rede in dieser Sprache durchhalten zu können. Für diese pragmatische Argumentation mag sprechen, daß Kaiser und Papst in ihrem Briefwechsel anscheinend ganz problemlos der eine die spanische und der andere die italienische Sprache benutzt haben.[12] Andererseits benutzt Karl im Jahre 1536 für seinen Briefwechsel mit Ferdinand die französische Sprache, und in dieser Sprache resümiert er diesem sogar selber seine spanische Rede vom Ostermontag 1536.[13] Am Hofe des Kaisers (jedoch nicht im Staatsrat!) dürfte überhaupt die französische Sprache vorgeherrscht haben,[14] in dieser Sprache formulierte Karl auch seine Erinnerungen, und schließlich hielt er auch seine Brüsseler Abdankungsrede auf französisch. Außerdem sprach er Deutsch, das er jedoch allem Anschein nach nicht sehr scharf vom Flämischen unterschied.

Seine Lateinkenntnisse müssen hingegen ziemlich schlecht gewesen sein; von der lateinischen Ansprache des italienischen Humanisten Romolo Amaseo bei den Krönungsfeierlichkeiten in Bologna hat er, wie er später selber zugegeben hat, nichts verstanden.[15] Obwohl ihn daher einige Biographen polyglott nennen, gilt er insbesondere in Spanien als ein Fürst der *armas,* nicht der *letras.*[16]

Mit diesen Informationen zum sprachlichen Horizont des Ereignisses von 1536 halte ich es für unwahrscheinlich, daß Karl V. seine Rede deshalb in spanischer Sprache gehalten hat, weil er dieser Sprache als *»compañera del imperio«* diplomatische Anerkennung und politische Weltgeltung verschaffen wollte. Wir können ihm allenfalls eine negative Intention unterstellen: er wollte vielleicht *nicht* französisch sprechen. Das ist das eigentliche Politikum der Rede von 1536, da doch der König von Frankreich, vertreten durch seine beiden Botschafter, sein Hauptadressat war. Aber selbst diese Intention ist zweifelhaft, da immerhin auch der Papst bei der Rede anwesend war, der schließlich, da es um den Frieden in der Christenheit ging, ebenfalls als unmittelbarer Adressat angesehen werden mußte. So kann es durchaus sein, daß Karl selber bei der Verwendung der spanischen Sprache als einer adressaten-neutralen Sprache gar nichts Besonderes im Sinn hatte. Dafür spricht auch, daß der Italiener Lodovico Dolce, der den Inhalt der Rede als eine politische Provokation mitteilt, von einer sprachlichen Provokation offenbar nichts bemerkt hat.

Wieso ist denn aber diese spanische Rede dennoch zu einem Ereignis der Sprachgeschichte geworden, das zugleich auch die Kristallisierung der verschiedenen Sprachanekdoten zu einem mit Karl V. verbundenen Zyklus erklärt? Das ging nicht – wir befinden uns in der Renaissance! – ohne eine Hilfestellung der antiken Autoren, in diesem Fall des Valerius Maximus. Dieser teilt über die Jahrhunderte hinweg seinen humanistischen Lesern mit, daß es im Imperium Romanum zu den politischen Prinzipien der Verwaltung gehörte, nur die lateinische Sprache als Amtssprache zu benutzen. Valerius Maximus schreibt im einzelnen: »Wie sehr aber die altrömischen Beamten auf ihre und des römischen Volkes öffentliche Würde bedacht waren, ist daraus zu entnehmen, daß sie unter anderem auch sehr darauf bestanden, den Griechen auch nicht ein einziges Mal anders als auf lateinisch zu antworten. Ja, sie zwangen diese sogar, auf ihre sprachliche Geläufigkeit, durch die sie so manches vollbringen, zu verzichten und sich eines Dolmetschers zu bedienen, und zwar nicht nur in Rom, sondern auch in Griechenland und Kleinasien, damit auf diese Weise Ehre und Ansehen der lateinischen Sprache über alle Völker verbreitet würden.«[17] Diese Stelle wird von zahlreichen Autoren, vor allem in Spanien, immer wieder herangezogen, um den politischen Charakter der Sprachenwahl, insbesondere unter dem Gesichtspunkt der »Amtssprache«, autoritativ zu belegen, so beispielsweise von Alejo Vanegas (1538), Ambrosio de Morales (1546) und Andrés de Poza (1587).[18] Auch die Qualifikative *magnificencia* (Herrera) und *gravedad* (Góngora), die seit dem 16. Jahrhundert mit wachsender Exklusivität Topoi der spanischen Sprachcharakteristik werden, sind bei Valerius Maximus bereits vorgebildet. Erst vor dem Hintergrund dieser »klassischen« Sprachpolitik wird daher das Aufsehen verständlich, das der Sprachgebrauch des »Caesar« (Paolo Giovio) mit seiner spanischen Rede erregt hat.

Wir finden, wenn wir nun noch einmal auf die Sprachanekdoten um die Geltung der spanischen Sprache zurückkommen, einige Jahrzehnte später einen eigenartigen Reflex dieses Aufsehens, der aufs neue den Zusammenhang zwischen dem Anekdotenzyklus und dem Ereignis von 1536 bestätigt. Ich muß zunächst daran erinnern, daß es in der spanischen Literatur seit dem 15. Jahrhundert eine literarische oder pseudo-literarische Gattung gibt, deren Kunst darin besteht, Gedichte, Episteln oder Reden zu verfassen, die gleichzeitig als Texte zweier Sprachen gelesen werden können.[19] Diese Texte stehen im Zusammenhang mit der im Siglo de Oro sehr beliebten Streitfrage, welche unter den modernen, insbesondere den romanischen Sprachen wohl der lateinischen »Muttersprache« am nächsten steht. Juan de Valdés befaßt sich mit dieser Streitfrage in eben dem Jahre 1536, in dem Karl V. in Rom seine spanische Rede hält.[20] Valdés, der in Italien lebt, erwägt besonders die Entscheidung, ob das Italienische oder das Spanische dem Lateinischen am nächsten steht. Die Frage bleibt offen; die Dialogpartner werden das bei einer Fortsetzung des Streitgesprächs aushandeln.[21] Mit diesem Versprechen geht der Dialog zu Ende.

Ein anderer Autor nimmt die Streitfrage wieder auf. Es ist der Valenzianer Martín de Viziana in einem recht amüsant geschriebenen Büchlein unter dem Titel *Libro de Alabanzas* (Valencia 1574). Gelobt werden in diesem Buch die Sprachen, natürlich nur diejenigen, die es verdienen. Das ist in erster Linie die valenzianische Sprache. Davon abgesehen fällt aber auch auf die spanische (kastilische) Sprache ein helles Licht. Mit größerem Recht als das Italienische, das Französische und das Portugiesische kann nämlich die spanische Sprache für sich den Ehrentitel beanspruchen, legitime Tochter der lateinischen Mutter zu sein. Es gilt nur, diesen Anspruch auch richtig zur Geltung zu bringen und ihn autoritativ entscheiden zu lassen. Viziana erzählt nun von einem Streitgespräch, das angeblich im Jahre 1498 am päpstlichen Hof in Rom stattgefunden hat und bei dem die Botschafter Spaniens, Frankreichs, Portugals und der Toskana in Gegenwart des Papstes für die Ehre ihrer jeweiligen Sprachen gestritten haben sollen. Papst war in diesem Jahre übrigens Alexander VI., ein gebürtiger Valenzianer; spanischer Botschafter war Garcilaso, der Vater des Dichters. Dieser Garcilaso schlägt nun vor, den Streit dadurch zu entscheiden, daß jeder Botschafter in seiner Sprache eine Rede hält, und man werde dann prüfen, welche der lateinischen Sprache am nächsten kommt: diese wird die edelste unter den modernen Sprachen sein. Und sogleich hebt Garcilaso zu seiner Rede an, die Wort für Wort gleichzeitig spanisch und lateinisch ist. Inhaltlich ist die Rede vor allem eine stolze Herausforderung an den französischen Botschafter und seine Sprache: »Antworte und bilde du, Frankreich, einige gleichzeitig lateinische und vulgärsprachliche Sätze gegen die gleichzeitig spanischen und lateinischen . . .«

Erasmo Buceta, der diese Begebenheit mitteilt, hält sie der Substanz nach für historisch.[22] In dieser Auffassung vermag ich ihm nicht zu folgen. Es scheint mir deutlich zu sein, daß Viziana nichts anderes tut, als die Streitfrage im Sinne der anekdotischen Tradition historisch zu inszenieren. Dabei hat er sicher auch alte mythologische Motive (den Apfel des Paris) sowie literarische Vorlagen (die *débats* des Mittelalters) vor Augen. Die Szenerie des päpstlichen Hofes, wegen des valenzianischen Borja-Papstes zeitlich versetzt, ist eine deutliche Parallele zu den historischen Umständen des Rede-Ereignisses von 1536; auch die Spitze gegen Frankreich deutet darauf hin. Schließlich läßt sich auch noch genau belegen, woher Viziana die Anregungen für die virtuose Rede des Botschafters Garcilaso bezogen hat. Er hat die anonyme spanische Grammatik von Löwen (1555) benutzt. Diese Grammatik enthält eine *Epistola latina et hispanica*, deren Text Viziana fast unverändert als

Rede des Botschafters übernommen hat. Ich stelle einen Abschnitt der beiden Texte zum Vergleich nebeneinander, in der linken Spalte die Epistel, in der rechten Spalte die Rede:

Scribo & supplico rogando te Francia des & respondeas tales probationes, tractando de tua eloquentia, loquela & excellentia, quales scribo de Hispania.	Et rogando te Francia scribas tales probationes, tractando de tua eloquentia, et excellentia: tantas quantas et quales scribo de Hispania.[23]

Die Streitfrage wird übrigens bei Viziana ebensowenig entschieden wie bei Juan de Valdés; die Sentenz wird vielmehr auf Jahr und Tag verschoben und soll dann für alle Sprachen der Erde gefällt werden, und zwar in Jerusalem. Für diesen Gerichtstag hat Viziana schon eine zugleich lateinische und valenzianische Rede bereit.

Wichtiger aber als diese Spielereien der anekdotischen Einkleidung ist die Denkform, die solchen »Sprachspielen« zugrunde liegt. Sie wird deutlich bei der Festlegung der Spielregeln. Es heißt dort bei Viziana: »Und bei ihrer Debatte lobten sie die lateinische Sprache, weil diese universal ist, und sie verständigten sich darüber, daß jede dieser Sprachen, die den Nachweis führen könne, daß sie der lateinischen Sprache am nächsten steht und am meisten an ihr teilhat, als die beste und gegenüber den anderen privilegierte Sprache gelten solle.«[24] Dieser Satz verleugnet seine Herkunft nicht; das Verb *participar* meint eine Teilhabe im platonischen Sinne *(méthexis)*. Viziana, der sich auch sonst als Platoniker zu erkennen gibt, erhebt die lateinische Sprache zur Idee. Damit ist einerseits die lateinische Sprache aus dem Kreis der realen Sprachen herausgenommen und für den praktischen Sprachverkehr höchst ehrenvoll verabschiedet. Andererseits liegen damit aber auch die Prinzipien fest, nach denen die Erbfolge zugleich mit dem Übergang der lateinischen Adelsprädikate zu regeln ist: die romanischen Sprachen werden sich daher schon um ihres kulturellen »Erbes« willen weiterhin als neu-lateinische Tochtersprachen verstehen, und sie werden in ihrer Struktur möglichst getreu an der lateinischen Sprache teilhaben wollen.

ANMERKUNGEN

1 A. Borst: Der Turmbau von Babel. Geschichte der Meinungen über Ursprung und Vielfalt der Sprachen und Völker. 4 Bde. Stuttgart 1957-1963.
2 Vgl. R. Koselleck: »Zur historisch-politischen Semantik asymmetrischer Gegenbegriffe«, in: H. Weinrich (Hg.): Positionen der Negativität. München 1975, S. 65–104 (= Poetik und Hermeneutik 6).
3 Henri Estienne: La précellence du Langage François (1579), hg. von E. Huguet. Paris 1896, Préface.
4 Herrera: »la hermosura de la lengua Toscana, la gracia de la Francesa, l'agudeza i manificencia de la Española«, in: Garcilaso de la Vega: Obras, con anotaciones de Herrera. Sevilla 1580, S. 553.
5 Vgl. A. Borst: »Wie sprach Kaiser Karl mit seinem Pferd?«, Die Zeit 25. 11. 1966.
6 Girolamo Fabrizi d'Acquapendente: »Unde solebat, ut audio, Carolus V Imperator dicere, Germanorum linguam esse militarem: Hispanorum amatoriam: Italorum oratoriam: Gallorum nobilem.« Die andere Version: »Alius vero, qui Germanus erat, retulit, eundem Carolum Quintum dicere aliquando solitum esse; Si loqui cum Deo oporteret, se Hispanice locuturum, quod lingua Hispanorum gravitatem maiestatemque prae se ferat: si cum amicis Italice, quod Italorum dialectus familiaris sit; si cui blandiendum esset, Gallice; quod illorum lingua nihil blandius: si cui minandum aut asperius loquendum, Germanice; quod tota eorum lingua minax, aspera sit, ac vehemens« (De locutione et eius instrumentis. Padua 1601, S. 64). Vgl. E. Buceta: »El juicio de Carlos V acerca del español y otros pareceres sobre las lenguas romances«, Revista de Filología Española 24 (1937) S. 11–23, hier S. 13 f.
7 Gaspar de los Reyes Franco: »De praestantia vero caeterarum (scil. linguarum) sic Tympius distinguendum putat, ut si quispiam cum Deo locuturus esset, hispanica debere loqui ob linguae majestatem; si cum aliquo principe, italica propter hujus elegantiam: si cum foeminis, gallica ob suavitatem: si cum militibus, germanica, quod sit omnium robustissima . . .« (Elysius. Brüssel 1641, quaestio 55, S. 411.) Er beruft sich dabei auf M. Tympius: Mensae Theolophilosophicae pars altera sive Alcedonia studiosorum. Münster 1618. Kap. 31, S. 162.
8 Voltaire: Brief an d'Argental vom 28. 11. 1750. Vgl. E. Buceta, a. a. O.; S. Kot: Oxford Slavonic Papers 7 (1957) S. 104.
9 Melchior Adami Vitae Germanorum Jurisconsultorum. Frankfurt 1706, S. 37; nach Kot, a. a. O., S. 103.
10 Vgl. Borst: Babel, a. a. O., Bd. 3, S. 1141.
11 »Señor obispo, entiéndame si quiere, y no espere de mí otras palabras que de mi lengua española, la cual es tan tan noble que merece ser sabida y entendida por toda la gente cristiana.« Das Ereignis ist oft kommentiert worden. Vgl. bes. A. Morel-Fatio: »L'espagnol langue universelle«, Bulle-

190

tin Hispanique 15 (1913), S. 207–225. R. Menéndez-Pidal: Idea imperial de Carlos V. Madrid 1940 (= Colección Austral 72). Ders.: »El lenguaje del siglo XVI«, in ders.: La lengua de Cristóbal Colón. Madrid 1942 (= Ebd. 283). M. García Blanco: La lengua española en la época de Carlos V. Santander 1958 (= Publicaciones de la Universidad Internacional Menéndez Pelayo 10).
12 Paolo Giovio: Historia sui temporis. I. 34, Bd. 2, S. 310 ff. Spanische Übersetzung: Libro de las historias, übers. von A. J. de Villafranca. Valencia 1562. Zum Briefwechsel vgl. die Briefe Clemens' VII. (italienisch) vom 18. 11., 6. 12. und 19. 12. 1530 (sämtlich eigenhändig) sowie den Antwortbrief Karls V. vom 4. 4. 1531 (spanisch).
13 Vgl. K. Brandi: Kaiser Karl V. Bd. 2. München 1941, S. 257 u. 259.
14 Jacques Pelletier: »En la court de l'Empereur, on n'use pour le plus d'autre langage que françois«, in: Dialogue de l'orthografe e prononciation françoese. Lyon 1555, I, 1. Vgl. K. Nyrop: Grammaire historique de la langue française. 6 Bde. Kopenhagen 1899–1930, Bd. 1, S. 63.
15 Pietro Bembo: Brief an Soranzo (1529). Vgl. H. Gmelin: Das Prinzip der Imitatio in den romanischen Literaturen der Renaissance. Erlangen 1932, S. 201. L. Dolce: »Era intendentissimo di diverse lingue«. Zu Karls Sprachkenntnissen insgesamt vgl. Borst: Babel, a. a. O., Bd. 3, S. 1141.
16 Juan de Torres: Philosophia moral de Principes. Burgos 1596, 1. Teil, 6, 4, S. 281. Torres bezieht sich auf die Vita Hadrians VI. (der als Dechant von Löwen Karls Erzieher gewesen war), in der Historia Pontifical des Dr. Illescas. 3. Aufl. 1572, Bd. 2, Buch 6, Kap. 25.
17 Valerius Maximus: »Magistratus uero prisci quantopere suam populique Romani maiestatem retinentes se gesserint hinc cognosci potest, quod inter cetera obtinendae grauitatis indicia illud quoque magna cum perseuerantia custodiebant, ne Graecis umquam nisi latine responsa darent, quin etiam ipsos linguae uolubilitate, qua plurimum ualent, excussa per interpretem loqui cogebant non in urbe tantum nostra, sed etiam in Graecia et Asia, quo scilicet Latinae uocis honos per omnes gentes uenerabilior diffunderetur.« (Factorum et dictorum memorabilium libri novem, hg. von C. Kempf. Stuttgart 1966, 2. Buch, Kap. 1–6»De institutis antiquis«, hier Kap. 2, § 2, S. 62).
18 Alejo Vanegas: »Breve declaración de las sentencias y vocablos obscuros que en el libro del Tránsito de la muerte se hallan«, in: G. Bleiberg: Antología de elogios de la lengua española. Madrid 1951, S. 13. Ambrosio de Morales, ebd., S. 49. A. de Poza: De la antigua lengua, poblaciones, y comarcas de las Españas. Bilbao 1587, f° 26v.
19 Vgl. E. Buceta: »La tendencia a identificar el español con el latín«, in: Homenaje a Menéndez Pidal. Madrid 1925. Bd. 1, S. 85–108. Ders.: »De algunas composiciones hispano-latinas en el siglo XVII«, Revista de Filología Española 19 (1932), S. 388–414; W. Bahner: Beitrag zum Sprachbewußtsein in der spanischen Literatur des 16. und 17. Jahrhunderts. Berlin 1956. S. 23 ff. (= Neue Beiträge zur Literaturwissenschaft 5). In der Poe-

tik, die Luis Alfonso de Carballo 1602 unter dem Titel *Cisne de Apolo* veröffentlicht hat, wird diese Gattung eigens gelehrt (hg. von A. Porqueras Mayo. 2 Bde. Madrid 1958, Dial. II, § 17).
20 Juan de Valdés: Diálogo de la lengua (1536), hg. von J. F. Montesinos. Madrid 1953, Abschnitt VIII; vgl. bes. S. 19 u. 184 ff.
21 Ebd., Bd. 1, S. 190.
22 »Responde & compone tu Francia unas orationes tam latinas & vulgares contra hispannas & latinas ...« (nach Buceta: Tendencia, a. a. O., S. 90).

| 23 Ich schreibe und bitte dich flehentlich, Frankreich, gib zur Antwort solche Beweise hinsichtlich deiner Beredsamkeit, Sprache und ihrer Vorzüglichkeit, wie ich sie schreibe über Spanien. | Und ich bitte dich, Frankreich, schreibe solche Beweise deiner Beredsamkeit nieder, wie ich sie der Quantität und Qualität nach über Spanien schreibe. |

(Linke Spalte: Util y breve institución, para aprender los principios, y fundamentos de la lengua Hespañola. Löwen 1555, f° 63r. Rechte Spalte: Libro de Alabanzas, Valencia 1574, ohne Paginierung.)
24 Viziana: »Y discurriendo alabaron la lengua Latina, por ser universal: y que qualquier destas lenguas que prouasse ser mas cercana, y mas participe de la lengua Latina, que aquella sea hauida por mejor, y auentajada a las otras.« (Ebd.)

III

Interesse für Fremdsprachen

Fremdsprachen als fremde Sprachen

Wenn ein anderer Mensch mir als Fremder erscheint (und ich ihm wahrscheinlich auch als Fremder erscheine), dann kann das verschiedene Gründe haben, die teils bei ihm und teils bei mir liegen. Ich beobachte etwa an jenem anderen eine Reihe von Merkmalen, durch die er sich von mir unterscheidet. Er hat beispielsweise eine andere Statur und Figur, seine Haare haben eine andere Farbe, seine Augen einen anderen Schnitt, Nase und Lippen sind bei ihm anders geformt als bei mir, er geht und bewegt sich anders, er grüßt anders und lächelt zu anderen Zeiten als ich, er kleidet sich anders und wohnt anders, er ißt andere Speisen und trinkt andere Getränke, und zu allem Überfluß spricht er noch eine andere Sprache, so daß ich ihn nicht verstehen kann. Muß ich dann aus der Summe all dieser Andersheiten die Folgerung ziehen: er ist ein Fremder? Nun, wenn tatsächlich eine solche Häufung von Merkmalen der Andersheit (oder der Alterität, wie man heute gerne sagt)[1] zustande kommt, dann ist diese Folgerung wohl kaum abweisbar. Aber andererseits ist nicht zu übersehen, daß wir uns gemeinhin keineswegs von jedem einzelnen Merkmal der Andersheit in der gleichen Weise zu einem Fremdheitsurteil nötigen lassen. Der mir da als ein anderer Mensch gegenübertritt, kann ja beispielsweise eine Frau sein, die durch unübersehbare Merkmale der Andersheit von mir als Mann unterschieden ist. Die primären und sekundären Geschlechtsmerkmale, auf denen die Andersheit der Geschlechter beruht, werden jedoch in unserer Kultur nur als »kleiner Unterschied« wahrgenommen und einerseits auf ihre biologischen Funktionen, andererseits auf ihren Lock- und Reizwert hin interpretiert. Dies wenigstens ist die dominante (»herr«-schende) Interpretation der Geschlechterdifferenz, wobei mir jedoch nicht entgangen ist, daß es auch einige Tendenzen gibt, zwischen Männern und Frauen, Frauen und Männern elementare Fremdheiten wahrzunehmen und gegebenenfalls gesellschaftlich auszuleben. Die kulturelle Norm ist das jedoch nicht, und wir können feststellen, daß die Merkmale der Andersheit, die zwischen den Geschlechtern bestehen, in der Regel nicht, gerade nicht als Signale der Fremdheit, sondern der möglichen Attraktion interpretiert werden. Das gleiche gilt für jene Eigenschaften des Leibes und der Seele, durch die sich die Generationen unterscheiden, vom Kind über den Jugendlichen und den erwachsenen Menschen bis hin zum Greis und zur Greisin. Auch diese überaus starken Merkmale der Andersheit werden nicht als Signale der Fremdheit interpretiert, wenigstens nicht in der Familie, die sich ja durch das Zusammenleben der Generationen konstituiert. Außerhalb der Familien beobachten wir jedoch auch hier eine seit der zweiten Hälfte des 19. Jahrhunderts wachsende Neigung, die Andersheit der Generationen als elementare Fremdheit zu interpretieren, die das Zusammenhandeln von alt und jung schwierig und ihr Zusammenleben unmöglich macht (»Trau keinem über dreißig!«).

Bei den weiteren Merkmalen der Andersheit wollen wir die naturhaft-körperlichen von den gesellschaftlich-kulturellen Merkmalen unterscheiden. Was zunächst die Merkmale körperlicher Andersheit betrifft, die auf den ersten Blick zwingende Signale der Fremdheit zu sein scheinen, so können wir bei genauerer Betrachtung feststellen, daß aus der wahrgenommenen Andersheit keineswegs mit Notwendigkeit ein Fremdheitserlebnis folgt. Blondes Haar und dunkles Haar, blaue Augen und braune Augen, schmale Lippen und aufgeworfene Lippen – das sind Unterschiede der Leibesgestalt, die zwar aufmerksam registriert, keineswegs aber immer auf dem Konto der Fremdheit verbucht werden. Sie werden nämlich in der Regel als physiognomische Merkmale interpretiert und überdies um ihres individuellen Ausdruckswertes willen in ihrer Unterschiedlichkeit geschätzt, zumal wenn sie auf die beiden Geschlechter gegensätzlich verteilt sind. Denn gerade Gegensätze ziehen sich an, wie man sagt. Andere Merkmale der Leibesgestalt wiederum, eine bestimmte Hautfarbe etwa, eine bestimmte Kräuselung des Haars oder eine bestimmte Krümmung der Nase, werden vielfach gerade nicht individual-physiognomisch interpretiert, sondern – aus Gründen, die in einer Geschichte des Rassismus darzulegen sind – als biologische Rassenmerkmale gewertet. Für Rassisten gibt es da bekanntlich kein Überlegen: alle Rassenmerkmale sind für sie Signale äußerster Fremdheit, die sofort und instinktiv ein feindseliges Verhalten auslösen. Bei diesen Merkmalen wird übrigens eine physiognomische Interpretation vollständig verweigert; für den Rassisten sehen bekanntlich alle Chinesen gleich aus.[2]

Was sodann die gesellschaftlich-kulturellen Merkmale der Andersheit betrifft, so können wir allgemein die gleiche Beobachtung wie bei den naturhaft-körperlichen Merkmalen machen. Denn wie jemand sich kleidet, wie er wohnt oder ißt, das gilt bald als Zeichen einer interessanten individuellen oder gruppenspezifischen Identität, bald auch als gefährliches, Fremdheit konstituierendes Signal für eine Abweichung von der anerkannten Norm. Auch hier können wir feststellen, daß Fremdheit nicht notwendig aus der Andersheit folgt und erst durch Interpretation aus ihr entsteht. Fremdheit, so können wir zusammenfassend sagen, ist ein Interpretament der Andersheit.[3]

Die Frage ist allerdings, ob dieser Satz auch dann gilt, wenn wir die elementare Alteritätserfahrung machen, daß der andere Mensch, mit dem wir uns verständigen wollen, eine andere Sprache spricht. Er spricht, so sagen wir sofort, eine Fremdsprache. Das ist nicht genau das gleiche, als wenn man sagt: eine fremde Sprache. In anderen Sprachen kann man diese Unterscheidung nicht ohne weiteres machen, und man sagt beispielsweise undifferenziert: *lingua peregrina, une langue étrangère, a foreign language.* Ich will den Unterschied mit einer kleinen Betrachtung zur deutschen Wortbildung deutlich zu machen versuchen und erinnere an ähnliche Wortzusammensetzungen, die aus einem unflektierten Adjektiv und einem Nomen bestehen, wie zum Beispiel: *Jungbauer, Grobschmied, Kleinhandel, Altbau, Fernverkehr, Schwergewicht.* Charakteristisch für diese Wortbildungen ist, daß die unflektierten Adjektive, die das jeweils erste Element dieser Komposita bilden, häufig aus kleinen, vorzugsweise sogar zweigliedrigen Adjektiv-Paradigmen genommen sind, so daß man Gegensatzpaare bilden kann: *Jungbauer/Altbauer, Grobschmied/Feinschmied, Kleinhandel/Großhandel, Altbau/Neubau, Fernverkehr/Nahverkehr, Schwergewicht/Leichtgewicht.* In diese Wortbildungsmuster gehören auch die Bildungen mit dem unflektierten Adjektiv *fremd,* denen Bildungen mit *eigen* oder mit *selbst* (Adverb) gegenüberstehen: *Fremdmittel/Eigenmittel, Fremdkapital/Eigenkapital, Fremdfinanzierung/Eigenfinanzierung, Fremdkontrolle/Eigenkontrolle, Fremdverschulden/Eigenverschulden* (oder *Selbstverschulden*), *Fremdbestimmung/Selbstbestimmung.* Es ist wohl kein Zufall, daß sich bei dieser Bildung von Gegenwörtern die fachsprachlichen Ausdrücke aus dem Bereich der Wirtschaft und des Rechtswesens häufen: diese Ausdrücke dienen der abgrenzenden Klassifizierung. Das gilt auch für das Wort *Fremdsprache,* dem im Deutschen das Wort *Muttersprache* (seltener: *Grundsprache* oder *Erstsprache*) in scharfer Abgrenzung gegenübersteht. Und so brauchen wir uns auch nicht zu wundern, daß man in der Ordnung des Schulwesens jenseits des »muttersprachlichen Unterrichts« die Fremdsprachen einfach abzählt: 1. Fremdsprache, 2. Fremdsprache, 3. Fremdsprache . . . Als fremd sind sie allesamt abgestempelt. Von so scharfen Ab- und Ausgrenzungen machen wir sonst nicht bei allen unseren Fremdheitserfahrungen Gebrauch. Wir nennen ja das andere Geschlecht nicht das Fremdgeschlecht, Kinder nicht eine Fremdgeneration, gekräuseltes Haar nicht Fremdhaar, gelbe Haut nicht Fremdhaut. Die Fremdheit einer Fremdsprache scheint von anderer Art zu sein. Ist das nur bei uns so? Ich glaube das nicht. Wahrscheinlich ist die Rat- und Hilflosigkeit gegenüber einem anderen Menschen, mit dem man sich nicht verständigen kann, eine menschliche Grund- und Grenzerfahrung, bei der Andersheit und Fremdheit zusammenfallen, wenigstens auf den ersten Blick. Menschen, die miteinander sprechen wollen, aber nicht miteinander sprechen können, sind sich – ich schränke wiederum ein: auf den ersten Blick – in einer Weise fremd, die durch keine Anziehungskraft und nicht einmal durch eine große Welle der Sympathie spontan aufgehoben werden kann – eine tiefdeprimierende Erfahrung. Wir verstehen, daß ein großer Menschheitsmythos wie jene Geschichte vom Turmbau zu Babel nötig war, um die Idee eines einzigen Menschengeschlechts und einer substantiell einheitlichen Menschennatur mit dem Ärgernis der Sprachenvielfalt zu verrechnen, und man erinnert sich, daß die Entstehung der Sprachenfremdheit in der babylonischen Sprachverwirrung auf einen strafenden Akt der Verfremdung zurückgeführt wird. Arno Borst hat in seinem monumentalen Werk über das geschichtliche Nachleben dieses Mythos in der europäischen Geistesgeschichte überzeugend dargelegt, wie sehr die in Babel entstandene Sprachen- und Völkervielfalt die Geister Europas durch die Jahrhunderte hindurch irritiert und sie zum Nachdenken über die Hermeneutik der sprachlichen und ethnischen Fremdheit angeregt hat.[4] Immerhin: so sehr die Andersheit einer Sprache auch als Fremdheit empfunden werden mag, so leicht – ja, ganz gewiß leicht im Vergleich zu den meisten anderen Merkmalen der Andersheit und Fremdheit – läßt sich diese Fremdheit auch überwinden. Denn man kann Fremdsprachen bekanntlich lernen. Das erfordert einige Anstrengungen, vielleicht sogar erhebliche Anstrengungen, aber diese Mühe lohnt sich, da ja das Ziel, eine fremde Sprache (fast) wie die eigene zu sprechen, grundsätzlich erreichbar ist. Andere gesellschaftlich-kulturelle Merkmale der Andersheit legt man viel schwerer ab, von der naturhaft-körperlichen Andersheit ganz zu schweigen. Gerade dort also, wo uns die Andersheit am unmittelbarsten als Fremdheit entgegentritt, ist sie auch am leichtesten zu überwinden, wenigstens im Prinzip.

Nun ist jedoch die vorhin angenommene Situation, daß zwei Menschen miteinander sprechen wollen, aber überhaupt nicht miteinander sprechen können, weil sie zwei verschiedene Sprachen sprechen, eine Laborsituation, die in dieser reinen Form höchst selten vorkommt. In der Realität können sich zwei Personen, die ohne Kenntnisse in der Sprache des anderen zusammentreffen, immer schon irgendwie aus der Situation heraus durch Gesten verständigen oder sich einer dritten Sprache als Hilfssprache bedienen. Vielleicht ist auch ein Dolmetscher bei der Hand. Schließlich kommt es auch oft vor, daß die Sprache des anderen gar nicht ganz fremd ist, so daß man einige Bedeutungen leicht erschließen oder erraten kann. Aus einer Reihe von verschiedenen Gründen kann also die Fremdsprache, mit der man es zu tun hat, bald mehr und bald weniger fremd sein. Auch das ist, wie mir scheint, eine elementare Erfahrung im Umgang mit Fremdsprachen.

Es wäre nun natürlich schön, wenn die Linguistik eine Methode angeben könnte, mit der man für zwei gegebene Sprachen den Abstand messen und mit diesem Maß den Grad der Fremdheit zwischen ihnen angeben könnte. Nach dieser Methode ist auch oft gesucht worden, wenngleich zunächst mehr mit umgekehrter Fragerichtung, mit der Frage nämlich, an welchen Merkmalen man für zwei oder mehr gegebene Sprachen die historische Verwandtschaft oder typologische Ähnlichkeit erkennen kann.[5] Franz Bopps indo-germanische Sprachenfamilie oder Wilhelm von Humboldts flek-tierende, agglutinierende und isolierende Sprachtypen bilden in diesem Sinne Gruppen von Sprachen mit reduzierter Fremdheit untereinander. Seit etwa dreißig Jahren hat sich diesen For-schungsrichtungen die aus ganz anderen Wissenschaftsinteressen entstandene kontrastive oder auch konfrontative Linguistik beige-sellt. Sie hat seitdem mit mehr oder weniger Erfolg versucht, zwi-schen zwei gegebenen Sprachsystemen die Strukturdifferenzen möglichst genau zu ermitteln mit dem Ziel, die Fehler vorherzusa-gen, die wahrscheinlich von den Sprechern der einen Sprache gemacht werden, wenn sie sich als Sprachschüler um die andere Sprache bemühen. Da also, um ein Beispiel zu nennen, die deut-sche Sprache ungefähr an der Systemstelle, an der die französische Sprache die beiden Erzähltempora *Imparfait* und *Passé simple* hat, nur ein Tempus, das *Präteritum,* aufweist, kann die kontrastive Grammatik bei deutschen Sprachschülern, die den richtigen Gebrauch der französischen Tempora lernen wollen, eine erhöhte Fehlerwahrscheinlichkeit im Bereich der genannten Erzähltem-pora vorhersagen, was häufig (aber nicht immer!) auch durch eine empirisch arbeitende Fehlerlinguistik bestätigt wird. Für die Fremdsprachendidaktik sind diese Befunde jedoch allemal wich-tige Indizien, wenn sie sich fragt, auf welche Bereiche der Sprache sie besondere Aufmerksamkeit richten muß, um der sprachlichen Fremdheit, wo sie konzentriert auftritt, auch konzentriert entge-gentreten zu können. Man erkennt unschwer das strategische Den-ken, das diese Linguistik beherrscht: die Fremdheit der Fremd-sprachen ist die große Feindin der Fremdsprachendidaktik, und man muß sie gut ausspähen, um sie wirkungsvoll bekämpfen zu können.

Die Erfolge der kontrastiven Linguistik und der auf ihr fußen-den Fremdsprachendidaktik sind nun allerdings keineswegs so strahlend, wie der strategische Augenschein erwarten lassen sollte. Weder machen die Sprachschüler ihre Fehler so häufig, wie man meinen sollte, gerade an den Stellen auffälliger Fremdheit, noch verfügt die Fremdsprachendidaktik, wenn sie die Stellen maxima-ler Fremdheit kennt, auch schon über geeignete Mittel, mit dieser Fremdheit gut fertig zu werden. Der richtige Umgang mit Fremd-heit kann nämlich nicht darin bestehen, die Fremdheit, dort wo sie auftritt, einfach nur zu bekämpfen, als wäre sie die Feindin des Sprachenlernens schlechthin. Das wissen die Sprachlernenden oft selber besser, wenn sie nämlich durch gewisse Merkmale der Andersheit, die eine für sie neue Sprache an sich hat, nicht etwa immer abgestoßen, sondern manchmal umgekehrt auch angezogen werden und folglich schon von sich aus besondere Aufmerksamkeit für die ihnen begegnende interessante Fremdheit aufbringen. Denn auch beim Erlernen einer Fremdsprache fallen Andersheit und Fremdheit nicht systemnotwendig zusammen. Was die kontrastive Linguistik ermitteln kann, ist bestenfalls ein Maß der Andersheit; ob aber und in welchem Grad diese Andersheit auch als Fremdheit erlebt und wie diese Fremdheit dann verarbeitet wird, das ist wiederum eine Sache der Interpretation, und die Fremdheit auch der Fremdsprachen erweist sich nun als ein kulturelles Interpretament.

Das möchte ich im folgenden an einigen charakteristischen Interpretationen sprachlicher Fremdheit zu zeigen versuchen. Ich greife zunächst in unserer Denktradition weit zurück und will kurz auf das seit dem 6. Jahrhundert v. Chr. in der griechischen Welt geläufige Begriffspaar der Griechen und Barbaren zu sprechen kommen. Reinhart Koselleck hat diesen »asymmetrischen Gegenbegriffen« und ihren Nachfolgern in der europäischen Geistesgeschichte einen höchst lesenswerten Aufsatz gewidmet und in ihm gezeigt, welche Bedeutung diese Begriffe für die Binnen- und Außenstabilisierung des Griechentums gespielt haben.[6] Denn die Griechen waren ja untereinander höchst verschieden – man denke nur an die kontrastierenden Lebensformen der Athener und der Spartaner –, und sie verfügten damals auch noch nicht über eine einheitliche Verkehrssprache *(Koiné)*. Dennoch wurden die binnengriechischen Sprach- und Kulturunterschiede als unbeachtlich angesehen und nicht als Signale der Fremdheit gewertet. Dafür bürgten schon Zeus als der gemeinsame Göttervater und Homer als der gemeinsame Klassiker. Um so schärfer trat jedoch die gefährliche Fremdheit an der Kulturgrenze auf, die Griechen und Barbaren trennte.

Wir wollen hier einen Blick auf das Wort »Barbar« (griech. *bárbaros*, lat. *barbarus)* werfen. Es hat, wie schon vielfach bemerkt worden ist, eine besondere Lautstruktur, die offenbar den verwirrenden phonetischen Eindruck, den eine unverständliche Sprache auf den Hörer macht, onomatopoetisch wiedergeben soll. Die Sprache der Barbaren war also für die Griechen »Blabla« (vgl. lat. *balbus* = stammelnd), jenem »Rhabarber-Rhabarber« vergleichbar, mit dem auf der Bühne und in der Witztopik Volksgemurmel imitiert wird. Mit diesen Ausdrücken teilt das Wort *Barbar* das charakteristische Lautprofil, gekennzeichnet durch ein Zusammentreffen des Konsonanten *b* mit dem Vokal *a* in Verbindung mit einem Gleitlaut, entweder *r* oder *l*. Zwischen dem bilabialen Verschlußlaut *b* und dem Vokal *a,* der unter allen Vokalen den größten Öffnungsgrad hat, besteht ein maximaler Kontrast, wie man ihn in ähnlicher Form sehr oft, und zwar in den verschiedensten Sprachen der Welt, im frühkindlichen Sprechen findet, sei es zur Benennung von »Papa« und »Mama«, sei es zur Bezeichnung breiartiger Kindernahrung (»Papp«). Roman Jakobson hat in einer berühmt gewordenen Untersuchung plausibel gemacht, warum die Kindersprache von den großen Kontrasten her aufgebaut wird und erst allmählich die kleineren Kontraste erwirbt: große Kontraste sind leichter zu vernehmen und hervorzubringen als kleine Kontraste, weshalb sie auch beim Sprachverlust (Aphasie) länger bewahrt werden als diese.[7] Bei dem Wort *Barbar* kommt nun noch der Gleitlaut hinzu, der offenbar lautmalerisch das Tempo der Rede wiedergeben soll, denn bekanntlich redet der Ausländer immer zu schnell, und auch diese akustische Täuschung ist ein Grund dafür, daß seine Sprache fremd anmutet. Wir können nun unsere Interpretation des Wortes *Barbar* dahingehend zusammenfassen, daß der Fremde hier als jemand gehört und aus dem Hören heraus interpretiert wird als jemand, der einem noch fast sprachlosen Kind gleicht (vgl. lat. *infans* = Kind), das unverständlich, jedoch ziemlich schnell vor sich hinplappert oder -brabbelt. Es versteht sich aus dieser Sicht, daß man von solchen Barbaren auch keine Kulturleistungen erwarten darf und daß folglich kein Grund besteht, ihre Sprache zu lernen. Das Kulturgefälle zwischen Griechenland und der umgebenden »barbarischen« Welt bestimmte damit gleichzeitig die einzig mögliche Richtung des Fremdsprachenerwerbs: man lernt immer die Kultursprache, denn sie ist grundsätzlich weniger fremd als die Barbarensprache.

Reinhart Koselleck sucht in seinem bereits erwähnten Aufsatz weitere asymmetrische Gegenbegriffe in der europäischen Geschichte und findet sie in den Begriffspaaren Christen/Heiden,

Menschen/Unmenschen, Übermenschen/Untermenschen und schließlich – allerdings zur funktionalen Symmetrie weiterentwickelt – in Carl Schmitts politischen Grundbegriffen Freund/Feind. Die späteren Phasen dieser Begriffsgeschichte sind jedoch für unsere Fragestellung nicht mehr von spezifischem Interesse, da sie sich nicht an der Sprache orientieren. Was jedoch das Begriffspaar Christen/Heiden betrifft, das in der Geschichte als erstes auf das Begriffspaar Griechen/Barbaren folgt, so steht es noch in einem gewissen, wenn auch lockeren Zusammenhang mit diesem sowie auch mit der elementaren Erfahrung sprachlicher Fremdheit und Entfremdung, wie sie im Babel-Mythos zum Ausdruck kommt. Denn das Pfingstwunder der Apostelgeschichte, das den folgenschweren Übergang vom Juden-Christentum zum Heiden-Christentum übernatürlich sanktioniert, ist bekanntlich gleichzeitig ein Sprachenwunder, durch das nach übereinstimmender Exegese der späteren christlichen Geschichtsdenker die Sprachverwirrung von Babel wieder rückgängig gemacht wird. Noch einmal werden im Bericht der Apostelgeschichte die vielen verschiedenen Völker und ihre Sprachen in einem eindrucksvollen Katalog aufgezählt: es sind außer den »Juden und Judengenossen« die Parther, Meder, Elamiter, Kreter, Araber, ferner die Leute aus Mesopotamien, Judäa, Kappadokien, Pontos, (Klein-)Asien, Phrygien, Pamphylien, Ägypten, dem hintersten Libyen sowie schließlich die »Ausländer von Rom«, wie Luther übersetzt (Apg. 2). All diese am Pfingsttag in Jerusalem versammelte Andersheit und Fremdheit wird durch die Sprachengabe des Heiligen Geistes aus der Welt geschafft, denn jeder Fremde hörte damals die Apostel in seiner Sprache zu ihm persönlich predigen. So ist zwar einerseits Kosellecks Auffassung richtig, daß die asymmetrischen Gegenbegriffe Griechen/Barbaren in den gleichfalls asymmetrischen Gegenbegriffen Christen/Heiden ihre Fortsetzung finden, doch zeigt sich gleichzeitig zwischen den beiden Begriffspaaren der unter sprachlichen oder genauer gesagt fremdsprachlichen Gesichtspunkten nicht unwichtige Unterschied, daß die Sprachgrenze nicht mehr nur in einer Richtung überwunden wird. Die christlichen Sendboten, von den Aposteln der Urkirche bis hin zu den Missionaren von heute, scheuen sich nicht, den Heiden, selbst wenn sie noch so barbarisch sprechen, sprachlich entgegenzukommen, entweder mit dem Beistand des Heiligen Geistes oder auch mit bloßer Linguistik. Der

Doppelberuf des Missionars und Linguisten ist dadurch möglich geworden und wird in unseren Tagen beispielsweise eindrucksvoll von einem Mann wie Kenneth L. Pike repräsentiert. Ich mache jetzt einen großen Sprung von der Antike in die Neuzeit und einen weiteren von der naiven zur wissenschaftlichen Sprachanschauung (wenn dieser Sprung denn wirklich so groß ist). In der Neuzeit werden auch die sprachlichen Fremdheitsgrenzen neu gezogen. Die moderne Sprachwissenschaft beginnt, wie man weiß, mit der Entdeckung der indogermanischen Sprachverwandtschaft. Ich habe nun schon kurz angedeutet, daß diese Entdeckung für viele, von Zentraleuropa bisher kaum wahrgenommene Sprachen die Fremdheitsschwelle erheblich senkt. Solche enorm fremd erscheinenden Sprachen wie das Litauische und das Armenische, vor allem aber das altindische Sanskrit, ja sogar die (allerdings ausgestorbenen) Sprachen der Skythen und Thraker, die den Griechen als Inbegriff des Barbarischen erschienen, sind gar nicht so fremd, wie sie uns auf den ersten Blick erscheinen mögen, und es ist daher keineswegs unzumutbar, diese nunmehr familiären Fremdsprachen zu lernen. Um so mehr erhöht sich aber nun kompensatorisch die Fremdheitsschwelle gegenüber allen anderen Sprachen, die nicht die Familienähnlichkeit der indogermanischen Sprachen aufweisen. Sie gehören einem fremden, nämlich nicht dem flektierenden, sondern entweder dem agglutinierenden oder dem isolierenden Sprachtypus an, was eine schonende Ausdrucksweise dafür ist, daß diese Sprachen in der Bildung ihrer grammatischen Formen unterentwickelt sind.

Als die Sprachwissenschaft sodann von Europa auf Amerika übersprang, traten weitere Sprachen ganz anderer Art in den Blickkreis der Linguisten: die indianischen Sprachen. Edward Sapir und in seiner Nachfolge viele andere »Feldforscher« machten sich daran, diese vielleicht noch fremderen Sprachen zu erforschen und zu beschreiben. Unter ihnen wollen wir für einen Augenblick Benjamin Lee Whorf nach Arizona begleiten, wo dieser genialische Amateur-Linguist bei den Hopi-Indianern einer Sprache begegnete, die seitdem in der linguistischen und kulturkritischen Diskussion den Stellenwert einer Fremdsprache schlechthin angenommen hat.[8] Diese Sprache ist uns offenbar so fremd, daß man sie gar nicht beschreiben kann. Um diese, wenn ich so sagen darf, schlechthinnige Fremdheit dennoch wenigstens einigermaßen vorstellbar zu machen, faßt Whorf zunächst die großen europäischen Kultursprachen, die ungefähr mit der Sprachenfamilie der indogermanischen Sprachen zur Deckung kommen, zu der neuen und ziemlich groben typologischen Einheit der »europäischen Durchschnitts-Standard-Sprachen« (SAE-Sprachen, *Standard Average European)* zusammen. Von allen diesen Sprachen, deren Unterschiede aus dieser Sicht nur stark verkleinert sichtbar bleiben, unterscheidet sich die Hopi-Sprache in nahezu jeder Hinsicht, insbesondere aber in den Grundstrukturen ihrer Grammatik. Die Hopi-Indianer, so hat Whorf seine Beobachtungen mehrfach gedeutet, kennen in ihrer Sprache beispielsweise keine Zeitformen. Sie können also Vergangenheit, Gegenwart und Zukunft sowie die Verlaufsformen zwischen diesen Zeitstufen nicht unterscheiden. An jener Stelle der Hopi-Grammatik, an der man nach SAE-Vorstellungen Tempora erwarten darf, findet man bei den Hopi ganz andere Strukturen, die den europäischen oder euro-amerikanischen Vorstellungen kaum zugänglich sind und nur in vagen Annäherungen beschrieben werden können. Kein Wunder also, so folgert Whorf aus seinen Beobachtungen und Analysen, daß es die nach Ausweis ihrer Sprachen zeitbesessenen Europäer und nicht die ebenfalls nach Ausweis ihrer Sprachen zeitlos in den Tag lebenden Indianer aus Arizona waren, die – zu unserem Heil oder Unheil – die moderne Industriegesellschaft und überhaupt unsere uhrengläubige Zivilisation hervorgebracht haben.

Ich will mich hier nicht lange mit einer ausführlichen Darstellung und einer gewiß notwendigen Kritik der Whorfschen Lehre aufhalten. Ich habe an anderer Stelle begründet, warum das Instrumentarium der Begriffe, mit denen Whorf die Verbalsyntax und insbesondere die »Zeitformen« der Hopi-Sprache zu erfassen sucht, schon auf das zum Vergleich herangezogene »Durchschnitts-Standard-Europäisch« nicht paßt, so daß man sich nicht zu wundern braucht, daß sich auch die Hopi-Sprache gegen eine Beschreibung mit diesen Begriffen sperrt.[9] Whorfs Vergleich stimmt daher nach beiden Seiten nicht, und so besteht auch die von ihm aus seinem Kontrastvergleich gefolgerte maximale Fremdheit zwischen den europäischen Zivilisationssprachen und der von Grund auf andersartigen Hopi-Sprache in dieser Form nicht, weshalb diese Sprache auch, wie seitdem mehrfach bewiesen, durchaus erlernbar ist. Die extreme Fremdheit der Hopi-Indianer ist eine im europäisierten Amerika hausgemachte Fremdheit und im linguistischen Gewand ein Stück Kulturkritik an bestimmten Erscheinungsformen der industriellen Zivilisation. Diese ist für Benjamin Lee Whorf, den Ex-Chemiker, die eigentliche Fremde.

Die Sapir-Whorf-Hypothese, wie man die skizzierte Auffassung nennt, hat ein Gegenstück auf »unserer« Seite. Das ist die sogenannte Sprachinhaltsforschung, die sich gerne auf Wilhelm von Humboldt beruft. In der von Leo Weisgerber begründeten Sprachinhaltsforschung ist von Fremdsprachen kaum die Rede, um so mehr aber von der eigenen Sprache, die nun als »Muttersprache« alle Aufmerksamkeit auf sich zieht.[10] Die Muttersprache erscheint dem Sprachinhaltsforscher als der Urquell aller Erfahrung. Denn was der einzelne denkt, fühlt und will, hat die Sprache, in die er hineingeboren ist, immer schon vor ihm gedacht, gefühlt, gewollt. So wächst ein jeder unfehlbar in eine Umwelt hinein, die er nicht mit allen Menschen, sondern nur mit den Angehörigen der gleichen Sprachgemeinschaft teilt, da diese Umwelt in spezifischer Weise durch die Muttersprache geformt (»gewortet«) ist. Das ist, auf wenige Sätze reduziert und dementsprechend vereinfacht, die Hypothese vom sprachlichen Weltbild, die man zusammen mit der Sapir-Whorf-Hypothese als eine sprachliche Relativitätstheorie auffassen kann, da nach dieser Auffassung alles Bewußtsein und Denken, im deutschen Sprachraum ebenso wie in Arizona, von der jeweils landesüblichen Sprache abhängig ist und es folglich immer bleibt, welche weiteren Sprachen auch zu diesem sprachlichen Grundbestand hinzukommen mögen. Es gibt keine Hoffnung, daß diese Fremdsprachen je etwas anderes sein können als artfremde Sprachen, für welche die tiefsten Schichten des Bewußtseins nicht mehr erreichbar sind.

Es gibt nun noch eine dritte Theorie, die ebenfalls in den Zusammenhang der sprachlichen Relativität gehört, aber mehr in der Philosophie zu Hause ist. Um sie zu besprechen, müssen wir für einen Augenblick in die Antike zurückkehren. Unter den Schriften des Aristoteles gibt es eine, die den Kategorien gewidmet ist. Kategorien im Sinne dieses Philosophen sind Grundbegriffe des Denkens und insofern Aussageschemata, die allen Urteilen zugrunde liegen. Aristoteles kennt zehn solcher Kategorien: Substanz, Quantität, Qualität, Relation, Wo, Wann, Lage, Haben, Wirken und Leiden. Man weiß, welche Auswirkung die aristotelische Kategorienlehre in Gestalt dieses oder des später hauptsächlich von Kant abgewandelten Katalogs auf das europäische Denken und die Geschichte der Logik gehabt hat. Aber sind diese Kategorien überhaupt »reine Verstandesbegriffe« (Kant), oder muß man vielmehr auch bei ihnen befürchten, daß sie abhängig sind von der Sprache, in der sie zuerst gedacht worden sind, also von der griechischen Sprache, was die Kategorien des Aristoteles betrifft, und von der deutschen Sprache, wenn die Kategorientafel des Professors Immanuel Kant aus Königsberg gemeint ist? Dieser Verdacht ist tatsächlich mehrfach geäußert worden, zumal gegenüber den aristotelischen Kategorien. Von ihnen hat bereits um die Mitte des 19. Jahrhunderts der Philosoph und Aristoteles-Herausgeber Adolf Trendelenburg angenommen, daß sie ihren Ursprung in der Wortartenlehre der ältesten griechischen Grammatiker haben, immerhin jedoch über diese sprachlichen Ursprünge auch hinausschauen auf das Wesen der Dinge und des Verstandes.[11] Ein gutes Jahrhundert später hat der französische Linguist Émile Benveniste diese Frage, sie verschärfend, noch einmal aufgenommen und insbesondere aus der sprachlichen Form, die Aristoteles seinen Kategorien gegeben hat, den Schluß gezogen, daß der Philosoph hier Sprachkategorien *(catégories de langue)* zu Denkkategorien *(catégories de pensée)* umgedeutet hat.[12] Diese Kategorien sind also nach Benveniste Projektionen aus der Sprache in das Denken, genauer gesagt aus der griechischen Sprache des aristotelischen Zeitalters in ein Denken, das aus diesem Grunde ebenfalls zeit- und sprachabhängig vorgestellt werden muß. Wie aber, so will ich meinerseits fragen, soll nun jemand, der von seiner Sprache andere Sprachkategorien empfangen hat, die aristotelischen Denkkategorien annehmen, die ihm doch ganz fremd sein müssen? Kann es unter diesen Bedingungen überhaupt, jenseits aller Einzelsprachen in ihren historischen Erscheinungen, eine übereinzelsprachliche Vernunft und Wissenschaft geben? Ich will diese Frage getrost bejahen und stütze mich dabei, was die Linguistik betrifft, auf die Universalienforschung, deren Ergebnisse ebenfalls für unsere Frage nach der Fremdheit der fremden Sprachen relevant sind.

Die linguistische Universalienforschung, die in den letzten Jahrzehnten einen mächtigen Aufschwung genommen hat, kann nämlich überzeugend nachweisen, daß es jenseits (oder diesseits) aller Verschiedenheiten, durch die sich die einzelnen Sprachen und

Sprachenfamilien unterscheiden, einen gemeinsamen Bestand an Formen und Strukturen gibt, die in allen oder fast allen Sprachen der Erde in gleicher oder ähnlicher Form wiederkehren.[13] Daß man beispielsweise in allen bekannten Sprachen die Rolle des Sprechers (»1. Person«) und die des Hörers (»2. Person«) bezeichnen kann, daß man Ausdrücke für die Bejahung und Verneinung zur Verfügung hat, daß man ferner in der einen oder anderen Form die alte von der neuen Information – linguistisch ausgedrückt: das Thema vom Rhema – unterscheiden kann: das und vieles andere mehr kann als gesichertes Ergebnis der gleichzeitig theoretisch und empirisch arbeitenden Universalienforschung gelten. Darauf kann sich also auch jeder verlassen, der es unternimmt, eine fremde und ihm vielleicht in mancherlei Hinsicht recht schwierig erscheinende Sprache zu lernen. Etwas Eigenes, das ihm aus seiner Muttersprache oder aus einer sonstwie gelernten anderen Sprache vertraut ist, wird er mit Sicherheit in dieser Sprache wiederfinden. Sie ist ihm in vielen Aspekten, so können wir mit dem Blick auf Aristoteles sagen, kategorial bekannt. Und je besser unser Sprachschüler sich auf Sprachen versteht, je mehr er also beispielsweise mit der Universalienforschung der Linguistik vertraut ist, um so sicherer erkennt er im Fremden das Eigene; und um so rascher geht sein Spracherwerb vonstatten.

Wenn man die Universalien, auf deren Geltung sogar in den fremdesten Fremdsprachen man sich sicher oder (bei den Quasi-Universalien) ziemlich sicher verlassen kann, als eine Einschränkung der sprachlichen Fremdheit von unten, von den Fundamenten her ansieht, so kann man sich bei den meisten Begegnungen mit einer Fremdsprache gleichzeitig darauf verlassen, daß ihre Fremdheit auch von oben her, nämlich durch kulturelle Einflüsse abgebaut wird. Welthandel und Weltverkehr sowie die Herausbildung einer weltweiten Informationsgesellschaft haben längst in den meisten Sprachen, die auf der Welt gesprochen werden, dazu geführt, daß sie Fremdes in vielerlei Gestalt aufgenommen und mehr oder weniger assimiliert haben. Man findet etwa im Chinesischen oder Japanischen, wenn ich diese Sprachen einen Augenblick als Prototypen sehr fremder Sprachen nehmen darf, eine nicht geringe Zahl von Entlehnungen aus den europäischen Sprachen, unter ihnen eine wachsende Zahl von Internationalismen. Das ist eine Folge der Tatsache, daß sich die europäische Zivilisation, häufig im amerikanischen Gewand, als die industrielle Zivilisation schlechthin darstellt und über den ganzen Erdball ausgebreitet hat. Wer also heute die Mühe auf sich nimmt, eine dieser, wie man sagt, exotischen Sprachen zu lernen, kann sich ohne weiteres darauf verlassen, daß er auch in ihnen einen nicht unerheblichen Prozentsatz international bekannter Elemente wiedertrifft. Er befindet sich also längst nicht mehr in der Situation jener Missionare des 19. Jahrhunderts, die sich geradezu verzweifelt anstrengen mußten, wenn sie die Grundbegriffe der christlichen Religion mit den Ausdrucksmitteln dieser oder jener Eingeborenensprache wiedergeben wollten. In diesem Sinne können wir heute fast ohne Einschränkung sagen: Es gibt keine schlechthin fremden Sprachen mehr.

Diese objektive oder wenigstens objektiv formulierte Feststellung braucht sich jedoch nicht unbedingt mit den subjektiven Fremdheitsgefühlen zu decken, die man einer Fremdsprache gegenüber empfindet, zumal wenn man sich als Lernender um sie bemüht. Viele unterschiedliche Faktoren können dafür verantwortlich sein, daß eine andere Sprache als mehr oder weniger fremd erlebt wird. Da kommt es in erster Linie auf die sinnliche Erscheinung der Sprache an. Ganz im Gegensatz nämlich zu den bisher erwähnten linguistischen Fremdheitstheorien, die sich auf fundamentale Eigenschaften der Grammatik und Lexik beziehen und insofern eher den Linguisten ansprechen, bildet der Laie sein Urteil oder meinetwegen Vorurteil über den Fremdheitscharakter einer etwa zu erlernenden Fremdsprache viel früher aus, wenn Grammatik und Lexik noch gar nicht zur Debatte stehen. Eine besonders sinnfällige Fremdheitshürde ist dabei unter heutigen Kommunikationsbedingungen beispielsweise die fremde Schrift, obwohl gerade diese Hürde, wenigstens sofern es sich um eine Buchstabenschrift handelt, besonders leicht zu überwinden ist.[14] Aber hier kommt es auf den ersten Eindruck an, und die Älteren unter uns wissen, wie »gotisch« fremd die deutsche Sprache in Europa dastand, solange wir uns handschriftlich der Sütterlinschrift und im Druck der Frakturschrift bedienten. Es gehört zu den Paradoxien der deutschen Bildungsgeschichte, daß ausgerechnet Hitler diese Fremdheit beseitigt hat, mit dem perfiden Ziel allerdings, Deutschlands Hegemonie über ein Nazi-Europa auch kulturell zu sichern.

Wenn die Fremdheitshürde der Schrift nicht oder nicht mehr besteht, tritt dem Laien als nächstes die Fremdheitshürde der andersartigen Phonetik entgegen. Glücklicherweise gibt es jedoch keine Fremdsprachen, deren Laute uns vollständig fremd wären. (Wenn es solche Sprachen gäbe, träten beim Fremdsprachenlernen Schwierigkeiten auf, wie sie für die Kommunikation zwischen Mensch und Tier charakteristisch sind.) Es ist wiederum den sprachlichen Universalien zuzuschreiben, daß man sich darauf verlassen kann, auch in der fremdesten Fremdsprache eine Reihe von Lauten wiederzufinden, die den Lauten der eigenen Sprache genau oder ziemlich genau entsprechen. Es sind zumeist diejenigen Laute, die wir bereits bei der Besprechung des Wortes *Barbar* kennengelernt haben, die also beim frühkindlichen Spracherwerb als erste erworben werden und beim pathologischen Sprachverlust als letzte verlorengehen. Auf der anderen Seite wird der Lernende bei jedem Fremdsprachenerwerb mit einigen Lauten konfrontiert, die er in seiner Sprache nicht hat, deren Aussprache ihm also fremd ist. Jeder von uns hat da seine Erinnerungen, mit welchen halb lustigen, halb verzweifelten Verrenkungen der Artikulationsorgane die französischen Nasalvokale und das englische *th* eingeübt worden sind. Das sind die besonderen Delikatessen der Fremdsprachendidaktik, und mit solchen »Lautierübungen« fängt der Unterricht meistens gleich an. Es wäre aber falsch zu meinen, diese fremden Laute seien die eigentlichen Fremdmacher für das Sprachbewußtsein des Laien. Richtig befremdlich für den Laien ist vielmehr eine andere, häufig zwischen zwei Sprachen auftretende Strukturdifferenz, die darin besteht, daß Laute der anderen Sprache denen der eigenen Sprache zwar phonetisch mehr oder weniger gleichen, aber einen anderen phonologischen Status haben. Ein bekanntes Beispiel bilden die Gleitlaute *l* und *r,* die im Deutschen eine phonologische Opposition bilden, so daß man zwei Wörter durch den Kontrast dieser beiden Laute unterscheiden kann (zum Beispiel: *Last* und *Rast*), während das Japanische zwar diese beiden Laute auch hat, ihren Kontrast aber in Abhängigkeit vom phonetischen Kontext regelt und nicht zur Unterscheidung von Wortbedeutungen benutzt, so daß ein Japaner, der Deutsch lernt, schwer der Gefahr entgeht, »lechts und rinks zu velwechsern«. »Werch ein Illtum!« wollen wir mit Ernst Jandl hinzusetzen, der mit untrüglichem Sinn die Komik dieser Abweichung von der phonologischen Norm erkannt und für sein bekanntes lautspielerisches Gedicht genutzt hat. Nun ist es in Wirklichkeit jedoch nicht so, daß ein Japaner, der auf japanische Art Deutsch spricht, statt eines *l* immer ein *r* und statt eines *r* immer ein *l* spricht (das wäre ja »nur« die Umkehrung der deutschen Phonologie). Er befolgt vielmehr beim spontanen Umgang mit diesen Lauten überhaupt keine phonologischen (das heißt, bedeutungsdifferenzierenden), sondern phonetische (das heißt, kontextabhängige) Regeln, so daß sein Gesprächspartner zwar die eigenen Laute vernimmt, sich aber mit einer fremden Verteilungsregel konfrontiert sieht. Unter solchen Bedingungen entsteht leicht ein starkes subjektives Fremdheitsgefühl, das wir Befremdung nennen wollen.

Man kann sich nun leicht denken, daß die befremdlich gebrauchten bekannten Laute der Fremdsprachendidaktik viel größere Probleme aufgeben als die gänzlich unbekannten Laute und beim Erlernen der betreffenden Sprache auch öfter dazu führen, daß der Ausländer seinen Akzent behält. Der Ausdruck »Akzent« verdient überhaupt eine kleine Betrachtung. Wenn wir hierzulande von jemand sagen, er oder sie habe einen amerikanischen, russischen oder japanischen Akzent, so benutzen wir einen Ausdruck, der die weiterbestehende Fremdheit trotz möglicherweise sonst perfekter Beherrschung der erlernten Sprache kennzeichnet. Wollen wir umgekehrt zum Ausdruck bringen, jemand aus unserem Lande habe sich eine Fremdsprache vollkommen zu eigen gemacht, so sagen wir, er oder sie spreche »akzentfrei« Englisch, Russisch oder Japanisch. Nun bedeutet das Wort »Akzent« seiner lateinischen Etymologie nach den Ton und die quasi-musikalische Sprachmelodie, gleichzeitig kennen wir den Begriff aber insbesondere aus der französischen Orthographie als ein unserer Sprache fremdes diakritisches Zeichen *(accent aigu, grave, circonflexe).* So kann man also an der geläufigen Verwendung dieses Ausdrucks zur Bezeichnung eines bestimmten Grades der Fremdheit oder der Fremdheitsüberwindung erkennen, wie stark die subjektiven Fremdheitserlebnisse der Laien von der sinnlichen, nämlich phonetischen oder orthographischen Erfahrung im Umgang mit Fremdsprachen gesteuert werden.

Hier siedeln sich auch mit Vorliebe die Fremdheitsstereotypen an. Nehmen wir zum Beispiel die weit verbreiteten Stereotypen über den befremdend schwierigen Charakter der deutschen Sprache. Die deutsche Sprache ist, wenn ich drei stereotype Urteile in einem Satz zusammenfassen darf, eine Sprache mit harten Konsonanten, schrecklich langen Wörtern und unübersichtlichen Sätzen, die man so lange nicht verstehen kann, als man nicht das Verb vernommen hat, das ganz am Ende kommt. Mit einem Wort: die deutsche Sprache ist eine schwere Sprache. Ich will dieses Urteil und die ihm zugrunde liegenden Stereotypen hier nicht im einzelnen von der deutschen Sprachstruktur her kommentieren, sondern nur, was die beiden ersten Stereotypen betrifft, kurz andeuten, daß Wortzusammensetzungen tatsächlich in der deutschen Sprache eine große Rolle spielen, daß sie aber eigentlich nur in der Orthographie lange Wörter bilden, während sie in der phonetischen Perzeption gerade durch die starken Konsonantengruppen, welche die Kompositionsfuge markieren (zum Beispiel: *Durststrecke* [–rstʃtr–]), als getrennt oder trennbar wahrgenommen werden können. Gleichviel, der erste phonetisch-orthographische Eindruck ist für das Fremdheitsgefühl gegenüber der deutschen Sprache als Fremdsprache entscheidend und wird auch durch vertiefte Einsichten selten revidiert.

Was sodann die langen Sätze mit dem Verb in der Endstellung betrifft, so handelt es sich nicht um ein phonetisch-orthographisches, sondern um ein syntaktisches Stereotyp. Dieses sieht zunächst – aber so sind Stereotypen eben – von der einfachen Strukturtatsache ab, daß man in der deutschen Sprache eigentlich nur in Nebensätzen eine Endstellung des Verbs findet (zum Beispiel:»wenn es dem bösen Nachbarn nicht *gefällt*«). Allerdings ist hinzuzufügen, daß viele Verben der deutschen Sprache zweiteilig sind, und dann bilden Verb und Verbzusatz oder Vorverb und Nachverb, wie ich lieber sagen würde, eine Verbklammer mit Endstellung des Nachverbs (zum Beispiel:»du *sprichst* ein großes Wort gelassen *aus*«), und diesem Muster folgen dann auch die zusammengesetzten Tempora (zum Beispiel:»ich *habe* schon so viel für dich *getan*«) sowie die Modalverben mit ihren zugehörigen Infinitiven (zum Beispiel:»es *kann* der Frömmste nicht in Frieden *leben*«). Nun ist diese differenziertere Beschreibung aber ganz unerheblich bei der Bildung und Verbreitung des genannten Stereotyps, für dessen Glaubwürdigkeit es völlig genügt, wenn man in der Grammatik der deutschen Sprache einige Struktureigenschaften wiederfinden kann, die an die lateinische Sprache erinnern.

Denn auch in der lateinischen Sprache – weniger übrigens in der wirklichen lateinischen Sprache als in der Kunstsprache des didaktisch normierten Schullateins – steht das Verb ebenfalls am Satzende, und schon haben sich zwei Stereotype gefunden, die zusammen bezeugen: Deutsch ist das Latein der modernen Welt. Auch dieses Stereotyp, das für viele negative Sprachlernentscheidungen verantwortlich ist, drückt gegenüber der deutschen Sprache eine spezifische Fremdheitserfahrung aus, da ja die lateinische Sprache, ebenso wie die altgriechische Sprache, als reine Buch- und Bildungssprache gilt, als »tote Sprache«, wie man seit der Renaissance sagt. Interessant ist aber nun andererseits, daß in einem Land wie Frankreich viele Gymnasiasten, wenn sie zwischen mehreren modernen Fremdsprachen zu wählen haben, gerade deshalb als erste Fremdsprache die deutsche Sprache wählen, weil sie wegen ihres quasi-lateinischen Aussehens auch das Ansehen einer kulturell anspruchsvollen Sprache hat, und es sind, wie man von den französischen Germanisten hört, nicht die schlechtesten Schüler, die so entscheiden.

Nun habe ich bei den bisherigen Überlegungen die Fremdheit mit ihren verschiedenen Graden, Arten und Formen immer nur im Verkehr zwischen den Sprachen, also im Bereich der »Interlinguistik«, wie man seit einiger Zeit zu sagen pflegt, aufgesucht. Wir wollen das zur Unterscheidung Außen-Fremdheit nennen. Es gibt aber darüber hinaus in jeder Sprache auch Formen einer Binnen-Fremdheit, mit denen sich das Sprachbewußtsein nicht minder intensiv und manchmal sogar über Gebühr beschäftigt. Bestimmte regionale oder schichtenspezifische Ausdrucksweisen können dazu führen, daß man gegenüber ihren Sprechern »fremdelt«. Darüber ist in den letzten Jahren viel geschrieben und gestritten worden, insbesondere auch über die Frage, ob man diese Fremdheiten, wenn sie auftreten, durch »kompensatorische Erziehung« auflösen oder ob man sie gerade umgekehrt in ihrem differenzbildenden Eigenwert erhalten sollte. Dieser Streit ist seit kurzem etwas abgeklungen. Ich will ihn hier auch nicht wiederaufleben lassen, zumal er immer schon ein wenig akademisch war; denn die Massenmedien sorgen ohnehin dafür, daß diese Fremdheiten kontinuierlich an Bedeutung verlieren. Ich will statt dessen auf eine andere Form der Binnen-Fremdheit zu sprechen kommen, die in der Geschichte des deutschen Sprachbewußtseins eine überaus starke Tradition hat und in einer gewissen Hinsicht neuerdings wieder stärker zum Problem wird. Ich meine die Frage der Fremdwörter in der Sprache, die ja für viele Personen, die ihre Sprache lieben oder sie aus mancherlei Gründen, die nicht immer offen zutage liegen, zu lieben vorgeben, einen hohen Erregungswert hat.[15] Die deutsche Sprache hat bekanntlich seit ihren Anfängen, so will ich zur Erinnerung kurz zusammenfassen, Fremdwörter, Lehnwörter, Lehnübersetzungen und andere Entlehnungen in großer Zahl in sich aufgenommen, und nur die Herkunft dieser Elemente wechselte mit dem Lauf der Zeiten. Seit dem 16. und 17. Jahrhundert ist dafür auch ein deutliches und manchmal sogar überdeutliches Fremdheitsbewußtsein nachweisbar, meistens in Form der bekannten Klage, daß die deutsche Sprache unter einem ungehemmten Zustrom fremder Elemente leidet und dadurch ihre eigene Natur zu verlieren droht. In der heutigen Sprache ist, wie jeder täglich sehen und hören kann, die englisch-amerikanische Sprache der Hauptlieferant solcher Fremd- und Lehnwörter geworden. Müssen wir also heute wieder und vielleicht mehr denn je eine »Überfremdung« der deutschen Sprache befürchten? Ich glaube das nicht. Genauere Untersuchungen der englisch-amerikanischen Einflüsse auf die deutsche Gegenwartssprache zeigen nämlich, daß zwar ständig sehr viele lexikalische Elemente als englisch-amerikanische Kultur- und Subkulturwörter in die deutsche Gemeinsprache und des weiteren recht viele wissenschaftliche und technische Begriffe aus dieser Fremdsprache auch in die deutschen Fachsprachen eindringen. Manches, ja das meiste von diesem lexikalischen Material ist jedoch schnellebiges Konsumgut, das ebenso rasch, wie es in die deutsche Sprache hineingerät, auch wieder aus ihr verschwindet, und ich sehe keine Veranlassung, die Sprache der Wissenschaften von dieser Transitregel auszunehmen. Nicht wenige fremde Wörter bleiben aber doch auf Dauer in der deutschen Sprache haften, und zwar nicht nur in den verschiedenen Fachsprachen, sondern auch in der deutschen Gemeinsprache. Die erfolgreichsten unter ihnen bilden dann jenen bereits erwähnten Bestand an Internationalismen, die wir den Ausländern, wenn sie Deutsch lernen, ebenso gönnen wollen, wie wir selber erleichtert sind, wenn wir uns beim Erlernen einer Fremdsprache unsererseits auf sie stützen können.[16] Welch ein Glück ist es doch, daß man mit dem Wort *Taxi* fast überall in der Welt durchkommt, und es ist zu wünschen, daß dieses wichtige Vehikel in Island nicht *leigubill* und in unserem Land nicht *Mietwagen* oder dergleichen genannt wird. Zwar gehört es nach wie vor zu den Regeln guten deutschen Sprachgebrauchs im Reden wie im Schreiben, von Fremdwörtern einen mäßigen Gebrauch zu machen, aber ich betrachte es durchaus als eine Bereicherung, nicht etwa als eine Gefährdung der deutschen Sprache, daß ich soeben statt von einem *mäßigen* auch von einem *moderaten* Fremdwörtergebrauch hätte sprechen können. Nach so vielen Sprachreinigern (oder Puristen), die sich in der Geschichte des deutschen Sprachbewußtseins mit lautem Weh- und Klagegeschrei über die »Fremdwörterei« in der deutschen Sprache zu Wort gemeldet haben, hat Adorno diesen Eiferern in einem sehr lesenswerten Essay entgegengehalten, daß Fremdwörter, diskret verwendet, durchaus einen gewissen sprachästhetischen Reiz an sich haben und mit ihrem manchmal urbanen, manchmal exotischen Flair dazu beitragen können, die deutsche Sprache vor dem gelegentlichen Abgleiten ins Raunen zu bewahren.[17] Solche Fremdheiten machen die deutsche Sprache, mehr als sie es in lupenrein germanischer Gestalt wäre, weltläufig und verkehrstüchtig und sollten uns daher willkommen sein. Es ist ja auch die englischamerikanische Sprache in ihrem Aufstieg zur Weltverkehrssprache offenbar nicht dadurch gehemmt worden, daß sie in ihrer Frühzeit einen gewaltigen Prozentsatz fremder, nämlich vorwiegend französischer Elemente in sich aufgenommen hat, so daß sie gelegentlich überhaupt als eine germanisch-romanische Mischsprache bezeichnet worden ist. Sprachmischung ist also nicht unter allen Umständen als kulturwidrig anzusehen und zu verurteilen, und vielleicht gilt auch für die Vermischungen der Sprachen, was Nietzsche und Toynbee von der Kultur überhaupt gesagt haben, daß sie nämlich ein Mischungsphänomen ist (vgl. unten S. 290 ff.)[18].

Dennoch ist wohl, was die deutsche Sprache betrifft, die Tatsache nicht aus der Welt zu schaffen, daß die meisten Sprecher des Deutschen der festen Überzeugung sind, daß Fremdwörter grundsätzlich schwere Wörter sind und daß man sich unter Deutschen viel leichter verstehen, bei strittigen Fragen auch viel leichter verständigen könnte, wenn die Leute weniger Fremdwörter gebrauchten. Das dürfte einer der unumstößlichsten Lehrsätze der deutschen Trivial-Stilistik sein. Dabei gilt als Fremdwort – ohne Rücksicht auf subtilere Unterscheidungen der Linguistik – alles Wortgut, das erkennbar aus griechischen, lateinischen, italienischen, französischen, englisch-amerikanischen oder anderen fremden Elementen besteht oder aus ihnen gebildet ist. Ebenso unumstöß-lich gilt dann auch die Umkehrung dieses trivialen Lehrsatzes, die besagt, daß alle Wörter, die aus germanisch-deutschen Elementen bestehen oder zusammengesetzt sind, grundsätzlich leicht zu ver-stehen sind. Daraus folgt weiterhin eine einfache Erklärungsregel, derzufolge man ein fremdes, also schweres Wort auf jedermann befriedigende Weise alleweil dadurch erklären kann, daß man es durch ein ungefähr äquivalentes deutsches Wort oder eine Para-phrase mit deutschen Wörtern ersetzt. Was heißt also äquivalent? Es heißt »gleichwertig«. Was bedeutet Paraphrase? Es bedeutet »Umschreibung«. Und schon hat jeder verstanden, was mit diesen Wörtern gemeint ist, und alle Verstehensschwierigkeiten sind beseitigt. Sollte diese Regel richtig sein, so darf natürlich kein deutscher Jurist oder Laie, wenn er das Bürgerliche Gesetzbuch aufschlägt, Schwierigkeiten beim Verständnis der folgenden, rein deutsch gebildeten Wörter haben: *Ablaufhemmung, Früchteanteil, Bösgläubigkeit, Arglisteinrede, Besitzdiener, Buchersitzung, Grenz-verwirrung, Fahrnis.*[19] Auch bei der Lektüre von Sigmund Freud darf niemand die folgenden, rein deutsch gebildeten Begriffe schwer verständlich finden: *Versagung, Übertragung, Zwangshand-lung, Angstbereitschaft, Ergänzungsreihen, Ersatzbildung, Traum-arbeit, Über-Ich, Beachtungswahn, Triebbesetzung, Triebabfuhr.* Erst wenn das Freudsche *Über-Ich* auf dem Umweg über andere Sprachen als *Super-Ego* wieder in die deutsche Sprache zurück-kommt, darf der bekannte Reflex wieder ungehemmt auftreten, und man darf das fremde Wort anstandslos schwer finden.

Nun ist die einfache Gleichung fremdes Wort = schweres Wort insofern teilweise berechtigt, als viele Fachsprachen ihre Termino-logien und Nomenklaturen vorzugsweise oder sogar ausschließlich mit fremdem Wortmaterial bilden. Das gilt beispielsweise für die Fachsprache der Medizin, die ihre Begriffe fast ausnahmslos mit griechisch-lateinischen, neuerdings auch englisch-amerikanischen Elementen bildet und in dieser fremdartigen Gestalt dem Patien-ten recht nahe auf den Leib rückt, so daß dieser in einigen leichten Fällen erfolgreich übersetzen kann: Appendicitis = Blinddarment-zündung, Tonsillitis = Mandelentzündung, Koronarsklerose = Verkalkung der Herzkranzgefäße. Häufig aber kennt der Patient diese Gleichungen und Auflösungen des Fremdheitsrätsels nicht und soll sie vielleicht auch gar nicht kennen. Er weiß aber, daß andere sie kennen. Aus diesen und ähnlichen Primärerfahrungen leitet sich das Bewußtsein ab, daß Fachsprachen durch und durch aus Fremdwörtern bestehen und Quasi-Fremdsprachen sind, denen man mit Mißtrauen begegnen muß.

Nun steht außer Zweifel, daß die Fachsprachen und insbesondere die Wissenschaftssprachen gegenüber der Gemeinsprache allerhand Merkmale der Andersheit an sich tragen und in der Masse ihrer Begriffe den meisten Sprechern der Gemeinsprache oder anderer Fachsprachen unbekannt sind. Aber diese Andersheit ist auch dann nicht geringer, wenn unter dem Eindruck der puristischen Fremdwortschelte in der deutschen Sprachgeschichte beispielsweise die Fachsprache des Rechts und der Verwaltung oder die Fachsprache der Freudschen Psychoanalyse als eine provokante Außenseiter-Wissenschaft ihre wichtigsten Begriffe gerade nicht mit griechisch-lateinischen Elementen, sondern mit urdeutschem Wortmaterial bilden: schwierig bleiben diese Fachsprachen allemal, und sie sind es manchmal insofern auf besonders tückische Weise, als man in Deutschland wegen der emotionalen Fixierung auf die bösen Fremdwörter vielfach meint, nur diese könnten schwierig sein. Hier hat die Fachsprachenforschung, die sich seit einer Reihe von Jahren wachsender Beachtung erfreut, noch ein gutes Stück Aufklärungsarbeit zu leisten, was auch mit der Zeit sicher dazu führen wird, daß die Fremdwörter von dem pauschalen Vorwurf freigesprochen werden, sie seien immer die Verantwortlichen, wenn es irgendwo mit der Verständigung hapert.[20] Es wird sich dann zeigen, daß auch die Fach- und Wissenschaftssprachen nach einer hermeneutischen Betrachtung verlangen, aus der hervorgehen dürfte, daß deren Andersheit nicht ohne genauere Inspektion pauschal als Fremdheit zu interpretieren und vor allem nicht ohne weiteres mit der Fremdheit der Wörter fremdsprachlicher Herkunft gleichzusetzen ist.

Ob es nun um die Außen-Fremdheit der Fremdsprache oder um die Binnen-Fremdheit der Fremdwörter geht, meine Überlegungen laufen im ganzen darauf hinaus, diese Fremdheit genauer in Augenschein zu nehmen und sie nicht immer nur von der groben Dichotomie des Eigenen und des Fremden her zu betrachten. Es gibt Fremdheiten sehr verschiedenen Grades und sehr unterschiedlicher Art, und die objektiven Andersheiten einer Fremdsprache brauchen nicht um jeden Preis als Fremdheiten interpretiert zu werden. Wenn sie aber einmal als Fremdheiten registriert sind, so ist weiterhin eine offene Frage, welche Einstellung und welches Verhalten dadurch ausgelöst werden. Wir haben bereits eine Reihe von Indizien dafür gefunden, daß Fremdheit als Reiz und Lockung erfahren und gerade nicht als abweisend, sondern vielmehr als höchst anziehend erlebt werden kann. Das ist auch eine Sache der Interpretation. Wir brauchen daher nicht nur eine Hermeneutik, sondern auch eine Ästhetik der Fremdheit, die wiederum maßgeblich für eine Didaktik der Fremdheit sein kann. Denn durch kunstvollen Umgang mit der Fremdheit der fremden Sprachen kann selbst der Fremdsprachenunterricht »schön« werden. Der Fremdsprachenlehrer tut also gut daran, wenn er die Fremdheitsportionen, die er in seinen Lektionen zu verabreichen hat, immer auch auf diejenigen ästhetischen Reizwerte hin abschätzt, die der Fremdsprache so lange anhaften, als sie noch nicht ganz aufgehört hat, eine fremde Sprache zu sein. Er sollte wissen, daß die Fremdheit einer fremden Sprache nicht schlechtweg die große Feindin des Fremdsprachenunterrichts ist, sondern als reizvolle Fremdheit eine gewisse sympathetische Zuwendung verdient, mindestens aber dasjenige Gastrecht beanspruchen kann, das kultivierte Nationen Fremdlingen gewähren.

Anmerkungen

1 P. Laín Entralgo: Teoría y realidad del otro. Madrid 1961. M. Theunissen: Der Andere. Studien zur Sozialontologie der Gegenwart. Berlin 1965. H. R. Jauß: Alterität und Modernität der mittelalterlichen Literatur. Gesammelte Aufsätze 1956–1976. München 1977. T. Todorov: La conquête de l'Amérique. La question de l'autre. Paris 1982; deutsch: Die Eroberung Amerikas. Das Problem des Anderen. Frankfurt 1985 (= edition suhrkamp 1213).
2 L. Poliakov/Ch. Delacampagne/P. Girard: Über den Rassismus. Sechzehn Kapitel zur Anatomie, Geschichte und Deutung des Rassenwahns (franz. 1976). Frankfurt 1984 (= Ullstein-Taschenbuch 39082).
3 L. Spitzer: »Das Eigene und das Fremde. Über Philologie und Nationalismus«, Die Wandlung 1 (1945/46), S. 576–594. H.-G. Gadamer: Wahrheit und Methode. Grundzüge einer philosophischen Hermeneutik. Tübingen 4. Aufl. 1975. D. Krusche: »Die Kategorie der Fremde. Eine Problemskizze«, in: A. Wierlacher (Hg.): Fremdsprache Deutsch. Bd. 1. Mün-

chen 1980. S. 47–56 (= UTB 912). A. Wierlacher: »Mit fremden Augen. Vorbereitende Bemerkungen zu einer interkulturellen Hermeneutik deutscher Literatur«, Jahrbuch Deutsch als Fremdsprache 9 (1983) S. 1–16. J. Gerighausen/P. C. Seel (Hg.): Interkulturelle Kommunikation und Fremdverstehen. Dokumentation eines Werkstattgesprächs des Goethe-Instituts München. München 1983.

4   A. Borst: Der Turmbau von Babel. Geschichte der Meinungen über Ursprung und Vielfalt der Sprachen und Völker. 4 Bde. Stuttgart 1958–1963.

5   J. Kristophson: »Zur Meßbarkeit von Sprachverwandtschaft«, Folia Linguistica Historica 4 (1983) S. 311–320.

6   R. Koselleck: »Zur historisch-politischen Semantik asymmetrischer Gegenbegriffe«, in H. Weinrich (Hg.): Positionen der Negativität. München 1975, S. 65–104 (= Poetik und Hermeneutik 6).

7   R. Jakobson: Kindersprache, Aphasie und allgemeine Lautgesetze (1944). Frankfurt/M. 3. Aufl. 1972 (= edition suhrkamp 330).

8   B. L. Whorf: Sprache, Denken, Wirklichkeit. Beiträge zur Metalinguistik und Sprachphilosophie, hg. und übersetzt von P. Krausser. Reinbek b. Hamburg 1963 (= rowohlts deutsche enzyklopädie 179). A. Stahlschmidt: Das Verbalsystem des Hopi. Eine semantische Strukturanalyse der Hopi-Grammatik unter besonderer Berücksichtigung von B. L. Whorfs Thesen zur Zeitauffassung der Hopi-Indianer. Diss. Münster 1982.

9   H. Weinrich: Tempus. Besprochene und erzählte Welt. Stuttgart 4. Aufl. 1985, Kap. XI, 3.

10   L. Weisgerber: Die geistige Seite der Sprache und ihre Erforschung. Düsseldorf 1971 (= Sprache der Gegenwart 15). Ders.: »Muttersprache«, in: J. Ritter/ K. Gründer (Hg.): Historisches Wörterbuch der Philosophie. Bd. 6. Stuttgart 1984, s. v.

11   A. Trendelenburg: Geschichte der Kategorienlehre. Berlin 1846.

12   E. Benveniste: »Catégories de pensée et catégories de langue«, in ders.: Problèmes de linguistique générale. Bd. 1. Paris 1966, S. 63–74.

13   Ich nenne hier nur das »klassische« Werk von J. H. Greenberg (Hg.): Universals of Language. Cambridge/Mass. 1963.

14   F. Coulmas: Über Schrift. Frankfurt/M. 1981 (= suhrkamp taschenbuch wissenschaft 378).

15   P. Braun (Hg.): Fremdwort-Diskussion. München 1979 (= UTB 797). G. Augst: »Fremdwort – fremdes Wort«, in ders.: Sprachnorm und Sprachwandel. Vier Projekte zu diachroner Sprachbetrachtung. Wiesbaden 1977, S. 61–123. J. Erben: Einführung in die deutsche Wortbildungslehre. Berlin 1975, 2. Aufl. 1983, S. 39 ff. U. Förster: »Das Fremdwort als Stilträger«, Der Sprachdienst 28 (1984) S. 97–107.

16   P. Wexler: »Towards a structural definition of ›internationalisms‹«, Linguistics 48 (1969) S. 77–92.

17   Th. W. Adorno: Wörter aus der Fremde, in ders.: Noten zur Literatur II. Frankfurt 1961.

18 Nietzsche: »Wo Rassen gemischt sind, der Quell großer Kultur« (Nachlaß 1885/1886, in ders.: Sämtliche Werke. Kritische Studienausgabe, hg. von G. Colli/M. Montinari. Bd. 8, 1, S. 153). Toynbees »Gesetz« besagt, »daß es zur Entstehung von Kulturen des Beitrages von mehr als einer Rasse bedarf« (A. Toynbee: A study of history. London 1934 ff., Bd. 1, S. 239 ff., S. 278). Sowohl Nietzsche als auch Toynbee wenden sich hier gegen die Rassentheorie Gobineaus. Vgl. W. Kaufmann: Nietzsche. Philosoph – Psychologe – Antichrist. Darmstadt 1982, S. 354, Anm. 16.

19 G. Stickel: »Zur Kultur der Rechtssprache«, in: Mitteilungen des Instituts für deutsche Sprache 10 (1984) S. 29–60, hier S. 49.

20 H. Henne/W. Mentrup (Hg.): Wortschatz und Verständigungsprobleme. Was sind schwere Wörter im Deutschen? Düsseldorf 1983 (= Sprache der Gegenwart 57).

Von der Langeweile des Sprachunterrichts

Ist Sprachunterricht langweilig? Muß er es vielleicht sogar sein? Zumindest hat der Sprachunterricht wohl damit zu rechnen, daß seine Adressaten, die »Lerner«, eine gehörige Portion Langeweile von ihm erwarten. So scheinen es auch die Redaktoren des Wörterbuchs der deutschen Gegenwartssprache empfunden zu haben, als sie für das Wort *Langeweile* den folgenden Beispielsatz prägten: »Das mangelnde Interesse der Schüler muß der Langenweile im Unterricht zugeschrieben werden.«

Wenn ich hier nun einhalte und frage, ob es wirklich nach der Formulierung des zitierten Beispielsatzes »der Langenweile« oder nicht vielmehr nach einem lebendigeren Sprachgebrauch der deutschen Sprache »der Langeweile« heißen muß, begebe ich mich sogleich in die Gefahr, die Richtigkeit des Beispielsatzes zu bestätigen. So will ich statt dessen lieber – unter Überspringung einschlägiger Umfrageergebnisse, in denen ebenfalls das Prädikat »langweilig« in Charakterisierungen des gegenwärtigen Sprachunterrichts, zumal des Grammatikunterrichts, erscheint[1] – ein älteres Zeugnis aus Goethes »Dichtung und Wahrheit« heranziehen. Goethe berichtet dort, wie er seine Sprachen gelernt hat. Er läßt im Rückblick keinen Zweifel daran, daß ihm die »Pedanterie und Trübsinnigkeit der an öffentlichen Schulen angestellten Lehrer« zuwider war, und er ist seinem Vater dankbar dafür, daß er seine Fremdsprachen – Latein, Französisch, Englisch und Italienisch – »nur aus dem Gebrauch, ohne Regel und Begriff« lernen durfte, und zwar, wie es scheint, mit ebensoviel Vergnügen wie Erfolg[2].

»Pedanterie und Trübsinnigkeit«, das liest sich fast wie eine Definition der Langeweile. Pedanterie, dieses Schreckenswort einer mißratenen Pädagogik, steht hier für eine kleinliche, unproportionierte und weltfremde Zuwendung zu einem subalternen Gegenstand; Trübsinnigkeit, das ist – zumal in Goethes Sprache[3] – die absolute Verneinung des Lustprinzips und Inbegriff der Lebensfeindlichkeit. Die Wissenschaften sodann, angefangen mit Kants Bemerkungen zu der »langen Weile und dem Kurzweil« in seiner »Anthropologie«[4], haben eine Reihe weiterer Definitionen der Langeweile hervorgebracht, von denen ich hier nur eine ausführlicher nennen will, die aus der Schule der Psychoanalyse stammt. Der Freud-Schüler Otto Fenichel (1934) definiert nämlich die Langeweile in unverkennbar Freudscher Manier als »chronische Libidostauung, die sich als Spannung bemerkbar macht, während das Triebziel verdrängt ist«. In einer anderen Formulierung desselben Autors heißt es: »Die Triebspannung ist da, das Triebziel fehlt. Die Langeweile muß ein Zustand der Triebspannung bei verdrängten Zielen sein.«[5] Wilhelm Keller (1964), der die Langeweile ebenso wie die Kurzweil unter dem Oberbegriff der »erlebten« Zeit subsumiert, charakterisiert in diesem Zusammenhang die Langeweile als eine ereignislose, handlungsarme Zeit, die nur von einem »Inhaltssehnen« angefüllt ist. Er warnt jedoch gleichzeitig vor der Versuchung, die Handlungs- und Ereignisfülle einer Zeitspanne schematisch berechnen zu wollen.[6]

Wenn wir diesen Begriff von Langeweile nun auf den Sprachunterricht anwenden wollen, so müssen wir von dem einfachen Sachverhalt ausgehen, daß man von der Sprache gewöhnlich einen transitiven Gebrauch macht. Ich verwende hier jetzt nicht den grammatischen Begriff von Transitivität, mit dem wir zwischen transitiven und intransitiven Verben unterscheiden, sondern einen umfassenderen zeichentheoretischen (semiotischen) Begriff von Transitivität. Er besagt, daß die Aufmerksamkeit der Sprechenden für gewöhnlich nicht an den von ihnen gebrauchten Sprachzeichen haftet, sondern diese (»transitiv«) durchstößt und sich primär auf die Sachen und Handlungen richtet, die mit diesen Wörtern und Sätzen gemeint sind. Das ist der »normale« Sprachgebrauch, den man auch objektsprachlich nennt.

Daneben gibt es aber einen metasprachlichen Gebrauch der Sprache. Er ist dann gegeben, wenn wir mit den Mitteln unserer Sprache über unsere Sprache reden, von ihr also einen reflexiven Gebrauch machen. Es ist bezeichnend, daß die Logiker die ersten waren, die auf die Metasprache als eine besondere Form der

Sprachverwendung aufmerksam gemacht haben[7]. Sie sind ja an dem Nachweis solcher Ausdrucksweisen interessiert, die aufgrund ihrer Form allein als richtig oder falsch qualifiziert werden können. Alle Inhalte, die mit diesen richtigen oder falschen Ausdrücken gemeint sein können, bleiben dabei konsequenterweise außer Betracht und werden in den Formeln zu den semantischen Minima der Inhaltsvariablen x, y oder z reduziert. Das ist, vom Standpunkt einer Psychologie der Langeweile betrachtet, eine höchst hygienische oder, wenn man so will, aseptische Methode: Ein »Inhaltssehnen« im Sinne von Wilhelm Keller kann aus diesen extrem reduzierten Inhaltsvariablen kaum hervorwachsen, und so steht das *Collegium logicum* zwar in dem Ruf, recht mühsam und schwierig zu sein, doch finde ich keine Zeugnisse dafür, daß die Beschäftigung mit der Logik als langweilig verschrien ist.

Beim Sprachunterricht verhält es sich anders, zumal wenn wir zunächst die Form des Grammatikunterrichts ins Auge fassen, wie er zu der vielhundertjährigen Tradition der *ars grammatica* gehört. Dieser Sprachunterricht besteht aus den Elementen Begriff, Regel und Beispiel. Die Begriffe teilt er weitgehend mit der Logik. Von deren strengen Gesetzen fällt er jedoch durch die Regeln ab, deren Geltung meistens durch Ausnahmen geschwächt ist. Am weitesten aber entfernt er sich von der Logik durch seine Beispiele, in denen ja im Prinzip das ganze Lexikon erscheinen muß. Mit diesen Beispielen wird der Sprachunterricht zur Welt transparent. Wir können das auch so ausdrücken, daß der Sprachunterricht in der Anschaulichkeit seiner Beispiele, die er im Unterschied zur Logik nicht zu bloßen Inhaltsvariablen herabdrücken kann, dem semiotischen Problem der Transitivität begegnet und dabei in seine eigene Falle läuft. Denn nun droht die Gefahr, daß die Aufmerksamkeit der Sprachlernenden, die doch für die Sprache gewonnen und bei ihr eine Zeitlang festgehalten werden soll, allzu schnell von den Sachen gefangengenommen wird, die mit den Wörtern gemeint sind. Wenn diese Sachen dann aber, kaum daß sie in den Beispielsätzen und -sätzchen knapp gezeigt worden sind, wieder entzogen werden, dann drohen jene von Wilhelm Keller mit dem Ausdruck »Inhaltssehnen« und jene von Otto Fenichel mit dem Ausdruck »Libidostauung« bezeichneten Entzugserscheinungen, die man schließlich unter dem Ausdruck »Langeweile« zusammenfassen kann.

223

Was kann man dagegen tun, und kann man überhaupt etwas dagegen tun? Kant ist in seiner »Anthropologischen Didaktik«[8] fest davon überzeugt, daß man gegen die Langeweile sowohl etwas tun müsse als auch tun könne. Er empfiehlt, ihr mit einer Strategie des Zeitvertreibs *(tempus fallere)* zu begegnen: »Durch schöne Künste das Gemüt spielend unterhalten«. Das ist nun allerdings ein nicht ganz unbedenkliches Rezept, zumal wenn man es der Pädagogik zugrunde legen will. Im 18. Jahrhundert hat es da schon eine erbitterte Kontroverse gegeben, in der beispielsweise der Baron von Knigge (1789) dem Philanthropen Johannes Bernhard Basedow vorgehalten hat, Erziehung dürfe um ihres eigenen Ethos willen nicht zu bloßem Spiel und Zeitvertreib entarten[9] – ein auch in unserem Jahrhundert beherzigenswerter Gedanke. Aber immerhin wollen wir uns von Kant anregen lassen, nun zunächst bei den schönen Künsten, insbesondere bei der Literatur, anzufragen, welche allgemeinen Remeduren gegen die Langeweile dort bekannt geworden sind.

Das älteste Rezept finde ich im ersten Buch Moses. Es läuft auf Liebe hinaus, und es heißt dort von der lange währenden, aber dennoch nicht langweiligen Werbung Jakobs um Rachel: »Also diente Jakob um Rachel sieben Jahre, und es schien ihm, als wären es ebenso viele Tage: so sehr liebte er sie« (1. Moses 29, 18–20). Wenn diese Art Kurzweil durch Liebe auf die Sprache übertragen werden soll, können wir vielleicht das Buch »Die gerettete Zunge« aufschlagen, in dem Elias Canetti seine Lebenserinnerungen aufgeschrieben hat. Canetti, der als Schriftsteller ein Klassiker der deutschen Sprache geworden ist, hat diese Sprache nicht etwa als seine Muttersprache, sondern als eine Fremdsprache gelernt, aber er hat sie in unvergleichlicher Weise verinnerlicht als die faszinierende Zaubersprache seiner Eltern, die sich aus dieser Sprache ein geheimes Liebesnest und eine phantasievolle Behausung ihrer Ehe gemacht hatten.[10]

Aber ich weiß wohl, daß unter den vielen Millionen Menschen, die in der Welt Deutsch als Fremdsprache lernen, nur wenige Personen sind, die Deutsch wie Elias Canetti lernen und wie er zu deutschen Schriftstellern werden können. Wir wollen daher noch weiter in der Literatur Umschau halten und nach anderen Strategien gegen die Langeweile forschen, die vielleicht für den Sprachunterricht nutzbar gemacht werden können. Ich will mich aber kurz fassen und nur knapp daran erinnern, daß es, wie bei Ernst Robert Curtius[11] im einzelnen nachzulesen ist, seit alters zu den topischen Rechtfertigungsgründen des literarischen Schreibens gehört, der Langeweile *(taedium, fastidium)* entgegenzuwirken. Insbesondere das novellistische Erzählen lebt von diesem Zweck. So gehört es auch, wie Boccaccios *»Decamerone«* erkennen läßt, zum klassischen Szenarium der Novellistik, daß ein Kreis von Personen durch einen widrigen Umstand, etwa die Pest von Florenz, aus ihrer alltäglichen Handlungswelt herausgerissen und an einen ruhigen Ort versetzt wird, wo diese Damen und Herren sich nun leicht langweilen könnten, wenn sie nicht darauf verfielen, eben dieser drohenden Langeweile mit der angenehmen Kurzweil des Erzählens zu begegnen[12]. Auch Thomas Manns »Zauberberg« spielt in einer nicht ganz unähnlichen, weil ebenfalls der alltäglichen Geschäftigkeit enthobenen Eigenwelt, der die ödeste Langeweile drohte, käme nicht durch die Zauberei des quasi-poetischen Krankheitszustandes ein ganz anderer Zeitsinn zustande, unter dessen Herrschaft die Zeit selber aus dem Maß gerät und zu phantasieren anfängt: »Kurzweilig und langweilig, wie Sie nun wollen«[13]. Von diesem subtilen narrativen Lehrstück über Langeweile und Kurzweil wollen wir schließlich noch einmal in der Zeit zurückschreiten und – unter schmerzlichem Verzicht auf Prousts Romanwerk und alle Formen des Spleen, Ennui und Weltschmerzes – nur noch einen kurzen Blick auf jenen Roman werfen, der die Langeweile in der reinsten Form zu seinem Gegenstand gemacht hat. Ich denke jetzt an den langweiligsten aller Romanhelden der Weltliteratur, Ilja Ilitsch Oblomov, in dem gleichnamigen Roman des russischen Romanciers Gontscharow, der den größten Teil der Romanhandlung in vollkommener Trägheit auf seinem Bette liegend absolviert. Er tut gar nichts oder fast gar nichts und ist in seinem Tätigkeitsdrang schon voll ausgelastet durch die Vorstellung seiner Phantasie, er müsse irgendeiner Lydia wohl zehn beflissene Höflichkeitsbesuche machen. Bei diesem Gedanken sinkt er sogleich wieder gelangweilt auf sein Bett zurück. Für die Leser des Romans aber ist dieser geniale Langweiler wahrscheinlich ein höchst kurzweiliges Phänomen, und sogar die Literatursoziologen kommen noch auf ihre Kosten, weil sie in Ilja Ilitsch Oblomov die Funktionslosigkeit des russischen Adels in der Spätzeit der zaristischen Gesellschaft wiedererkennen können[14].

Wir wollen aus diesen kurzen Betrachtungen zur Literaturgeschichte der Langeweile resümierend den folgenden Schluß ziehen:
Die Literatur empfiehlt als Heilmittel gegen die Langeweile vorzugsweise – Literatur[15]. So sollte man nun auch erwarten, daß der
Sprachunterricht, wenn er aus den skizzierten Gründen permanent
von der Langeweile bedroht ist, sich mit der Literatur verbünden
würde, um auf diese Weise ein geeignetes Gegenmittel gegen diese
Gefährdung ständig bei sich zu haben. Das ist auch tatsächlich
lange der Fall gewesen, und schon in der spätantiken und mittelalterlichen *ars grammatica* gehört die Lehre der Grammatik mit der
Lektüre und Erklärung der Dichter untrennbar zusammen. So hat
es dann später die philologische Tradition bestätigt, bis sich diese
Verbindung in der neueren Zeit gelockert oder ganz gelöst hat. In
der neuesten Zeit tut sich der Sprachunterricht hier und dort sogar
allerhand darauf zugute, daß er nunmehr der Literatur und allen
schönen Künsten weit entwachsen ist und endlich auf seinen eigenen Wissenschaftsbeinen steht.

Dies ist jedoch eine Entwicklung, die nicht erst die letzten Jahre
kennzeichnet, sondern sehr viel früher eingesetzt hat. Ich kann nun
hier nicht im einzelnen die Wege einer Realienpädagogik nach-
zeichnen, deren Bewegungsrichtung insgesamt durch die Formel
»von den Wörtern zu den Sachen« beschrieben werden kann. Es
mögen daher einige Hinweise genügen, die erkennen lassen, daß
diese Entwicklung mit allerhand Verheißungen einer Kurzweil
ganz anderer Art zusammengeht. Ich will hier rasch noch einmal in
die Zeit Goethes zurückkehren, die ja auch die Zeit Pestalozzis
war. Denn in dieser Zeit setzte eine pädagogische Reform ein, die
sich unter anderem das Ziel steckte, dem Unterricht, zumal dem
Sprachunterricht, das Odium der Langeweile zu nehmen[16]. Goethe
selber, der in »Wilhelm Meisters Wanderjahren« die bekannte
Utopie der Pädagogischen Provinz entwirft, denkt sich dort eine
besondere Kurzweil aus, die darin besteht, den Sprachunterricht
mit der Reitkunst und mit allerhand anderem ebenso nützlichen
wie heiteren »Getümmel« zu verbinden, so daß man unter diesen
»reitenden Grammatikern« nicht einmal die Pedanten herausfin-
den kann, die es doch nach Goethes Meinung auch unter ihnen
geben muß[17].

Wir Linguisten sind alle in neuerer Zeit – unter wechselnden
Bezeichnungen – reitende Grammatiker geworden und reiten

226

allerhand Steckenpferde, von denen der eine dieses, der andere jenes für ganz besonders geeignet hält, der immer drohenden Langeweile des Sprachunterrichts im Galopp zu entfliehen. Ich will in einer kurzen Übersicht nur die letzten Renner nennen, auf die wir in der Linguistik und Fremdsprachendidaktik in jüngster Zeit besonders verfallen sind[18].

Wir haben beispielsweise, um in den fünfziger und beginnenden sechziger Jahren anzusetzen, die audio-linguale und audio-visuelle Methode erfunden. Das war – und Goethe hätte dem zustimmen müssen – ein Versuch, den Unterricht in der Fremdsprache nicht über Regeln und Übersetzungen aus der Muttersprache abzuleiten, sondern ihn von Anfang an hörend und sprechend, ja auch sehend in der Fremdsprache abzuhalten, so daß die Lernenden sogleich in eine Situation versetzt werden, als seien sie in einem fernen Land ungeschützt der fremden Sprache ausgesetzt. Die Fortschritte der elektronischen Unterrichtstechnologie, insbesondere die Erfindung des Sprachlabors, erlaubten sodann, mit wissenschaftlicher Deckung durch den taxonomischen Strukturalismus und den Behaviorismus, die Regeln der Grammatik in Drillübungen zu materialisieren. Die dabei aufs neue drohende Langeweile wurde – so hoffte man – durch den Reiz der raffinierten Technologie abgefangen. Den Kopfhörer übergestülpt und an den Schaltknöpfen aufwendiger Geräte sitzend, mußten sich die Sprachschüler doch wohl, wenn schon nicht als reitende Grammatiker, so doch als Mitinhaber und Mitbeherrscher unserer technischen Zivilisation fühlen und nun bitte keine Langeweile mehr zeigen – was sie aber leider dennoch taten.

Die Sprachlehrer sind dann seit der Mitte der sechziger Jahre, gestützt diesmal auf die Wiederbelebung der rationalen und Erfindung der generativen Grammatik, fast ebenso entschlossen aus dem Sprachlabor wieder ausgezogen, wie sie zehn Jahre früher hineinmarschiert waren. Die unnatürlichen Drillübungen wurden nun wieder durch kognitive Regeln, ja möglichst Gesetze zur Beschreibung der sprachlichen Kompetenz ersetzt, und vor allem die Terminologie wurde von Grund auf umgeschrieben. Die älteren Lehrer stöhnten, die jungen triumphierten, und in Cambridge, Massachusetts, hatte man endlich auch wieder ein richtiges Schulhaupt. Das währte rund zehn Jahre. Dann verflog dieser rationale Rausch, und für die Didaktik stand fest: Die generative Grammatik – welche Verdienste auch immer sie sonst haben mag – ist auf den Sprachunterricht nicht anwendbar. Das aber warf insgesamt einen Schatten auf die »Systemlinguistik«, wie man bald immer häufiger und mit pejorativer Bedeutungsnuance sagen hörte. Inzwischen hatte auch die Studentenrevolte stattgefunden, und manche Linguisten wollten für einige Zeit gar nichts mehr mit dem Reden und Schreiben, sondern nur noch mit dem Handeln zu tun haben. Diese Jahre veränderten tatsächlich, wie man weiß, die politische und wissenschaftliche Landschaft in der Bundesrepublik, allerdings auch wieder nicht so eingreifend, wie manche Veränderer gewollt und gehofft hatten. Und so mußten nach einiger Zeit alle wieder an die Schreibmaschinen oder die Tonbandgeräte zurückkehren. Nicht jedoch ohne nostalgische Erinnerung an die große entweder erlebte oder verpaßte Zeit des Handelns kehrten sie an die wissenschaftliche Arbeit zurück, und es entstand – mit Blick zunächst auf Frankfurt, dann auf Starnberg – die Handlungs- und Pragmalinguistik. Sie nahm Elemente der Textlinguistik und Soziolinguistik auf und konnte sich auch, gestützt auf den vermittelnden Begriff des »kommunikativen Handelns« (Habermas)[19], Kommunikations-Linguistik nennen. Chomskys Begriff der sprachlichen Kompetenz wurde nun alsbald durch den der kommunikativen Kompetenz ersetzt, und damit ist zugleich das oberste Lehr- und Lernziel der Pragmadidaktik bezeichnet, die sich eine Zeitlang in der Sprachdidaktik als herrschende Lehre etabliert hat. Die Pragmadidaktik will die Sprachen – und zwar sowohl die Erstsprache als auch die verschiedenen Fremdsprachen – als kommunikative Erscheinungsformen des Handelns lehren. Sie beläßt daher die sprachlichen Erscheinungen, die Gegenstand der Sprachlehre werden sollen, in ihren natürlichen Texten und Situationen, mit einem gern zitierten Wort von Wittgenstein: in ihren Sprachspielen, oder mit einem weniger gern zitierten Wort der Theologen: an ihrem Sitz im Leben, und sie versucht überhaupt, die grammatische Progression des Sprachunterrichts durch eine Progression von situationsspezifischen Sprechakten zu ersetzen. Die Kapitel der neuesten Sprachlehrwerke sind folglich nicht mehr überschrieben: Das Substantiv – Der Artikel – Das Adjektiv – Die Präpositionen usw., sondern etwa: Um Auskunft bitten – Einen Rat erteilen – Versprechungen machen – Gegen erlittenes Unrecht protestieren usw. Die Frage nach Richtig oder Falsch wird dabei stark zurückgedrängt, und die allerkühnsten Normenstürmer wollen sie sogar, gestützt auf einige allerdings viel vorsichtigere Überlegungen in Austins schönem Buch »How to do things with words«[20], ganz durch die Begriffe des kommunikativen Erfolgs oder Mißerfolgs ersetzen. Man versteht, daß die Pragmadidaktik einiges Pathos darauf verwendet, sich sowohl von der alten Regelgrammatik als auch von der audio-lingualen Methode als auch schließlich von jeder Art Systemlinguistik abzusetzen, und man begegnet bereits einigen Eiferern, die dies so gründlich besorgen, daß Austins berühmte Frage »How to do things with words?« hier und dort wieder auf die Trivialität reduziert wird: »How to do things?« Da haben wir sie wieder vor uns, die Sachen, die wir nach dem Willen mancher Pragmadidaktiker gar nicht schnell genug erreichen können, um handelnd von der Sprache den gleichen Gebrauch zu machen, den die Menschen natürlicherweise von ihr machen. Am liebsten würden diese Didaktiker wohl aus lauter Ungeduld, das Medium Sprache immediat zu durcheilen, die Kapitel der Grammatik ganz in Handlungssituationen auflösen, wie sie das Leben bereithält. In der letzten Konsequenz ihrer Zielprojektionen fällt jedenfalls für die Pragmadidaktik der gesteuerte Spracherwerb der Schule mit dem ungesteuerten Spracherwerb des Lebens zusammen, und das Problem der Langeweile ist somit auch perfekt gelöst[21].

Darf ich an dieser Stelle wohl anmerken, daß wir mit dieser hochmodernen Pragmadidaktik gar nicht so weit von Goethes Pädagogischer Provinz entfernt sind? Denn jene »reitenden Grammatiker«, die ich eingangs zitiert habe, sollten die grammatische Kunst nach Goethes Willen keineswegs mit dem bloßen Getümmel des Reitsports verbinden, sondern vielmehr zugleich mit dem Sprachlernen den ernsthaften Beruf des Pferdezüchters und Hüters der Herden ausüben, um auf diese Weise die leider so handlungsferne Grammatik fest im tätigen Leben zu verankern. Wenn das bei Goethe utopisch war, wie realistisch ist dieses Ziel dann in der heutigen Didaktik zu nennen?

Denn wir können ja, außer in der pädagogischen Utopie, die Schulen nicht abschaffen. Wir können allenfalls versuchen, wie Hartmut von Hentig[22] in vorsichtigem Anschluß an Ivan Illichs verwegene Thesen empfohlen hat, die Schulen und die anderen Unterrichtsstätten im Rahmen des Möglichen zu »entschulen«. Aber täuschen wir uns nicht: Auch wenn man eines Tages in all unseren Schulen, was sicher zu wünschen ist, das höchst pragmatische Tischlern und Schlossern, das Weben, Drucken und Programmieren lernen kann, so bleiben diese Fertigkeiten doch notwendig ein Probehandeln, das vom Ernstfall des Handelns in der Welt notwendig weit entfernt ist, weil kein Schüler auf diesem Lernhandeln seine Existenz gründen muß. Um wieviel mehr gilt das vom Sprachunterricht, wenn man ihn im Sinne der Pragmadidaktik als kommunikatives Handeln verstehen will. Der Unterricht kann hier erst recht, wenn er nicht ständig sich und seine kleine Welt selber bespiegeln will, den Ernstfall verantwortlichen Redens und Schreibens, einschließlich aller kommunikativer Aufstände, nur proben. Ich bin also der Ansicht, daß die Pragmadidaktik, wenn sie das Vertrauen der Lernenden nicht verscherzen will, auf keinen Fall das Als-ob vertuschen darf, durch das sich das spielerische Probehandeln der Schule vom echten Handeln und seinem wirklichen Sitz im Leben unterscheidet. Denn der Ernstfall des Handelns ist nur dann gegeben, wenn die Konsequenzen des Handelns individuell zugerechnet werden. Das ist (wenn ich hier von dem aufgepfropften Zurechnungssystem der Zensuren und Zeugnisse absehen darf) in der gesellschaftlichen Schutzzone Schule nicht der Fall.

Diese Überlegungen, die für die Anstrengungen der Pragmadidaktiker (unter Einschluß des Autors der »Wanderjahre«) zwar viel Sympathie, aber auch einige Skepsis aufbringen, waren mir vor einer Reihe von Jahren noch nicht so klar, als ich nämlich den Plan faßte, für den Westdeutschen Rundfunk einen Sprachkurs zu entwerfen, der das Ziel haben sollte, die deutsche Sprache unter pragmatischen Bedingungen lehrbar zu machen. Meine Absicht war, für bestimmte Phänomene der deutschen Grammatik überzeugende Korrelationen zu bestimmten Situationen zu finden, in denen die deutsche Sprache in charakteristischer Weise gebraucht wird. So kann man beispielsweise dem Konjunktiv in der deutschen Sprache die wichtige Funktion zuschreiben, im öffentlichen Kommunikationswesen zwischen eigenen und referierten Meinungen zu unterscheiden. Da es nun damals gerade die Zeit der Bundestagswahl von 1969 war, in deren Folge die sozial-liberale Koalition an die Macht kam, schnitt ich in der Wahlnacht einige Äußerungen führender Politiker im Originalton mit. So hatte ich ein kleines Corpus von Äußerungen, die in ihrer sprachlichen Form durch den Indikativ gekennzeichnet waren. Am darauffolgenden

Morgen schnitt ich desgleichen aus den Nachrichtensendungen verschiedener Sendeanstalten alle diejenigen Meldungen mit, in denen die Äußerungen der Politiker aus der Wahlnacht referiert wurden. Als referierte Meinungen waren sie durchgängig durch den Konjunktiv (und einige andere Referenzsignale) gekennzeichnet. Der Sprachkurs war nun so angelegt, daß er die Funktion des Konjunktivs von derjenigen Bedeutung her aufschlüsseln sollte, die er in den Nachrichten von jener denkwürdigen Wahlnacht gehabt hat.

So entstand eine Pilotsendung, auf die ich nicht wenig stolz war. Bevor aber nach diesem Muster die ganze Sendereihe gemacht wurde, gab ich die Pilotsendung in die Erprobung bei verschiedenen Adressatengruppen, von der Schule bis zur Bundeswehr. Zu meiner großen Verblüffung fiel die Sendung bei allen Probanden vollständig durch. Es zeigte sich nämlich, daß mit dem Material der Sendung bei allen Gruppen zwar sogleich eine höchst lebhafte Diskussion über das Für und Wider der politischen Wende einsetzte, daß es aber aus eben diesem Grunde unmöglich war, das Interesse der präsumtiven Sprachschüler wieder zur Sprache und zum Konjunktiv zurückzulenken. Meiner pragmadidaktischen Verbindung der Wörter und der Sachen, extrem zugespitzt auf die Verbindung des Konjunktivs mit einer dramatischen Bundestagswahlnacht, war es also zwar zweifellos gelungen, jede Spur von Langeweile zu vertreiben, aber gleichzeitig war das solcherart erzeugte Interesse völlig außer Kontrolle geraten und zu den Sachen hin gleichsam durchgebrannt.

Der Fehlschlag dieser Pilotsendung war für mich ein didaktisches Schlüsselerlebnis. Nicht nur die geplante Sendereihe habe ich nicht produziert, sondern ich habe mich seitdem auch bei der weiteren Beobachtung der Pragmadidaktik mit wachsender Skepsis gefragt, welche gefährliche Allianz der Sprachunterricht eingeht, wenn er sich ohne Vorbehalt mit dem Sachunterricht verbündet. Ganz kann er ohnehin nicht zum Sachunterricht werden, und erst recht macht er sich überflüssig, wenn er auf jede Steuerung des Unterrichtsgeschehens verzichtet und alles der ungesteuerten Kommunikation überläßt. Man kann sich darauf verlassen, daß dann die Transitivität der Sprache voll ihr Recht fordert und die Sprache immer zugunsten irgendeiner interessanten Sache ins Unrecht setzt.

Ich habe nun soeben mehrfach das Wort Interesse verwendet, das natürlich als Gegenspieler der Langeweile hier nicht ungenannt bleiben darf. Es ist aber gar nicht so selbstverständlich, im Kontext der modernen Didaktik von Interesse zu reden. An der Stelle, wo man dieses Wort vielleicht erwartet, findet man in neueren Abhandlungen zur Sprachdidaktik meistens das Wort Motivation, das in der Motivations-Psychologie eine starke Stütze hat[23]. Ich habe mich mit diesem Begriff der Motivation nie recht anfreunden können. Er ist ja ein eigenartig unscharfer Begriff. Er läßt nämlich bezeichnenderweise in der Schwebe, ob es sich bei dem Ausdruck »die Motivation des Lernenden« um einen subjektiven oder um einen objektiven Genitiv handelt, das heißt ob der Lernende die Motivation von sich aus in den Unterricht einbringt oder ob er erst mühsam motiviert werden muß. Die letztgenannte scheint die erstgenannte Bedeutung stillschweigend zu verdrängen. Das scheint mir aber eine höchst unglückliche Zweideutigkeit und Bedeutungsverschiebung zu sein, und ich frage mich, ob es nicht zweckmäßig ist, in diesem Zusammenhang auf den älteren und viel reicheren Begriff des Interesses zurückzugehen. Das Interesse ist, wie man weiß, ein zentraler Begriff der Anthropologie, Didaktik und Ästhetik, besonders seit dem 18. Jahrhundert. Nach Kant ist Interesse das, »womit Vernunft praktisch, d. i. eine den Willen bestimmende Ursache wird«[24]. Interesse ist für Kant also eine handlungsleitende Triebkraft. Daraus ist dann über mancherlei Zwischenstufen einerseits das bürgerlich-liberale Privatinteresse, andererseits das sozialistische Klasseninteresse geworden – Nützlichkeitswerte beide und beide auch von verschiedenen Seiten her dem Verdacht ausgesetzt, als »erkenntnisleitende Interessen« alles Streben nach der Wahrheit von vornherein abzufälschen[25].

Es ist umstritten, ob schon Kant, wie Habermas meint, oder vielleicht erst Fichte neben den vielen Formen des vitalen Interesses auch ein reines Vernunftinteresse angenommen hat. Die Kunst hat Kant jedenfalls von diesem Interesse streng ferngehalten und sie an den Rezeptionsmodus des »uninteressierten Wohlgefallens« gebunden, wofür er sich von Adorno den Vorwurf des »kastrierten Hedonismus« gefallen lassen muß, zugleich mit dessen Bekenntnis, ein interesseloses Wohlgefallen könne nur dann ästhetisch genannt werden, wenn es sich zugleich mit dem wildesten Interesse assoziiert[26]. Bei Schiller finden wir dann im Anschluß an Kant, gleichberechtigt neben dem Interesse des Verstandes, das Interesse der Einbildungskraft, und der Wert der »schönen Schreibart«, das heißt der Literatur, bemißt sich bei ihm nach dem Vermögen, zwischen dem Interesse der Einbildungskraft und dem Interesse des Verstandes spielerisch die Schwebe zu halten. Darin liegt für Schiller das schöne Spiel der ästhetischen Freiheit begründet[27].

Ich habe diese säkularen Überlegungen zum Begriff des Interesses hier deshalb ein wenig ausgebreitet, weil es meines Erachtens auch im Sprachunterricht darum geht, das Interesse in wohlüberlegter Weise zu steuern und es in eine Verfassung zu bringen, die durchaus als Schwebezustand interpretierbar ist. Denn es ist im Sprachunterricht weder zulässig, die natürliche Transitivität der Sprache zu ignorieren, noch ist es statthaft, ihr hemmungslos nachzugeben. Das eine führt notwendig in die Langeweile, das andere in die Beliebigkeit. Wir werden uns also fragen müssen, unter welchen Bedingungen der Sprachunterricht das Interesse zwischen den Wörtern und den Sachen, den Sätzen und den Handlungen in die Schwebe bringen und auf diese Weise in eine »spielende« Bewegung versetzen kann.

Ich will als erstes auf ein Verfahren zu sprechen kommen, dessen Eigenheiten insbesondere im Umkreis der literarischen Rezeptionstheorie und Wirkungsästhetik beschrieben worden sind und das auf das Spiel mit textueller *Unterdetermination* hinausläuft[28]. Die Theoretiker haben dieser Unterdetermination viele Namen gegeben, etwa Unbestimmtheit (Ingarden), Leerstellen (Iser) oder Löcher im Text (Dällenbach)[29]. Zur Beglaubigung dieses Verfahrens will ich aber auch ein Zeugnis Goethes anführen, der im Unterschied zum Naturforscher vom Schriftsteller sagt: »Dieser wird Langeweile erregen, wenn er nichts zu denken übrigläßt«[30]. Zu denken übriglassen, Unbestimmtheiten, Leerstellen, Löcher im Text lassen: Das ist nach den reich dokumentierten Beobachtungen dieser Rezeptionsforscher ein hermeneutisch gut einsehbares und historisch vielfältig belegtes Verfahren mit dem Ziel und Ende, das Interesse des Rezipienten anzuregen und eine imaginative Ergänzung des Textes zu provozieren.

Die Nähe zur Didaktik liegt hier auf der Hand. Jeder Lehrer weiß ja, welche Erfolge die Kunst des Unterrichtens mit allerhand Formen der Lückentechnik (besonders der *cloze*-Technik) schon erzielen konnte[31]. Aber es sind eigentlich bisher, soweit ich sehen kann, ziemlich mechanisch hergestellte und hauptsächlich zu phraseologischer Ergänzung auffordernde Lücken im Text gewesen, mit denen die Sprachschüler zu arbeiten hatten. Hier wartet eine einstweilen nur in elementarer Form entwickelte Methode darauf, im Kontakt mit der Rezeptions-Ästhetik und Hermeneutik zu feinerer Wirkung differenziert und somit auch für den fortgeschrittenen Sprachunterricht verwendungsfähig zu werden.

Ich gebe, um dafür eine mögliche Richtung anzudeuten, ein Beispiel und referiere es nach einem mündlichen Erfahrungsbericht, den Hans-Eberhard Piepho von einem Deutschunterricht an indonesische Sprachschüler gegeben hat. Er hat diesen Schülern, wie das ja oft geschieht, einen Text vorgelegt. Die erste Aufgabe jedoch bestand darin, daß jeder Kursteilnehmer nach seiner eigenen Wahl einen Satz dieses Textes zu streichen hatte. Es wird glaubhaft versichert, daß diese Aufgabe zu einer Explosion des Interesses geführt hat, wobei es gewiß einerseits um die mit dem Text bezeichnete Sache, eine Hotelszene, ging, andererseits aber auch um die sprachliche Form des Textes, der ja durch den verlangten Eingriff in seine glatte Gestalt in spielerischer Weise verfügbar geworden ist, da er nun »zu denken übrigläßt«.

Eine ähnliche Wirkung, wie sie durch Unterdetermination eines Textes erzielt werden kann, ist auch durch *Überdetermination* eines Textes erreichbar. Um deren Bedingungen genauer zu beschreiben, will ich auf einige sprach- und literaturhistorische Reflexionen zu sprechen kommen, die man insbesondere bei den russischen und tschechischen Formalisten findet. Diese Poetologen haben sich nämlich nicht geringe Mühe mit der Frage gegeben, was eigentlich genau einen poetischen Text von einem beliebigen Text der Umgangssprache unterscheidet. Roman Jakobsons Antwort ist am bekanntesten geworden. Sie stammt schon aus dem Jahre 1919 und lautet: »Poesie ist Sprache in ihrer ästhetischen Funktion«[32]. Die ästhetische oder auch poetische oder künstlerische Funktion der Sprache ist nach Jakobson eine sich selbst als Zweck setzende, »autotelische« Funktion, in der die alltägliche Transitivität der Sprache auf sich selber zurückgebogen ist. Anfänglich hat Jakobson in dieser Funktion, zu deren Beschreibung er sich übrigens von Novalis hat anregen lassen (der seinerseits wieder auf Kant und Schiller fußt), die erste und einzige Quelle der Poetizität gesehen;

später hat er jedoch seine Auffassung dahingehend abgemildert, daß diese Funktion nur eine, freilich eine sehr wichtige Funktion der Sprache neben einigen anderen Funktionen ist. Insbesondere hat er neben der ästhetischen Funktion, mit der die Sprache auf sinnliche Weise zu sich selber zurückkehrt, noch die metasprachliche Funktion zugelassen, mit der die Sprache auf theoretische Weise sich selber zum Gegenstand macht. Die ästhetische Funktion ist dann gegeben, wenn ein mündlicher oder schriftlicher Text in bestimmter Weise strukturell überdeterminiert wird. Rhythmus und Reim sind die bekanntesten und historisch besonders beglaubigten Formen struktureller Überdetermination. Die Bedeutungsstrukturen eines Textes werden in einem Gedicht, dessen Verse nach Rhythmus und Reim geordnet sind, von bestimmten Klangstrukturen überlagert und erhalten auf diese Weise einen ästhetischen Mehrwert, den wir Bedeutsamkeit nennen können. Es können jedoch außer Rhythmus und Reim auch vielfältigere andere morphologische, syntaktische oder figurative Strukturen sein, die in Verwirklichung der ästhetischen Funktion der Sprache den transitiven Bedeutungen der Wörter und Sätze zugelegt werden.

Roman Jakobson drückt diese Zusammenhänge in seiner Sprache folgendermaßen aus. Er sagt, daß die ästhetische Funktion der Sprache immer dann in Erscheinung tritt, wenn sprachliche Äquivalenzen von der paradigmatischen auf die syntagmatische Achse projiziert werden. Die paradigmatische Achse bezeichnet die im Gedächtnis gespeicherte Sprache mit ihren nach semantischen oder phonetischen Klassen geordneten Phänomenen. Die syntagmatische Achse ist der – mündliche oder schriftliche – Text in seinem Vollzug und seiner zeitlichen Erstreckung. Wird nun eine paradigmatisch-memorielle Klasse, beispielsweise die Klasse der Verbformen oder Präpositionen, der Vokale oder Diphthonge, so auf die syntagmatisch-textuelle Ebene projiziert, daß die strukturelle Verwandtschaft ihrer Elemente als Eigenschaft eines Textes sinnlich erfahrbar wird, so tritt damit die ästhetische Funktion der Sprache in Erscheinung. Das braucht aber nicht unbedingt in einem Gedicht zu geschehen; Caesars *veni vidi vici* und die Formel *I like Ike* aus dem Wahlkampf für Eisenhower verwirklichen die ästhetische Funktion auch ohne den Gattungsrahmen einer anerkannten literarischen Form[33]. Ganz ohne historische Voraussetzungen sind natürlich auch diese beiden Ausdrücke nicht zu verstehen; sie setzen ja viele Konventionen der Rhetorik voraus. Das gilt in erhöhtem Maß für alle Formen der Literatur, deren Poetizität allem Scharfsinn der Formalisten und Strukturalisten zum Trotz ohne ihre Geschichtlichkeit nicht adäquat bestimmt werden kann. Wir wollen eine weitere Einschränkung nicht unterdrücken. Die textlinguistische Kritik[34] hat nämlich mit Recht darauf aufmerksam gemacht, daß man ohne die Annahme von Regelmäßigkeiten, die sich als syntagmatische Ähnlichkeiten auf Grund von gemeinsamen paradigmatischen Klasseneigenschaften beschreiben lassen, überhaupt nicht verstehen kann, was einen Text eigentlich zum Text macht. Jakobson erklärt also, wenn man ihn ohne Einschränkung liest, nicht die Poetizität, sondern die Textualität eines Textes[35]. Poetizität – das ist die hier notwendige Einschränkung – kommt erst dann zustande, wenn die referierte Projektion der Äquivalenzen durch eine historisch beglaubigte, kunstvolle Überdetermination des Textes zur *auffälligen* Erscheinung erhoben und auf diese Weise bedeutsam gemacht wird. Nur dann ist nämlich gewährleistet, daß die Aufmerksamkeit mit Interesse an dieser durch ihre künstlich-künstlerische Form ausgezeichneten Sprache haftet – ohne sich jedoch auf Dauer die Transitivität zu den Sachen verwehren zu lassen.

Ich glaube, es läßt sich nicht übersehen, daß der Sprachunterricht in eben dem Maß, wie er überhaupt gesteuert vorangeht, entweder der metasprachlichen oder der ästhetischen Funktion der Sprache begegnet. Er begegnet der metasprachlichen Funktion, wenn er ganz theoretisch konzipiert ist, was nur bei wenigen Adressaten möglich und empfehlenswert ist. Wenn der Sprachunterricht sich hingegen an solche Adressaten wendet, die an einen ständigen analytischen Umgang mit der Sprache nicht gewöhnt sind, so daß ihnen die Sprachstrukturen am besten in Texten, Sprechakten und Sprachspielen sinnfällig vorgestellt werden, dann läuft der Sprachunterricht mit Notwendigkeit der ästhetischen Funktion der Sprache entgegen und erhält auf diese Weise selber eine ästhetische Dimension, die ich aber bereitwillig, wenn jemand darauf besteht, auch quasi-ästhetisch nennen will, da ihr natürlich das Insgesamt der geschichtlichen Voraussetzungen abgeht, das wir für die Literatur sonst in Rechnung stellen müssen. Gemeinsam ist aber sicherlich dem ästhetischen Verfahren der Literatur und dem quasi-ästhetischen Verfahren des Sprachunterrichts eine nicht theoretische, sondern sinnliche Reflexivität, durch die Interesse für die Sprache erzeugt, Interesse für die Sache jedoch nicht ausgeschlossen wird.

Ich will mich an dieser Stelle mit zwei Beispielen verständlich machen, die sich besonders für solche Unterrichtsphasen eignen, in denen elementare Sprachstrukturen durch häufige Wiederholungen eingeübt werden müssen. Wenn diese nicht durch *pattern drill* mechanisch eingeschliffen werden sollen, dann empfiehlt es sich hier, für die Zwecke des Fremdsprachenunterrichts auf solche hochstrukturierten Textgebilde zurückzugreifen, wie sie in den Schulen der Konkreten Poesie geschrieben oder vielmehr »konstruiert« worden sind. Hier sind bereits einige recht überzeugende Versuche gemacht worden, und es liegen sogar schon Lesebücher mit konkreten Gedichten für Zwecke des Sprachunterrichts vor[36]. In der Tat sind viele konkrete Gedichte, die ja die ästhetische Funktion im Sinne von Roman Jakobson zu ihrem einzigen poetischen Prinzip gemacht haben, für Annäherungen an die Sprachdidaktik besonders geeignet[37]. Manche konkrete Gedichte – ich lasse die Frage offen, ob es die besten sind – lesen sich nicht nur wie, sondern *sind* grammatische Paradigmen. So beispielsweise ein Gedicht von Franz Mon, das lautet:

> ein solcher mann
> eines solchen mannes
> einem solchen manne
> einen solchen mann
>
> solche männer
> solcher männer
> solchen männern
> solche männer[38]

Was ist daran? Was unterscheidet dieses Gedicht von einem beliebigen grammatischen Paradigma zur Einübung der Kasus? Nichts als der kleine Reiz einer genau kalkulierten Wortwahl, in der sich die Motorik des Paradigmas mit einer wohldosierten Transitivität kunstvoll verbindet, so daß diese einfache poetische Form auf den Leser vielleicht nicht schwächer wirkt als ein langer Traktat über die abzuschaffende Herrschaft der Männer. Warum sollen wir also nicht mit unseren grammatischen Paradigmen (die vielleicht ganz anders aussehen) ähnliche »irritations-ästhetische« Wirkungen suchen?

Ein weiteres Beispiel des gleichen Typus entnehme ich einem didaktischen Vorschlag zur Behandlung der Interjektionen im Sprachunterricht. Der Autor, Alfred Angermeyer, lehrt die deutschen Interjektionen unter anderem mit dem folgenden poetischen Text, den Rudolf Otto Wiemer unter dem Titel »empfindungswörter« geschrieben hat[39]:

> aha die deutschen
> ei die deutschen
> hurra die deutschen
> pfui die deutschen
> ach die deutschen
> nanu die deutschen
> oho die deutschen
> hm die deutschen
> nein die deutschen
> ja ja die deutschen[40]

Auch dieses Gedicht, das übrigens von Sprachschülern leicht weitergeschrieben oder umgeschrieben werden kann, verteilt ein grammatisches Paradigma, eben das der Interjektionen, nicht wie ein Zufallsgenerator auf den Text, sondern stellt es den Lesern dicht und auffällig und natürlich nicht ohne irritative Absichten vor Augen, was sicherlich auch der deutschen Landeskunde zugute kommt – man könnte ja, um das Gedicht minimal zu interpretieren, Jahreszahlen neben die Verse setzen.

Unterdetermination und Überdetermination, diese beiden Verfahren nicht-alltäglicher Textbildung, haben beide gemeinsam, daß sie dem Normalfall gewöhnlicher Determination zur einen oder zur anderen Seite hin aus dem Wege gehen und gerade nicht die platte Natürlichkeit des Sprachgebrauchs anstreben. Was die Literatur betrifft, so ist diese Form des kunstvoll-künstlichen Umgangs mit der Sprache ausdrücklich zum Kriterium für literarischen Sprachgebrauch erhoben worden. So hat Viktor Šklovskij bereits 1916 die Sprache der Dichtung eine künstliche Sprache genannt, die gegenüber der Alltagssprache die Qualität der Fremdheit hat. Sie ist, so schreibt Šklovskij, eine harte, schwierige, erschwerte, ja »verbogene« Sprache. Der Adressat des literarischen Textes erlebt diese

Verbogenheit als Widerstand bei der Rezeption des Textes. Die Rezeption wird künstlich verlangsamt. Bremsung und Verzögerung charakterisieren für Šklovskij das allgemeine Gesetz der Poesie und der Kunst. »Der verschlungene Weg, der Weg, auf dem der Fuß die Steine spürt, der zum Ausgangspunkt zurückführende Weg – das ist der Weg der Kunst«[41]. Auch dieser Weg führt irgendwann zu den Sachen oder doch wenigstens an ihnen vorüber. Aber die Sachen, die die Welt bedeuten, erscheinen bei diesem künstlerischen Verfahren in dem besonderen Licht der Verfremdung (ostranenie). Erschwert und nur mit Verlangsamung der Wahrnehmung zugänglich gemacht, zeigen sie sich befreit vom Rost der Routine und Automatismus der Alltäglichkeit. Sie erlauben auf diese Weise der Wahrnehmung, »ihre höchstmögliche Kraft und Dauer zu erreichen«. Dem Dichter, so schreibt Šklovskij weiter mit Blick auf Tolstoj, gelingt es daher mit dem Verfahren der Verfremdung, die Gegenstände so zu beschreiben, als würden sie zum ersten Mal gesehen, und die Ereignisse so darzustellen, als fänden sie zum ersten Male statt[42].

Nun läßt sich gewiß die Fremdheit, die durch die willentliche Verfremdung der Gegenstände in der Literatur kunstvoll erzeugt wird, nicht ohne weiteres mit der Fremdheit gleichsetzen, die durch die unwillentliche Fremdstellung der Gegenstände in der Fremdsprache naturwüchsig gegeben ist. Denn natürlich kann es nicht Aufgabe des Fremdsprachenunterrichts sein, noch mehr Fremdheit zu erzeugen, als ihm ohnehin durch die Bedingungen der fremden Sprache und der fremden Kultur schon vorgegeben ist. Notwendige Aufgabe des Fremdsprachenunterrichts ist daher selbstverständlich, diese Fremdheiten abzubauen. In diesem Sinne laufen die Intentionen der Didaktik denen der Ästhetik zuwider.

Das ändert aber nichts an der Tatsache, daß der Fremdsprachenunterricht, solange er noch auf dem Wege zu dem Ziel völliger Vertrautheit mit seinem Gegenstand ist, unter dem Gesetz der Fremdheit steht und den hermeneutischen Bedingungen des Umgangs mit Fremdheit unterworfen ist, wie sie von Hegel, Schleiermacher, Gadamer für die philosophische Hermeneutik und von Dietrich Krusche für den Bereich Deutsch als Fremdsprache ausführlich behandelt worden sind[43].

Aus diesen Überlegungen zur Hermeneutik der Fremdheit scheint mir mit Evidenz der Schluß ableitbar zu sein, daß in der

Fremdstellung der Gegenstände, unabhängig davon, ob sie kunstvoll gesucht oder naturwüchsig gegeben ist, nicht nur Hindernisse, sondern auch Chancen der Wahrnehmung zu sehen sind. So hat es auch Max Frisch bestätigt, der in seiner Novelle »Montauk« davon berichtet, wie er mit einer geliebten Frau Englisch redet: »Froh um die Fremdsprache, die ihm das Gefühl gibt, er sage alles zum ersten Mal«[44]. Das entspricht wörtlich den Bemerkungen von Šklovskij zur Leistung des verfremdenden Verfahrens in der Literatur.

Die Sprachdidaktiker, die ja mit der Ästhetik und Hermeneutik nur frostige Beziehungen unterhalten, haben jedoch bisher in der Fremdheit ihres Gegenstandes hauptsächlich ein leidiges Informationsdefizit gesehen, so daß man diese natürliche Widersacherin des Sprachunterrichts am besten mit Informationsmassen einschüchtert. Eine genaue Statistik des Außenhandels der Bundesrepublik Deutschland oder eine zuverlässige Dokumentation zum Verkehrsaufkommen bei der sommerlichen Reisewelle, solche harten Informationen schon in die ersten Lektionen des Sprachunterrichts eingeblendet: das muß doch jedem Ausländer einen tüchtigen Informationsschub verschaffen! Und wenn man dann auf diese Weise Lektion um Lektion die Alltagswirklichkeit der Bundesrepublik durchgearbeitet hat, dann muß der Adressat doch am Ende ein »realistisches und differenziertes«, jeder Fremdheit entkleidetes Bild unseres Landes haben.

Ich fürchte, daß auf diese Weise genau das Gegenteil bewirkt wird. Ein Deutschlandbild, das aus bloßen Informationsquanten zusammengesetzt ist, wird jedem Fremden dieses Land erst recht fremd machen, im Grenzfall sogar einen Fremdheitsschock auslösen. Es kommt statt dessen darauf an, alle Sachinformationen, insbesondere solche landeskundlicher Art, die mit dem Sprachunterricht verbunden werden sollen, auf das sparsamste zu dosieren und so kunstvoll zu inszenieren, wie man es von den schönen Künsten *und nur von ihnen* lernen kann. Denn die Information muß auf jeder Stufe des Unterrichts der Imagination und dem Interesse als höherrangigen Prinzipien untergeordnet werden. Imagination und Interesse aber werden durch eine gewisse Dosis Fremdheit nicht etwa beeinträchtigt, sondern begünstigt. Denn Fremdheit, aber eine wohldosierte Fremdheit, eröffnet, wie wir gesehen haben, die Chance einer verlangsamten und eben durch die Verlangsamung vertieften und intensivierten Wahrnehmung. Zumal ein so komplexer und sich dem rationalen Zugriff entziehender Gegenstand wie Deutschland, wenn er im Sinne einer sicherlich wünschenswerten Landeskunde mit dem Sprachunterricht verbunden werden soll, ist wahrscheinlich überhaupt nur unter diesen hermeneutischen Bedingungen wahrnehmbar und mitteilbar.

Es scheint mir daher für den Fremdsprachenunterricht keine zwingende Methode zu sein, alle Anstrengungen darauf zu richten, daß die Fremdheit seiner Gegenstände möglichst rasch und möglichst restlos vernichtet wird. Da die Aufhebung aller Fremdheit im Modus vollkommener Vertrautheit ohnehin erst am Ende, am idealen und vielleicht nie ganz erreichten Ende des Lernprozesses steht, scheint es mir ein Gebot realistischer Didaktik zu sein, auf dem langen Weg dahin mit der Fremdheit zu paktieren und aus ihr, solange sie besteht, alle Vorteile zu ziehen, die dieser interessante Zustand seinen Liebhabern freigebig gewährt. Um den Pakt mit der Fremdheit jedoch schließen zu können, ist es erforderlich, daß die zukünftigen Sprachlehrer nicht nur solide linguistische, sondern auch subtile literarische Kenntnisse erwerben, wozu nicht nur, was sich von selber versteht, Belesenheit gehört, sondern auch Einsicht in die Bedingungen literarischer Kommunikation, wie sie in der Hermeneutik, Rezeptionsästhetik sowie in den Schulen der formalen und strukturalen Literaturbetrachtung gewonnen worden ist. Und selbst wenn man im Sprachunterricht, was bei bestimmten Zielgruppen berechtigt ist, nur die Alltagssprache lehren will und dabei dennoch, wenn ich es noch einmal mit einem Wort Goethes sagen darf, »der unendlichen Langeweile des täglichen Lebens«[45] zu entgehen wünscht, so gehört zu diesem Geschäft als didaktisches Rüstzeug auch eine Ästhetik des Alltags[46]. Ich bin also insgesamt der Ansicht, daß wir uns von der weiteren Entwicklung der Didaktik eine Literarisierung oder Reliterarisierung des Sprachunterrichts wünschen müssen, damit wir nicht nur die Sprachen mit Interesse sprechen, sondern auch unsere Umwelt mit Überraschung sehen lernen.

ANMERKUNGEN

1 Vgl. G. Zimmermann: Grammatik im Fremdsprachenunterricht. Frankfurt/M. 1977, bes. S. 80, mit Hinweisen auf Erhebungen von H. Heuer und H.-E. Piepho und weiterführenden Literaturangaben; ferner J.-M. Zemb: Natur, Kunst und Situation. Situativer Französischunterricht. München 1978, S. 81–84; R. Hester (Hg.): Teaching a Living Language. New York 1970, S. VII f. E. Roulet:»L'apport des sciences du langage à la diversification des méthodes d'enseignement des langues secondes en fonction des caractéristiques des publics visés«, in: Etudes de Linguistique appliquée 12 (1976), S. 43–80. Vgl. auch E. Bloch: Das Prinzip Hoffnung. Frankfurt/M. 1973, S. 23:»Das Leid in der Schule kann widerlicher sein als später irgendein anderes, das des Gefangenen ausgenommen. Daher der dem Gefangenen verwandte Wunsch, auszubrechen; da das Draußen noch undeutlich ist, wird es wunderlich.«

2 J. W. v. Goethe:»Aus meinem Leben. Dichtung und Wahrheit«, in ders.: Werke. Hamburger Ausgabe in 14 Bänden. Bd. 9: Autobiographische Schriften 1. Hamburg 4. Aufl. 1961, S. 32.

3 Vgl. A. Schöne:»Regenbogen auf schwarz-grauem Grunde – Goethes Dornburger Brief an Zelter zum Tod seines Großherzogs«. Göttingen 1979 (= Göttinger Universitätsreden 65).

4 I. Kant:»Anthropologie in pragmatischer Hinsicht«, in ders.: Werke. Bd. 12. Frankfurt/M. 1977, S. 554–557 (= suhrkamp taschenbuch wissenschaft 193).

5 O. Fenichel:»Zur Psychologie der Langeweile«, Imago 20 (1934), S. 270–281, auch in ders.: Aufsätze. Bd. 1. Olten 1979, S. 297–308.

6 W. Keller:»Zeit des Bewußtseins«, in: R. W. Meyer (Hg.): Das Zeitproblem im 20. Jahrhundert. Bern 1964, S. 44–79.

7 Vgl. H. Weinrich: Sprache in Texten. Stuttgart 1976. Kap. 5.

8 A. a. O., S. 443.

9 A. Frh. von Knigge:»Briefe über die neuere Erziehungsart«, in: F. B. Benecken (Hg.): Jahrbuch für die Menschheit. Bd. 2. Hannover 1789, S. 229–240, 343–364, 385–395.

10 E. Canetti: Die gerettete Zunge. München 2. Aufl. 1982, S. 37 f. (auch als Fischer-Taschenbuch 2083, Frankfurt/M. 9. Aufl. 1982).

11 E. R. Curtius: Europäische Literatur und lateinisches Mittelalter. Bern 9. Aufl. 1978, S. 95.

12 Vgl. W. Pabst: Novellentheorie und Novellendichtung. Zur Geschichte ihrer Antinomie in den romanischen Literaturen. Hamburg 2. Aufl. 1967.

13 Vgl. H. Weinrich:»Tempus, Zeit und der Zauberberg«, Vox Romanica 26 (1967), S. 193–199.

14 Vgl. W. Rehm: Gontscharow und Jacobsen oder Langeweile und Schwermut. Göttingen 1963. H. Rothe:»Iwan Gontscharow – Oblomov«, in: B. Zelinsky (Hg.): Der russische Roman. Düsseldorf 1979,

S. 111–133. Zum Motiv der Langeweile in der Literatur vgl. L. Völker: Langeweile. Untersuchungen zur Vorgeschichte eines literarischen Motivs. München 1975, und U. Busch:»Puschkin – Jewgenij Onegin«, in: Zelinsky, a. a. O., S. 47–68.

15 Vgl. G. Blaicher: Freie Zeit – Langeweile – Literatur. Studien zur therapeutischen Funktion der englischen Prosaliteratur im 18. Jahrhundert. Berlin 1977.

16 Der Grüne Heinrich beschreibt folgendermaßen eine Pestalozzi-Schule:»Auch die Einrichtung der Schule hatte viel Kurzweiliges« (G. Keller: Der Grüne Heinrich, Kap. 9).

17 Goethe:»Wilhelm Meisters Wanderjahre«, a. a. O., Bd. 8: Romane und Novellen 3. Hamburg 5. Aufl. 1961, S. 244 ff.

18 Vgl. auch G. Zimmermann: Grammatik im Fremdsprachenunterricht. Frankfurt/M. 1977, Kap. 1.

19 J. Habermas: Erkenntnis und Interesse. Frankfurt 1973 (auch als suhrkamp taschenbuch wissenschaft 1, Frankfurt/M. 1975).

20 J. L. Austin: How to do things with words. Oxford 1962, Paperback 1971; deutsch: Zur Theorie der Sprechakte, hg. v. E. v. Savigny. Stuttgart 1972.

21 Vgl. H.-E. Piepho: Kommunikative Kompetenz als übergeordnetes Lernziel im Englischunterricht. Dornburg-Frickhofen 1974, und R. M. Müller:»Pragmadidaktik – ein neuer Weg?«, Neusprachliche Mitteilungen 32 (1979), S. 22–28.

22 H. v. Hentig: Schule als Erfahrungsraum? Stuttgart 1973.

23 C. F. Graumann: Motivation. Frankfurt/M. 1969. H. Heckhausen: Motivation und Handeln. Lehrbuch der Motivationspsychologie. Berlin 1980. P. Keiler: Wollen und Wert. Versuch der systematischen Grundlegung einer psychologischen Motivationslehre. Berlin 1970. G. Solmecke (Hg.): Motivation im Fremdsprachenunterricht. Paderborn 1976; zur Kritik an der Motivations-Pädagogik und zur Alternative einer Pädagogik des Interesses vgl. H. Schiefele/K. Hausser/G. Schneider:»Interesse als Ziel und Weg der Erziehung – Überlegungen zu einem vernachlässigten Konzept«, Zeitschrift für Pädagogik 25 (1979), S. 1–20.

24 I. Kant:»Grundlegung der Metaphysik der Sitten«, in ders.: Werke. Bd. 7. Frankfurt/M. 1975, S. 97 (= suhrkamp taschenbuch wissenschaft 56).

25 Vgl. Habermas, a. a. O., S. 244 ff.

26 I. Kant:»Kritik der ästhetischen Urteilskraft«, in ders.: Werke. Bd. 10. Frankfurt/M. 1975, S. 287 (= suhrkamp taschenbuch wissenschaft 57); dazu Th. W. Adorno: Ästhetische Theorie. Frankfurt 1970, S. 220 ff. (auch als suhrkamp taschenbuch wissenschaft 2, Frankfurt/M. 1973).

27 F. Schiller:»Über die ästhetische Erziehung des Menschen in einer Reihe von Briefen« (bes. Fünfzehnter Brief); ferner:»Über die notwendigen Grenzen beim Gebrauch schöner Formen«, in ders.: Werke in drei Bänden. München 1966, Bd. 2, S. 479 ff. und S. 525.

28 Vgl. K. Maurer:»Formen des Lesens«, Poetica 9 (1977), S. 472–498.
29 R. Ingarden: Das literarische Kunstwerk (1931). Tübingen 4. Aufl.
1972. W. Iser: Die Appellstruktur der Texte. Unbestimmtheit als Wirkungs-
bedingung literarischer Prosa. Konstanz, 4. Aufl. 1974 (= Konstanzer
Universitätsreden 28). L. Dällenbach: Le récit spéculaire. Essai sur la mise
en abyme. Paris 1977.
30 Goethe:»Der Versuch als Vermittler von Objekt und Subjekt«,
a. a. O., Bd. 13: Naturwissenschaftliche Schriften. Hamburg, 3. Aufl. 1960,
S. 18.
31 Vgl. N. E. Enkvist/V. Kohonen:»Cloze Testing – Some Theoretical
and Practical Aspects«, in dies. (Hg.): Text Linguistics, Cognitive Learning
and Language Teaching. Turku 1978, S. 181–206 (= Suomen Sovelletun
Kielitieteen Yhdistyksen [AFinLa] Julkaisuja 22; mit weiterführender
Bibliographie).
32 R. Jakobson:»Die neueste russische Poesie« (1919/1921), in: W.-D.
Stempel (Hg.): Texte der russischen Formalisten. Bd. 2. München 1972,
S. 19–135; vgl. auch ders.:»Zur formalistischen Theorie der poetischen
Sprache«, in ders., a. a. O., S. IX–LIII, hier S. IX ff.; zu Jakobson ferner
E. Coseriu:»Thesen zum Thema Sprache und Dichtung«, in: W.-D. Stem-
pel (Hg.): Beiträge zur Textlinguistik. München 1971, S. 183–188. T. Todorov: Théories des symboles. Paris 1977, bes. S. 340 ff.
33 R. Jakobson:»Closing Statements: Linguistics and Poetics«, in:
Th. A. Sebeok (Hg.): Style in Language. Cambridge, Mass. 1978,
S. 350–377, hier bes. S. 358.
34 R. de Beaugrande: Factors in a Theory of Poetic Translating. Assen
1978 (= Approaches to Translation Studies 5). W. H. Koch:»Poetizität
zwischen Metaphysik und Metasprache«, Poetica 10 (1978), S. 285–341.
35 Vgl. auch P. Werth:»Roman Jakobson's Verbal Analysis of Poetry«,
Journal of Linguistics 12 (1976), S. 21–73.
36 E. R. Rinke: Literarischer Text im Unterricht. Lehrmaterialien zu
»Deutsch als Fremdsprache II«. Stuttgart 1976. E. A. Andriolo:»Die
Behandlung eines modernen literarischen Textes als Einführung brasiliani-
scher Studenten in das Studium der konkreten Poesie anhand des Gedichts
›Spielregeln auf höchster Ebene‹ von Helmut Heissenbüttel«, Dialog. Zeitschrift des Deutschlehrerseminars des Goethe-Instituts. Sonderheft
(1977), S. 6–38. S. J. Schmidt: konkrete dichtung – texte und theorien.
München 1972. G. Rückert/R. Schuler: Konkrete Poesie im 5. bis
10. Schuljahr. Textheft und Begleitheft. Dortmund 1974. R. Krechel:
Konkrete Poesie im Unterricht des Deutschen als Fremdsprache. Heidelberg 1983 (= Sammlung Groos 17). D. Krusche/R. Krechel: Anspiel.
Konkrete Poesie im Unterricht Deutsch als Fremdsprache. Bonn 1984
(Inter Nationes).
37 Vgl. auch H. Heissenbüttel:»13 Sätze über Poesie«, in ders.: Zur
Tradition der Moderne. Aufsätze und Anmerkungen 1964–1971. Neu-
wied 1972, S. 358–360, hier S. 358.

38 F. Mon: Lesebuch. Neuwied 1967, S. 15.

39 A. Angermeyer: »Die Interjektion«, Linguistik und Didaktik 37 (1979), S. 39–50.

40 R. O. Wiemer: Beispiele zur deutschen Grammatik. Berlin 1971.

41 V. Šklovskij: »Die Kunst als Verfahren«, in: J. Striedter (Hg.): Texte der russischen Formalisten. Bd. 1. München 1969, S. 3–35. Ders.: »Der Zusammenhang zwischen dem Verfahren der Sujetfügung und den allgemeinen Stilverfahren«, in Striedter, a. a. O., S. 36–121. Zur Methodik der Verlangsamung im Sprachunterricht vgl. auch G. Zimmermann: »Integrierungsphase und Transfer im neusprachlichen Unterricht«, Praxis des neusprachlichen Unterrichts 16 (1969), S. 245–260, und ders.: Grammatik im Fremdsprachenunterricht, Frankfurt 1977, S. 93 ff.

42 Šklovskij, »Kunst«, a. a. O., S. 17 u. 31.

43 D. Krusche: Japan – konkrete Fremde. Eine Kritik der Modalität europäischer Erfahrung von Fremde. Stuttgart 2. Aufl. 1983. Ders.: »Die Kategorie der Fremde – Eine Problemskizze«, in: A. Wierlacher (Hg.): Fremdsprache Deutsch. Bd. 1. München 1979, S. 46–56 (= UTB 912). Vgl. auch K. Stierle: »Über die Notwendigkeit des Lesens in fremden Sprachen und die Didaktik seiner Vermittlung«, in: Verfall der Lesekultur? Bonn o. J., S. 149–163.

44 M. Frisch: »Montauk. Eine Erzählung« (1974/75) in ders.: Gesammelte Werke in zeitlicher Folge 1968–1975. Bd. 6, 2. Frankfurt/M. 1976, S. 683.

45 Goethe: »Aus meinem Leben«, a. a. O., S. 287.

46 H. Lefebvre: Das Alltagsleben in der modernen Welt. Frankfurt/M. 1972. Ders.: Kritik des Alltagslebens, hg. von D. Prokop. 3 Bde. München 1974/75.

Literatur im Fremdsprachenunterricht –
ja, aber mit Phantasie

Literatur im Fremdsprachenunterricht – das ist, wie die deutschen Professoren zu sagen pflegen, eine *crux*. Ein Kreuz ist das mit der Literatur im Fremdsprachenunterricht aus verschiedenen Gründen, vor allem aber deshalb, weil die Ziele des Fremdsprachenunterrichts und die des Literaturunterrichts nicht ohne weiteres zur Deckung zu bringen sind. Zwar gibt es in Europa für die Verbindung von Sprach- und Literaturunterricht eine gut zweitausendjährige Tradition in der Solidarität der Freien Künste, aber wer würde denn heute noch, wie es vor reichlich hundert Jahren Gustav Langenscheidt in seinen Unterrichtsbriefen zur Erlernung der französischen und der englischen Sprache getan hat, schon in der zweiten Lektion einen zeitgenössischen französischen beziehungsweise englischen Roman einführen und diesen Text dann von Lektion zu Lektion dem Sprachkurs zugrunde legen! Seine Nachfolger haben sich längst auf die Seite der Pragmatiker und Pragmadidaktiker geschlagen, die kein Hehl aus ihrer Überzeugung machen, daß auf dem geradlinigen Weg hin zur kommunikativen Kompetenz in der Alltagssprache die Literatur ein ziemlich nutzloser und von der didaktischen Vernunft kaum zu billigender Umweg ist.

Wir wollen es uns mit diesem Argument nicht zu leicht machen. Es ist ja nicht zu übersehen, daß die Literatur den Fremdsprachenunterricht tatsächlich vor erhebliche Probleme stellt und manchen Rationalisierungswünschen im Wege steht. Der Sprachunterricht *mündet* nicht einfach in den Literaturunterricht. Es gibt vielmehr, so berichten uns die Praktiker von ihren Erfahrungen mit der Literatur im Fremdsprachenunterricht, häufig so etwas wie einen Literaturschock für die Sprachschüler genau an der Stelle, wo die glatte Progression der grammatischen Lektionen abgelöst wird durch die erste Begegnung mit einem echten literarischen Text. Die klassische Form für diesen kritischen Übergang ist der Beginn der Caesar-Lektüre im Lateinunterricht. Aber Caesar ist ein Glücksfall: eine bedeutende Gestalt der Weltgeschichte und zugleich ein Autor, der vorbildlich klar und erstaunlich einfach schreibt. In den modernen Literaturen hätte man große Schwierigkeiten, wenn Autoren zu nennen wären, die für die erste literarische Lektüre aus historischen und didaktischen Gründen so geeignet sind wie der Autor des »Bellum Gallicum« und des »Bellum Civile«. Chateaubriands »Atala« beispielsweise oder Dickens' »A Christmas Carol in Prose«, von Gustav Langenscheidt für seine ersten fremdsprachlichen Lehrbriefe ausgesucht, erfüllen diese Bedingungen weder zur historischen, noch zur didaktischen Seite hin, und auch was die deutsche Literatur betrifft, so wüßte ich nicht, ob Goethes »Werther«, Thomas Manns »Tonio Kröger« oder irgendein Text von Heinrich Böll, Günter Grass oder Peter Handke für diesen Zweck so ohne weiteres zu empfehlen wären. Der Literaturschock, der bei einem dieser modernen Texte fast unausweichlich eintritt, wenn der Fremdsprachenschüler aus dem Schonraum der grammatischen Lektionen heraustritt und nun ungeschützt dem Ausdrucksreichtum der Literatursprache ausgesetzt wird, kann leicht, wie die Praktiker melden, zu einem plötzlichen Motivationsverfall nicht nur hinsichtlich der Literatursprache, sondern sogar der zu erlernenden Fremdsprache überhaupt führen.

Man muß sehen, daß dieser Literaturschock einen Sonderfall des auch sonst aus manchen Lebenskreisen bekannten Komplexitätsschocks darstellt. Der Student, der zum erstenmal eine wissenschaftliche Bibliothek betritt, erfährt einen vergleichbaren Komplexitätsschock, der sich etwa in dem verzweifelten Ausruf äußern kann: »Wer soll denn das alles lesen!« Ich bin sogar der Ansicht, daß der erwähnte Literaturschock unter heutigen Lernbedingungen schärfer, jedenfalls aber zwangsläufiger auftritt als früher. Das hat, abgesehen von den soziologischen Veränderungen der fremdsprachenlernenden Bevölkerungsschicht, zwei Gründe.

Der erste Grund liegt paradoxerweise in der Leistungsbilanz der Fremdsprachendidaktik. Der Fremdsprachenunterricht ist insgesamt effizienter geworden. Aus seiner Erfolgsbilanz will ich nur einen Gesichtspunkt herausgreifen. Die Fremdsprachenlehrer haben heute gelernt, von der Statistik einen vernünftigen

Gebrauch zu machen. Man weiß also etwa recht genau, welche Wörter und Strukturen häufiger und welche weniger häufig gebraucht werden, und jedes Lehrwerk, das auf Effizienz bedacht ist, legt seiner grammatischen und lexikalischen Progression Lernschritte von den häufigeren zu den weniger häufigen Formen zugrunde oder könnte es wenigstens tun. So finden wir in vielen Lehrwerken des Fremdsprachenunterrichts, deren Verfasser diese Kunst beherrschen und anwenden, weiche Übergänge von Lektion zu Lektion, und der Schonraum, der durch diese Progressionen bezeichnet ist, fällt heute vielfach noch schonender aus, als er früher schon gewesen ist.

Der zweite Grund für die Verschärfung des Literaturschocks unter heutigen Lernbedingungen liegt bei der Literatur. Gaius Julius Caesar, um noch einmal einen vergleichenden Blick auf den Lateinunterricht zu werfen, ist nicht nur deshalb ein glänzend geeigneter Schulautor, weil er wichtige Dinge in einfacher und klarer Form zu sagen weiß, sondern auch weil er ein Klassiker ist. Es gibt in unserer Zivilisation, und das ist ein kulturhistorisches Faktum, einen allgemeinen Konsens darüber, daß die lateinische Sprache bei Caesar, Cicero und einigen anderen, im ganzen aber wenigen Autoren der lateinischen Literatur ihren maßgeblichen Ausdruck gefunden hat. Wer die Sprache dieser Autoren kennt, kennt *die* lateinische Sprache. Nun haben natürlich auch die modernen Sprachen ihre Klassiker, und in diesem Sinne hat die italienische Sprache durch Dante, Petrarca und Boccaccio, die spanische Sprache durch Cervantes, die englische Sprache durch Shakespeare und die deutsche Sprache durch Goethe und Schiller ihr klassisches Maß gefunden. Aber all diese Sprachen sind lebende Sprachen, und im Maße wie sie leben, haben sie sich auch mit ihren literarischen Hervorbringungen von dieser Klassik entfernt, und wenn es heute um die Rolle der Literatur im Fremdsprachenunterricht geht, so wird wohl kaum ein Sprachlehrer oder Sprachlehrforscher zu finden sein, der auf die moderne und zeitgenössische Literatur verzichten will. Diese aber ist seit etwa der Mitte des 19. Jahrhunderts eine realistische Literatur geworden oder doch eine solche, die durch den Realismus hindurchgegangen ist und von ihm gelernt hat, die moderne Welt als eine komplexe Welt zu begreifen und darzustellen. Anders ausgedrückt, sie hat sich von ihrer jeweiligen Klassik unter anderem dadurch entfernt, daß sie deren Regeln und Selbstbeschränkungen, die eine gewisse Überschaubarkeit und Erwartbarkeit der klassischen Texte garantieren, nicht mehr als literarische Konventionen gelten läßt. Unter diesen gelockerten Bedingungen tritt also dem Sprachschüler, wenn man ihn mit Texten der zeitgenössischen Literatur konfrontiert, in aller Regel eine literarische Welt gegenüber, die viel ungeregelter und insofern viel komplexer ist als die Welt, die in der klassischen Literatur zur wohlgeordneten Erscheinung gebracht wurde. Zusammenfassend gesagt, kommt es also heute zu einem Literaturschock in verschärfter Form deshalb, weil der moderne Fremdsprachenunterricht in seiner ersten, der nichtliterarischen Phase wesentlich sanfter und in seiner zweiten, der literarischen Phase erheblich rauher ausfällt als unter den Lernbedingungen früherer Zeiten.

Man kann fast verstehen, daß einige Fremdsprachendidaktiker angesichts dieser Situation auf den verzweifelten Ausweg verfallen sind, diese unbequeme Literatur ganz aus dem Programm des Fremdsprachenunterrichts zu streichen. Machen wir doch, so sagen sie, wenn wir mit den sanften Progressionen des Anfangsunterrichts so manifeste Erfolge erzielt haben, den ganzen Sprachunterricht so benutzerfreundlich, und gehen wir dem Problem der Komplexität überhaupt aus dem Wege! Oder lassen wir, wenn schon Komplexität sein muß, allenfalls die rational gebändigte Komplexität der Fachsprachen zu! Ich räume ein, daß man mit solchen radikal komplexitätsabweisenden Methoden, wenn man dann eine hübsch lernschrittige Unterrichtsreihe beschreibt, gewisse Effizienzen melden kann. Ein kritischeres Bewußtsein kann sich jedoch solcher Augenblickserfolge nicht recht freuen, denn mit der Komplexität wird natürlich auch das Leben aus dem Sprachunterricht ausgetrieben. Der Komplexitätsschock wird auf diese Weise nicht etwa aus der Welt geschafft, sondern nur aus dem Unterricht eliminiert und für die Zeit danach aufgehoben, wenn nämlich die Sprache wirklich gebraucht werden soll. Ich finde eine Didaktik, die solches empfiehlt, feige. Ich bin daher der Ansicht, der Fremdsprachenunterricht sollte der sprachlichen Komplexität nicht ausweichen, sondern Methoden entwickeln, ihr zu begegnen. Für diese Aufgabe bietet sich die Literatur hervorragend an.

Ich habe hier also kein Geheimrezept anzubieten, den Literaturschock im Fremdsprachenunterricht aus der Welt zu schaffen oder ihn auf die mildeste Weise zu lindern. Die einzige Empfehlung, die ich allenfalls zu geben habe, läuft darauf hinaus, dringend davor zu warnen, die Konfrontation mit der Komplexität immer weiter hinauszuschieben und den Sprachschüler durch immer sanftere Übergänge, immer reduziertere Minimalgrammatiken, immer kümmerlichere Mindestwortschätze an ein weiches didaktisches Dahingleiten zu gewöhnen und ihn in der bösen Täuschung zu wiegen, als ob es so etwas wie sprachliche und sachliche Komplexität in der Fremdsprache gar nicht gäbe. Die Literatur, wenn wir sie hier einmal als Erscheinungsform für die Komplexität des Lebens nehmen dürfen, gehört daher nicht etwa erst in die Oberstufe oder die Mittelstufe, sondern sie gehört schon in die ersten Lektionen des Sprachunterrichts.

Das will ich noch mit einem weiteren Argument begründen. Ich glaube, alle Sprachlehrer sind sich darin einig, daß man eine Fremdsprache an Texten lernen muß. Damit sollen, wie in der Textlinguistik üblich, sowohl mündliche als auch schriftliche Texte gemeint sein. Auch Dialoge, wie sie von den jüngsten Sprachlehrwerken in einer von keiner Selbstkritik getrübten Vorliebe als ständige Lerngegenstände gewählt werden, sind in diesem Sinne Texte. Nun geht aber der Sprachschüler in der Anfangsphase des Fremdsprachenunterrichts, wie jeder weiß, mit solchen Texten, wenn er sie hört oder spricht, liest oder schreibt, ganz anders um als mit vergleichbaren Texten seiner Muttersprache. Das Rezeptions- und Produktionstempo ist gegenüber dem Umgang mit Texten der eigenen Sprache wesentlich verlangsamt. Es hieße aber die Dinge recht oberflächlich betrachten, wollte man in diesem unterschiedlichen Tempo nur eine quantitative Differenz des Mehr oder Weniger sehen. Eine genauere psycholinguistische Betrachtung dieser Bedingungen läßt erkennen, daß zwischen dem langsamen, am Anfang sogar sehr langsamen Umgang mit fremdsprachlichen Texten und dem schnellen, im Regelfall virtuosen oder sogar teilautomatisierten Umgang mit der eigenen Sprache eine psychologische Strukturgrenze verläuft, an der Quantität in Qualität umschlägt. Am Beispiel des Lesens erläutert, besagt dies, daß jemand, der – aus welchen Gründen auch immer – langsam oder sehr langsam liest, nicht nur weniger schnell liest als jemand, der einen Text mit muttersprachlicher Virtuosität aufnimmt, sondern daß er ihn auf andere Weise liest. Das läßt sich auch experimentell beobachten, wenn man etwa die Augenbewegungen des Lesenden aufzeichnet:

Sie eilen bei fremdsprachlichen Texten nicht nur in den für das Lesen charakteristischen Sakkaden von Zeichengruppe zu Zeichengruppe voran, sondern sie kehren oft in den sogenannten Regressionen zu dem bereits Gelesenen zurück und umkreisen den Text in vielgestaltigen Bewegungen.

Wie soll man nun unter diesen Bedingungen den psychischen Zustand eines Sprachschülers beschreiben, der durch die Begrenzungen seiner noch unentwickelten Interimskompetenz dahin gebracht wird, daß er bei den fremdsprachlichen Texten, die ihm sein Lehrwerk anbietet, lange verweilen muß, ohne daß diese Texte in ihrem formalen Anspruch ein solches Verweilen wert sind und entsprechend belohnen? Was ist also beispielsweise zu erwarten, wenn manche Fremdsprachenlehrer, wie es ihnen die Didaktiker um des Aktualitätswertes willen gerne empfehlen, mit Vorliebe Zeitungstexte auswählen, Texte also, die für einen besonders raschen Rezeptionsmodus, für überfliegendes Lesen nämlich, gemacht sind? Ich sehe hier davon ab, daß der angestrebte Aktualitätswert solcher Zeitungstexte eine sehr verderbliche Ware ist: Nichts ist älter als die Zeitung von gestern – Lessing ist aktueller! Der Widersinn in der Benutzung eines Zeitungstextes von gestern im Sprachunterricht von heute liegt nicht so sehr in der unwiederbringlich zerronnenen Aktualität, sondern ist rezeptionstheoretischer Natur und tritt dadurch auf, daß ein Text, der für den raschen Informationsverbrauch geschrieben wurde, einem Unterricht zugrunde gelegt wird, der zwangsläufig zu einer langsamen oder sogar sehr langsamen Rezeption nötigt. Es ist wohl unausweichlich, daß die Lernenden solchen Texten ihr Interesse entziehen und in jenen psychischen Zustand geraten, den ich an anderer Stelle dieses Buches (vgl. oben S. 221 ff.) als Langeweile des Sprachunterrichts beschrieben habe. Nur Texte, die sich durch eine exquisite Formgebung von beliebigen Alltagstexten unterscheiden, verdienen und ertragen es, langsam oder sehr langsam rezipiert zu werden, so wie es der Fremdsprachenunterricht zwangsläufig mit sich bringt. Das müssen nicht um jeden Preis fiktionale Texte sein; die Literatur hat einen weiteren Radius, als der unglückselige Begriff des Fiktionalen suggeriert. Aber ich will solche kunstvoll geformten Texte dennoch poetische Texte nennen, wenn sie im Sinne der russischen und tschechischen Poetologen die Bedingung erfüllen, die Routine der schnellen Informationsaufnahme zum Stolpern und damit zur Vernunft zu bringen. Es ist aber einsichtig, daß man Texte dieser Art in der Literatur am leichtesten findet.

Ich fasse die theoretischen Überlegungen vorläufig zusammen und sage also: Der Fremdsprachenunterricht darf der Komplexität des Lebens nicht ausweichen. Literarische Texte, mündlich oder schriftlich, bieten die beste Gelegenheit, sprachlicher und sachlicher Komplexität zu begegnen und diese Begegnung methodisch zu kontrollieren. Das muß schon im Anfangsunterricht geschehen, auch auf die Gefahr hin, daß die glatten Progressionen rauher werden. Denn kein Sprachunterricht kann auf Texte verzichten. Auch der Anfangsunterricht muß Sprache in Texten lehren. Der langsame oder sehr langsame Rezeptionsvorgang beim Umgang mit Texten am Anfang des Fremdsprachenunterrichts ist aber nur dann psychisch erträglich, wenn diese Texte einen intensiven, zwischen den Wörtern und den Sachen interessant in der Schwebe gehaltenen Umgang mit ihnen ertragen oder ihn sogar verlangen. Diese Bedingung wird nur von kunstvoll geformten und in diesem Sinne poetischen Texten erfüllt[1].

Wie sieht das alles nun in der Praxis aus? Oder muß sich hier wieder einmal eine schöne Theorie, wenn der wirkliche Sprachunterricht beginnt, vor der Praxis blamieren? Genauer gefragt: Sollen wir also jetzt zu Gustav Langenscheidt zurückkehren, der in seinen Lehrbriefen der französischen und der englischen Sprache (1856 ff.), nachdem er in der ersten Lektion jeweils seine berühmte Lautschrift eingeführt hat, schon in der zweiten Lektion mit Romantexten einsetzt? Nein, das will ich – mit allem Respekt vor Gustav Langenscheidt sei's gesagt – nicht empfehlen, wie überhaupt im folgenden keine Empfehlungen ausgesprochen werden sollen, die in die Vergangenheit des philologischen Sprachunterrichts zurückführen, sondern vielmehr solche, die in die Zukunft eines phantasievollen Sprachunterrichts vorausweisen. Als Texte nun, die gerade für die ersten Lektionen des Fremdsprachenunterrichts in Frage kommen, bieten sich zunächst höher strukturierte Gebilde an, die so beschaffen sind, daß sie einen wesentlich größeren Teil der Aufmerksamkeit der Lernenden bei den Sprachformen festhalten, und zwar auf lustbetonte Weise. Hierzu eignen sich in besonderem Maße die Texte der konkreten und visuellen Poesie, wie es bereits seit einer Reihe von Jahren von verschiedenen Autoren gefordert worden ist[2]. Davon ist bereits im Zusammenhang

einer Ästhetik der Fremdheit die Rede gewesen (vgl. oben S. 237 ff.).
Hier will ich auf die konkrete Poesie nur noch kurz zurückkommen, um zu zeigen, wie mit dieser Art Literatur auch ein Lehrprogramm der Landeskunde im Fremdsprachenunterricht mit Texten entwickelt werden kann.

Dafür eignet sich beispielsweise das Gedicht »unbestimmte zahlwörter«, das Rudolf Otto Wiemer für die Zwecke des Fremdsprachenunterrichts verfaßt hat[3]. Es lautet:

> alle haben gewußt
> viele haben gewußt
> manche haben gewußt
> einige haben gewußt
> ein paar haben gewußt
> wenige haben gewußt
> keiner hat gewußt

Ich glaube, der Text läßt folgendes erkennen: Dieses »konkrete« Gedicht ist sprachlich hochstrukturiert und dennoch nicht besonders schwierig zu verstehen, so daß es ohne weiteres auch im Anfangsunterricht verwendet werden kann. Sein Reiz liegt in besonderem Maße darin, daß die grammatische Struktur des Textes mitsamt dem grammatischen Titel einerseits eine richtige und andererseits eine falsche Spur bezeichnet. Denn der fremde Sprachschüler kann natürlich leicht aus sich heraus oder allenfalls mit leichter Hilfe seines Lehrers erkennen und ergänzen, was da zunächst alle gewußt haben und am Ende keiner mehr gewußt hat. Die poetische Leerstelle dieses Gedichts ist ein Vakuum, in das Landeskunde, sogar politische Landeskunde einströmt, ohne daß man sie ausdrücklich hineinzuschreiben braucht, wie inzwischen durch zahlreiche Unterrichtsversuche, beispielsweise von R. Spuler und R. Krechel, bewiesen ist[4]. Ich möchte jedenfalls dieses Beispiel zugleich als Hinweis darauf verstanden wissen, daß die Verbindung von Sprachunterricht und Landeskunde, wie sie zu Recht von allen Sprachlehrern als wünschenswert angesehen wird, nicht als ein Problem der Information, sondern als ein Problem des Interesses aufzufassen ist. Informationen werden heute allenthalben in Fülle und Überfülle angeboten, Interesse aber für das Land, dessen Sprache man lehrt, erzeugt man gerade nicht dadurch am besten, daß man den Sprachschüler mit noch mehr Massen von Information über dieses Land überschüttet, sondern dadurch, daß man im Sprachunterricht, die Landeskunde betreffend, Informationsabgabe und Informationsentzug sorgfältig dosiert und das Plus und das Minus kunstvoll kalkuliert.

Wird man nun wohl genügend geeignete Texte dieser Art finden, um den Sprachunterricht in der skizzierten Weise damit bestreiten zu können? Das ist zu erwarten, weil es inzwischen eine ganze Reihe von guten Editionen gibt, in denen konkrete Gedichte und andere literarische Texte, die Sprachstrukturen metasprachlich und metapoetisch thematisieren, gesammelt sind[5]. Es gibt ferner, wenn diese Bestände nicht ausreichen, die nachahmenswerte Initiative von Dieter Stöpfgeshoff, der in den siebziger Jahren für die Zwecke des deutschen Sprachunterrichts in Schweden eine Anzahl von deutschen Schriftstellern gebeten hat, jeweils einen Text zu schreiben, der ein bestimmtes grammatisches Problem berücksichtigt und sich überdies an ein begrenztes Vokabular von etwa 3000 Wörtern hält. So entstand die Anthologie »Kontakt mit der Zeit – Texte mit deutschen Wörtern«, nebenbei bemerkt die einzige Anthologie der deutschen Gegenwartsliteratur, in der Autoren aus der Bundesrepublik, aus der DDR, aus Österreich und der Schweiz gemeinsam ein Buch geschrieben haben[6]. So finden wir also in dieser Anthologie einen Prosatext von Urs Widmer unter dem Titel »Was wäre, wenn die Dichter zaubern könnten?«, und dieser Text ist, wie der Titel beinahe schon erraten läßt, zugleich ein Text mit vielen Proben zum Gebrauch des Konjunktivs in der deutschen Gegenwartssprache. Barbara Frischmuth, die einen Prosatext unter dem Titel »Wenn ich könnte, wie ich wollte« beigesteuert hat, behandelt darin gleichzeitig das Problem der Modalverben, und Michael Krügers Gedicht »TV – drittes Programm: Diderot«, das die indirekte Rede behandelt, beginnt so:

> Den Film über Diderot, sagte sie, sähe sie gerne
> noch einmal: im Fernsehen. Sie wolle dann den Ton
> abschalten und auf die Sprache der Bilder hören:
> sie könne, sagte sie, bei starker Konzentration,
> die Bilder auf der Haut spüren . . .

Schließlich will ich noch auf den Text der DDR-Autorin Helga Schubert hinweisen, der schon im Titel die Wörter und die Sachen miteinander verkoppelt, und zwar auf höchst listige Weise. Der

Text ist überschrieben:»Jugend in der DDR (und dann noch im indirekten Fragesatz)«. Eine kleine Probe aus diesem Text lautet:

Das Leben eines Jugendlichen in der DDR liegt vor ihm wie ein übersichtliches Eisenbahnnetz. Die Frage ist nur, wie die Weichen gestellt werden. Wohin die Fahrt geht. Und wer die Weichen stellt.

Deutsche Schriftsteller, so beweist die Anthologie von Dieter Stöpfgeshoff, sind also durchaus bereit, mit Sprachdidaktikern zusammenzuarbeiten und für die besonderen Zwecke des Fremdsprachenunterrichts literarische Texte eigens zu verfassen[7]. Sie sind weiterhin bereit, für diesen Zweck bestimmte Vorgaben zu akzeptieren, und scheinen diese keineswegs als Behinderungen, sondern sogar eher als Stimulantien ihrer Schreibkunst zu empfinden, wie ja auch Petrarca, Shakespeare und Rilke die strengen Regeln der Sonettkunst keineswegs als hinderlich, sondern eher als hilfreich für die literarische Invention angesehen haben. Auch bei der modernen Kooperation einiger deutscher Schriftsteller mit Sprachdidaktikern, die ihre Regeln und Progressionswünsche in diese Kooperation einbringen, scheinen die Schriftsteller sich nicht etwa zähneknirschend, sondern geradezu lustvoll diesen Vorgaben unterworfen zu haben.

Für diese Kooperation von Sprachdidaktikern und Schriftstellern gibt es nun ein weiteres, höchst aufschlußreiches Exempel. Ende der sechziger Jahre ist es im Lehrbereich Französisch als Fremdsprache zu einer interessanten Kooperation zwischen dem franko-amerikanischen Sprachdidaktiker Michel Benamou und dem bekannten französischen Schriftsteller Eugène Ionesco gekommen, die schließlich zu dem gemeinsam verfaßten Lehrwerk *»Mise en train«* geführt hat.[8] Dieses Lehrwerk dient dem Anfangsunterricht des Französischen für Sprachschüler mit Englisch als Muttersprache. Man kann sich leicht denken, und Benamou sagt es auch in seinem Vorwort, wie er gerade auf eine Kooperation mit Ionesco verfallen ist. Es ist ja bekannt, daß Ionesco seinerzeit selber versucht hat, die englische Sprache nach der Assimil-Lehrmethode zu lernen. Ich weiß nicht, wie gut oder wie schlecht Ionesco auf diese Weise Englisch gelernt hat, aber ich habe, wie inzwischen Millionen von Zuschauern in der ganzen Welt, seine Theaterstücke »Die kahle Sängerin« *(La Cantatrice chauve)* und die »Unterrichtsstunde« *(La leçon)* gesehen, in denen Ionesco die bodenlose Albernheit konventioneller Lehrbuchdialoge in die abgründige Poesie seines absurden Theaters übersetzt. Was lag also näher, so Benamou in seinem Vorwort, als diesen erfolgreichen Bühnenautor zu bitten, nun die Dialoge für ein neues Lehrwerk der französischen Sprache zu schreiben. So erhielt das Lehrwerk »*Mise en train*« zwanzig Dialoge aus der Feder von Ionesco, eigens verfaßt nach den Vorgaben der grammatischen Progression, wie sie von dem didaktischen Koautor festgelegt worden sind.

Wir wollen einen kurzen Blick auf dieses Lehrwerk werfen, beschränken uns dabei aber auf den Charakter der zwanzig Dialoge von Ionesco. Sie bilden zusammen ein kleines Bühnenstück in Fortsetzungen, mit zwei konstanten Personen namens Marie-Jeanne und Jean-Marie und einigen wechselnden Nebenfiguren, je nach dem Schauplatz der Handlung. Diese Schauplätze nun sind zugleich die klassischen Örter des situativen Sprachunterrichts, beispielsweise »Im Theater«, »Im Restaurant« und »Benutzung eines Taxis«. Aber der literarische Koautor müßte nicht Ionesco sein, wenn es in diesem Theater normal und alltäglich zuginge. Normal und alltäglich, wie in einem beliebigen Sprachlehrwerk, fängt die Übung zwar an, dann aber, ohne daß sich der beiläufige Sprachduktus ändert, gleitet der Bericht unmerklich in eine Brandkatastrophe über, die sich wie eine einfache Fortsetzung des Theaterstücks anhört: »Es war sehr hübsch, überall gab es Flammen und viele Leichen« – Ende der Lektion. Ähnlich absurd geht es in Ionescos Restaurant zu. Nachdem die Personen des Dialogs die Speisekarte studiert haben (es gibt eine eigene Speisekarte in gotischer Schrift für deutsche Touristen aus dem Mittelalter), verspeisen sie die Gerichte, deren Namen zu kennen offenbar nützlich ist. Aber nicht nur, daß sie Massen verschlingen wie Rabelais' Gargantua oder wie die verfressenen Helden des Films »*La grande bouffe*«, sondern sie verspeisen unter anderem auch »Laubsalat« *(de la salade de feuilles mortes)* und trinken Coca-Cola mit Senf von Dijon *(du coca-cola à la moutarde de Dijon)*, ohne das verwunderlich zu finden. In einem anderen Dialog werden, wie es sich anscheinend gehört, die Namen der Körperteile eingeübt. Handelnde Personen sind Marie-Jeanne und der Parfumeur. Marie-Jeanne kommt zum Parfumeur in den Laden und verlangt in genau dem beiläufigen Ton, den man sonst beim Einkaufen anschlägt,

»ein neues Gesicht, mit allem, was dazu gehört« *(avec tous les accessoires indispensables).* Und nun bekommt sie nach und nach eine Nase, nein, auf Wunsch zwei Nasen, sodann zwei Augen – oder braucht man diesmal vielleicht nur eines? Aber zwei Augen, *mindestens* zwei Augen sind besser für den Fall, daß man jemandem ein Auge zukneifen will, wozu Marie-Jeanne sogleich auch die Gebrauchsanweisung erhält. Nach diesen Erfahrungen will sie natürlich auch mehrere Münder haben, einen zum Essen, einen zum Trinken, einen zum Küssen, einen zum Kauen und einen schließlich – wir befinden uns ja im Fremdsprachenunterricht – zum Reden. Auch über das Kinn, ob in einfacher Ausführung oder als Doppelkinn, gibt es eine längere Diskussion, und schließlich empfiehlt der Parfumeur seiner Kundin (und hier läßt Ionesco einmal dem phonetischen Sprachwitz die Zügel schießen) ein drittes Kinn, um dem Ehemann etwas vorzulügen: *un troisième menton pour mentir à votre mari.* Am Ende der Lektion ist das ganze, an dieser Stelle der lexikalischen Progression normalerweise einzuübende Alltagsvokabular abgehakt, aber auf eine nicht-alltägliche Weise, nämlich nach den Spielregeln einer reich entfalteten Komik, deren Register von den vordergründigsten Wort- und Situationswitzen bis zu den hintergründigsten Absurditäten einer grotesk-verkehrten Welt reicht. Was insbesondere den letztgenannten Dialog betrifft, in dem Marie-Jeanne das Einkaufen lernt, so will ich noch darauf hinweisen, daß Ionesco, der natürlich über eine hervorragende literarhistorische Bildung verfügt, hier einem berühmten Beschreibungsmuster folgt, wie es Homer in der »Ilias« erfunden hat, als er den Schild des Achilles nicht statisch-adjektivisch beschrieben hat, wie er als fertiger Schild ist, sondern dynamisch-verbal, wie er in der Werkstatt des Hephaistos Ring um Ring entsteht. Lessing und viele andere Autoren des 18. Jahrhunderts in Deutschland und Frankreich haben diese Beschreibungskunst sehr gerühmt.

Diese Proben aus dem Lehrwerk »*Mise en train*« von Benamou und Ionesco mögen genügen, um den folgenden Satz des Vorwortes zu illustrieren: *Mise en train combines the imaginative talent of Eugène Ionesco with a systematic approach to the structure of contemporary French language.* Die Proben illustrieren weiterhin die vielleicht für alle Anhänger der Pragmadidaktik besonders wichtige Tatsache, daß diese Dialoge keineswegs aus der Alltagssprache in irgendeine abweichend-abwegige Literatursprache ausbrechen, sondern die beklemmende Poesie des Absurden im Alltäglichen und Trivialen selbst aufsuchen, so wie es wiederum das Vorwort sagt: *They are dialogues which depart from the trivial, however, dialogues which express the whimsy of the quotidian.* Schließlich scheinen die vorgeführten Proben auch noch einen dritten Satz des Vorworts zu beglaubigen, jenen nämlich, in dem Benamou von seiner Zusammenarbeit mit Ionesco berichtet: *Working with him was a delightful experience.*

Aus jüngster Zeit ist von einer weiteren interessanten Erfahrung zu berichten, die ihre Besonderheit darin hat, daß ein Autor den Grammatiker in sich selber entdeckt und einem Roman eine eigene grammatische Progression zugrunde gelegt hat. Es handelt sich um den bekannten französischen Romanautor und Wortführer des *Nouveau Roman* Alain Robbe-Grillet. Sein neuer »neuer« Roman heißt »*Djinn*« und ist 1981 erschienen.[9] Die Romane der französischen *Nouveaux Romanciers* hatten immer schon einen philologisch-hermeneutischen Einschlag, dieser nun ist ein linguistisch-didaktischer Roman. Er besteht aus acht Kapiteln, die auf die acht Wochen eines amerikanischen Universitäts-Trimesters bezogen sind. Denn die ersten Adressaten dieses Romans sind amerikanische Studenten, die Französisch lernen wollen. Ihnen zuliebe (oder ist das vielleicht alles nur ein Vexierspiel?) ist den acht Kapiteln eine im übrigen recht konventionelle grammatische Progression eingeschrieben, die beispielsweise, was die Konjugationsformen der Verben betrifft, vom reinen Indikativ Präsens im ersten Kapitel über verschiedene Zwischenstufen zum Passé simple und Konjunktiv Imperfekt im letzten Kapitel überleitet. Vom sechsten Kapitel an geht der Roman ferner von der Ich-Erzählung zur Er-Erzählung über, was in der französischen Sprache wegen der unterschiedlichen Frequenz bestimmter Verbformen zweckmäßig ist.

Nun will ich aber zunächst berichten, was das für ein Roman ist. Er ist, wenn ich es etikettierend sagen darf, ein humoristisch-antirealistischer Science-fiction-Spionageroman, der überdies, wie es sich für einen richtigen *Nouveau Roman* fast gehört, den Charakter einer Suche *(Quête)* hat. »*Djinn*«: hinter diesem Titel versteckt sich der amerikanische Mädchenname Jean. So nennt sich in unserem Roman eine geheimnisvolle, mit einem leichten amerikanischen Akzent sprechende Fremde, die vielleicht auch nur eine Roboterpuppe ist, dennoch aber den Helden und Ich-Erzähler, einen immer etwas ratlosen und in die mysteriöse Fremde heftig verliebten Franzosen, so in ihren Bann schlägt, daß dieser allen rätselhaften Befehlen und Anweisungen der schönen Fremden folgt und sich als ihr Agent von Schauplatz zu Schauplatz schicken läßt. Hier bewährt sich, so wollen wir mit Blick auf die Situationsorientierung der modernen Pragmadidaktik erwähnen, die moderne Erzählstruktur der »Suche«, die zu einem ständigen Situationswechsel führt, wie es ja auch die Pragmadidaktiker zur Entwicklung der sprachlichen Handlungskompetenz in unterschiedlichen Situationen für richtig halten. Bei Robbe-Grillet handelt es sich jedoch nicht einfach um triviale Alltagssituationen, sondern alle von unserem Helden durchwanderten Situationen sind seltsam und phantastisch, im Grenzfall auch, wie bei Ionesco, grotesk und absurd, immer aber verfremdet und erklärungsbedürftig, da der Erzähler bis zum Ende des Romans in einem Zustand chronischen Informationsmangels verbleibt. Er ist nämlich, so die paradoxe Erzählhandlung, V-Mann einer großen internationalen Geheimorganisation gegen die Herrschaft der Maschinen und Automaten geworden, und er erfährt sich in dieser Rolle nun paradoxerweise selber als ein Opfer des »Maschinismus«. Nur die Liebe zu der Unbekannten läßt ihn diesen Zustand ertragen: *L'amour, ça fait faire de grandes choses.* Das alles ist nun höchst spannend erzählt, witzig dazu, und auch die Landeskunde kommt dabei nicht zu kurz, so wenn der Held und Agent beispielsweise, um in Frankreich nur nicht aufzufallen, bei jeder Gelegenheit Pizza ißt und Espresso trinkt, wie neuerdings alle Franzosen es tun. Selbst seine verzweifelten Versuche, eine Erklärung für das ganze geheimnisvolle Geschehen um ihn herum zu finden, sind noch stereotyp französisch, und er muß sich von Djinn zurechtweisen lassen: *Vous raisonnez vraiment comme un Français positiviste et cartésien.* Um nun nicht selber meinen Bericht allzu positivistisch und cartesianisch enden zu lassen, will ich die Spionagegeschichte hier auch gar nicht weiter aufklären, sondern nur noch so viel berichten, daß Djinn im 8. Kapitel selber die Erzählerrolle ergreift und von dem bisherigen Erzähler mitteilt, er sei offenbar ein Mann, dessen Phantasie ganz besonders leicht durchdreht. So weiß man am Ende der Geschichte nicht, ob der Held nun geträumt hat oder geträumt worden ist, was zugleich eine hervorragende Gelegenheit bietet, Aktiv und Passiv einzuüben.

Wir haben mit Robbe-Grillets Roman *»Djinn«* ein neues Beispiel kennengelernt, wie die Schreibintentionen eines modernen Schriftstellers und die Lernziele und Methoden der Fremdsprachendidaktiker glänzend zur Deckung gebracht werden können. Der Fremdsprachenunterricht erhält hier von der Literatur eine Imaginationshilfe, die ihn in die Lage versetzt, seine eigenen Ziele besser und vor allem lustvoller zu erreichen, als das mit trockener Methodik und Didaktik allein zu erreichen ist. Es steht für mich außer Frage, daß die Chancen, die in dieser glücklichen Zusammenarbeit liegen, noch längst nicht ausgeschöpft sind. Zumal in der Sprachdidaktik unseres Landes ist ein beträchtliches Defizit an literaturdidaktischer Phantasie zu verzeichnen. Das größte Problem der Literaturvermittlung scheint für viele deutsche Sprachdidaktiker immer noch bei der mehr oder weniger gelungenen Interpretation von Texten zu liegen, als wenn Susan Sontag ihren berühmten Essay *»Against Interpretation«* nie geschrieben hätte.[10] Die Vorzüge und Nachteile des interpretierenden Umgangs mit der Literatur mögen hier dahingestellt sein; was aber den Fremdsprachenunterricht betrifft, so wollen wir darauf bestehen, daß man mit der Literatur viel phantasievoller umgehen kann, als bisher bekannt ist, und daß man insbesondere die Phantasie der Schriftsteller selber auf die Sprache und die Fremdenrolle ihrer Sprache im Ausland lenken kann, sofern sie diese Entdeckung nicht schon selber gemacht haben.[11] Dagegen ließe sich aus der Perspektive der Fremdsprachenlehrer allenfalls einwenden, daß es dann, wenn sie sich an die Schriftsteller wenden, immer noch um eine geborgte Phantasie geht. Besser wäre natürlich, wenn es mehr Sprachlehrer gäbe, die von ihrer Sprache und von ihrer Phantasie einen solchen Gebrauch machen können, daß ihre eigenen Texte literarischen Ansprüchen standhalten. Ich zweifle nicht, daß es solche Sprachlehrer in genügend großer Zahl gibt. Wenn man öffentlich so wenig von ihnen vernimmt, so scheint das mehr eine Folge fehlenden Mutes als fehlenden Talents zu sein. Eine vielerorts herrschende Didaktik, die ihre Ansprüche an Sprachkultur gar nicht niedrig genug herunterschrauben kann, schüchtert manchen ein und läßt manche reich angelegte Phantasie verkümmern. Das ist ein Jammer für die Phantasie und für die deutsche Sprache.

Wenn es jedoch um Phantasie und literarische Phantasie im Fremdsprachenunterricht geht, sollten wir vielleicht gar nicht nur an die Lehrenden denken. Was machen wir denn darüber hinaus mit der Phantasie der Lernenden, die bei ihnen entweder vorhanden oder zu wecken ist? Und welche Bedeutung messen wir eigentlich im Fremdsprachenunterricht dem Schreiben zu? Ist das nur die vierte und letzte der alltäglichen »Fertigkeiten«? Oder haben unsere Sprachschüler, wenn sie es mit ihrer kommunikativen Kompetenz so herrlich weit gebracht haben, daß sie im Wirtshaus fehlerfrei ihr Bier bestellen können, gar kein Bedürfnis mehr, etwas aufzuschreiben, was die unmittelbar anstehende Situation und den Tag überdauert? Um das herauszufinden, so will ich zum Abschluß berichten, hat das Institut für Deutsch als Fremdsprache der Universität München mehrfach seit 1979 literarische Preisausschreiben durchgeführt, die sich ausschließlich an solche Personen wenden, die die deutsche Sprache als eine Fremdsprache gelernt haben. Die Ausbeute der Preisausschreiben ist überaus reich. Eingesandt wurden Hunderte von Gedichten, Erzählungen, sonstigen Prosatexten, Dialogen, ja, ganze Roman- und Dramenmanuskripte von insgesamt erstaunlich hohem sprachlichen und literarischen Niveau. Proben aus diesen Einsendungen sind in verschiedenen Taschenbüchern publiziert worden.[12] Aus den Texten, die durch diese Preisausschreiben hervorgelockt oder, was nicht selten vorgekommen ist, durch deren Anstoß überhaupt erst entstanden sind, will ich hier nur ein kurzes Gedicht zitieren, das die Vietnamesin Kim Lan Thai unter dem Titel »Zum deutschen Freund« eingesandt hat. Es lautet:

doucement, doucement!
mein lieber
sprich bitte
in der sprache der liebe
nicht zu laut
nimm bitte
nicht allzu viel
vom deutschen wortschatz

absolute begriffe
denn
noch bin ich
ein kind
in Deiner sprache
und nehme Dich
so gerne
beim Worte

Ich meine nun, daß dieses Gedicht – und ähnliches gilt von manchen anderen Texten unserer Sammlung – ganz besonders geeignet ist, selber im Unterricht des Deutschen als Fremdsprache verwendet zu werden, und zwar aus mehreren Gründen. Es ist erstens ein relativ einfacher Text, und das ist charakteristisch für literarische Texte, die von Autoren mit nichtdeutscher Muttersprache verfaßt werden. Die Komplexität, die diesem Text wie jedem anderen authentischen Text eignet, ist also nicht schrankenlos. Das zitierte Gedicht ist zweitens von der Art, daß es den Umgang mit der deutschen Sprache als Fremdsprache ausdrücklich thematisiert. Es ist in diesem Sinne, und das geschieht ebenfalls häufig bei Autoren, die in einer anderen als ihrer Muttersprache schreiben, ein meta-poetisches, oder, linguistisch gesprochen, meta-kommunikatives Gedicht. Auch das ist ein günstiger Faktor für einen Sprachunter-richt, der ja darauf angewiesen ist, die Aufmerksamkeit der Sprachschüler zu einem nicht geringen Teil bei den Wörtern und Sprachstrukturen festzuhalten und sie nicht vorschnell zu den Sachen durchzulassen. Es dokumentiert drittens eindrucksvoll die erhöhte Sensibilität für eine Sprache, die man noch nicht routiniert beherrscht und die daher durch ihre Fremdheit latent poetisch ist. Und viertens ist die Arbeit mit einem Text dieser Art im Unterricht des Deutschen als Fremdsprache deshalb besonders günstig zu beurteilen, weil dem Sprachschüler, wenn er dieses Gedicht liest, ja nicht verborgen bleibt, daß es von einer Frau geschrieben worden ist, die auch einmal eine Anfängerin in der deutschen Sprache war und sicher mit dieser Sprache ähnliche Schwierigkeiten gehabt hat, wie sie jetzt unser Sprachschüler zu bewältigen hat. Es ist anzuneh-men und inzwischen auch in Unterrichtsversuchen bewiesen, daß in der Solidarität zwischen dem Sprachschüler und einem Autor, der selber einmal als Fremder nach Deutschland gekommen ist, ein hoher Motivationswert für den Fortgang des Sprachunterrichts liegt.

ANMERKUNGEN

1 Weiterführende Überlegungen zu diesen theoretischen Ausführungen findet man in diesem Band oben S. 239 f. und in meinem Aufsatz »Lesen – schneller lesen – langsamer lesen«, in: D. Sturm (Hg.): Media Paris 1980. Deutsch als Fremdsprache heute. Lehren – Lernen – Informieren. München 1981, S. 121–147.
2 S. J. Schmidt: Konkrete Dichtung. Texte und Theorien. München 1972.
3 R. O. Wiemer: Beispiele zur deutschen Grammatik. Berlin 1971, S. 12.
4 R. Spuler: »Concrete Poetry and Elementary Language Study«, Teaching Language Through Literature 20 (1981), S. 26–37. R. Krechel: Konkrete Poesie im Unterricht des Deutschen als Fremdsprache. Heidelberg 1983 (= Sammlung Groos 17).
5 Vgl. R. O. Wiemer (Hg.): Bundesdeutsch. Lyrik zur Sache Grammatik. Wuppertal 1974. E. R. Rinke: Literarische Texte im Unterricht. Lehrmaterialien zu Deutsch als Fremdsprache II. Stuttgart 1976. D. Krusche/ R. Krechel: Anspiel. Konkrete Poesie im Unterricht Deutsch als Fremdsprache. Bonn 1984 (Inter Nationes).
6 D. Stöpfgeshoff (Hg.): Kontakt mit der Zeit. Texte mit deutschen Wörtern. Stockholm 1976, 2. Aufl. München 1981.
7 Als Beleg dafür kann auch das leider vergriffene und daher hier nicht weiter behandelte Buch von Ludwig Harig gelten: Sprechstunden für die deutsch-französische Verständigung und die Mitglieder des Gemeinsamen Marktes. Ein Familienroman. München 1971.
8 M. Benamou / E. Ionesco: Mise en train. Première année du français. London 1969. Besprochen werden hier der 8., 14. und 12. Dialog. Eine z. T. stark veränderte bzw. erweiterte Fassung dieser Lehrwerk-Dialoge ist unter dem Titel »Exercices de conversation et de diction françaises pour étudiants américains« in Ionescos Band »Théâtre V« (1974) erschienen. Vgl. auch D. Fricke / F.-R. Weller: »Exercices de conversation et de diction françaises pour étudiants américains. Eugène Ionescos didaktische Dialoge als Einübung zur Kreativität im Französischunterricht«, Die Neueren Sprachen 83 (1984) S. 455–476.
9 A. Robbe-Grillet: Djinn. Un Trou rouge entre les pavés disjoints. Paris 1981. Eine deutsche Übersetzung von Elmar Tophoven ist 1983 erschienen (Bibliothek Suhrkamp 787). Eine Lehrbuchfassung dieses Romans für amerikanische Französisch-Schüler existiert bereits von Alain Robbe-Grillet und Yvone Lenard (1981) und für deutsche Schüler unter dem Titel »Le rendez-vous. Texte intégral présenté et annoté par Hans T. Siepe. Frankfurt 1984. Zu den didaktischen Aspekten des Romans vgl. D. Bertrand / F. Debyser: »Djinn d'Alain Robbe-Grillet: Roman-manuel ou manuel-roman?«, Le Français dans le monde 168 (1982), S. 52–58. H. T. Siepe: »Alain Robbe-Grillet: Djinn / Le Rendez-vous. Ein Roman als Lehrbuch oder ein ›Nouveau Roman‹ für den Französischunterricht«, Die Neueren Sprachen 83 (1984) S. 437–454.

10 S. Sontag: Against Interpretation (1964); deutsch: »Gegen Interpretation«, in dies.: Kunst und Antikunst. 24 literarische Analysen. München 1980 (auch als Fischer Taschenbuch Wissenschaft 6484. Frankfurt/M. 1982, S. 11–22).

11 Zur Didaktik beschränke ich mich hier auf zwei bibliographische Hinweise. Man konsultiere also F. R. Weller: »Auswahlbibliographie zur Didaktik des fremdsprachlichen Literaturunterrichts«, Die Neueren Sprachen 75 (1976), S. 591–606, und K. Esselborn: »Ansätze zu einer fremdsprachlichen Literaturdidaktik«, in: Jahrbuch Deutsch als Fremdsprache 7 (1981), S. 297–309.

12 I. Ackermann (Hg.): Als Fremder in Deutschland. Berichte, Erzählungen, Gedichte von Ausländern. München 2. Aufl. 1983, S. 21 (= dtv 1770). Dies. (Hg.): In zwei Sprachen leben. Berichte, Erzählungen, Gedichte von Ausländern. München 1983 (= ebd. 10189). Dies. (Hg.): Türken deutscher Sprache. Berichte, Erzählungen, Gedichte. München 1984 (= ebd. 10311).

Fremdsprachen für den Alltag
und der Alltag
des Fremdsprachenunterrichts

Als um die Mitte des 17. Jahrhunderts Georg Philipp Harsdörffer, Mitglied der Fruchtbringenden Gesellschaft, ein wichtiges Gerät des häuslichen Alltags, den Trichter nämlich, zum Symbol der Didaktik erhob und in Nürnberg sein Buch »Poetischer Trichter« veröffentlichte mit dem Untertitel »Die Teutsche Dicht- und Reimkunst ohne Behuf der Lateinischen Sprache in VI. Stunden einzugießen«, stellte er damit seine Lehrmethode strikt unter das Gesetz des Nutzens. Deswegen hat er sich auch für seine Unterweisung in der deutschen Poesie und Metrik, was er allerdings später nicht einhalten kann, nur sechs Lektionen Zeit nehmen wollen und schreibt in der Widmung: »Den Wein gießet man durch Trichter in Flaschen und Fässer / daß alle Tropfen darvon zu Nutzen kommen: die Zeit lassen wir ohne Nutzen verfließen – und achten für nichts / viele Stunden übel anzulegen.«[1] So war die Zeit also für Harsdörffer so kostbar wie Wein und folglich nicht zu vergeuden für einen allzu lang ausgedehnten Unterricht.

Die volle Erfahrung, daß Zeit Geld bedeutet, folglich immer knapp ist und mit Uhren zugemessen werden muß, bleibt den späteren Jahrhunderten vorbehalten und setzt die Erfahrungen der industriellen Produktion und der beginnenden kapitalistischen Wirtschaft voraus. Bei Benjamin Franklin finden wir in einem Brief aus dem Jahr 1748 den bekannten Satz *Time is money* zum erstenmal belegt[2]. In derselben Epoche setzte sich bei den Europäern eine allgemeine Verzeitlichung des Bewußtseins durch, die von Kultur- und Wissenschaftshistorikern als eine höchst folgenreiche neue Denkform und als »Dynamisierung des europäischen Lebensgefühls« beschrieben wird. Die immer preiswerter werden-

265

den Taschenuhren demokratisierten zudem in diesem Jahrhundert, insbesondere in seiner zweiten Hälfte, nicht nur den Uhrenbesitz, sondern auch das Zeitbewußtsein[3]. Seitdem kann der Bürger als stolzer Sklave der Zeit mit Carl Loewe singen:»Ich trage, wo ich gehe, stets eine Uhr bei mir.«

Etwa in der gleichen Epoche, als sich Europa und Nordamerika zu industrialisieren begannen und sich damit dem Diktat der mechanischen Uhren unterwarfen – in der zweiten Hälfte des 18. Jahrhunderts also –, wurde auch das Wort *Alltag* in der deutschen Sprache heimisch. Wenn man nun die Wörterbücher befragt, in denen sowohl der frühere als auch der jetzige Gebrauch dieses Wortes verzeichnet ist oder verzeichnet sein müßte, erhält man, wie schon verschiedentlich beobachtet worden ist, nur sehr unklare Auskünfte[4]. Man muß schon, wie es der Soziologe Norbert Elias getan hat, den Alltag aus seinen expliziten oder meistens impliziten Gegenbegriffen erschließen, so daß der Alltag nun – je nach dem Kontext – den Arbeitstag insbesondere der Arbeiter, die allgemeine tägliche Routine, den Ereignisbereich des täglichen Lebens, das Privatleben oder aber das Leben der Masse der Völker bezeichnet. Anders als bei dem Wort *Werktag,* das sich mit dem Sonn- und Feiertag problemlos den Kalender teilt, hat man bei dem Wort Alltag oft den Eindruck, daß seine Bedeutung gar keinem eindeutigen Denotat entspricht, sondern aus lauter Konnotationen zusammengesetzt ist, und zwar entweder negativ als Inbegriff des ideologischen, naiven, undurchdachten und falschen – oder positiv des natürlichen, spontanen, unreflektierten und wahren Erlebens und Denkens. So weit die Begriffsanalyse von Norbert Elias[5], der wir aus anderen empirischen Untersuchungen nur hinzufügen wollen, daß die Konnotationen, die dieses Wort heute im umgangssprachlichen Gebrauch begleiten, eindeutig negativ sind, so daß man aus einem Assoziationstest zu dem Wort Alltag mühelos ein kleines Wörterbuch der Verödung und Entfremdung zusammenstellen kann[6].

Dennoch kann ein Deutschlehrer heute dem Alltagsbegriff nur schwer ausweichen. Wir finden nämlich unter den Zielvorstellungen, die für den deutschen Sprachunterricht, insbesondere für den Unterricht des Deutschen als Fremdsprache, hierzulande erwogen werden, immer häufiger die Empfehlung, es solle hauptsächlich die deutsche Alltagssprache gelehrt, dabei das Alltagswissen der Deutschen beschrieben und überhaupt der Alltag in Deutschland vorgestellt werden. Hier hat sich eine Zielvorstellung maßgeblich ausgewirkt, die als Grobziel für das Zertifikat Deutsch als Fremdsprache des Deutschen Volkshochschulverbandes formuliert worden ist. Nach dieser Formulierung ist das Zertifikatsniveau unter anderem dann erreicht, wenn der Lernende Gespräche über »Themen des täglichen Lebens« führen und sich mit Hörverständnis und Sprechfertigkeit in »Situationen aus dem alltäglichen Bereich« behaupten kann[7]. Mit dieser Forderung entspricht das Zertifikat weitgehend den Grundüberzeugungen der Pragmadidaktik, die dem Sprachunterricht verordnet, die zu lehrende Sprache dort aufzusuchen, wo sie in Alltagssituationen spontan und authentisch geäußert wird. Einige neuere Lehrwerke des Deutschen als Fremdsprache haben sich auf diesen jüngsten Trend recht schnell eingestellt und versuchen nun, die deutsche Sprache nach einem Katalog solcher Alltagssituationen und alltagsüblicher Sprechakte zu lehren. So erscheint die deutsche Sprache in diesen Lehrwerken fast nur noch als deutsche Alltagssprache, die deutsche Kultur als Alltagskultur und Deutschland insgesamt als ein Land, dessen geschichtliche Sendung darin zu bestehen scheint, der Alltäglichkeit zu einer nationalen Inkarnation zu verhelfen.

Ich will im weiteren Verlauf dieser Überlegungen versuchen, das Für und Wider einer solchen alltagsorientierten Sprachdidaktik vorzustellen und zu erörtern. Ich werde, um die Argumentationslage möglichst ausgewogen darzulegen, drei Gründe nennen, die *für* eine solche Orientierung sprechen, sodann drei Gründe, die *dagegen* sprechen. Danach versuche ich, die Argumente und Gegenargumente zueinander in Beziehung zu setzen und daraus drei Anregungen für einen möglichst sinnvollen und erfolgreichen Sprachunterricht abzuleiten.

Ich komme nun zuerst auf die Gründe zu sprechen, die nach der Auffassung mancher Linguisten und Sprachdidaktiker zugunsten einer intensiven Beschäftigung mit der Alltagssprache im Fremdsprachenunterricht ins Feld geführt werden können. An erster Stelle will ich auf die Tatsache aufmerksam machen, daß sich hinter dem Wort Alltagssprache sehr häufig die mündlich gesprochene Sprache verbirgt. Man mag das eine Äquivokation nennen und diese unklare Begrifflichkeit beklagen. Tatsache ist jedoch, daß viele Sprachwissenschaftler und Sprachlehrer Alltagssprache sagen, wenn sie die gesprochene deutsche Umgangssprache der Gegenwart meinen. Damit hat Walter Porzig schon 1950 in seinem Buch »Das Wunder der Sprache« begonnen, als er in dem Kapitel »Alltagssprache und Hochsprache« zwar an keiner Stelle ausdrücklich sagt, mit der Alltagssprache sei nur die mündliche Alltagsrede gemeint, aber nebenbei doch begleitende Gebärden erwähnt, die man sich als Begleitung von alltäglich Geschriebenem kaum vorstellen kann[8]. Ähnlich verfährt in jüngerer Zeit Ulrich Engel, der in einem Aufsatz aus dem Jahre 1972 die Alltagssprache – neben anderen ebenfalls rein negativ formulierten Kriterien – durch die Abwesenheit einer schriftlichen Vorlage charakterisiert, was ebenfalls nur einen Sinn ergibt, wenn man an ausschließlich mündliche Äußerungen denkt[9].

Ich will im folgenden diese Äquivokation annehmen und unter der Alltagssprache tatsächlich die mündlich geäußerte Alltagsrede verstehen. Mit ihr muß sich der Sprachunterricht zweifellos viel stärker befassen, als das früher üblich und möglich war. Daß der Sprachunterricht früherer Jahrzehnte und Jahrhunderte so stark an der Schriftsprache orientiert war, hatte viele Gründe, die mit der in unserem Kulturkreis lange vorherrschenden humanistischen und literarischen Sprachkultur zusammenhängen. Es hat aber auch den ganz einfachen Grund, daß das gesprochene Wort vor der Erfindung elektronischer Tonträger nicht gespeichert und folglich auch nicht für Unterrichtszwecke zugerichtet werden konnte. Heute bestehen die technischen Möglichkeiten der unbegrenzten Speicherung, so daß wir im Sprachunterricht mit Aufzeichnungen authentischer mündlicher Rede arbeiten können, wenn wir es nur wollen.

Bei einigen Sprachlehrern und Sprachdidaktikern geht nun die Begeisterung für die Arbeit mit elektronischen Tonträgern der verschiedensten Art so weit, daß sie überhaupt nicht mehr literarische Texte – und das sind zumeist geschriebene und gedruckte Texte – zum Gegenstand des Sprachunterrichts machen wollen und den Unterrichtsraum am liebsten technologisch so aufrüsten würden, daß er aussieht wie die Intensivstation eines modernen Großklinikums. Von solchen Exzessen will ich hier absehen und annehmen, daß der Deutschlehrer von der Technik einen vernünftigen, und das heißt einen maßvollen Gebrauch macht. Er wird daher sicher dann die besten Unterrichtserfolge erzielen, wenn er seinen

Sprachschülern zeigt und vormacht, wie sie selber sich mit dem Tonbandgerät oder dem Kassetten-Recorder authentisches Sprachmaterial der gesprochenen Alltagssprache verschaffen können. Das ist sicher nicht nur bei einer Anwesenheit im deutschen Sprachraum zu machen, sondern es dürfte im Zeitalter des weltweiten Tourismus auch im Ausland heute fast überall möglich sein, einen geborenen Sprecher der deutschen Sprache vor das Aufnahme-Mikrofon zu bringen.

Es ist in der Linguistik umstritten, in welchem Ausmaß es für die gesprochene deutsche Sprache eine ganz andere Grammatik gibt als für die geschriebene Sprache. Daß unter phonologisch-morphologischen Gesichtspunkten starke Unterschiede bestehen, ist evident und braucht hier nicht weiter besprochen zu werden. Was die Grammatik im engeren Sinne, also die Syntax, betrifft, so bestehen jedoch auch in ihr erhebliche Unterschiede zwischen der gesprochenen und der geschriebenen Sprache. Das zeigt sich jedoch nur dem, der bereit ist, die Linguistik nicht an der Satzgrenze enden zu lassen. Die Textlinguistik hat seit langem mit Evidenz gezeigt, daß es eine Syntax jenseits der Satzgrenze (Makro-Syntax) gibt, und die Pragmalinguistik, zusammen mit der auf ihr fußenden Pragmadidaktik, hat sich dieser Textlinguistik beigesellt und mit Recht gefordert, man solle die Sprache nicht Wort für Wort oder Satz für Satz analysieren, sondern sowohl für die Beschreibung als auch für die Lehre das Sprachspiel als Ganzes zugrunde legen[10].

Wenn man diese, wie mir scheint, unerläßliche Erweiterung unseres Syntaxbegriffs gelten läßt, dann ist allerdings nach den Ergebnissen der modernen Textlinguistik, Pragmalinguistik und Gesprächs- oder Konversationsanalyse offensichtlich, daß die gesprochene Sprache mit ihrer Syntax erheblich von der Syntax der geschriebenen Sprache abweicht – oder, wie man mit der gleichen Berechtigung sagen könnte, daß die Syntax der geschriebenen Sprache erheblich von der Syntax der gesprochenen Sprache abweicht. Zwischen den beiden Arten Syntax liegt ein weites und bisher noch ungenügend erschlossenes Betätigungsfeld für die Freunde und Anhänger der kontrastiven Linguistik.

Wenn also von den Hilfen die Rede ist, die dem Sprachunterricht von der Linguistik entweder gewährt oder versagt worden sind, so möchte ich recht hoch die Tatsache veranschlagen, daß uns die moderne Linguistik – zugleich allerdings mit geeigneten technischen Hilfsmitteln – überhaupt erst in die Lage versetzt hat, Formen und Verläufe der gesprochenen Sprache, zumal in zwanglosen Alltagsgesprächen, zu erfassen, festzuhalten und sie so wahrzunehmen und zu verstehen, wie sie tatsächlich geäußert worden sind, und nicht so, wie sie nach Normen der Schriftsprache hätten geäußert werden sollen. Man kann heute, wenn man die textlinguistischen und gesprächsanalytischen Methoden beherrscht, eine Syntax der mündlichen deutschen Sprache entwerfen, die zwar nicht so sehr in den Satzstrukturen, wohl aber in den Strategien der Rede und Wechselrede weit von einer Syntax für den schriftlichen Sprachgebrauch entfernt ist. Und wenn die Schulpraktiker den Seminar-Linguisten noch so viele Modelle und Theorien als in der Praxis unbrauchbar zurückreichen, so sollten sie doch diejenigen Methoden fest in der Hand behalten, die sie überhaupt erst befähigen, mündliche Texte zusammen mit ihrem situativen Umfeld aufzunehmen, in Partituren zu beschreiben und in ihren Regularitäten lehrbar zu machen. Wenn das Lernziel Alltagssprache solches im Sinn hat, so ist diese Zielsetzung unbedingt zu begrüßen[11].

Ich komme zum zweiten Argument, das zugunsten einer Alltagsorientierung des Sprachunterrichts anzuführen ist. Dieses Argument ist vorwiegend lerntheoretischer Natur. Um es vorzustellen, will ich zunächst darauf aufmerksam machen, daß der Sprachunterricht in Deutschland unter dem binären Denkschema Muttersprache/Fremdsprache steht. Seitdem für die Mehrheit der deutschen Bevölkerung die Mundart nicht mehr die erste Sozialisationssprache ist, haben wir Deutschen uns daran gewöhnt, daß unsere Kinder mit der mehr oder weniger landschaftlich getönten deutschen Umgangssprache als Primärsprache aufwachsen und erst sehr viel später, nämlich im Alter von 10 bis 11 Jahren, die erste Fremdsprache und später gegebenenfalls noch weitere Fremdsprachen im Sekundarbereich der Schulen lernen. Erst die Anwesenheit starker Minoritäten ausländischer Arbeitnehmer in der Bundesrepublik hat uns sinnfällig gemacht, daß es neben dem ungesteuerten Erwerb der primären Sozialisationssprache und dem gesteuerten Erwerb von Fremdsprachen im schulischen und außerschulischen Sprachunterricht einen natürlichen Zweitsprachenerwerb gibt, der vielfach auch zeitlich unmittelbar an den Erstsprachenerwerb anschließt und also noch in die frühe Kindheit fällt. Wir können ja seit einigen Jahren mit Augen sehen und mit unseren Ohren hören, daß viele Kinder ausländischer Arbeitnehmer in unserem Land neben ihrer Heimatsprache die deutsche Umgangssprache ungesteuert lernen, und zwar in den Alltagssituationen, in denen sie mit deutschen Kindern ungezwungenen Umgang haben, wenn sie nicht absichtlich von ihnen ferngehalten werden. Andere Länder, insbesondere manche Vielvölkerstaaten und Einwanderungsländer, haben solche Erfahrungen schon früher gemacht und sind sich daher viel eher der Tatsache bewußt geworden, daß man nicht nur die Muttersprache, sondern auch andere Sprachen und die Varietäten anderer Sprachen recht gut und vielfach sogar spielend lernen kann, sofern einem Angehörige solcher Sprachgruppen alltäglich begegnen[12]. Hier muß die deutsche Sprachwissenschaft und Sprachdidaktik einige kosmopolitische Erfahrungen nachholen, und sie hat auch auf diesem Wege bereits einige Erfolge vorzuweisen. Wenn es nun offensichtlich möglich ist, eine Sprache, die nicht die Muttersprache ist, in alltäglichen Situationen naturwüchsig so erfolgreich zu lernen, daß der gesteuerte Fremdsprachenerwerb sich mit seiner eigenen Didaktik bis zu einem gewissen Grade daran orientieren kann, dann ist es sicher auch ratsam, mit der Pragmadidaktik die grundsätzliche Frage aufzuwerfen, ob der Fremdsprachenunterricht nicht insgesamt in natürliche Situationen eingebettet werden sollte. Hier ist nun gerade zum rechten Zeitpunkt in der Abfolge linguistischer Schulen die Sprechakttheorie auf den Plan getreten und hat für die Orientierung an Situationen ein passendes Theorieangebot gemacht. Sprechakte *(speech acts)* sind nach Austin und Searle Arten von sprachlichen Äußerungen, die strukturell bestimmten Typen von Situationen des Handelns und Zusammenhandelns der *vita activa* mehr oder weniger genau eingepaßt sind und im Grenzfall des performativen Handelns sogar mit diesen identisch sind. In der weiteren Diskussion hat sich die Sprechakttheorie, weniger in der Austinschen als in der Searleschen Fassung, mit verschiedenen Spielarten der soziologischen Handlungstheorie verbunden und eine Auffassung hervorgebracht, die Sprechen und Handeln als zwei Seiten eines und desselben gesellschaftlichen Verhaltens ansieht, was sich häufig auch in dem janusköpfigen Ausdruck Sprechhandeln niederschlägt[13].

Wird nun die Fähigkeit, sich in Handlungssituationen sprachlich adäquat zu verhalten, zum Lernziel des muttersprachlichen und des fremdsprachlichen Unterrichts gemacht, so trifft man wieder mit einer gewissen Notwendigkeit auf den Alltag. Denn es ist natürlich ein Gebot der Ökonomie, daß dann für die Lehre solche Situationen ausgewählt werden, die für möglichst viele Sprecher eine möglichst hohe Vorkommens-Wahrscheinlichkeit haben. Man wählt also nicht rare und absonderliche Situationen aus, sondern gewöhnliche und triviale Situationen, in denen »man« sich meistens aufhält, eben die Situationen der stereotypisierten Umwelt und Alltagsroutine. Das ist die Lebenspraxis, die uns zumeist umgibt und die uns dementsprechend die größte Menge sprachlicher Äußerung abverlangt. Es ist dies folglich zugleich der Bereich, in dem der Einsatz sprachlicher Mittel, wie man sie im Unterricht lernt, den größten Nutzen verspricht. Wenn also überhaupt der Sprachunterricht einer Kosten-Nutzen-Rechnung unterworfen werden soll – und warum sollte er es nicht, da doch die Sprachlernenden diesen Unterricht direkt oder indirekt finanzieren –, dann ist auch einsichtig, daß Fremdsprachen sicherlich für den Alltag und vielleicht auch unter den Rahmenbedingungen des Alltags gelehrt werden sollten. Wir wollen dabei aber immer hoffen, daß dieser Fremdsprachenunterricht sich möglichst nahe an den natürlichen Zweitsprachenerwerb anlehnt und in der Anlehnung an ihn natürlicher wird, als er heute noch vielfach ist. Es steckt gewiß viel von Rousseaus »Emile« in diesen Hoffnungen, aber auch das spricht nicht gegen diese Konzeption.

Das dritte Argument, das zugunsten einer alltagsorientierten Fremdsprachendidaktik ins Feld geführt werden kann, ist vorwiegend sprachpsychologischer Natur. Aber was heißt das genau: Sprachpsychologie oder, wie man heute häufiger sagen hört, Psycholinguistik? Offenbar kann der Sinn dieser Interdisziplin, die man manchmal auch eine Bindestrich-Wissenschaft nennt, nicht darin liegen, daß man die Ergebnisse der Psychologie und der Linguistik einfach zusammenrechnet. Es geht vielmehr darum, in den beiden Wissenschaften gemeinsame Probleme zu entdecken, die von mehr als einer Seite angegangen werden müssen. Ein solches Problem ist die Motivation oder, wie ich eigentlich lieber sagen würde, das Interesse[14]. Wir wissen alle, daß jeder Sprachunterricht nur in dem Maße Erfolg haben kann, wie es ihm gelingt, das Interesse an seinem Gegenstand zu wecken oder zu erhalten. Wenn nun Linguisten und Psychologen in gemeinsamer Forschung nach den Bedingungen fragen, unter denen eine Sprache ein interessanter

Lerngegenstand sein kann, so sollten sie sich nicht, wie es allerdings die Behavioristen lange Zeit getan haben, über künstliche Labor-Situationen beugen, in denen variable Reize daraufhin untersucht werden, welche erzielbaren Leistungen ihnen mit meßbarer Genauigkeit entsprechen. Vielmehr sollten sie die Sprache dort beobachten, wo sie in lebensweltlich bedeutsamen Situationen mit authentischer Motivation gesprochen wird, auch wenn die Meßgenauigkeit unter diesen Beobachtungsbedingungen leiden sollte. Das betrifft selbstverständlich auch die Fremdsprachen, mit denen wir ja, selbst wenn wir sie erst unvollkommen beherrschen, schon fremdsprachlich handeln wollen.

Die Hinwendung zu psychologischen, näherhin motivationspsychologischen Fragestellungen bedeutet gleichzeitig eine Abwendung von der, wie man heute oft abschätzig sagen hört, »System-Linguistik«, die in der generativen Transformationsgrammatik ihre höchsten Triumphe gefeiert, aber auch ihre tiefsten Enttäuschungen bereitet hat. Charakteristisch für diese Bewegung innerhalb der Wissenschaft ist die Tatsache, daß Chomskys bekannter Begriff der Sprachkompetenz *(linguistic competence)* bei vielen Sprachforschern und Sprachlehrforschern durch den Begriff der kommunikativen Kompetenz abgelöst worden ist, den Jürgen Habermas als zentralen Begriff seiner Universalpragmatik und Hans-Eberhard Piepho als oberste Lernzielbestimmung für den Fremdsprachenunterricht verbreitet haben[15]. Im Mittelpunkt der Sprachreflexion steht nun nicht mehr der ideale Sprecher-Hörer *(native speaker)* in seiner monotonen Einsamkeit, sondern die soziale Gruppe, die aus mindestens zwei miteinander kommunizierenden Personen besteht. Diese miteinander sprechenden Personen haben niemals in genau der gleichen Weise Anteil am Sprachbesitz und treten mit prinzipiell unterschiedlichen Voraussetzungen (Präsuppositionen) in das jeweilige Sprachspiel ein. Es hängt dann von vielen Rahmenbedingungen und allgemein von den Redestrategien der Gesprächspartner ab, ob das Gespräch gelingt oder nicht gelingt und ob es gemeinsames Handeln möglich macht oder nicht. Es kann kaum zweifelhaft sein, daß diese Beschreibung nicht nur auf jene abstrakten Diskurse paßt, in denen nach der Meinung von Habermas über die fragliche Geltung von Normen gestritten wird, sondern auch auf solche Situationen zutrifft, in denen die kleinen Konflikte des Alltags ausgetragen werden oder auch nur –

ganz unpathetisch – das gemeinsame Verfahren in der alltäglichen Lebenspraxis geregelt wird. Denn man kommuniziert, nebenbei bemerkt, nicht nur in Konflikten. Daraus läßt sich nun wohl mit einiger Berechtigung folgern, daß man die Motivationen des Sprachenlernens am besten bei den Handlungszielen sucht, die jemand mit kommunikativen Mitteln zu erreichen wünscht. Das muß aber, wenn diese Motivationen den Sprachunterricht während seiner ganzen Dauer unterstützen sollen, nicht nur am idealen Ende des Sprachunterrichts möglich sein, sondern vorgreifend schon in allen seinen Verlaufsphasen und mit den ersten Lektionen beginnend. Man kann nämlich den Sprachlernprozeß durch eine Abfolge von unfesten Interims-Grammatiken kennzeichnen, die in einer bestimmten Progression aufeinander folgen. Wie auch immer diese Progression geartet sein mag, unter dem Gesichtspunkt der Motivation müssen die im Sprachunterricht erreichten Interims-Grammatiken sämtlich so beschaffen sein, daß jede von ihnen bereits in bestimmten, freilich begrenzten Situationen fremdsprachliches Handeln ermöglicht und somit jene Erfolgserlebnisse auslösen kann, die ihrerseits wiederum als Motivationen den Fortschritt des Lernens gewährleisten.

Ich habe bisher drei Gründe vorgeführt, die dafür sprechen, dem Alltag und seinen Kommunikationsbedingungen im Sprachunterricht gebührende Beachtung zu schenken. Ich werde nun sogleich drei andere Gründe nennen, die gegen eine solche Orientierung sprechen, will aber vorher – gleichsam als Interludium – einen kleinen Überblick geben, welche Gedanken bisher schon den Philosophen und Soziologen bei dem Versuch gekommen sind, den Alltag und die Bedingungen der Alltäglichkeit zu verstehen.

Ihrer aller Stammvater ist Edmund Husserl, der bekanntlich mit seiner Phänomenologie eine Methode entwickelt hat, die dazu dienen soll, die alltägliche Befindlichkeit des Menschen inmitten seiner »Lebenswelt« schlicht zur Geltung zu bringen[16]. Die Existenzphilosophen sodann, allen voran Heidegger, aber auch Jaspers, Sartre und Camus, haben sich für diese phänomenologische Methode lebhaft interessiert, sie jedoch im Grunde nur deshalb rezipiert, um vor dem banalen Hintergrund dessen, was »man« alltäglich tut, das Pathos einer personalen, seinsbewußten Existenz in Grenzsituationen zu beschwören. Eine Variante dieser dem Alltag gleichzeitig zu- und abgewandten Philosophien ist die von

Henri Lefebvre in Frankreich entwickelte, von Karl Marx her gedachte und am Begriff der Entfremdung orientierte »Kritik des Alltagslebens«, die den Alltag mit dem Ziel beschreibt, ihn zu verändern[17]. Weniger mit dem Ziel der Veränderung, als vielmehr mit dem Ziel einer verifizierbar genauen Beschreibung hat der Husserl-Schüler Alfred Schütz, der als Emigrant nach Amerika gehen mußte, dort die Phänomenologie der Lebenswelt zu einer allgemeinen empirisch-soziologischen Methode weiterentwickelt, mit der die Regeln des alltäglichen Verhaltens und Handelns erfaßt und beschrieben werden können[18]. Seit Harold Garfinkel ist dafür die (etwas ungelenke) Bezeichnung Ethnomethodologie in Gebrauch, die sich seit einigen Jahren auch in Deutschland durchzusetzen beginnt und hierzulande auf eine anscheinand beginnende Husserl-Renaissance trifft[19]. Ethnomethodologie ist also eine aus der Phänomenologie stammende sozialwissenschaftliche Methodenlehre, die darüber nachsinnt, unter welchen Bedingungen so etwas wie Alltag überhaupt Gegenstand methodisch gelenkter Beobachtungen werden kann. Das Erkenntnisproblem wird insbesondere darin gesehen, daß der Alltag, wie schon Husserl gesagt hat, Horizontstruktur hat[20]. Denn bereits Wittgenstein hat mit Recht geschrieben: »Die für uns wichtigsten Aspekte der Dinge sind durch ihre Einfachheit und Alltäglichkeit verborgen«[21]. Der Alltag wird daher dem, der alltäglich handelt, nur undeutlich bewußt, so daß jeder Versuch, den Alltag etwa in Form von direkten Befragungen bewußtzumachen, unter der Gefahr steht, den Gegenstand eben durch die Gegenstandsbeobachtung zum Verschwinden zu bringen. Aus diesen alltagsspezifischen, ethnomethodologisch zu lösenden Erkenntnisproblemen ergibt sich, daß es hier immer auch um Sprachprobleme geht. Die Frage ist nämlich, ob sich der Phänomenologe und Soziologe, der den Alltag zur Sprache bringen will, um dieses Zweckes willen auch seiner Fachsprache entäußern und als »teilnehmender Beobachter« die Alltagssprache seiner Informanten teilen muß. Aber ist eine Wissenschaft ohne Fachsprache überhaupt möglich?

Damit beende ich mein kleines Interludium zum Stand der Alltagsforschung in den Sozialwissenschaften und stelle im folgenden die drei Gründe vor, die meines Erachtens mit einiger Berechtigung *gegen* einen alltagsorientierten Sprachunterricht vorgebracht werden können. Als erstes greife ich ein Stichwort auf, das offenbar auch den Ethnomethodologen, wie wir gesehen haben, einiges Kopfzerbrechen bereitet hat. Ich meine das Stichwort Fachsprache[22]. Wenn ich nämlich meine Belege zum modernen Gebrauch des Wortes Alltagssprache durchsehe, stoße ich ganz besonders oft auf die Opposition Alltagssprache versus Fachsprache. Der Sprachunterricht scheint sich einer Alternative gegenüberzusehen, die eine Entscheidung entweder zugunsten der Alltagssprache oder zugunsten einer Fachsprache erforderlich macht. Da man sich nun die Alltagssprache, wie oben besprochen, in den meisten Fällen nur in mündlicher Form, die Fachsprache demgegenüber hauptsächlich in schriftlicher Form vorzustellen pflegt, besteht für den Sprachunterricht die Gefahr, daß er sich mit der Zuwendung zur Alltagssprache gleichzeitig von den Fachsprachen abwendet.

Das aber wäre eine recht bedenkliche Entscheidung. Denn offensichtlich gewinnen die Fachsprachen in unserer Welt eine immer größere Bedeutung und bestimmen immer nachhaltiger unsere sprachliche Umwelt. Das gilt nicht nur für solche Fachsprachen wie die der Gesetzgebung und Verwaltung, die mit immer komplizierteren Ordnungen unser Alltagsleben regeln, sondern es betrifft auch viele Fachsprachen aus dem Bereich der Naturwissenschaften und Technik, die wir unter anderem deshalb so genau studieren müssen, um nicht nur die Fortschritte, sondern auch die Fortschrittsnebenfolgen dieser Wissenschaften beherrschen zu lernen. Es steht für mich außer Zweifel, daß es auch zur fremdsprachlichen Kompetenz gehören muß, mit den wichtigsten Fachsprachen umgehen zu können, da sie ja den Alltag mit determinieren.

Es ist ferner allgemein bekannt, daß viele Ausländer die deutsche Sprache hauptsächlich deshalb lernen, um in der Bundesrepublik, in der DDR, in Österreich oder in der Schweiz zu arbeiten oder zu studieren, so daß es gerade unter den Gesichtspunkten der Motivation vernünftig ist, diesen beruflichen Zielen mit einem fachsprachlich orientierten Sprachunterricht entgegenzukommen. Ich will also nicht hoffen, daß die Begeisterung für den neuentdeckten Alltag bei irgendeinem Sprachlehrer dazu führt, daß der allgegenwärtige fachsprachliche Einschlag in der deutschen Umgangssprache zugunsten fader und nichtssagender Alltagssituationen unterschlagen wird. Das läßt übrigens auch ein kritisch entwickelter und historisch fundierter Alltagsbegriff nicht zu. Denn ohne den Begriff der Arbeit, meinetwegen auch den der entfremdeten Arbeit, ist der Alltagsbegriff nicht denkbar.

Ich möchte aber, da ich schon eingangs auf die Äquivokation zwischen den Ausdrücken Alltagssprache und gesprochene Sprache hingewiesen habe, mit Blick auf die Fachsprache noch anmerken, daß auch eine vorschnelle Gleichsetzung von Fachsprache und geschriebener Sprache eine Äquivokation wäre. Daß man im Betrieb, im Labor, in der Klinik und im Hörsaal die entsprechenden Fachsprachen auch spricht und daß diese meist fachinternen Kommunikationsgewohnheiten von ganz anderer Art sind, als es die geschriebenen und gedruckten Zeugnisse dieser Fachsprachen erkennen lassen, dürfte inzwischen zum Grundwissen der Fachsprachenforschung gehören, ist jedoch durch konkrete Forschungsergebnisse noch nicht ausreichend dokumentiert.

Das zweite Bedenken gegen eine Orientierung oder jedenfalls ausschließliche Orientierung des Fremdsprachenunterrichts am Leitbegriff des Alltags knüpft bei den alltäglichen Gesprächssituationen an, die durch das Lernziel Kommunikation in der Alltagssprache in das Zentrum des Sprachunterrichts gerückt worden sind. Daß unter den Voraussetzungen dieses Lernziels der mündliche Dialog mit seinen Regularitäten zur Grundform der sprachlichen Performanz wird, ist verständlich und erschien uns eingangs im Hinblick auf die kommentierte Zielsetzung des Sprachunterrichts auch wohl erwägenswert. Wenn man sich jedoch die neueren Sprachlehrwerke ansieht, die sich dieser Zielsetzung anzupassen versuchen, so kann man nicht selten eine eigenartig kurzschlüssige Interpretation dieser Zielvorstellungen finden. Der Gebrauch der deutschen Sprache soll in Alltagssituationen vorgestellt werden – nun gut, aber muß das dazu führen, daß das passende Lehrmaterial nun nur noch aus Dialogen, zumal solchen der trivialsten Sorte, besteht? Es ist ein eigenartiges Mißverständnis der kommunikativen Zielsetzung des Sprachunterrichts, wenn einige Sprachdidaktiker meinen, der sprachlichen Kommunikation in der sprachlernenden Gruppe sei am besten damit gedient, wenn diese mit elektronisch oder schriftlich aufgezeichneten fertigen Dialogen konfrontiert würde. Denn wenn in einem Lehrwerk zwei oder mehr Personen, die angeblich aus dem Alltag gegriffen sind, in der Hotelhalle, im Studentenwohnheim oder in der Kantine miteinander über trivial Alltägliches reden, so ist damit der Adressat und Benutzer des

Lehrwerks noch längst nicht in den Dialog einbezogen. Es steht vielmehr gerade umgekehrt zu befürchten, daß fertig formulierte Dialoge, auch wenn sie noch so genau dem alltäglichen Leben abgelauscht sein mögen, den Lernenden in die Position des unbeteiligten Dritten drängen, der sich gerade deshalb nicht zur Beteiligung an dem Dialog eingeladen fühlt, weil dieser offensichtlich schon ohne ihn glatt abläuft. Auch die Hoffnung, ihn schon dadurch in den Dialog einbeziehen zu können, daß man im Lehrbuchtext eine Dialogrolle mit einem Ausländer besetzt, garantiert noch längst nicht eine Identifikation des Lernenden mit dieser Rolle.

Ich verstehe daher überhaupt nicht, warum eine grundsätzlich begrüßenswerte, weil dialogisch denkende Linguistik diese Überfülle von trivialen und uninteressanten Dialogtexten zur Folge haben muß, wie man sie in manchen Lehrwerken des Faches Deutsch als Fremdsprache leider findet. Gerade wenn wir den Lernenden als Dialogpartner ernst nehmen wollen, müssen wir in den Lehrwerktexten seine Dialogrolle freihalten, Lücken lassen und Fragmente bieten, die zu einer kommunikativen Ergänzung anregen. Ich erinnere daran, daß man mit guten literarhistorischen Gründen den Brief einen halbierten Dialog genannt hat. Der Brief aber, auch als Alltagsbrief, ist deshalb nicht weniger kommunikativ als ein fertig vorgestellter Dialog, sondern er enthält möglicherweise sogar die sehr viel stärkere kommunikative Potenz, weil er auf eine Antwort drängt.

Ich möchte diese Überlegungen noch ein Stückchen weiter vorantreiben und muß es gerade um der kommunikativen Zielsetzung des Sprachunterrichts willen beklagen, daß jenes Lernziel der kommunikativen Kompetenz, mißverstanden, dafür verantwortlich gemacht werden muß, daß im Sprachunterricht die Fähigkeit und Kunst des Erzählens zu wenig geübt wird. Das Diskutieren und das Disputieren, das Problemfinden und das Problemlösen, das Streiten und das Zanken – alle diese »diskursiven« Fertigkeiten können auf die volle Sympathie unserer gegenwärtigen Didaktiker rechnen, aber das einfache, ruhige Erzählen, das doch zu den elementarsten und fundamentalsten Äußerungen der Sprache gehört, droht aus manchen Sprachlehrwerken zu verschwinden[23].

Das ist ein schwerer didaktischer Fehler. Die narrative Kompetenz, wenn ich im Jargon so sagen darf, ist genauso wichtig, wenn nicht wichtiger als die diskursive Kompetenz. Beide zusammen erst bilden die volle kommunikative Kompetenz, wie wir sie uns bei unseren Sprachschülern sowohl für die Muttersprache als auch für die Fremdsprache wünschen. Die Fähigkeit und Kunst, auch in der Fremdsprache von sich und anderen erzählen zu können, ist deshalb ein so wichtiger Teil des primär- oder sekundärsprachlichen Ausdrucksvermögens, weil man sich, wie für verschiedene Kulturen gut bezeugt ist, seiner Identität vor allem erzählend gewiß wird[24]. Wir wissen aber andererseits, daß die Begegnung mit einer fremden Sprache und im Medium dieser Sprache mit einem fremden Land ein erhebliches Identitätsproblem darstellt. Die Erfahrung der Fremdheit, unter Umständen in Form eines Fremdheitsschocks, fordert die eigene individuelle und soziale Identität heraus. Insbesondere bei demjenigen Lernenden, der als einzelner Fremder oder als Angehöriger einer fremden Minorität in einem anderen Land lebt, ist es für das Selbstwertgefühl unerläßlich, seine Identität vor dem Fremden präsentieren zu können. Dazu muß ihm der Fremdsprachenunterricht verhelfen, und es ist daher gerade bei einer kommunikativen Zielsetzung von größter Bedeutung, daß der Fremdsprachenunterricht dem Erzählen keinen geringeren Platz in der Hierarchie der Lernziele zuweist als den Alltagsgesprächen mit diskursiver Thematik.

Wer mir in diesen Überlegungen zu folgen bereit ist, muß allerdings auch die Folgerung akzeptieren, daß diese Erzählungen nicht immer nur von Banalitäten handeln können. Denn es ergibt sich aus der Horizontstruktur der Alltäglichkeit, daß der Alltag ein höchst schwieriger, manche sagen sogar: ein unmöglicher Gegenstand des Erzählens ist. Karl Markus Michel schreibt im Kursbuch 41 (1975) mit lakonischer Kürze: »Vom Alltag kann man nicht erzählen.« Ich will einen Augenblick die Frage dahingestellt sein lassen, ob man es tatsächlich nicht kann. Tatsache ist, daß man es meistens auch gar nicht will. Denn das Erzählen lebt von Ereignissen. Ereignisse aber heben sich aus dem Alltag heraus, springen vom Alltag ab wie von einem Sprungbrett – um noch einmal Karl Markus Michel mit einer sehr gelungenen Metapher zu zitieren. Wer also vom Alltag erzählt, dessen Erzählungen handeln immer von mehr als nur vom Alltag. So sind auch die erzählenden Geschichten von der eigenen Person, Familie, Klasse, Rasse oder Nation als sprachlicher Ausdruck alles dessen, was gerade in der

Begegnung mit der Fremdheit für die Vergewisserung der eigenen Identität lebensgeschichtlich relevant ist, nicht nur aus dem Erlebnisstoff des Alltags gemacht, sondern auch aus dem Stoff, aus dem die Träume sind.

Mit meinem dritten Argument, das ebenfalls Bedenken gegen einen alltagsorientierten Sprachunterricht geltend machen soll, knüpfe ich noch einmal an die Feststellung von Karl Markus Michel an, vom Alltag könne man nicht erzählen[25]. Doch wohl, ist dem Schreiber dieses Satzes entgegenzuhalten, man kann ganz gewiß vom Alltag erzählen. Karl Markus Michel, der einige Jahre zuvor in einem anderen Heft des Kursbuches den Tod der Literatur verkündet hatte, schätzt auch noch im Jahre 1975 die Kraft der Literatur zu gering ein. Denn die Schriftsteller haben durchaus vom Alltag zu erzählen gewußt, seitdem sie es als realistische, naturalistische, dokumentaristische oder gesellschaftskritische Autoren zu tun gewagt haben[26].

Es ist zwar richtig, daß in vielen realistischen und postrealistischen Romanen, vor allem aber in der Trivialliteratur, der Alltag nur als Hintergrund für irgendein nichtalltägliches Ereignis dient, das den ganzen Vordergrund der Handlung beansprucht. Als Musterbeispiel dieser Gattung mag Albert Camus' vielgelesener Roman »La Peste« gelten, der auf seinen ersten Seiten ein trostlosalltägliches Bild der Stadt Oran entwirft, in das dann die Pest als ein zwar schlimmes, aber unerhörtes Ereignis einbricht. Doch lange vor Camus hatte in Frankreich schon Gustave Flaubert gezeigt, daß man auch den Alltag selbst zum Hauptgegenstand des Erzählens machen kann. In seiner »Education sentimentale«, vor allem aber in seinem Romanfragment »Bouvard et Pécuchet« hat Flaubert den Alltag als großes Romanthema entdeckt und literaturfähig gemacht, und zwar indem er die Handlung nicht nur aus der Normalität der alltäglichen Routine herausführt, sondern sie sogleich auch wieder in die Alltäglichkeit zurücksinken läßt. Unter den deutschen Romanschriftstellern will ich in diesem Zusammenhang – manche andere Autoren überspringend – nur Heinrich Böll erwähnen, dessen verdienstvolle Romanästhetik darin besteht, den kleinbürgerlichen Alltag der Bundesrepublik in seiner erbärmlichsten, aber auch erbarmungswürdigsten Gestalt erzählbar gemacht zu haben. In Botho Straußens erfolgreichem Theaterstück »Groß und klein« triumphiert der deutsche Alltag schließlich auch auf der

Bühne und stellt uns dort eine Protagonistin vor, deren Alltäglichkeit vollkommen ist: Lotte.

Ich muß leider sagen, daß einige Alltags-Didaktiker den Eindruck zu erwecken verstehen, als hätten sie von der Alltags-Literatur noch nie etwas gehört. Sie sind mit ihrem literarischen Bewußtsein in der Regel bei Walter Porzig stehengeblieben, der 1950 die Alltagssprache einer Hoch-, Schrift- und Literatursprache gegenüberstellte, die er sich – wie auch sonst in der Theorie horizontal geschichteter Stilregister üblich – nur als über der Alltagssprache liegend vorstellen konnte. Aber das ist nun wirklich heutzutage kein Literaturbegriff mehr, mit dem ein zutreffendes Bild von der deutschen und europäischen Literatursprache seit den Tagen des Realismus zu gewinnen wäre. Unter diesen Umständen ist es bedauerlich, daß viele Sprachdidaktiker unwissend darauf verzichten, den Alltag dort aufzusuchen, wo er am zuverlässigsten und am unerbittlichsten zur Sprache gebracht wird: in der Literatur. Positiv ausgedrückt heißt das: Wer die deutsche Alltagssprache, das Alltagswissen der Deutschen und die Alltagskultur in Deutschland zum Lernziel des Sprachunterrichts machen will, der muß noch mehr als ein anderer, der dieses Ziel nicht verfolgt, die modernen deutschen Autoren studieren.

Im Schlußabschnitt will ich versuchen, die Argumente pro und contra zueinander in Beziehung zu setzen, so daß aus ihrer Verbindung vielleicht einige Vorschläge für einen vernünftigen Umgang mit der Alltäglichkeit im Sprachunterricht abgeleitet werden können. Ich tue das wiederum unter drei Gesichtspunkten, die mit den bisher skizzierten zweimal drei Gesichtspunkten korrespondieren.

Zum ersten will ich sagen, daß die hier erörterte Frage, ob und in welchem Ausmaß sich der Fremdsprachenunterricht an der Alltagssprache orientieren soll, nicht als Streit um die Rolle der Grammatik im Sprachunterricht mißverstanden werden darf. Ganz gleich, wie man die hier vorgetragenen Argumente wägt und wertet, an der Grammatik führt kein Weg vorbei. Man will die gesprochene deutsche Alltagssprache lehren? Nun gut, aber dann muß das mit einer Grammatik der gesprochenen deutschen Alltagssprache geschehen. Der Fremdsprachenunterricht soll sich mehr als bisher den Progressionen des natürlichen Zweitsprachenerwerbs anpassen? Gewiß, aber dann brauchen wir eine hochentwickelte Spracherwerbsgrammatik, die es bisher nur in Ansätzen gibt. Und auch, wenn die Sprachen nach dem Willen der Pragmadidaktiker nicht aus einer systematischen Grammatik, sondern nach der Abfolge realer Sprechanlässe in Alltagssituationen erworben werden sollen, ist eben eine Situations-Grammatik vonnöten, die man sich um Gottes willen nicht intellektuell anspruchsloser vorstellen darf als die vertraute Schulgrammatik. Schließlich entbindet auch das Lernziel der kommunikativen Kompetenz nicht von einer strengen Grammatik. Wenn nämlich die Analogiebildung nach Chomskys Begriff der Sprachkompetenz nicht Augenwischerei sein soll, dann muß der Begriff der kommunikativen Kompetenz als Aufforderung zur Entwicklung eines Regelsystems aufgefaßt werden, das an Stringenz mit der generativen Grammatik wetteifern kann, aber natürlich von ganz anderer Natur sein muß, da ja eine kommunikative Grammatik nicht bei einem, sondern allenfalls bei zwei Menschen ihren Anfang nehmen kann[27]. Wer also der Ansicht ist, der Fremdsprachenunterricht könne durch eine stärkere Alltagsorientierung gewinnen, der muß *mehr,* nicht weniger Grammatik treiben als ein anderer, der es bei der bisherigen Orientierung belassen will. Er muß dann nämlich seinem Sprachunterricht eine Grammatik zugrunde legen, die es vollendet noch gar nicht gibt, und ich will gleich hinzusetzen, er möge bitte nicht passiv abwarten, bis ihm eine solche Grammatik fertig auf den Tisch gelegt wird. Als maßgeblicher Teilnehmer jenes besonderen asymmetrischen Kommunikationsgeschehens, welches Unterricht heißt, ist jeder Sprachlehrer hervorragend in der Lage, an der Konzeption und Redaktion einer kommunikativen Grammatik mitzuwirken.

Ich will zweitens zu erwähnen nicht vergessen, daß mir bei meiner Beschäftigung mit den Problemen der Alltagssprache, des Alltagswissens und der Alltagskultur in Deutschland nicht entgangen ist, daß diese Probleme eine politische Dimension haben. Ich teile zwar nicht die Ansicht derjenigen, die in einer rasch gefertigten Entfremdungs-Theorie schon den großen Hebel gefunden zu haben glauben, mit dem der Alltag einer modernen Industriegesellschaft aus den Angeln zu heben ist. Ich halte es da mehr mit den Autoren des den Problemen des Alltags gewidmeten Kursbuches 41 aus dem Jahre 1975, die sich alle darüber im klaren sind, daß der von ihrer Generation gehegte große Traum von einer revolutionsähnlichen Veränderung aller gesellschaftlichen Verhältnisse in der Bundesrepublik gerade an der Beharrenskraft des Alltags gescheitert ist. Sie empfehlen daher, geduldig an einer »Politisierung des Alltags« zu arbeiten. Mit Alexander Kluge, der sich im ersten Heft der Zeitschrift »Freibeuter« ebenfalls mit dem Alltag beschäftigt, will ich aber unter einer Politisierung des Alltags keinen oberflächlichen Aktionismus, sondern eine anzustrebende »Intensität alltäglicher Gefühle« verstehen[28]. Wir sollten allerdings die Möglichkeiten, die hierzu der Fremdsprachenunterricht bietet, nicht übertrieben hoch veranschlagen. Aber andererseits wäre es natürlich fatal, wenn ein alltagsorientierter Fremdsprachenunterricht mit den von ihm vermittelten Fertigkeiten, stereotype Alltagssituationen zu bewältigen, ausgerechnet zur Verfestigung ödester Alltagsstrukturen und zum Widerruf der Aufklärung beitragen würde. Um dieser Gefahr zu entgehen, ist es vielleicht nützlich, kurz an Sigmund Freud zu erinnern, der sich bekanntlich als einer der ersten für die Alltagssprache interessiert hat. Aber Freud achtet in seiner »Psychopathologie des Alltagslebens« (1904) gerade nicht auf die sprachliche Routine, mit der die Leute die Situationen des alltäglichen Lebens mehr oder weniger glatt zu bewältigen scheinen, sondern er richtet seine Aufmerksamkeit ausschließlich auf die sprachlichen »Fehlleistungen«, in denen die Routine ungewollt aussetzt und auf diese Weise plötzlich den Blick auf ein interessantes Unbewußtes freigibt[29]. In nicht ganz unähnlicher Weise hat später der amerikanische Ethnomethodologe Harold Garfinkel seine sogenannten Krisen-Experimente angesetzt. Diese bestehen darin, daß ein Explorator auf routinierte Alltagsfloskeln seiner Informanten nicht-routiniert antwortet (auf die Grußformel »Guten Tag« beispielsweise mit der Rückfrage reagiert: »Was meinen Sie eigentlich mit *gut*?«), um auf diese Weise den Alltag in einer kleinen Störung des alltäglichen Verhaltens zur Erscheinung zu bringen[30].

Nun meine ich zwar nicht, daß die – bei Freud – beobachteten oder die – bei Garfinkel – experimentell erzeugten Störungen der alltäglichen Routine didaktisch unvermittelt nutzbar gemacht werden können, bin jedoch der Ansicht, daß wir von diesen beiden hier skizzierten Methoden zumindest jene geschärfte Aufmerksamkeit für die kleinen oder großen Störungen und Verunsicherungen übernehmen können, in denen der Alltag manchmal an sich selber irre wird. Ich möchte also denen, die den Gebrauch der deutschen Sprache in Alltagssituationen lehren wollen, dringend empfehlen, für diesen Zweck keine glatten, vielmehr irgendwie *gestörte* und – vielleicht mit Brechts oder Becketts Hilfe – leicht *verfremdete* Situationen zu wählen, die dem Ausländer zu erkennen geben, daß auch die Deutschen nicht immer und nicht total in ihrem Alltag aufgehen. Das mag dann zugleich ein Verfahren sein, um mit Hilfe kleiner, innerhalb des deutschen Alltags inszenierter Absurditäten die große Fremdheit ausländischer Deutschlernender angesichts dieses Alltags aufzufangen.

An dritter und letzter Stelle möchte ich noch darauf aufmerksam machen, daß auch der Sprachunterricht selber, ganz gleich, ob er an einer öffentlichen Schule oder an einer sonstigen Lehreinrichtung stattfindet, unausweichlich unter dem Diktat des Alltags steht. Wir brauchen nur an die gestückelte Zeit zu denken, die dem Sprachunterricht in den meisten Fällen den starren und, wie mir scheint, sehr tückischen Rhythmus der Lektionen aufzwingt. Lernen ist eben auch eine Art Arbeit, und man muß überdies noch in vielen Fällen Geld dafür bezahlen. Unter diesen schwer aufhebbaren Rahmenbedingungen müssen alle diejenigen, die den Sprachunterricht mit Szenen aus dem alltäglichen Leben füllen wollen, sorgfältig darauf achten, daß nicht aus einer Kumulation alltäglicher Inhalte mit den öden Alltagsstrukturen des von mechanischen Uhren gesteuerten Unterrichtsablaufs eine kritische Masse an Alltäglichkeit zusammenkommt, deren negative Konnotationen sich explosiv entladen können. Andererseits aber bildet der Schul- oder Kursalltag auch eine gewisse Enklave im Alltag, zumal wenn er als Fremdsprachenunterricht auf den Alltag eines anderen Landes vorbereitet. Das verleiht dem Fremdsprachenunterricht einen irreduziblen Rest an Künstlichkeit, durch den eine problemlose Verschmelzung des Unterrichtsalltags mit dem Alltag der lebenspraktischen Umwelt ausgeschlossen wird[31]. Es kann aus diesem Grunde auch unter pragmadidaktischen Vorzeichen keine »Ernstfall-Pädagogik« geben, die den Alltag direkt ins Klassenzimmer holt und dort seine Probleme exemplarisch löst. Man kann den Alltag im Sprachunterricht immer nur imitieren, ihn in mehr oder weniger gut erfundener Simulation und Rollenverteilung spielen, so daß diese Alltagsspiele zugleich Sprachspiele im Sinne Wittgensteins sind. Es klingt paradox, liegt aber bei genauerer Betrachtung in der Konsequenz einer selbstkritischen Alltags-Didaktik, daß sie nur in

Form einer Spiel-Didaktik, die auch des Witzes nicht enträt, ihr Ziel vollkommen erreichen kann.

Diese Überlegungen dürften schließlich auch zu der Einsicht führen, daß der Alltag nicht in seiner ganzen Breite in den Sprachunterricht eingehen kann, auch wenn eine oben sehr weite Öffnung des didaktischen Trichters solches zu begünstigen scheint. Somit sollten wir den Nürnberger Trichter vielleicht nur deshalb als Symbol der Didaktik gelten lassen, weil man ihn, anders als zum alltäglichen Gebrauch in der Küche, beim Spiel auch umdrehen kann. Ich weiß, das ist von der Küchenpraxis her kaum zu rechtfertigen, aber es macht im Spiel vielleicht Spaß, die Flüssigkeit einmal von der engen Seite in einen Trichter zu gießen. Bei genauerer Überlegung ist wohl eher der umgedrehte Trichter, in den der Lehrer äußerst behutsam wohldosierte Mengen Lernstoff eingießt, damit dieser sich in einem größer werdenden Volumen ausbreitet, Ausdruck eines adäquaten Rezeptes für Didaktik, zumal im Fremdsprachenunterricht – was mir als spielerische Zweckentfremdung des Trichters verziehen werden möge von meinem Nürnberger Kollegen Georg Philipp Harsdörffer, der sich als erlauchtes Mitglied der Fruchtbringenden Gesellschaft den Kunstnamen »der Spielende« erwählte.

ANMERKUNGEN

1 Georg Philipp Harsdörffer: »Poetischer Trichter. Die Teutsche Dicht- und Reimkunst ohne Behuf der Lateinischen Sprache in VI. Stunden einzugießen«, Nürnberg 1648–1653, Nachdruck Darmstadt 1969. Das Zitat stammt aus der »Zuschrift« des Buches. Zur Ökonomie des Lernens äußert sich Harsdörffer noch an anderer Stelle: »Ferners ist die Kürtze der Rede eine sondre (. . .) Zier« (III, 67) und »Wann man nemlich nicht mehr Wort/als die Sache von nöthen hat/gebrauchet . . .« (III, 67). Die Trichter-Metapher ist übrigens älter. H. Schickard veröffentlichte schon vorher einen »Hebräischen Trichter« (Tübingen 1627), und Lutz Röhrich findet den sprichwörtlichen Ausdruck »eintrichtern« schon seit dem 16. Jahrhundert belegt (Lexikon der sprichwörtlichen Redensarten, s. v. Trichter).
2 Benjamin Franklin: »Advice to a young tradesman, written by an old one«, in: L. W. Labaree (Hg.): The Papers of Benjamin Franklin. Bd. III. New Haven 1961, S. 306; deutsch in ders.: Nachgelassene Schriften und Correspondenz, Bd. V, Weimar 1819, S. 72.
3 Vgl. R. Engelsing: »(. . .) erst am Ende des 18. Jahrhunderts wurde die Uhr im bürgerlichen Haushalt für alle Familienmitglieder etwas Gewöhnli-

ches« (»Die Perioden der Lesergeschichte in der Neuzeit«, Archiv für Geschichte des Buchwesens 10, [1970], Sp. 975. Hinweis von Prof. Aschoff/Erling-Andechs). Man vergleiche ferner zu dem ganzen Abschnitt R. Wendorff: Zeit und Kultur. Opladen 1980. Ferner: K. Laermann:»Alltagszeit«, Kursbuch 41 (1975), S. 87–105.

4 Vgl. den lexikographischen Überblick bei Laermann in dem vorerwähnten Aufsatz.

5 N. Elias:»Zum Begriff des Alltags«, in K. Hammerich/M. Klein (Hg.): Materialien zur Soziologie des Alltags. Opladen 1978. S. 22–29.

6 I.-M. Greverus: Kultur und Alltagswelt. München 1978, S. 93. Laermann, a. a. O., S. 90 f. H. Ramge: Alltagsgespräche. Frankfurt 1978, S. 9 f.

7 Das Zertifikat Deutsch als Fremdsprache, hg. vom Deutschen Volkshochschulverband und vom Goethe-Institut. Bonn-Bad Godesberg 2. Aufl. 1977, bes. S. 20 f. Ähnlich schon im VHS-Zertifikat Englisch von 1967:»Er (scil. der Schüler) soll in der Lage sein, ein in natürlichem Sprechtempo geführtes Gespräch über Themen des täglichen Lebens zu verstehen und sich daran zu beteiligen« (Vorwort S. 11). Das Mannheimer Gutachten dazu:»das Lehrwerk muß inhaltlich so konzipiert sein, daß eine möglichst große Vielfalt zur Sprache kommt« (Mannheimer Gutachten zu ausgewählten Lehrwerken Deutsch als Fremdsprache. Bd. I. Heidelberg 3. Aufl. 1978, S. 26).

8 W. Porzig: Das Wunder der Sprache. Bern 2. Aufl. 1957, bes. S. 250 ff.

9 U. Engel:»Syntaktische Besonderheiten der deutschen Alltagssprache«, in: Gesprochene Sprache. Jahrbuch 1972 des Instituts für deutsche Sprache. Düsseldorf 1973, S. 199–244, hier bes. S. 200 (= Sprache der Gegenwart, 26).

10 Zur Einführung in die Textlinguistik vgl. besonders: R.-A. de Beaugrande/W. U. Dressler: Einführung in die Textlinguistik. Tübingen 1981 (= Konzepte der Sprach- und Literaturwissenschaft 28). H. Kalverkämper: Orientierung zur Textlinguistik. Tübingen 1981 (= Linguistische Arbeiten 100). H. Weinrich: Textgrammatik der französischen Sprache. Stuttgart 1982.

11 Zur gesprochen Alltagssprache: G. Schank/G. Schoenthal: Gesprochene Sprache. Eine Einführung in Forschungsansätze und Analysemethoden. Tübingen 1976 (= Germanistische Arbeitshefte 18). H. Ramge: Alltagsgespräche. Arbeitsbuch für den Deutschunterricht in der Sekundarstufe II. Frankfurt 1978; Zur Methodik der Gesprächs- oder Konversationsanalyse: W. Kallmeyer:»Verständigungsprobleme in Alltagsgesprächen. Zur Identifizierung von Sachverhalten und Handlungszusammenhängen«, Der Deutschunterricht 6 (1977), S. 92–96; H. Hannappel/H. Melenk: Alltagssprache. Semantische Grundbegriffe und Analysen. München 1979 (= UTB 800); H. Henne/H. Rehbock: Einführung in die Gesprächsanalyse, Berlin 2. Aufl. 1982 (= Sammlung Göschen 2212).

12   Einen Überblick gibt S. Felix:»Natürlicher Zweitsprachenerwerb:
Ein Überblick«, Studium Linguistik 4 (1977), S. 25–39. Ders. (Hg.):
Recent trends in research on second language acquisition. Tübingen 1979.
Vgl. auch W. Butzkamm:»Fremdsprachenunterricht und natürliche Zweisprachigkeit, Spracherwerbssituationen im Vergleich«, Zielsprache
Deutsch (1978) 3, S. 11–19. R. Dietrich:»Natürlichkeit im gesteuerten
Fremdsprachenerwerb«, Zielsprache Deutsch (1980) 1, S. 2–10. Weitere
bibliographische Hinweise findet man in den genannten Schriften.
13   J. L. Austin: How to do things with words. Oxford 1962, Paperback
1971; deutsch: Zur Theorie der Sprechakte, hg. von E. v. Savigny. Stuttgart 1972 (= Reclam 9396). J. R. Searle: Speech acts. Cambridge 1968;
deutsch: Sprechakte. Ein sprachphilosophischer Essay, übersetzt von R.
und R. Wiggershaus. Frankfurt 1971. Zur Entwicklung und Kritik dieser
Forschungsrichtung vgl. das Kapitel»Um einen linguistischen Handlungs-
begriff« in meinem Buch: Sprache in Texten. Stuttgart 1976, Kap. II,
S. 21–44.
14   Zur näheren Begründung dieser Auswechslung der Begriffe Motivation und Interesse und zur Begriffsgeschichte des Wortes Interesse: H.
Schiefele/K. Hausser/G. Schneider:»Interesse als Ziel und Weg der Erziehung – Überlegungen zu einem vernachlässigten Konzept«, Zeitschrift für
Pädagogik 25 (1979), S. 1–20. H. Schiefele: Interesse als spezifische
Handlungsbedingung. Ein aktualgenetisches Modell, München 1980 (=
Päd.-psychol. Arbeiten, Seminar für Empirische Pädagogik und Pädagogische Psychologie der Universität München).
15   Vgl. bes. J. Habermas:»Vorbereitende Bemerkungen zu einer Theorie der kommunikativen Kompetenz«, in J. Habermas/N. Luhmann: Theorie der Gesellschaft oder Sozial-Technologie – Was leistet die Systemforschung? Frankfurt 1971. Ferner ders.: Zur Logik der Sozialwissenschaften.
Materialien. Frankfurt 1970 (= edition suhrkamp 481); H.-E. Piepho:
Kommunikative Kompetenz als übergeordnetes Lernziel im Englischunterricht. Dornburg-Frickhofen 1974. Ders.: Kommunikative
Didaktik des Englischen. Sekundarstufe I. Limburg 1979.
16   Vgl. besonders Husserl: Ideen zu einer reinen Phänomenologie und
phänomenologischen Philosophie. Den Haag 1950. Ders.: Die Krisis der
europäischen Wissenschaften und die transzendentale Philosophie. Den
Haag 1954.
17   H. Lefebvre: Critique de la vie quotidienne (1947). 2 Bde. Paris
1958/61; deutsch: Kritik des Alltagslebens, hg. von D. Prokop. 3 Bde.
München 1974/75 (= Reihe Hanser 1942/1943/1944). Ders.: La vie quotidienne dans le monde moderne. Paris 1968; deutsch: Das Alltagsleben in
der modernen Welt. Frankfurt 1972.
18   A. Schütz: Reflections on the problem of relevance. New Haven
1970, deutsch: Das Problem der Relevanz, hg. von R. M. Zaner. Frankfurt
1971. A. Schütz/Th. Luckmann: Strukturen der Lebenswelt 1. Frankfurt
1979 (= suhrkamp taschenbuch wissenschaft 284). Vgl. M. W. Sprondel/

R. Grathoff: Alfred Schütz und die Idee des Alltags in den Sozialwissenschaften. Stuttgart 1978.
19 H. Garfinkel: Studies in Ethnomethodology. Englewood Cliffs (N. J.) 1967. Zur Ethnomethodologie vgl. ferner das von der Arbeitsgruppe Bielefelder Soziologen herausgegebene Lesebuch: Alltagswissen, Interaktion und gesellschaftliche Wirklichkeit. Wiesbaden 5. Aufl. 1981. E. Goffman: Rahmen-Analyse. Ein Versuch über die Organisation von Alltagserfahrungen (amerikanisch 1974). Frankfurt 1977. R. Turner (Hg.): Ethnomethodology. Harmondsworth 1974. E. Weingarten/F. Sack/J. Schenkein (Hg.): Ethnomethodologie. Beiträge zu einer Soziologie des Alltagshandelns. Frankfurt 1976 (= suhrkamp taschenbuch wissenschaft 71). K. Hammerich/M. Klein (Hg.): Materialien zur Soziologie des Alltags. Wiesbaden 1979. Alle diese Schriften haben weiterführende Bibliographien.
20 Zum Horizont-Begriff vgl. den ausführlichen Artikel: »Horizont« im Historischen Wörterbuch der Philosophie, hg. von J. Ritter. Band 3. Basel 1974, s. v.
21 L. Wittgenstein: Philosophische Untersuchungen, §129.
22 Zur Fachsprachenforschung vgl. H.-R. Fluck: Fachsprachen. Einführung und Bibliographie. München 1976 (= UTB 483). W. Mentrup (Hg.): Fachsprachen und Gemeinsprache. Jahrbuch 1978 des Instituts für deutsche Sprache. Düsseldorf 1979 (= Sprache der Gegenwart 46). Fachsprachen im Deutschunterricht (= Der Deutschunterricht 5 / 1979). D. Möhn/ R. Pelka: Fachsprachen. Eine Einführung. Tübingen 1984 (= Germanistische Arbeitshefte 30).
23 Es gibt jedoch neuerdings Rückbesinnungen auf eine Didaktik des Erzählens. Vgl. B. Sandig: »Erzählen – Vorschläge für eine Lehreinheit in Klasse 6 auf erzähltheoretischer Grundlage«, Linguistik und Didaktik 10 (1979), S. 171–190. K. Ehlich (Hg.): Erzählen im Alltag. Frankfurt 1980 (= suhrkamp taschenbuch wissenschaft 323). Ders. (Hg.): Erzählen in der Schule. Tübingen 1984 (= Kommunikation und Institution 10).
24 Vgl. O. Marquard/K. Stierle (Hg.): Identität (= Poetik und Hermeneutik 8).
25 K. M. Michel: »Unser Alltag: Nachruf zu Lebzeiten«, Kursbuch 41 (1975), S. 1–40, hier bes. S. 2.
26 Vgl. A. Wierlacher: »Ästhetik des Alltags, Ansichten eines vernachlässigten Konzeptes«, in: Jahrbuch Deutsch als Fremdsprache 6 (1980), S. 1–6.
27 Vgl. Th. Lewandowski: »Kommunikative, grammatische und lerntheoretische Konzeptionen in Sprachlehrwerken des Deutschen«, in: Grammatik und Sprachunterricht, Jahrbuch 1977 des Instituts für deutsche Sprache. Düsseldorf 1978, S. 71–87 (= Sprache der Gegenwart 44).
28 A. Kluge: »Das Politische als Intensität alltäglicher Gefühle«, Freibeuter 1 (1979), S. 56–62.
29 S. Freud: »Zur Psychopathologie des Alltagslebens«, in ders.: Gesammelte Werke chronologisch geordnet, hg. von A. Freud u. a. Bd. 4. London 4. Aufl. 1964.

30 Eine knappe Schilderung der Garfinkelschen Krisenexperimente gibt
Psathas in dem Buch der Arbeitsgruppe Bielefelder Soziologen, a. a. O., S.
275, Anm. 19.

31 Vgl. W. T. Littlewood: »The acquisition of communicative competence in an artificial environment«, Praxis des neusprachlichen Unterrichts
22 (1975), S. 13–21.

Mit gemischten Sprachgefühlen

Wenn die Ausdrücke verschiedener Sprachen in einem Text gemischt werden, spricht man von Sprachmischung. Wird das in einer Gesellschaft zur Regel, so entsteht eine Mischsprache.[1] Das geschieht ziemlich häufig, so daß man Hugo Schuchardt zustimmen kann, der geschrieben hat: »Es gibt keine ungemischte Sprache«.[2] Allerdings ist dieser Satz eine Antwort an Max Müller, der geschrieben hatte: »Es gibt keine Mischsprache«.[3] Hier scheint schon die Tatsachenfrage unklar zu sein, von der Normfrage ganz zu schweigen.

Auf die vielfältigen Phänomene der Sprachmischung ist zuerst die historische Sprachwissenschaft aufmerksam geworden, allerdings nicht ohne Zögern. Denn die englische Sprache beispielsweise ist zwar ihrer Herkunft nach eine germanisch-romanische Mischsprache, und bei anderen Sprachen, etwa dem Rumänischen und dem Albanischen, ist die Bewertung des Mischungsverhältnisses sogar ein Politikum. Dennoch kam Hermann Paul in seinen »Prinzipien der Sprachgeschichte« (1880) zunächst gar nicht auf den Gedanken, in dieser Grundlegung der historischen Sprachwissenschaft auch die Phänomene der Sprachmischung zu berücksichtigen. Erst der mischungsfreundliche Hugo Schuchardt, dessen liberaler Geist sich im positivistischen Gebäude der Junggrammatiker nicht recht wohl fühlte, machte Hermann Paul auf diese Lücke in seinem Werk aufmerksam. Der Autor ließ sich dadurch bewegen, in die zweite Auflage der »Prinzipien« (1886) ein Kapitel über Sprachmischung einzufügen, das einen Überblick über die Problemlage gibt, allerdings ohne das Problem zu vertiefen[4].

Ein vertieftes theoretisches Bewußtsein findet man erst in der Ära der strukturalen Sprachwissenschaft, vor allem bei Walther von Wartburg, der die historischen Sprachmischungen hauptsächlich mit den Begriffen Substrat, Superstrat und Adstrat genetisch zu ordnen versucht[5]. Zum Standardwerk der sowohl historischen wie geographischen Forschung auf diesem Gebiet wird schließlich das Buch »*Languages in Contact*« von Uriel Weinreich[6], in dem das ganze Feld der Sprachmischungsforschung maßgeblich abgesteckt wird.

In Weinreichs Buch finden wir auch als erkenntnisleitenden Begriff den aus der Physik stammenden Ausdruck Interferenz, mit dessen Hilfe Erscheinungen der Sprachmischung nicht als punktuelle Ereignisse, sondern als Strukturprobleme und Strukturproblemlösungen erfaßt werden. Es widerspräche nämlich dem Begriff des Systems, daß es einfach ein fremdes Element aufnehmen könnte, ohne dadurch zu einer Umorganisation seiner selbst (*rearrangement of patterns*) veranlaßt zu werden[7]. Mit der Einführung des Begriffes Interferenz hat sich der Strukturalismus erfolgreich gegen den ausgesprochenen oder unausgesprochenen Vorwurf zur Wehr gesetzt, er sei in den immanenten Gesetzmäßigkeiten des Sprachsystems befangen und gar nicht fähig, von außen kommende Beeinflussungen des Sprachsystems adäquat zu beschreiben. Es gibt seitdem in der Linguistik eine hochentwickelte Interferenz-Forschung, die sich in neuerer Zeit zunehmend als Subdisziplin der Sprachnormenforschung versteht[8].

Da sprachliche Interferenzerscheinungen unter verschiedenen Bedingungen auftreten können, hat es sich anscheinend bewährt, neben dem Ausdruck Interferenz auch den Ausdruck Transferenz zu verwenden. Michael Clyne hat ihn mit Blick auf Weinreich als ergänzenden und zum Teil konkurrierenden Begriff eingeführt[9]. Während der Interferenz-Begriff, so Clyne, wenigstens teilweise noch auf die Ursache des Phänomens zielt, soll der Begriff Transferenz als rein deskriptiver Begriff zur Bezeichnung des betreffenden Mischungsphänomens benutzt werden. Unter Transferenz will er also »die Übernahme von Elementen, Merkmalen und Regeln aus einer anderen Sprache« verstanden wissen[10]. So kann man beispielsweise eine auslandsdeutsche Äußerung analysieren, die Els Oksaar in Australien aufgezeichnet hat: »Wir haben Motels an den Beachen.« Die englisch-australischen Ausdrücke *motel* und *beach* sind hier, als wären es bereits voll eingeführte Lehnwörter, nicht nur in den Satz, sondern auch in die deutsche Nominal-Morphologie integriert. Die genannte Autorin spricht von einem »integrierten morphosemantischen Transfer«[11]. Zu beobachten ist an diesem Beispiel auch die häufig feststellbare Tatsache, daß hauptsächlich nominale Elemente transferiert werden, zumal wenn sie eine bestimmte Kulturfärbung an sich haben. Els Oksaar hat in diesem Zusammenhang überdies die wichtige Beobachtung gemacht, daß Transferwörter eher in rhematischer als in thematischer Position auftreten[12]. Das spricht für den prägnanten Informationswert solcher Transferenzen.

Eine nicht ganz scharfe Grenze trennt die Interferenz- und Transferenzerscheinungen von den Erscheinungen des Codewechsels (Umschaltung im Code, *code-switching*). Ein sehr weitgefaßter Begriff des Codewechsels würde alle Formen der Sprachmischung umfassen und genau so unspezifisch sein wie dieser Ausdruck. Daher hat es sich bewährt, den Begriff des Codewechsels mit einer engeren Bedeutung zu verwenden und auf solche Erscheinungen einzugrenzen, die entweder den Textverlauf oder die Gesprächssituation in erkennbarer Weise beeinflussen. Unter den möglichen Bedingungen, die für einen solchen Codewechsel maßgeblich werden können, sind von mehreren Linguisten, so von Gumperz, Haugen, Clyne und Oksaar, textinterne und textexterne Bedingungen unterschieden worden[13]. Ein charakteristisches Beispiel für textinterne Codewechsel-Bedingungen ist die Wirkung eines sogenannten Auslösewortes *(trigger word)* auf den Folgetext. So hat Michael Clyne an Bilingualen beobachtet, daß ein aus einer anderen Sprache eingemischtes Wort eine ganze Sequenz in dieser Sprache auslösen kann, zum Beispiel: »... handelt von einem alten *secondhand-dealer* (= Auslösewort) *and his son*«[14].

Wichtiger sind von der Bilingualismus-Forschung der letzten Jahre jedoch die textexternen Bedingungen des Codewechsels genommen worden, soweit sie in ihren psycholinguistischen und kommunikationssoziologischen Faktoren analysierbar sind. Els Oksaar hat beispielsweise bei bilingualen Sprechern, die in einer schwedischen Sprachumgebung Estnisch als Minderheitsprache sprechen, eine signifikante Häufung des Codewechsels immer dann festgestellt, wenn eine sehr vertraute Kommunikationssituation besteht[15]. Unter distanzierteren Gesprächsverhältnissen machen die Sprecher eher von Lehnübersetzungen oder sonstwie normgerechteren Ausdrücken Gebrauch. So ergibt sich für Oksaar[16] ein rationales und ein normatives Modell für die Beschreibung der Gruppendynamik. Bei einer anderen Untersuchung, die J. C. P. Auer mit jugendlichen deutsch-italienischen Bilingualen durchgeführt hat, hat sich ergeben, daß die in der Bundesrepublik lebenden und aus Gastarbeiterfamilien stammenden Italiener vornehmlich dann in die deutsche Sprache fallen, wenn ein Verhalten qualifiziert werden soll, das gruppenpsychologisch relevant ist[17]. So läßt sich insgesamt sagen, daß in den Bedingungen des Codewechsels häufig eine bestimmte Einstellung der Gesprächsteilnehmer zu ihrem Gegenstand und zueinander zum Ausdruck kommt. Es ist daher plausibel, mit Els Oksaar bei bilingualen Sprechern, die im Gespräch miteinander mehr oder weniger habituell einen Codewechsel praktizieren, nicht nur eine Kompetenz in den beiden beteiligten Sprachen, sondern auch eine eigene Codewechsel-Kompetenz anzunehmen, die nach ihren linguistischen, psycholinguistischen und kommunikationssoziologischen Regeln nuancenreich beschrieben werden kann[18].

Nun ist gleichfalls durch die Forschung der letzten Jahre recht gut (aber immer noch nicht ausreichend) bekannt, in welchen Phasen des bilingualen Spracherwerbs solche Formen der Sprachmischung, wie ich sie bisher als Interferenz, Transferenz oder Codewechsel knapp skizziert habe, besonders gehäuft auftreten. Man weiß beispielsweise, daß zumal die Anfangsphase des bilingualen Spracherwerbs durch eine relativ unbefangene Einmischung zahlreicher Transferwörter aus der anderen Sprache in die jeweils (relativ oder absolut) dominante Gesprächssprache gekennzeichnet ist[19]. Aus dem Corpus, das Traute Taeschner aus den Äußerungen ihres bilingual deutsch-italienisch aufwachsenden Kindes zusammengestellt hat, verzeichne ich beispielsweise den folgenden Satz:»Mami hat gekauft für Lisa ein *fazzoletto*«[20]. Abgesehen von der syntaktischen Interferenz zwischen italienischer und deutscher Wortstellung ist hier bemerkenswert die (rhematische!) Verwendung des italienischen Wortes *fazzoletto* 'Tuch, Tüchlein', das für das bilinguale Kind, das in Italien lebt, offenbar einen sehr starken Situationswert hat und mit morphosyntaktischer Integration durch den unbestimmten Artikel ohne weiteres in den deutschen Satz eingemischt wird. Der entsprechende deutsche Ausdruck ist in der Sprache des Kindes entweder noch nicht vorgekommen oder hat sich durch die geringere Situationsbindung nicht so stark eingeprägt. Man kann den italienischen Ausdruck in diesem deutschen Satz, bezogen auf den Erfahrungshorizont des Kindes, fast ein Kulturwort nennen, und wir erinnern uns daran, daß auch im Leben der Nationen solche Kulturwörter zu den wichtigsten Transferenzerscheinungen des Sprachlebens gehören[21].

Wenn die Sprachmischung in der skizzierten Form eine wichtige und fast unerläßliche Durchgangsphase des bilingualen Spracherwerbs ist, so müssen wir eine entsprechende Feststellung für bestimmte Phasen des bilingualen Sprachverlustes machen. Die Parallelisierung von Spracherwerb und Sprachverlust, beides allerdings monolingual betrachtet, ist bekanntlich eine der großen heuristischen Anregungen Roman Jakobsons gewesen[22]. Mit gleichem heuristischem Nutzen ist meines Erachtens dem bilingualen Spracherwerb ein bilingualer Sprachverlust gegenüberzustellen. Von bilingualem Sprachverlust spreche ich dann, wenn eine sprachliche Minderheit von der sprachlichen Mehrheit, die sie mit kultureller Dominanz umgibt, immer mehr angezogen und aufgesogen wird. Hier treten, wie oft beobachtet worden ist, spätestens von der zweiten und dritten Generation der Minderheit an immer zahlreichere Transferenzerscheinungen auf, bis schließlich diese Sprache von einer nachfolgenden Generation nicht mehr angenommen wird. James R. Dow verzeichnet in einer Sprachaufnahme aus den USA beispielsweise das folgende Segment:

> »Und am Silvester Abend habe mir als Blei gegosse.
> Weißt du, was ich mein? Blei, das habe mir im – wo die
> Küch noch . . . war, wo die *kettles* und die *pots repaired*
> ware, . . . hammir ein Stück Blei geholt und hammir
> [eine Pfanne, J. R. D.] genomme, und habe ein Stückche Blei drauf getan . . .«[23]

Clyne hat bei der Informantenbefragung in Australien sogar regelmäßig die Frage gestellt: »Sagen Sie: *Die Kau ist über die Fenz gejumpt?*«[24] Wir wollen hier aus diesen knappen Beispielen zunächst nur die einfache Folgerung ableiten, daß Formen der Sprachmischung zu den natürlichen Vorkommensweisen bilingualer Kommunikation gehören, sowohl in aufsteigender (Spracherwerb) als auch in absteigender Linie (Sprachverlust).

Daß die Sprachwissenschaft erst relativ spät auf diese Formen der Sprachmischung aufmerksam geworden ist, hängt mit einer psychischen Barriere zusammen, die nicht leicht zu überwinden war. Denn seitdem es in Europa überhaupt eine Reflexion auf die Bedingungen des Sprachgebrauchs gibt, hat sie auch die Form einer negativen Evaluation und Verurteilung der Sprachmischung vor dem Hintergrund einer geltenden sprachlichen Norm. So gehörte es schon bei den griechischen und lateinischen Grammatikern und im Anschluß daran bei den Rhetorikern zu den Grundlagen der grammatischen »Kunst«, den Gebrauch von fremden Wörtern *(verba peregrina)* als Verstoß gegen die »Reinheit« *(puritas, Latinitas, Hellenismós)* zu ahnden. Ein solcher Verstoß galt als »Barbarismus«, auch »Barbarolexis« genannt[25]. Da nun seit Platon zum humanistischen Idealbild des Redners die Übereinstimmung von Sprache und Charakter gehörte *(orator est vir bonus dicendi peritus)*, ließ eine durch Sprachmischung verderbte Sprache auch auf verderbte Sitten schließen. Noch bis in die jüngste Zeit hinein hat die Zweisprachigkeitsforschung, sicherlich beeinflußt von diesen uralten Lehrmeinungen, unter dem Vorurteil gelitten, daß die gleichrangige Beherrschung zweier Sprachen die Gefahr eines gespaltenen Bewußtseins, ja der Schizophrenie mit sich bringt. Auch die Fremdwörterhatz der deutschen Sprachreiniger und der Kampf gegen das *franglais* bei unseren französischen Nachbarn gehören in diesen Zusammenhang – ganz zu schweigen von den Nazi-Linguisten, denen die Sprachmischung, wie sie beispielsweise von der jüdischen Bevölkerung des Donauraums praktiziert wurde, ein Indiz für Wurzellosigkeit und »verantwortungslose Leichtfertigkeit« im Umgang mit dem »Volksgut« Sprache war[26]. Daß die frühe Zweisprachigkeit nicht nur keinen Schaden, sondern sogar einen erheblichen intellektuellen und emotionalen Gewinn bedeuten kann, dieser Gedanke gehört erst seit den letzten zwanzig Jahren zum Argumentationsarsenal der Linguisten[27].

Noch nicht genügend bekannt und sicherlich noch nicht genügend erforscht ist allerdings in diesem Zusammenhang bis heute die Tatsache, daß Zweisprachigkeit häufig Spaß macht und daß der damit verbundene Lustgewinn für die Entwicklung und die Differenzierung des Sprachbewußtseins einen hohen Motivationswert darstellt. Ansätze zu solchen Beobachtungen findet man in Hermann Helmers' Untersuchungen über die Sprache und den Humor des Kindes[28] sowie bei Michael Clyne, der bei australischen Minderheiten einen »bilingualen Humor« feststellt, der sich beispielsweise in Theateraufführungen mit einer deutsch-englisch-jiddischen Sprachmischung niederschlägt[29]. Ähnliche Beobachtungen hat Einar Haugen bei norwegischen Minderheiten in den Vereinigten Staaten gemacht[30]. Und was das Deutsche in den Vereinigten Staaten betrifft, so kennt man unter Eingeweihten die quasi-literarischen Schriften von Kurt M. Stein »Die schönste Lengevitch« (1925), »Gemixte Pickles« (1927) und »Limburger Lyrics oder Odes in Die schönste Lengevitch« (1932).

Wenn man sich nun fragt, auf welchem Boden diese humoristischen Mischsprachentexte entstanden sind, kann man sich daran erinnern, daß die lateinische Dichtung seit der Renaissance eine »lustige Spätblüte« (Bruno Snell) hervorgebracht hat, die ihren Witz aus der tolldreisten Sprachmischung bezieht: die sogenannte Makkaronische Poesie[31]. Diese Mischsprachendichtung hat ihren Namen nach dem Epos »Macharonea« des italienischen Dichters Tifi degli Odasi vom Ende des 15. Jahrhunderts. Im 16. Jahrhundert entstehen dann auch in Deutschland Makkaronische Dichtungen. Ein typischer Titel aus dem Jahre 1593 lautet:

Floia. Cortum versicale de Flois, swartibus illis tierculis, quae Minschos fere omnes, Mannos, Weibras, Jungfras etc. behüppere et spitzibus suis snaffis steckere et bitere solent, Auctore Griphaldo Knickknackio ex Flolandia.

Aber nicht nur bei diesen von der Literaturgeschichte nur aus Kuriositätsgründen verzeichneten Spaßmachern finden wir eine Makkaronische Poesie, sondern auch beispielsweise bei Molière, nämlich im »Malade Imaginaire«, wo es heißt:

Quam bella cosa et bene trovata,
Medicina illa benedicta,
Quae suo nomine solo,
Surprenanti miraculo,
Depuis si longo tempore,
Facit à gogo vivere
Tant de gens omni genere.[32]

Man mag nun einwenden, die zitierten Beispiele Makkaronischer Poesie gehörten zur Sub- oder Paraliteratur und seien literarhistorisch nicht erheblich. Dem ist entgegenzuhalten, daß auch die »ernste« Literatur nicht selten Formen der Sprachmischung zur

Erzeugung von Stileffekten verwendet[33]. Nach Vorbildern in altfranzösischen Mysterien[34] und bei den provenzalischen Troubadours[35] ist in der deutschen Literatur insbesondere Oswald von Wolkenstein für seine lyrischen Sprachmischungen bekannt[36]. In der
folgenden Liedstrophe nehmen die deutsche, die lateinische, die
französische und die slovenische Sprache je eine Gedichtzeile ein:

> ich fraw [freu] mich zwar
> quod video te
> cum bon amor
> jassem toge

In einem anderen Gedicht desselben Autors wird die poetische
Vielsprachigkeit sogar ausdrücklich thematisiert, wobei den sieben
dort genannten Sprachen Deutsch, Italienisch, Französisch, Unga-
risch, Slovenisch, Flämisch und Latein verschiedene Äußerungsty-
pen zugeordnet werden:

> Teutsch, welchisch mach!
> franzoisch wach!
> ungrischen lach!
> brot windisch bach!
> flemming so krach!
> latein die sibend sprach.

Besonders beliebt sind im Mittelalter namentlich die deutsch-latei-
nischen Sprachmischungen. Diese lassen sich, wie Burghart
Wachinger[37] weiterhin gezeigt hat, nach zwei Themenkreisen grup-
pieren. Zum ersten Themenkreis gehören beispielsweise die *Car-
mina burana* mit ihren manchmal recht derb gestimmten Liebes-
und Zechgedichten. Zum anderen Themenkreis gehören die Glos-
senlieder, in denen ein bekannter lateinischer Text Abschnitt für
Abschnitt deutsch paraphrasiert und erweitert wird. Auf dieser
Grundlage ist auch unser schönes Weihnachtslied »*In dulci jubilo/
Nun singet und seid froh . . .*« entstanden, wo lateinische und deutsche Verse wechseln.

Was schließlich die Prosa betrifft, so weiß man insbesondere aus
Luthers Tischreden, in welchem Ausmaß die deutsch-lateinische
Sprachmischung zu seinem alltäglichen Sprachgebrauch gehörte.
Hier ein Abschnitt als Beispiel seiner Sprache:

Das end ist gleich wol gut, das gehet ad remissionem peccatorum. Sonst durch vnd durch schellten sich vnser Herr Gott und Iob wol an einander, sed in fine werden sie eyns in remissione peccatorum. Deus dicit: »Quare me accusas?« Et Iob respondet: »Es ist war, ich hab zuuil geredt.« Deus autem concludit et dicit ad amicos Iob: »Non estis recte locuti.« Quia sie solten yhn trosten, so treyben sie aller erst recht legem auff yhn. Ibi respondet Iob: »Estis mihi molesti. Ich ways bas, was es ist denn yhr. Lex thuts nit, fromm sein thuts auch nit; ich sehe wol, es gehet den frommen wie den bosen. Non, immo, ich fule es ja wol anderst.« Est magna rhetorica.[38]

Walter Jens schreibt dazu: »Sein deutsch-lateinisches Kauderwelsch, die Mischrede der Tischgespräche würde uns alle entsetzen – und dies, obwohl es doch die mit schöner Selbstverständlichkeit gehandhabte gelehrte Umgangssprache des 16. Jahrhunderts wäre.« Wir können aber auch Luther selber als Kommentator heranziehen, denn dieser große Sprachmeister nahm sich zur Regel: »Grammatica soll nicht regnare super sententias«.[39]

In unserem Jahrhundert ist, wie man weiß, vor allem Thomas Mann ein großer Meister der Sprachmischung.[40] Die hochdeutsch-niederdeutsch-bayerischen Wortvermengungen gehören zum festen Stilrepertoire der »Buddenbrooks«, und im »Zauberberg« ist der Stil des Kapitels »Walpurgisnacht«, nach gelegentlichen deutsch-italienischen Sprachmischungen in Gesprächen mit Settembrini, vor allem durch den großen deutsch-französischen Mischdialog zwischen Hans Castorp und Clawdia Chauchat geprägt. Es ist kein Zufall, daß Hans Castorp im Rahmen einer Karnevals-Maskerade gerade für seine Liebeserklärung die französische Sprache wählt, die ihm nach dem endlich ausgesprochenen Geständnis in einer großen Tirade vollmundig von den Lippen fließt.[41]

Bei anderen Nationen kommen natürlich andere Sprachen für die Sprachmischung in Frage, und es mag deutschen Lesern gut tun, bei dem in den zwanziger und dreißiger Jahren in Frankreich sehr erfolgreichen Schriftsteller Maurice Dekobra Sätze zu finden wie diesen: »Ach Milady, wie reizend! fit la baronne Hilda.« Oder:

»Elle murmura un acquiescement aimable et bilingue: Bitte schön . . . Certainly, Sir . . .«[42] Die deutschen und englischen Einmischungen in den französischen Text dienen hier offensichtlich der spielerischen Herstellung eines bestimmten Lokalkolorits, ähnlich wie das – allerdings auf höherem Niveau – für die spanischen Einmischungen im englischen Text des Romans »*For Whom the Bell Tolls*« von Ernest Hemingway zu verzeichnen ist. Hemingway macht von dieser Art Sprachmischung vor allem im Dialog Gebrauch, wie das folgende Beispiel zeigt:

> *Listen, guapa, said Pilar and ran her finger now absently but tracingly over the contours of her cheeks. Listen, guapa, I love thee and he can have thee, I am no tortillera but a woman made for men. That is true. But now it gives me pleasure to say thus, in the daytime, that I care of thee. – I love thee, too.*[43]

Zu beachten ist hier auch die in der englischen Sprache archaische Anredeform *thou/thee,* mit der Hemingway die spanische Anredeform *tu/te* wiedergibt. Das ist eine morphologisch-syntaktische Interferenz zu künstlerischen Zwecken.

Was die jüngste deutsche Literatur betrifft, so begegnet man in ihr, wie zu erwarten, hauptsächlich deutsch-englischen Sprachmischungen. Da beispielsweise die Novelle »Montauk« von Max Frisch eine schweizerisch-amerikanische Liebesgeschichte ist, findet man auch deutsch-englische Sprachmischungen unter den durchgehenden Stilmitteln dieses Textes, beispielsweise in dem folgenden Dialog:

> Max, did you love your mother? – Ja. – You didn't like your father? – Achselzucken. – Why not? – Darüber hat er noch wenig nachgedacht. – Your are very fond of your children? – Sie sind keine Kinder mehr, alle erwachsen, als Erwachsene natürlich anders als andere Erwachsene.

Es ist vielleicht kein Zufall, daß gerade in dieser Geschichte der Erzähler an sich beobachtet, der Gebrauch der Fremdsprache gebe ihm jedesmal das Gefühl, »er sage alles zum ersten Mal« (vgl. oben S. 240)[44].

Wen wundert's, nun auch Ernst Jandl, den großen Sprachspieler, unter den Mischkünstlern zu finden. In dem folgenden Gedicht unter dem Titel »*The flag*« – es findet sich in der Sammlung »Der

künstliche Baum«[45] – steht die deutsch-englische Sprachmischung
im Dienst der anti-chauvinistischen Satire:

> a fleck
> on the flag
> let's putzen
>
> a riss
> in the flag
> let's nähen
>
> where's the nadel
>
> now that's getan
> let's throw it
> werfen
>
> into a dreck
>
> that's
> a zweck

Insgesamt läßt sich sagen, daß die Geschichte der literarischen
Sprachmischung noch weitgehend unerforschtes Territorium ist.

Es ist verwunderlich, daß die Fremdsprachendidaktik, soweit ich
sehen kann, auf dieses Phänomen noch nicht ihre volle Aufmerksamkeit gerichtet hat. Daß in der Sprachmischung, zumal wenn sie
mit Witz und künstlerischem Geschmack praktiziert wird, auch
Möglichkeiten und Chancen des Fremdsprachenunterrichts liegen
können, ist ihr bisher anscheinend nicht recht bewußt geworden.
Das hängt sicher mit dem bereits erwähnten Verbot der Sprachmischung vor der Norm der grammatischen *puritas* zusammen. Was
speziell die Didaktik des Fremdsprachenunterrichts betrifft, so ist
in den fünfziger Jahren, wie man weiß, sogar die Mischung fremdsprachlicher Texte und muttersprachlicher Erklärungen in Verruf
geraten, und die Didaktiker haben, einem extremen *puritas*-Ideal
folgend, den absolut ungemischten und konsequent einsprachigen
Fremdsprachenunterricht zum Dogma erhoben. Mit der entsprechenden psycholinguistischen Unterstützung (»Zwei-Kammer-
Speicherung«) hat dieses Dogma ein gutes Jahrzehnt unangefochten in unseren Klassenzimmern und mehr noch in den Sprachlabors geherrscht, bis erst in jüngster Zeit kritische Bedenken gegen

dieses Dogma aufgekommen sind und erste vorsichtige Empfehlungen einer »aufgeklärten Einsprachigkeit« (Butzkamm)[46] oder
sogar einer resoluten Zweisprachigkeit den Weg in die Öffentlichkeit gefunden haben. Ich will hier in die Einzelheiten der sprach-
didaktischen Diskussion um die Einsprachigkeit oder Zweisprachigkeit des Fremdsprachenunterrichts nicht eindringen, sondern
nur das Desiderat und Postulat anmelden, die Ergebnisse der
Bilingualismus-Forschung auch auf die Bedingungen der Sprachmischung im Fremdsprachenunterricht anzuwenden. Es ist also
meines Erachtens dringend erforderlich, für den Fremdsprachenunterricht, also den gesteuerten Erwerb einer Fremdsprache, die
Frage aufzuwerfen, ob in ihm vielleicht nicht nur an den Struk-
turgrenzen zwischen Text und Erklärung, sondern überhaupt und
in viel größerem Umfang als bisher Sprachmischung zuzulassen
ist.

Was schadet es denn, so ist zu fragen, wenn die Schüler im
Unterrichtsgespräch, solange sie erst über ein beschränktes Inventar fremdsprachlicher Vokabeln verfügen, in Fällen der »Wortnot«,
die ja wohl nicht so selten sein dürften, ohne Bedenken von geeigneten Wörtern ihrer Muttersprache oder einer anderen geläufigen
Fremdsprache Gebrauch machen, insbesondere wenn es sich um
fachsprachliche Ausdrücke handelt? Bei einem Unterrichtsgespräch über das Thema »Alkohol am Steuer«, das in einem
Medien-Projekt des Goethe-Instituts aufgezeichnet worden ist,
habe ich mit Zustimmung beobachtet, daß eine Teilnehmerin dieser recht lebhaften Gesprächsrunde an einer Stelle des Gesprächs,
als offenbar das deutsche Fachwort »Volljährigkeit« fehlte, ohne
weiteres das entsprechende englische Fachwort *age of majority* eingesetzt hat. Das ist besser, als wenn die lexikalische Lücke zu
einem Stocken des Gesprächs geführt hätte oder wenn diese durch
eine Intervention des Lehrers hätte geschlossen werden müssen.
Ich begnüge mich hier mit diesem einen Beispiel, weil es ja wenig
Zweck hat, mit längeren theoretischen Ausführungen mögliche
Situationen der Sprachmischung im Fremdsprachenunterricht von
vornherein zu klassifizieren und zu analysieren, solange die didaktischen Normen noch grundsätzlich einem solchen Verfahren ent-
gegenstehen. Es tun jetzt zunächst einmal didaktische Versuche
not, die so angelegt sind, daß die Sprachmischung im Fremdsprachenunterricht in etwa dem Umfang (nicht mehr!) freigegeben

wird, in dem sie auch in natürlichen bilingualen Gesprächssituationen auftritt. Erst wenn die entsprechenden Unterrichtsversuche gut dokumentiert und die in ihnen auftretenden Erscheinungen der Interferenz, Transferenz und des Codewechsels sorgfältig analysiert sind, ist daran zu denken, daraus auch Regeln vernünftiger didaktischer Steuerung abzuleiten.

Wir sind jedoch auch jetzt nicht völlig im ungewissen über das, was von einem »mischfreudigen« Fremdsprachenunterricht wahrscheinlich zu erwarten ist. Wir verfügen nämlich, was die deutsch-englischen Sprachverhältnisse betrifft, über zwei Romane in Briefform, in denen eine erfrischend rücksichtslose deutsch-englische Sprachmischung herrscht und die gleichzeitig das Ziel verfolgen, den Leser zu amüsieren und ihm zu helfen, seine englischen Sprachkenntnisse zu verbessern. Es handelt sich um die inzwischen auch in Taschenbuchform und in sehr hoher Auflage erschienenen Bücher von Werner Lansburgh unter dem Titel »*Dear Doosie*. Eine Liebesgeschichte in Briefen. Auch eine Möglichkeit, sein Englisch spielend aufzufrischen« und »Wiedersehen mit Doosie. *Meet your lover to brush up your English*«. Die Titel dieser beiden heiteren und sehr witzigen Bücher deuten bereits an, daß wir uns in der Nähe der Pygmalion-Pädagogik bewegen. Hier eine Probe aus der deutsch-englischen Mischsprache des ersten der beiden Bücher:

> Fast jeder Mensch hat irgendeinen Komplex, einen »Miko« or, in English, an inferiority complex. Caruso hatte vermutlich den, daß er nicht noch ein bißchen besser singen konnte; das Straßburger Münster findet sich wertlos, weil's doch nur einen Turm hat, only one steeple (nicht: tower); die süße Yvonne meidet alle Spiegel, mirrors oder looking glasses, because they would show her »golf-ball breasts«, die sie zu klein findet – the sweetest breasts God and I have ever seen; und Sie, meine Liebe, komplexen nun schon jahrelang herum, daß Ihr Englisch so schlecht ist: »My English is so bad.«[47]

Ich bin der Ansicht, daß diese muntere Art, eine Fremdsprache zu lernen oder sie wenigstens »aufzufrischen«[48], nicht nur in die Wochenend- und Reiselektüre, sondern auch in den regulären

Unterricht gehört. Dazu bedarf es keines größeren Mutes, als ihn vor reichlich einem Jahrhundert Gustav Langenscheidt schon in seinen Lehrbriefen der französischen und englischen Sprache gehabt hat. In diesen Lehrbriefen, in denen er sich, wie erwähnt, nicht scheut, die beiden genannten Sprachen an literarischen Texten zu lehren, veranlaßt er seine Schüler auch, französische und englische Konversation zu üben, und er bringt die Konversation durch eine Reihe von Fragen in Gang. In diesen Fragen nun, die sich auf vorher besprochene Texte beziehen, mischt er auf fast ebenso unbekümmerte Art, wie es heute Werner Lansburgh tut, die deutsche mit der französischen oder der englischen Sprache und fragt beispielsweise:

> Was bietet *ce tableau* dar?
> Was geschieht *sur le bord occidental?*
> Was thun *leurs flots de verdure?*
> Was thun sie *dans l'azur du ciel? . . .*[49]

Oder in den englischen Lehrbriefen:

> *What had little influence on Scrooge?*
> Auf wen *had heat and cold influence?*
> Zu welchem *purpose did beggars not implore him?*
> *When would the dogs tug their owners* aus dem Wege? . . .[50]

Es ist mir nichts davon bekannt, daß die Adressaten dieser Lehrbriefe sich etwa über solches Kauderwelsch beklagt hätten. Vielmehr dürfte schon der überwältigende Lehrerfolg dieses ersten linguistischen Fernstudiums ein erwägenswertes Argument zugunsten einer vorsichtig sprachmischenden Sprachlehrmethode abgeben. Hier gilt es wohl, eine alte Unbefangenheit neu zu entdecken.

ANMERKUNGEN

1   A. Rosetti: »Langue mixte et mélange de langues«, in: Acta linguistica 5 (1945–49) S. 73–79, hier S. 73.
2   H. Schuchardt: Slawo-Deutsches und Slawo-Italienisches. Graz 1884, S. 5.
3   E. Oksaar: »Bilingualism«, in: Th. A. Sebeok (Hg.): Current Trends in Linguistics. Bd. 9: Linguistics in Western Europe. Den Haag 1972, S. 476–511, hier S. 479.

4 Vgl. M. Wandruszka: Die Mehrsprachigkeit des Menschen. München 1979, S. 179. W. Pöckl (Hg.): Europäische Mehrsprachigkeit. Festschrift zum 70. Geburtstag von Mario Wandruszka. Tübingen 1981.
5 W. von Wartburg: Die Ausgliederung der romanischen Sprachräume. Bern 1950, S. 479.
6 U. Weinreich: Languages in Contact. New York 1953. Deutsch: Sprachen in Kontakt. Ergebnisse und Probleme der Zweisprachigkeitsforschung. München 1977.
7 Languages, a. a. O., S. 1.
8 Vgl. J. Juhász: Probleme der Interferenz. München 1970, und H. Kolb/ H. Lauffer (Hg.): Sprachliche Interferenz. Festschrift für Werner Betz zum 65. Geburtstag. Tübingen 1977.
9 M. Clyne: Perspectives on Language Contact. Based on a Study of German in Australia. Melbourne 1972, S. 8.
10 Ders.: Forschungsbericht Sprachkontakt. Untersuchungsergebnisse und praktische Probleme. Kronberg/Ts. 1975, S. 16.
11 E. Oksaar:»Mehrsprachigkeit, Sprachkontakt, Sprachkonflikt«, in P. H. Nelde (Hg.): Sprachkontakt und Sprachkonflikt. Wiesbaden 1980, S. 43–52, hier S. 47 (= Beiheft 32 der Zeitschrift für Dialektologie und Linguistik).
12 Dies.:»Spoken Estonian in Sweden and the USA: An Analysis of Bilingual Behavior«, in E. S. Firchow u. a. (Hg.): Studies for Einar Haugen. Den Haag 1972, S. 437–449, hier S. 441.
13 Dies.:»Mehrsprachigkeit«, a. a. O., S. 47.
14 Forschungsbericht, a. a. O., S. 28 f.
15 »Spoken Estonian«, a. a. O., S. 442.
16 »Multilingualism and Multiculturalism from the Linguist's Point of View«, in: T. Husén/S. Opper (Hg.): Multicultural and Multilingual Education in Immigrant Countries. Oxford 1983, S. 17–36, hier S. 34 f.
17 J. C. P. Auer: Konversationsanalytische Aspekte der Organisation von»Code Switching« in einer Gruppe italienischer Gastarbeiterkinder. Konstanz o. J. (= Sonderforschungsbereich 99 Linguistik der Universität Konstanz). Vgl. auch Chr. Bierbach:»Types et fonctions d'alternance linguistique chez des enfants d'immigrés italiens en RFA«, in: Actes du XVIIIe Congrès de Linguistique et Philologie Romanes 1983 (im Erscheinen).
18 »Mehrsprachigkeit«, a. a. O., S. 47.
19 Dies.:»Implications of Language Contact for Bilingual Language Acquisition«, in W. C. McCormack/S. A. Wurm (Hg.): Language and Man. Anthropological Issues. Den Haag 1976, S. 189–199, hier S. 190.
20 T. Taeschner: The Sun is Feminine. A Study on Language Acquisition in Bilingual Children. Berlin 1983, S. 129 (= Springer Studies in Language and Communication 13).
21 Vgl. F. Seiler: Die Entwicklung der deutschen Kultur im Spiegel des deutschen Lehnworts. 8 Bde. Halle 1923/24.

22 R. Jakobson: Kindersprache, Aphasie und allgemeine Lautgesetze. Frankfurt 3. Aufl. 1972, S. 130 ff. (= edition suhrkamp 330).

23 J. R. Dow:»Deutsch als Muttersprache in Iowa«, in L. Auburger/H. Kloss/H. Rupp (Hg.): Deutsch als Muttersprache in den Vereinigten Staaten. Teil 1: Der Mittelwesten. Wiesbaden 1979, S. 91–117, hier S. 111.

24 Forschungsbericht, a. a. O., S. 62.

25 H. Lausberg: Handbuch der literarischen Rhetorik. 2 Bde. München 1960, Bd. 1, S. 254 ff. W. Gater:»The Myth of Linguistic Purity«, Poetica/ Hiroshima 18 (1984), S. 82–90.

26 H. Geißler: Zweisprachigkeit deutscher Kinder im Ausland. Stuttgart 1938, S. 48.

27 E. Haugen:»Bilingualism, Language Contact, and Immigrant Children in the United States: A Research Report 1956–70«, in: J. A. Fishman (Hg.): Advances in the Study of Societal Multilingualism. Den Haag 1978, S. 1–111, hier S. 58 f. Vgl. E. Oksaar:»Om tvåspråkighetens problematik«, in: Språklärarnas Medlemsblad 19 (1963) S. 5–15.

28 H. Helmers: Sprache und Humor des Kindes. Stuttgart 2. Aufl. 1971 S. 56.

29 Forschungsbericht, a. a. O., S. 167.

30 E. Haugen: The Norwegian Language in America. A Study in Bilingual Behavior. 2 Bde. Philadelphia 1953.

31 B. Snell: Neun Tage Latein. Plaudereien. Göttingen 1955, S. 48 f.

32 Molière:»Le Malade Imaginaire. Troisième intermède«, in ders.: Œuvres complètes. Bibl. de la Pléiade, Bd. II, S. 905.

33 E. Oksaar:»Interferenzerscheinungen als Stilmittel«, in V. Lange/ H. G. Roloff (Hg.): Dichtung, Sprache, Gesellschaft. Akten des IV. Internationalen Germanisten-Kongresses 1970 in Princeton. Frankfurt/M. 1971, S. 367–374.

34 K. Bardenwerper: Die Anwendung fremder Sprachen und Mundarten in den französischen Mysterien des Mittelalters. Diss. Halle-Wittenberg 1910.

35 R. T. Hill/T. G. Bergin (Hg.): Anthology of the Provençal Troubadours. New Haven 3. Aufl. 1957, S. 120 ff.

36 B. Wachinger:»Sprachmischung bei Oswald von Wolkenstein«, Zeitschrift für deutsches Altertum und deutsche Literatur 106 (1977), S. 277–296, hier S. 279 und 294.

37 Ebd. S. 282 ff.

38 M. Luther:»Tischreden«, in ders.: Werke in Auswahl, hg. von Otto Clemen. Berlin 1950, S. 23.

39 Ohne Stellenangabe zitiert von W. Jens: Ort der Handlung ist Deutschland. München 1981, S. 153.

40 E. Oksaar:»Sprachkontakte als sozio- und psycholinguistisches Problem«, in F. Debus/J. Hartig (Hg.): Festschrift für Gerhard Cordes. Bd. 2: Sprachwissenschaft. Neumünster 1976, S. 232–242, hier S. 236 f.

41 Vgl. mit weiteren anregenden Beobachtungen den Aufsatz von M.

Wandruszka: »*Sprachkontakte* bedeutet Sprachmischung«, in E. Oksaar (Hg.): Spracherwerb – Sprachkontakt – Sprachkonflikt. Berlin 1984, S. 65–75.

42 P. M. E. Braselmann: Konnotation – Verstehen – Stil. Operationalisierungen sprachlicher Wirkungsmechanismen, dargestellt an Lehnelementen im Werke Maurice Dekobras. Frankfurt/M. 1981, S. 418 f. und 435 (= Studia Romanica et Linguistica 13).

43 E. Hemingway: For Whom the Bell Tolls. Philadelphia 1944, S. 135.

44 M. Frisch: »Montauk. Eine Erzählung« (1974/75), in ders.: Gesammelte Werke in zeitlicher Folge 1968–1975. Bd. 6, 2. Frankkfurt/M. 1976, 696 u. 683.

45 E. Jandl: Der künstliche Baum. Neuwied 1970 (= Sammlung Luchterhand 9).

46 W. Butzkamm: Aufgeklärte Einsprachigkeit. Zur Entdogmatisierung der Methode im Fremdsprachenunterricht. Heidelberg 2. Aufl. 1978.

47 W. Lansburgh: »Dear Doosie«. Eine Liebesgeschichte in Briefen. Auch eine Möglichkeit, sein Englisch spielend aufzufrischen. München 1977, S. 15. (Auch als Fischer-Taschenbuch 2428, Frankfurt/M. 6. Aufl. 1981.) Ders.: Wiedersehen mit Doosie. Meet your lover to brush up your English. München 1980 (Auch als Fischer-Taschenbuch 8033, Frankfurt/ M. 1982.)

48 E. O'Sullivan/D. Rösler: I like you – und du? Eine deutsch-englische Geschichte. Reinbek b. Hamburg 1983 (= rororo Rotfuchs 323).

49 Toussaint/Langenscheidt: Brieflicher Sprach- und Sprechunterricht für das Selbststudium der französischen Sprache. Berlin 29. Aufl. 1879, S. 38.

50 Toussaint/Langenscheidt: Brieflicher Sprach- und Sprechunterricht Englisch. Berlin 1880, S. 72.

Fremdsprachen
in der Bundesrepublik Deutschland
und Deutsch als Fremdsprache

Wenn es wahr ist, daß die babylonische Sprachverwirrung als Strafe und Fluch über die Menschheit gekommen ist, so ist mit diesem Fluch dennoch ein langanhaltender Segen verbunden gewesen, da dieses verwirrende Ereignis doch über die Menschheitsgeschichte hinweg eine nicht geringe Zahl von Fremdsprachenlehrern ins Brot gesetzt hat. Und auch die Linguisten, die nie genau wissen, ob sie sich als Sprachwissenschaftler oder als Sprachenwissenschaftler verstehen sollen, würden schnell brotlos werden, wenn es nur eine einzige Sprache auf der Welt gäbe. Denn diese eine Sprache würde alsbald von den Logikern als die einzig richtige und schlechthin vernünftige Sprache mit Beschlag belegt werden. Welch unübertreffliche Demonstration der Relativität unserer Vorstellungen und Begriffe und welch unersetzliche Schule der Bescheidenheit haben wir statt dessen in der Vielfalt der in der Welt vorfindbaren Sprachen vor Augen! Wollen wir nicht also besser sofort sagen, daß die Sprachenvielfalt auf dieser Erde überhaupt gar nicht als Fluch, sondern durchaus als Segen anzusehen ist?

Aber so leicht sollten es sich selbst die Fremdsprachenlehrer nicht machen, auch wenn sie sich in mehreren fremden Sprachen einigermaßen sicher und elegant bewegen. Denn die Sprachgrenzen, die diese Welt durchziehen, sind eben doch recht leidige Grenzen, die manche Verständigung zwischen den Nationen und anderen gesellschaftlichen Gruppen behindern oder sogar verhindern. Nehmen wir nur unseren alten Kontinent Europa mit seinen 21 Amtssprachen. Da kann man leicht bei nur einer Stunde Bahnfahrt durch die Verbreitungsgebiete mehrerer europäischer Sprachen geführt werden. Gewiß, das trägt bei zur Vielgestaltigkeit und lebhaften Buntheit, die diesen Kontinent so interessant und vielleicht sogar liebenswert macht. Aber wenn dann einige dieser europäischen Nationen sich politisch vereinigen wollen, dann hat diese kleine Europäische Gemeinschaft gleich acht (oder, wenn man das Irische mitrechnet, sogar neun) Amtssprachen, und bald werden es vielleicht noch mehr sein. Bis jetzt hat sich aber keine der Nationen, die in der Europäischen Gemeinschaft zusammengeschlossen sind, bereit erklärt, auf die Anerkennung ihrer Nationalsprache als europäischer Amtssprache zu verzichten. Und so gibt es schon heute an den Sitzen der europäischen Behörden manche Verhandlungsrunden, an denen kaum weniger Dolmetscher als Politiker beteiligt sind.

Man muß sich also wohl fragen, wie wir Europäer es jetzt und in der Zukunft überhaupt mit den Fremdsprachen halten wollen, wenn sich, wie es den Anschein hat, die Kommunikationslinien in der Welt, zumal aber in Europa, noch enger zusammenziehen werden. Die Sprachenvielfalt war immer ein politisches Problem, jetzt aber, da man Hunderte von Kilometern in Minuten überbrücken kann, ist sie eine politische Herausforderung geworden[1]. So wächst nun verständlicherweise vielerorts der Wunsch, für alle möglichen Anlässe der transnationalen Kommunikation über eine internationale Verkehrs- und möglichst Welthilfssprache zu verfügen, in der alle Sprech- und Schreibakte vollzogen werden können, für die es keinen Partner in der eigenen Landessprache gibt. Dieser Wunsch ist nicht neu. Solange es überhaupt verschiedene Idiome gibt, also seit eh und je, hat es auch das Bedürfnis gegeben, sich jenseits der Reichweite eines bestimmten Idioms zu verständigen. In früheren Zeiten trat dieses Problem vielfach schon an der Stadtgrenze oder beim nahen Flußlauf oder am nächsten Gebirgspaß auf. Neu ist an diesem Problem nur, daß es heute im globalen Maßstab auftritt. Manche Leute halten es nämlich für »machbar«, daß jeder Erdenbürger, der auch Weltbürger sein will, neben seiner Territorialsprache nur noch eine einzige internationale Verkehrs- und Welthilfssprache lernt, mit der dann alle überregionalen Kommunikationsprobleme zu lösen sind. Vorausgesetzt ist allerdings, daß die Welt sich darauf einigt, welches diese Sprache sein soll. Kein Zweifel, daß die englische Sprache hier die aussichtsreichste Anwärterin ist.

Nicht wenige Personen sind sogar überdies davon überzeugt, daß diese Entscheidung längst gefallen ist und daß tatsächlich das

Englische, wie im Mittelalter das Lateinische, die neue Universalsprache ist, die man auf jeden Fall zur Bewältigung internationaler
Kommunikationsprobleme erlernen muß, was dann aber zugleich
von der Notwendigkeit entbindet, sich noch um weitere Fremdsprachen zu bemühen. Und wer als Engländer, Nordamerikaner,
Anglo-Kanadier oder Australier schon das Glück (oder Unglück?)
hat, diese neue Universalsprache als Muttersprache zu beherrschen, der kann sich das mühselige Geschäft des Fremdsprachenlernens vielleicht überhaupt ersparen. Wir wissen, daß dies beispielsweise in den USA die herrschende Meinung und Ursache des
vielberedeten *language gap* ist[2]. Nur 15 Prozent aller Oberschüler
lernen dort überhaupt eine Fremdsprache, und nur 5 Prozent von
ihnen lernen diese länger als zwei Jahre[3]. Was nun unser Land
betrifft, so ist insbesondere bei Naturwissenschaftlern die Meinung
weit verbreitet, es lohne sich nicht, eine wissenschaftliche Kommunikation in einer anderen als der englischen Sprache überhaupt nur
zu versuchen. Als beispielsweise der seinerzeitige Präsident der
Max-Planck-Gesellschaft, Reimar Lüst, auf dem Internationalen
Symposium '80 »Brücke über Grenzen« ein Grußwort im Namen
seiner Gesellschaft sprach, hat er die Teilnehmer an diesem von der
Kulturabteilung des Auswärtigen Amtes veranstalteten Symposium vor der Illusion gewarnt, es gäbe für die Überbrückung wissenschaftlicher Kommunikationsgrenzen irgendeine andere vernünftige Lösung als das Verfahren B. E. = »*Broken English*«[4].
Dieser einfachen Maxime folgend, gehen immer mehr Naturwis-
senschaftler, Mediziner und auch einige Geistes- und Sozialwissen-
schaftler in der Bundesrepublik Deutschland dazu über, ihre wissenschaftlichen Arbeiten gleich in englischer Sprache zu redigieren
und auf Kongressen und Symposien auch in Deutschland Englisch
zu reden. Man kann sich leicht die Verwunderung, ja Bestürzung
ausmalen, die ausländische Wissenschaftler und Stipendiaten
befällt, wenn sie nach langjährigen Bemühungen um die deutsche
Wissenschaftssprache als Gäste in unser Land kommen und bei
einer der ersten Diskussionen im Institut, im Labor oder auf einem
Kongreß feststellen müssen, daß sie diese Mühe besser ans Englische gewandt hätten.

Nun liegt es mir völlig fern, meinen Kollegen aus anderen Disziplinen mit nationalem Pathos zuzurufen: Deutscher Wissenschaftler, schreibe deutsch! Denn die oberste Maxime für die Wahl der

Sprache in der wissenschaftlichen Kommunikation muß natürlich sein, diejenige Sprache zu wählen, in der man seinen Adressaten einen Sachverhalt am angemessensten darlegen kann. Allerdings, wenn ich immer wieder das stereotype Argument höre, man könne mit einer wissenschaftlichen Publikation in deutscher Sprache die *scientific community* überhaupt nicht mehr erreichen, dann mache ich mir so meine Gedanken und überlege mir, ob der betreffende Kollege wirklich die weltweite Kommunität der Wissenschaftler erreichen oder nicht doch nur einer kleinen Elite von Forschern imponieren will, die gerade das Monopol der Prestigeverteilung in einer bestimmten Disziplin innehaben und natürlich an drei oder vier gut bekannten Zentren der USA mit drei oder vier ebenfalls gut bekannten Epizentren in anderen Ländern sitzen. Die Behauptung, anderes als englisch Geschriebenes werde in der Wissenschaft nicht gelesen, entspricht zwar in einigen Wissenschaften vielleicht den Tatsachen, ist aber zugleich häufig auch nur eine Schutzbehauptung derjenigen, die angesichts einer ohnehin beängstigenden Informationslawine nur zu gerne nach einem einfachen Kriterium suchen, um große Teile dieses Informationsangebotes *a limine* abweisen zu können, ohne sich deswegen dem Vorwurf unvollständiger Dokumentation aussetzen zu müssen. Im übrigen kann es auch nicht schaden, das Verhalten dieser selbstverständlich englisch schreibenden Wissenschaftler einmal mit dem aus der Geschichte gut bekannten Verhalten des deutschen oder russischen Adels zu vergleichen, dessen Angehörige sich im 18. und teilweise noch im 19. Jahrhundert ganz und gar nicht vorstellen konnten, daß es für richtige Konversation eine andere geeignete Sprache als die französische geben könnte. Ich will mit diesen kurzen Bemerkungen hier nur sagen, daß das Kommunikationsverhalten der Wissenschaftler des 20. Jahrhunderts, ebenso wie das Konversationsverhalten der Adligen des 18. und 19. Jahrhunderts, natürlich nicht nur von reiner Zweckrationalität gesteuert wird, sondern mindestens im gleichen Maße von Konventionen und Fiktionen und natürlich immer auch von dem mächtigen Motor Eitelkeit, der das Sprachspiel Wissenschaft so überaus wirksam antreibt.

Ich verlasse jetzt das Feld der fach- und wissenschaftssprachlichen Kommunikation und will überlegen, ob die englische Sprache auch im gemeinsprachlichen Bereich wohl Aussichten hat, als übernationale Verkehrssprache weltweit zu dienen. Dafür sprechen manche Anzeichen. Wer heutzutage am *counter* eines Flughafens, sagen wir in Helsinki, Kairo, Bangkok oder Mexico Stadt, einen Flugschein lösen will und die Landessprache nicht beherrscht, tut gut daran, es in einer anderen als der englischen Sprache gar nicht erst zu versuchen. Unzweckmäßig ist es beispielsweise, etwaige Deutschkenntnisse, an einer deutschen Auslandsschule oder an einem Goethe-Institut mühsam erworben, in dieser Situation auszuprobieren. Aber es sieht auf der anderen Seite nicht so aus, als ob man mit diesem Gebrauchs-Englisch, mit dem man so gut *um* die Welt kommt, auch ebenso gut *in* die Welt hineinkommt. Wer in einem Land, in dem Englisch nicht die Landessprache ist, festen Fuß fassen will, und sei es, um dort Waren zu verkaufen, ist gut beraten, wenn er sich nicht zu sehr auf den Instrumentalwert der englischen Sprache verläßt. Und wer darüber hinaus ein fremdes Land von innen her verstehen will und mit seinen Bewohnern ein irgendwie partnerschaftliches oder vielleicht sogar brüderlich-solidarisches Verhältnis herzustellen wünscht, der kommt auf keinen Fall daran vorbei, die Sprache dieses Landes von Grund auf zu lernen und sich von ihr die landeseigene Kultur aufschließen zu lassen. So sind denn auch die europäischen Nationen, die in der Europäischen Gemeinschaft zusammengeschlossen sind, wohl nicht nur halsstarrig nationalistisch, wenn sie in ihrer Europapolitik darauf bestehen, daß jede Gemeinschaftssprache gleichrangig ist[5]. In der Tat gibt es keine linguistischen Kriterien für die Annahme einer Ungleichwertigkeit der Sprachen, soweit diese die Gelegenheit gehabt haben, Ausdrucksmedium einer historischen Kultur zu werden. Es ist daher folgerichtig, daß alle europäischen Konventionen, die sich mit der Sprachenfrage beschäftigt haben, den unvergleichlichen Wert jeder einzelnen Sprache für die Identitätsbildung ihrer Sprachgemeinschaft anerkennen. So die europäische Kulturkonvention von 1954, verschiedene Resolutionen des Europarates wie auch mehrere Entschließungen und Memoranden der Europäischen Gemeinschaften und so schließlich die Schlußakte der Konferenz von Helsinki aus dem Jahre 1975, die allesamt bekräftigen, daß keine Sprache in Europa hegemonialen Rang haben und gegenüber allen anderen Sprachen dominant sein soll. Auch die »weniger weit verbreiteten Sprachen« werden ausdrücklich als lernenswerte Sprachen genannt, weil sie unter bestimmten Bedingungen europäische Nachbarsprachen sind. Nachbarsprachen sind aber nicht nur die europäischen Nationalsprachen, sondern überdies die Sprachen regionaler Minderheiten, zu denen wir auch die mehr oder weniger zerstreut lebenden Minderheiten der 13 Millionen Wanderarbeiter rechnen wollen, die in Europa gezählt werden können. Es scheint für die Weiterentwicklung europäischer Gemeinschaften, die nicht nur administrative und technokratische Konstrukte sein wollen, unerläßlich und auch in einem höheren Sinne vernünftig zu sein, daß die europäischen Nationen sich in ihrem sprachlichen Verhalten ernsthaft aufeinander einlassen und sich aufrichtig umeinander bemühen. Das gilt natürlich nicht nur für die wenigen Nationen, die Mitglieder der jetzigen Europäischen Gemeinschaften sind, sondern im weiteren Sinne für alle Nationen, die der geschichtlichen Einheit Europa angehören oder durch diese mehr oder weniger geprägt worden sind.

Wenn diese Überlegungen richtig sind, dann ist es wohl auch vernünftig, im Fremdsprachenunterricht unserer Schulen den europäischen Nachbarsprachen (im angegebenen historischen und nicht unbedingt geographischen Sinne) einen erheblichen Platz einzuräumen. Ich meine, es könnte dann im Sprachunterricht nicht darum gehen, die Lernziele der eins, zwei, drei, vier »Fertigkeiten« möglichst effektiv zu erreichen, damit die Schüler möglichst schnell auf dem Flugplatz ihr Ticket in der Landessprache lösen können, was sie doch auch auf englisch ganz gut tun könnten. Es geht bei diesen zweifellos nützlichen Zielsetzungen des Fremdsprachenunterrichts immer auch gleichzeitig um die elementare und für ein nicht nur friedliches, sondern freundliches Zusammenleben der Nationen unerläßliche Höflichkeit, die darin zum Ausdruck kommt, daß man Zeit und Geduld und Interesse für die Nachbarvölker aufbringt. Dazu ist der Fremdsprachenunterricht wie kein anderer Unterricht geeignet.[6]

Der wichtigste Ort des Fremdsprachenlernens ist die Schule. Ist denn nun wohl der deutschen Schule anzumerken, daß wir ein Land im Herzen Europas sind und von vielen europäischen Nachbarn mit einer unter wesentlichen Gesichtspunkten gleichen Kultur, jedoch mit verschiedenen Sprachen, umgeben sind? Ich will jetzt diese Gelegenheit nicht dazu benutzen, eine Jeremiade von mir zu geben, obwohl es da manches zu klagen gäbe. Immerhin, es gibt auch einige Fortschritte zu melden[7]. Der Umfang des Fremd-

312

sprachenunterrichts hat sich im Schulwesen der Bundesrepublik Deutschland seit ihrem Bestehen ausgeweitet, insbesondere seit dem Hamburger Abkommen der Ministerpräsidenten der deutschen Bundesländer aus dem Jahre 1964, in dem die Grundlagen dafür gelegt wurden, daß im Prinzip jeder Schüler mindestens eine Fremdsprache lernt. Auch an den Realschulen und Berufsschulen hat sich das Volumen des Fremdsprachenunterrichts ausgedehnt. An den Gymnasien hingegen haben die Fremdsprachen viel Terrain verloren, insbesondere seitdem die reformierte Oberstufe den Schülern gestattet, die zweite Fremdsprache relativ leicht abzuwählen und eine dritte gar nicht erst zu beginnen, was viele Schüler, vom *Numerus clausus* und der aus ihm abgeleiteten Zehntel-Zensuren-Neurose bedroht, nur allzu gerne tun.

In anderen europäischen Ländern zeigt sich übrigens ein ähnliches Bild, das sich vielleicht in der allgemeinen Formel zusammenfassen läßt: quantitative Gewinne, qualitative Verluste. In einigen Ländern, beispielsweise Schweden, muß man sogar starke quantitative und qualitative Verluste beklagen. Ich will meine Leser nun hier nicht mit Statistiken behelligen, aus denen fast nach Belieben Erfolgs- oder Mißerfolgsmeldungen herausgelesen werden können. Die Statistiken zum Fremdsprachenunterricht, die man etwa aus den Angaben des Statistischen Bundesamtes oder aus den Verlautbarungen der Kultusministerien der deutschen Bundesländer ablesen kann, sind allesamt als Beweismittel für mancherlei konzipiert und daher recht wenig aussagekräftig. Das gilt übrigens ähnlich für unsere Nachbarländer, so daß es kaum möglich ist, mit Hilfe von Statistiken einen zuverlässigen Vergleich des Fremdsprachenunterrichts in verschiedenen europäischen Ländern zu erstellen. Man könnte erst dann mit Statistiken vernünftig argumentieren, wenn diese einigermaßen geeicht wären. Zumindest müßte aus den Statistiken nicht nur ablesbar sein, wie viele Schüler eine bestimmte Fremdsprache zu einem bestimmten Zeitpunkt angefangen haben, sondern auch wie lange und mit welcher Wochenstundenzahl sie sich mit diesen Fremdsprachen beschäftigt haben, wenn schon qualitative Kriterien, die über die Intensität des Unterrichts Aufschluß geben würden, kaum in die Statistik eingehen können. Hätte man ein solches Eichmaß, so könnte man damit zuerst die Statistiken normieren und dann vielleicht aus den Vergleichswerten einige politische Folgerungen ableiten. Da wir aber von solchen Statistiken noch weit entfernt sind, scheint es mir einstweilen zweckmäßiger, auf alle Zahlenwerte zu verzichten und uns auf den ewigen Streit um Anteile an den Stundentafeln gar nicht erst einzulassen. Allerdings, wenn es dahin kommt, daß der Fremdsprachenunterricht immer größere Anteile der Stundentafeln an andere und durch irgendeine Mode gerade hochgetragene Fächer abgeben muß, dann kann er natürlich gerade das nicht leisten, was wir vorhin von ihm gefordert haben, nämlich sich Zeit für den Nachbarn zu nehmen, um ihn in seinem Anderssein zu verstehen.

Dem Fremdsprachenunterricht an deutschen Schulen liegen nun einige elementare bildungspolitische Entscheidungen zugrunde, die verhältnismäßig selten in Frage gestellt werden und die doch keineswegs selbstverständlich sind. Es sind insbesondere die folgenden:

1. Der Fremdsprachenunterricht setzt im Regelfall in der 5. Klasse ein, und zwar mit dem Übergang zur Hauptschule, Realschule oder zum Gymnasium. Auch die Gesamtschule läßt die erste Fremdsprache normalerweise in der gleichen Jahrgangsstufe einsetzen.

2. Die im Programm einer Schule ausgewiesenen Fremdsprachen werden nach der einfachen Zahlenreihe gestaffelt und folgen aufeinander in abgestuften Einsätzen als erste Fremdsprache, zweite Fremdsprache und gegebenenfalls dritte Fremdsprache.

3. Die Unterrichtsstunden für die Fremdsprachen sind im Wechsel mit anderen Schulstunden bunt über den Wochenstundenplan gestreut. Sie sind nach Lektionen organisiert und haben jede ihr Pensum.

4. Latein und Griechisch gelten als Fremdsprachen in genau dem gleichen Sinne wie Englisch und Französisch.

5. Englisch ist fast immer die erste Fremdsprache. Für die Hauptschule ist das im Hamburger Abkommen von 1964 sogar ausdrücklich als Regelfall festgesetzt. Das modifizierte Abkommen von 1971 läßt in den anderen Schultypen auch Französisch oder Latein als erste Fremdsprachen zu. Tatsächlich bieten aber nur wenige Schulen diese Sprachenfolge an.

Nun ist es sicher zu begrüßen, daß trotz der Kulturhoheit der Länder das Schulwesen in den einzelnen Bundesländern relativ einheitlich ist. Diese Einheitlichkeit sollte auch bei allen denkbaren Änderungen möglichst nicht gefährdet werden. Das darf aber nicht als bequeme Rechtfertigung für jede Art von bildungspolitischem Immobilismus herhalten. Verschiedene Änderungen und Fortentwicklungen sind nämlich bei jedem der genannten fünf Punkte durchaus denkbar und vielleicht wünschenswert. Gehen wir die Punkte noch einmal der Reihe nach durch:

Zu 1) Es sind schon manche Überlegungen angestellt und Versuche durchgeführt worden mit dem Ziel, das Für und Wider eines früheinsetzenden Fremdsprachenunterrichts abzuschätzen. Meistens läßt man diesen Unterricht dann in der dritten Klasse der Grundschule, manchmal auch schon im Vorschulalter[8] beginnen. Die Ergebnisse dieser Versuche werden unterschiedlich beurteilt. Unbezweifelbar ist, daß man einen solchen Frühbeginn des Fremdsprachenunterrichts kaum wünschen kann, wenn er nur dazu führt, daß den acht- oder sogar vierjährigen Kindern schon das gleiche Pensum aufgebürdet wird, das bisher nur den Zehnjährigen auferlegt wurde. Wenn im Grundschulbereich überhaupt fremde Sprachen gelehrt werden, dann muß es spielerisch geschehen, und insbesondere Noten darf es für diese Unterrichtsleistungen nicht geben. Ich komme gleich noch auf diese Frage zurück und gehe zunächst über zum zweiten Gesichtspunkt.

Zu 2) Wenn man den Schülern zumutet, sie sollten nicht nur eine Fremdsprache, sondern nach dieser ersten Fremdsprache noch eine zweite und vielleicht eine dritte Fremdsprache lernen, dann kann man den Sinn dieser Mehrzahl und Abfolge den Schülern (und den Eltern!) nicht klarmachen, wenn die Unterrichtsziele, die diesen Fremdsprachen gesetzt sind, nur undeutlich voneinander verschieden sind. Wenn beispielsweise der ersten Fremdsprache das Ziel vorgeschrieben wird, es solle in ihr so etwas wie »kommunikative Kompetenz« erworben werden, und wenn diese Fremdsprache dann auch noch eine relativ große Reichweite hat, so daß man hoffen kann, mit dieser Kompetenz weit durch die Welt zu kommen, dann darf man sich nicht wundern, daß dieselben Schüler wenig motiviert sind, auch noch in einer zweiten und dritten Fremdsprache, die wahrscheinlich einen geringeren Verkehrsradius haben werden, immer wieder die gleiche Kompetenzsorte zu erwerben. Da müssen die Schüler sich doch fragen, ob es vielleicht nicht auch mit *einer* Fremdsprache genausogut oder fast genausogut geht, und sie haben recht, so zu fragen. Mehrere Fremdsprachen, wenn sie nacheinander und nebeneinander auf der Schule gelernt werden sollen, müssen daher unbedingt nach unterschiedlichen Unterrichtszielen hin differenziert werden.

Zu 3) Es wäre manches zu der Frage zu sagen, wie gut beraten eigentlich die deutsche Schule ist, daß sie sich so total auf das System der gestreuten Lektionen von rund 45 Minuten Dauer eingelassen hat. Wo steht eigentlich geschrieben, daß Schule so sein muß? Und wo im Leben verhält man sich sonst so, daß man immer nach 45 Minuten etwas ganz anderes macht? Ich beispielsweise würde in meinem Beruf neurotisch, wenn ich immer nach 45 Minuten Beschäftigung mit einem Thema die Tätigkeit total wechseln müßte. Die Waldorfschulen mit ihrem Epochen-Unterricht zeigen übrigens, daß es auch anders geht, und zwar gut. Aber hier habe ich kaum Hoffnung, je eine eingreifende Alternative ausprobiert zu finden. Was jedoch den Fremdsprachenunterricht betrifft, so müßte man, meine ich, auch innerhalb des bestehenden Systems der Zeitverteilung ernsthaft überlegen, ob nicht wenigstens für jede neueinsetzende Fremdsprache eine mindestens zweiwöchige Phase intensiver Beschäftigung mit dieser Sprache unter weitgehendem Verzicht auf andere Schulfächer eingeblendet werden könnte[9]. Dies mit dem Ziel, den Schülern zunächst einmal einen guten Start zu geben, der sie befähigen soll, relativ rasch, solange nämlich noch die Anfangsmotivation anhält, bis zu dem Punkt zu gelangen, an dem man in der Fremdsprache Geschichten verstehen und miteinander reden kann.

Zu 4) In manchen anderen Ländern, in denen man Latein und Griechisch etwa soviel und sowenig lernt wie in der Bundesrepublik Deutschland, ist es nicht üblich, diese alten Sprachen einfach mit den neuen Sprachen zusammen dem Oberbegriff Fremdsprachen unterzuordnen. Die alten Sprachen werden dort eher in die Nähe der jeweiligen Muttersprache gerückt, da sie ja wie diese hauptsächlich als Denk- und Bildungssprachen gelehrt werden. Ich will nicht unbedingt sagen, das sei die adäquatere Auffassung. Es spricht auch manches dafür, Latein und Griechisch mit Französisch und Russisch über einen schulpolitischen Leisten zu schlagen, wenn es nicht auch derselbe didaktische Leisten ist. Denn daß man die »tote« oder ich möchte lieber sagen: nur in Büchern lebende Sprache Latein anders zu lehren hat als die durchaus lebendige Sprache Französisch, ist ja wohl evident und paßt auch gut in die soeben erhobene Forderung nach einer grundsätzlichen Differenzierung der Unterrichtsziele für die verschiedenen Fremdsprachen, die einem und demselben Schüler zugemutet werden[10].

Zu 5) Daß die englische Sprache, wie es in unserem Schulwesen fast allenthalben üblich ist, die immerwährende erste Fremdsprache sein soll, ist ein pädagogisches Unding. Mit dieser schematischen Regelung werden aus richtigen Prämissen falsche Folgerungen gezogen. Die richtigen Prämissen – wir haben schon davon gesprochen – sind: Die englische Sprache ist erstens eine bedeutende Kultursprache – es ist üblich, dafür das Kürzel Shakespeare einzusetzen. Die englische Sprache ist zweitens aufgrund ihrer weiten Verbreitung in der Welt unzweifelhaft die wichtigste internationale Verkehrs- und Wissenschaftssprache. Sagen wir es kurz: Die englische Sprache ist ganz ohne Zweifel im gegenwärtigen Zeitalter die wichtigste Sprache überhaupt. Falsch ist indes, daraus die Folgerung abzuleiten, nun müsse diese Sprache auch auf allen Schulen als erste Fremdsprache, und das bedeutet meistens gleichzeitig als die am längsten und gründlichsten zu lernende Fremdsprache gelehrt werden. Denn wir sollten doch nicht vergessen, daß es neben der Schule noch eine ganze Reihe mächtiger Miterzieher gibt, die allesamt gleichfalls von der Weltgeltung der englischen Sprache geprägt sind. Es genügt, an das Fernsehen, an den Rundfunk, an Schallplatte und Kassette zu erinnern. Aus all diesen Geräten werden die Jugendlichen heute fast Tag und Nacht mit englischen Wörtern und Texten überschüttet, was nahezu von selbst dazu führt, daß jeder täglich Englisch lernt oder doch wenigstens leicht hinzulernt. Es wäre daher zu erwägen, die englische Sprache grundsätzlich auf den zweiten Platz der Sprachenfolge zu setzen, was auch wegen der starken motivierenden Kraft der genannten Nebenerzieher gut zur Entwicklungsphase der Pubertät passen würde. Tut man das nicht und beläßt man die englische Sprache, wie heute fast allgemein üblich, auf der ersten Stelle der Sprachenfolge, und appelliert man vielleicht obendrein noch stark an das Evidenzgefühl der instrumentalen Nützlichkeit, dann fügt man damit der Motivationsbasis aller Folgesprachen nicht unerheblichen Schaden zu. Ich meine deshalb, daß die erste Fremdsprache, die man auf der Schule lernt, nicht um jeden Preis die nützlichste aller Sprachen sein sollte[11]. Denn es kann nicht Aufgabe einer sinnvollen Schulsprachenpolitik sein, die reichen Sprachen immer reicher und die armen Sprachen immer ärmer zu machen. Eine kluge Schulsprachenpolitik wird vielmehr versuchen, hier gegenzusteuern und bei ihren schulpolitischen Gewichtungen zu berücksichtigen, daß es auch außerhalb der Schule schon bildungspolitische Gewichte gibt, die zur Zeit immer zugunsten des Englischen in die Waagschale fallen.

Aus Überlegungen dieser Art hat eine Initiativgruppe von Wissenschaftlern, Schriftstellern, Kultusbeamten und anderen Personen des Kulturlebens zu Anfang des Jahres 1980 einige Thesen abgeleitet, die seitdem unter dem Namen »Homburger Empfehlungen« der interessierten Öffentlichkeit vorgelegt worden sind[12]. Der Leser möge mir erlauben, kurz zu skizzieren, worum es bei diesen Empfehlungen geht. Die Empfehlungen befassen sich mit der Schulsprachenpolitik in der Bundesrepublik Deutschland. Sie sprechen aber in diesem Rahmen nicht oder nur beispielsweise von den konkreten Sprachen Englisch, Französisch oder Russisch, sondern sie unterscheiden die einzelnen Sprachen nach den Bildungszielen, die man mit ihnen erreichen will. In diesem Sinne wird zwischen Begegnungssprachen, Fundamentalsprachen, Verkehrssprachen und Erschließungssprachen unterschieden. Ich will diese Begriffe im folgenden kurz erläutern.

Begegnungssprache wird eine Sprache genannt, die schon im frühesten Alter, also etwa auf der Grundschule oder sogar im Vorschulalter, als Zweitsprache halb ungesteuert und halb gesteuert, in jedem Fall aber spielerisch, erworben wird, am besten unter der Voraussetzung, daß die lernende Gruppe bilingual gemischt ist. Das mag eine deutsch-dänische Gruppe in Süd-Schleswig sein[13] oder vielleicht auch eine deutsch-griechische oder eine deutsch-türkische Gruppe in Städten und Wohnbezirken mit einem starken Anteil ausländischer Arbeitnehmer dieser Herkunftssprachen. Das spielerische Erlernen einer Begegnungssprache in einer Schulform, die man in Anlehnung an bestimmte Europaschulen Begegnungsschulen nennen könnte, ist also eine Form der bilingualen Erziehung, wobei natürlich an eine symmetrische bilinguale Erziehung gedacht werden muß. Das besagt, daß die Ausländerkinder, die in der Bundesrepublik Deutschland leben, natürlich Deutsch lernen sollen, denn sie müssen sich ja später im deutschen Wirtschaftsleben einen Arbeitsplatz schaffen, aber es sollen die mit ihnen zusammen unterrichteten deutschen Kinder auch, wenigstens eine kleine Wegstrecke lang, in die Sprache und Kultur jener ausländischen Gruppen eingeführt werden, deren Angehörige auf Dauer oder auf Zeit in der Bundesrepublik leben. Wir können alle diese Sprachen ja unsere Nachbarsprachen nennen, sei es, daß es sich um die Sprachen unserer Grenznachbarn handelt, sei es, daß es die Sprachen derjenigen Bevölkerungsgruppen sind, die wir als ausländische Arbeitnehmer mit schlechtem Gewissen unsere Gäste nennen. Wenn über eine Million Türken in der Bundesrepublik leben, dann ist Türkisch durch eben diese Tatsache für uns eine Nachbarsprache[14]. Wir brauchen also, wie mir scheint, eine große Anzahl von Begegnungsschulen nach Art der schon bestehenden Europaschulen, in denen es möglich ist und durch bestimmte Anreize auch für Schüler, deren Eltern wenig ausländerfreundlich sind, vorteilhaft gemacht wird, daß man schon in jungen Jahren in eine europäische Nachbarsprache eindringt, um in diesem fremden Medium elementare Formen des Umgangs mit Fremdheit zu lernen. Für diese Art »Fremdheitskunde« ist kein systematischer Grammatikunterricht erforderlich; es genügt, wenn die Kinder dieser Altersstufe von der Nachbarsprache so viel lernen, daß sie sich in ihr beim Spielen und beim Feiern verständigen können. Ziel dieses Sprachunterrichts muß sein, in der Begegnung mit Kindern anderer Muttersprache, anderer Nationalität und anderer Kultur so viel konkrete Fremdheitserfahrung zu vermitteln, daß Stereotype und Vorurteile von Anfang an keine Chance haben[15]. Man sage bitte nicht resignativ, Begegnungsschulen dieser Art seien durch bestehende Klassenschranken *a priori* unmöglich. Schulversuche mit Begegnungsschulen zwischen Kindern der Majorität und einer Minorität, auch bei bestehenden Sozialschranken zwischen diesen Gruppen, haben in anderen Ländern, in denen Majoritäten und Minoritäten schon länger miteinander auskommen müssen, durchaus zu guten Erfolgen nicht nur in der sprachlichen Kompetenz, sondern auch im sozialen Zusammenleben geführt[16]. Das letztere ist hier im übrigen das wichtigere »Lernziel«. Daraus folgt, daß die in eine Begegnungssprache investierte Mühe (wenn es denn eine so große Mühe ist) selbst dann nicht verloren ist, wenn die Begegnungssprache aus schulorganisatorischen Gründen in späteren Schulklassen nicht weitergeführt (aber vielleicht doch später an einer Volkshochschule wieder aufgegriffen und weitergelernt) werden kann.

Während die Begegnungssprache unter den Bedingungen einer bilingualen Erziehung eher Zweitsprache als Fremdsprache ist, setzt mit der 5. Klasse die erste Fremdsprache ein. In den Homburger Empfehlungen wird sie *Fundamentalsprache* genannt, weil an dieser Sprache von Grund auf gelernt werden soll, wie die Sprachzeichen und ihre Verwendungsregeln als fundamentale gesellschaftliche Konventionen beschaffen sind und wie sie in ihrem Zusammenwirken ein elementares Beziehungssystem herstellen, an dem sich das Sozialverhalten einer menschlichen Gruppe orientiert. Die genannten Empfehlungen sagen nicht, welche Sprache Fundamentalsprache und damit als erste Fremdsprache gelehrt werden soll. Sie sagen aber auch nicht, daß das um jeden Preis die englische Sprache sein müsse. Ich bin über den Wortlaut der Homburger Empfehlungen hinaus sogar im Zweifel, ob gerade die englische Sprache in Deutschland als Fundamentalsprache und erste Fremdsprache besonders geeignet ist. Dafür habe ich oben schon einige Gründe angeführt, und ich will hier nur noch das weitere Argument hinzufügen, daß die englische Sprache, gerade weil sie der deutschen Sprache verwandt ist, vielleicht weniger als andere, uns ferner stehende Sprachen in diesem Land prädisponiert erscheint, das Fundament des Fremdsprachenunterrichts abzugeben. Als Fundamentalsprache sollte aber allemal eine Sprache mit hohem Kulturprestige gewählt werden, etwa Französisch oder Latein, so daß eine längere Beschäftigung auch mit den literarischen Texten und anderen Zeugnissen der Landeskultur den Schülern und ihren Eltern einleuchtet.

Da nicht angenommen werden kann, daß in einem Land wie der Bundesrepublik Deutschland alle Schüler ohne besonderen Aufwand eine Begegnungssprache als Zweitsprache oder Quasi-Zweitsprache lernen können, wird für die meisten Schüler die Fundamentalsprache die erste fremde Sprache sein, die sie lernen. Das aber ist für Bewohner eines mittelgroßen Landes im Herzen Europas zuwenig. So ist auch, wie mir scheint, mit Recht von verschiedenen europäischen Institutionen das Minimum einer europäischen Sprachkultur bei zwei erlernten Fremdsprachen angesetzt worden. In den Homburger Empfehlungen heißt die zweite Fremdsprache *Verkehrssprache*. Gemeint ist eine große, international verbreitete »Weltsprache«, die insbesondere auch dann benutzt werden kann, wenn zwei Gesprächspartner mit verschiedenen Grundsprachen sich weder in der einen noch in der anderen Sprache verständigen können. Die Verkehrssprache kann mit eindeutig pragmatischer Zielsetzung und mit starker Betonung kommunikativer Fertigkeiten gelehrt werden. Es wäre gut, wenn mit dem Erlernen einer internationalen Verkehrssprache gleichzeitig eine Einführung in die besonderen Probleme von Fach- und Wissenschaftssprachen verbunden werden könnte. Es sollte aber nicht ein für allemal und überall feststehen, welche Sprache in der Schule als Verkehrssprache gelernt wird. Sicher eignet sich wegen ihrer weiten Verbreitung die englische Sprache besonders gut für diesen pragmatischen Zweck, aber wir wollen auf keinen Fall zu erwähnen vergessen, daß die englische Sprache grundsätzlich natürlich auch als Fundamentalsprache gelehrt werden kann. Wenn trotz der oben beschriebenen Nachteile einer solchen Lösung so verfahren wird, dann sollte als Verkehrssprache eine andere Sprache von weiter Verbreitung und internationalem Kurswert gelehrt werden, etwa Spanisch oder Russisch. Wichtig ist vor allem, daß nicht dieselbe Sprache als Fundamental- und Verkehrssprache gelehrt wird, sonst drängt sich die Pragmatik mit ihren utilitären Zielen unaufhaltsam in den Vordergrund und schiebt alle anderen Sprachlehrziele beiseite.

Es ist zu wünschen, daß möglichst viele Personen jenseits einer Fundamentalsprache und einer Verkehrssprache und vielleicht auch in Wiederanknüpfung an eine früher erworbene und in den Einzelheiten längst vergessene Begegnungssprache eine weitere fremde Sprache als *Erschließungssprache* lernen. Die Homburger Empfehlungen nennen Erschließungssprache eine Sprache, die vorwiegend mit dem heuristischen Ziel gelehrt wird, eine fremde, ja möglichst sehr fremde Kultur aufzuschließen. Das kann eine Fremdheit in der Zeit sein, und da haben die alten Sprachen eine wichtige Rolle zu spielen, oder eine Fremdheit im Raum oder in irgendeiner anderen Hinsicht, und hier ist an solche Sprachen wie Arabisch, Chinesisch oder Japanisch zu denken. Wenn die reformierte Oberstufe unserer höheren Schulen noch einmal reformiert (aber nicht notwendig rückreformiert) werden sollte, wäre vielleicht in der Oberstufe für eine solche Erschließungssprache Platz. Sollte aber die Oberstufe auch weiterhin in ihren Bildungsansprüchen durch leichte Abwahlbedingungen und durch den *Numerus clausus* gelähmt bleiben, sollte man viel ernsthafter als bisher daran denken, wenigstens von den Studenten zu verlangen, daß sie noch auf der Universität eine neue Fremdsprache als Erschließungssprache hinzulernen.

Wie realistisch ist ein solches Programm, wie es etwa in den Homburger Empfehlungen niedergelegt worden ist? Ich weiß, daß manche dieses Programm gegenwärtig nicht für realisierbar halten, und die Schulbehörden wollen sich natürlich am liebsten überhaupt nicht den *status quo* stören lassen. Aber schauen wir uns einmal um, was in anderen Ländern gegenwärtig üblich und möglich ist. Ich habe vor einigen Semestern in einem Universitäts-Seminar von meinen Studenten, unter denen sich viele Ausländer befinden, einmal aufschreiben lassen, welche Sprachen sie mehr oder weniger beherrschen. Das Bild war überraschend und ein wenig erschreckend. Es zeigten sich deutlich zwei Gruppen. Die eine Gruppe wurde gebildet von den deutschen und europäischen Studenten, deren Kenntnisse sich in der Regel auf eine, höchstens zwei Fremdsprachen erstreckten, gewöhnlich stereotyp nach dem Schema Englisch plus x. Die Studenten aus der Dritten Welt hingegen, die ebenfalls zahlreich an dem Seminar teilnahmen, zeichneten sich demgegenüber deutlich als eine Gruppe ab, deren Angehörige sich ohne weiteres in drei, vier oder fünf Fremdsprachen bewegen können. Und ich fand keine Anzeichen dafür, daß sie unter dem Zwang, diese verschiedenen Sprachen zu lernen, besonders gelitten hatten. So ähnlich kannten wir es ja auch seit langem von den kleineren europäischen Nationen, etwa den Dänen, Ungarn und Niederländern, in deren Schulen drei Fremdsprachen ohne weiteres zur Regelausbildung der Schüler gerechnet wurden, bis in jüngster Zeit allerdings auch dort die Monoglottisierungswelle einige Dämme eingerissen hat.

Schauen wir zum Vergleich aber auch noch auf unser Nachbarland Frankreich. Hier ist von den Bildungspolitikern beider Länder in den letzten Jahren gegenseitig oft aufgerechnet worden, wie viele deutsche Schüler Französisch und wie viele französische Schüler Deutsch lernen. Und sie haben zusammen überlegt, was beiderseits des Rheins zu tun wäre, wenn wirklich der deutsch-französische Freundschaftsvertrag von 1963 auch mit sprachlichem Leben erfüllt werden sollte[17]. Davon will ich hier nicht handeln, wenngleich auch gerade die Bundesländer im Norden der Bundesrepublik Deutschland gelegentlich daran erinnert werden sollten, wie unsinnig das Argument ist, die Bedeutung der französischen Sprache für das deutsche Geistes- und Wirtschaftsleben nähme nach Norden hin kontinuierlich ab im Maße, wie man sich von der französischen Grenze entfernt. Als ob Frankreich nur für denjenigen ein interessantes Land wäre, der mit dem Fahrrad oder dem Nahverkehrszug hinfahren kann! Frankreich ist vielmehr, so möchte ich sagen, für uns Deutsche vor allem deshalb ein so hochinteressantes Land, weil es uns ständig zeigt und vormacht, wie auch eine mittlere Nation in dieser Welt ihre Identität bewahren und Charakter zeigen kann. Dazu gehört auch eine vernünftige und weitblickende Kulturpolitik. Man weiß, daß diese Kulturpolitik in Frankreich zu einem nicht geringen Teil auch Sprachpolitik ist. Aber es gäbe ein durchaus falsches Bild von der Wirklichkeit, wenn man bei den Franzosen nur sehen wollte, daß sie sich natürlich die Geltung ihrer Sprache und die »Ausstrahlung« *(rayonnement)* ihrer Kultur in der Welt einiges kosten lassen. Ganz im Gegensatz zu der landläufigen Meinung tun sie nämlich auch in ihrem eigenen Land sehr viel dafür, daß die Franzosen fremde Sprachen lernen und ihre Köpfe für fremde Ideen und Probleme offenhalten. Dazu gehört beispielsweise die Regelung, daß französische Studenten zwei Jahre lang noch eine Fremdsprache an der Universität belegen müssen. Dazu gehört aber auch, daß in einer Stadt wie Lyon im Jahre 1981 nicht weniger als sieben Gymnasien (5 *Lycées* und 2 *Collèges*) ihren Schülern einen regulären Chinesisch-Unterricht anboten, unter ihnen ein Gymnasium als erste Fremdsprache (*Le Monde* 4.3.1981). Und überhaupt können französische Schüler, vom Sonderfall Chinesisch abgesehen, bei der Wahl der ersten Fremdsprache grundsätzlich unter sieben Sprachen wählen, nämlich Englisch, Deutsch, Spanisch, Italienisch, Russisch, Arabisch und Portugiesisch. Deutsch wird hier übrigens von etwa 16 Prozent der Schüler als erste Fremdsprache gewählt, während in Deutschland weniger als 1 Prozent der Schüler Französisch als erste Fremdsprache wählen können. Ich will den Vergleich hier abbrechen und die skizzierten Werte auch nicht weiter kommentieren, aber es muß doch wohl die Frage gestellt werden, wo eigentlich, ob diesseits oder jenseits des Rheins, die provinziellere Kulturpolitik betrieben wird.

Alle Ansichten, die ich bisher zum Stand und Rückstand der Fremdsprachen in der Bundesrepublik Deutschland vorgetragen habe, betreffen nun direkt oder indirekt auch die deutsche Sprache, insofern diese selber als Fremdsprache im Inland oder Ausland gelehrt wird. Was zunächst die Lage im Ausland betrifft, so kann es sicher als allgemeine Regel des kulturpolitischen Verhaltens in der Welt angesehen werden, daß die deutsche Sprache als Fremdsprache im Ausland ungefähr so behandelt wird, wie wir selber vergleichbare Fremdsprachen in Deutschland behandeln. Denn es geht natürlich auch in der Politik nach der einfachen Maxime: Wie du mir, so ich dir[18]. Es kann da im Einzelfall wohl schon einmal kurzfristige Verzerrungen und Abweichungen von dieser *Do-ut-des*-Maxime geben, etwa wenn eine bestimmte Sprache auf Grund bestehender Machtverhältnisse mit einer bestimmten Bedeutung versehen wird, die weder dem Bedarf noch den Bedürfnissen entspricht. Man sollte diese Maxime auch nicht in dem schematischen Sinne verstehen, wie sie entsprechend den diplomatischen Gepflogenheiten den etwa 40 Kulturabkommen stereotyp eingeschrieben ist, die von der Bundesrepublik Deutschland mit anderen Ländern abgeschlossen wurden. Dort heißt es etwa im deutsch-afghanischen Kulturabkommen, daß beide vertragschließenden Parteien sich bemühen wollen, die Sprache des anderen Landes als kulturelles Medium zu pflegen und gebührend zur Geltung zu bringen[19]. Aber schauen wir noch einmal auf das deutsch-französische Verhältnis. Da hat sich in den letzten Jahren deutlich gezeigt, daß die deutschen Bundesländer, entgegen dem Geist des deutsch-französischen Freundschaftsvertrages von 1963, kaum willens sind, von der im deutschen Schulwesen seit dem Hamburger Abkommen von 1964 und trotz der geänderten Fassung dieses Abkommens von 1971 verankerten Monopolstellung des Englischen abzuweichen. Entsprechend stark sind die Abwahl-Verluste, die das Französische, wie oft nachgewiesen worden ist, in den letzten Jahren erfahren hat. Für Studenten etwa, die nicht zufällig Romanistik-Studenten sind, ist Französisch heute eine unbekannte Sprache geworden. Das haben sich die Franzosen eine Zeitlang angesehen, sie haben gemahnt und gewarnt, und schließlich haben sie – von deutschen Beobachtern kaum bemerkt – durch einen administrativen Federstrich die Bedingungen erheblich erschwert, unter denen in Frankreich Deutsch unterrichtet wird. Sie haben nämlich einfach die »Kurseröffnungsschwelle« *(seuil d'ouverture),* also die Mindestschülerzahl für eine zu eröffnende Deutsch-

Klasse, von 10 auf 15 Schüler erhöht, während sie diese Schwelle für Spanisch-Klassen gleichzeitig von 10 auf 8 gesenkt haben. Das ist gewiß nicht die feine Art, und die französischen Germanisten sind denn auch die ersten gewesen, die lebhaft und nicht ohne einen gewissen Erfolg gegen diese Maßnahme protestiert haben. Aber dieser kleine Ausschnitt deutsch-französischer Schulsprachenpolitik läßt doch recht deutlich die allgemeinen Bedingungen erkennen, unter denen eine Fremdsprachenpolitik als Teil der Auswärtigen Kulturpolitik eines Landes steht. Insbesondere darf eine mittlere Nation wie die Bundesrepublik Deutschland nicht meinen, sie könne durch ein paar mehr oder weniger gut kaschierte Verwaltungsmaßnahmen zugunsten immer der einen Fremdsprache Englisch so gut wie alle anderen Fremdsprachen aus dem Schulsystem herauswerfen, ohne daß über kurz oder lang die anderen Nationen das mit gleicher Münze heimzahlen und ebenfalls alle anderen Fremdsprachen, unter ihnen Deutsch, zugunsten immer und ewig des Englischen aus ihren Schulen eliminieren.

Nun kann man sich natürlich überlegen, ob das eigentlich so schlimm wäre. Welches Interesse haben wir eigentlich daran, daß möglichst viele Personen in der Welt Deutsch lernen? Ist denn die »Ausbreitung« der deutschen Sprache ein vernünftiges kulturpolitisches Ziel? Die Bundesregierung, nebenbei bemerkt, vertritt in ihrer Auswärtigen Kulturpolitik dieses Ziel nicht, und auch ich sehe meine akademische Aufgabe durchaus darin begrenzt, nach meinen Kräften dazu beizutragen, daß diejenigen Personen in der Welt, die unsere Sprache als Fremdsprache lernen wollen, sie möglichst vernünftig und möglichst gut lernen können. Aber ganz so einfach, wie ich es hier ausgedrückt habe, ist die Sache dennoch nicht. Man kann leicht die Ansicht vertreten, die Zahl der Deutschlernenden sei einem ganz gleichgültig, solange man im Bewußtsein oder im Unterbewußtsein noch weiß, daß diese Zahl kontinuierlich ansteigt oder wenigstens gleich bleibt. Wenn es aber in einem Land, wie beispielsweise in den letzten Jahren in den Vereinigten Staaten zu beobachten war, zu dramatischen Einbrüchen in Kenntnis und Verbreitung der deutschen Sprache (wie auch anderer Sprachen) kommt, dann schauen nicht nur unsere Kollegen, die Auslandsgermanisten, bekümmert drein, sondern auch wir hier in der Bundesrepublik Deutschland haben allen Grund, nachdenklich zu werden. Denn es droht doch mit dem Rückgang der

Sprache eine noch bestehende Tradition abzureißen, von der wir uns nicht nur aus wirtschaftlichen, sondern auch aus politischen und kulturellen Gründen einiges versprechen. Ich meine also, es kann uns Deutschen nicht ganz gleichgültig sein, ob unsere Sprache mitsamt dem, was in ihr ausgedrückt wird, in der Welt auf viel, auf wenig oder auf gar kein Interesse stößt. Auch die Schwankungen und Verlagerungen dieses Interesses sind für uns natürlich wichtige Indikatoren für die Art und Weise, in der wir der Welt unsere Identität präsentieren. Denn vielleicht ist es ja überhaupt so, daß man sich seiner Identität, in diesem Fall der nationalen Identität, die aber manches andere einschließt, gar nicht anders gewiß werden kann, als indem man sie anderen darstellt. Daraus sind dann natürlich Folgerungen abzuleiten über die Art und Weise, *wie* man diese Identität präsentiert, das heißt hier, wie man die deutsche Sprache lehrt.

Ich höre an dieser Stelle den Einwand, daß der Unterricht des Deutschen als Fremdsprache mit solchen Fragen wie der nach der Identität nichts zu tun hat, sondern sich ausschließlich an Gesichtspunkten des Bedarfs und der Bedürfnisse zu orientieren hat. Nun ist es zweifellos möglich, wenn auch nicht einfach, in einer gegebenen Situation den Fremdsprachenbedarf mit empirischen Mitteln festzustellen. Was dabei für den Bedarf an Fremdsprachen in der Bundesrepublik Deutschland herauskommt, kann man in den einschlägigen Untersuchungen von Bausch, Christ, Schröder[20] und anderen recht genau studieren, und man erhält dabei übrigens Ergebnisse, die überraschend weit von dem engherzigen Fremdsprachenkanon unserer Schulen entfernt liegen. Sehr viel schwerer ist es schon, die individuellen Bedürfnisse ans Licht zu bringen, die zum Entschluß, eine Fremdsprache zu lernen, führen und die sich dann in eine mehr oder weniger dauerhafte Motivation für das Weiterlernen übersetzen. Die Erhebungen im süddeutschen Raum haben in diesem Zusammenhang übrigens erstaunlich hohe Werte im ästhetischen Bereich zutage gefördert[21]. Es scheint, daß die Schönheit, ja sogar die Klangschönheit, die einer Sprache öffentlich oder privat zugeschrieben wird, sehr zu dem Entschluß beiträgt, diese Sprache als Lerngegenstand zu wählen, unbeschadet der Tatsache, daß die Linguisten natürlich nicht ein einziges Kriterium angeben können, nach dem die ästhetischen Qualitäten einer Sprache objektiv zu messen wären.

Was nun den Bedarf und die Bedürfnisse betrifft, die sich in anderen Ländern auf die deutsche Sprache richten, so sind mir nur einzelne empirische Erhebungen bekannt[22]. Es gibt in verschiedenen Ländern wohl Einzeluntersuchungen mit einer verhältnismäßig geringen Zahl von Probanden, und es gibt natürlich die unschätzbaren Erfahrungswerte der Auslandslehrer, Lektoren und Goethe-Dozenten. Ich habe jedoch, wenn ich den ganzen Bereich Deutsch als Fremdsprache einzuschätzen versuche, den Eindruck, daß auf diesem Gebiet manchmal voreilig extrapoliert wird. Beispielsweise gibt es zweifellos in vielen Ländern nicht wenige Personen, die Deutsch mit der erklärten Absicht lernen, sich hauptsächlich in der einen oder anderen Fachsprache bzw. Wissenschaftssprache rezeptiv und manchmal auch produktiv bewegen zu können. Es ist dann auch zweifellos vernünftig, solchen Sprachlernbedürfnissen mit fachsprachlich orientierten Kursen entgegenzukommen. Wenn ich mich jedoch nicht sehr täusche, besteht in diesen Jahren im Bereich Deutsch als Fremdsprache bei vielen Lehrern, Lehrwerkautoren und Didaktikern eine allzu große und durch empirische Erhebungen nicht gedeckte Bereitschaft, eigentlich von allen Deutschschülern anzunehmen, sie wollten hauptsächlich in oder mit der Bundesrepublik Deutschland ertragreiche Geschäfte abwickeln oder sonstige handfeste Zwecke verfolgen, deren Nutzwert sich in Deutscher Mark ausdrücken läßt. Das gilt auch für den Bereich der ausländischen Arbeitnehmer und ihrer Familien in der Bundesrepublik, von denen vielfach angenommen wird, ihre Sprachlerninteressen seien durch den Umkreis ihrer ökonomischen Interessen erschöpfend beschrieben. Anders ausgedrückt, ich finde bei manchen, die für den Unterricht des Deutschen als Fremdsprache verantwortlich sind, einen nicht unbedenklichen Reduktionismus, der in der deutschen Sprache kaum noch etwas anderes als ein nützliches Medium zur Bewältigung von Alltagssituationen oder allenfalls ein Instrument dieser oder jener fachsprachlichen Performanz sieht. Mir sind aber keine gesicherten Ergebnisse zum Bedarf und zu den Bedürfnissen des Fremdsprachenlernens bekannt, durch die ein totaler Pragmatismus dieser Art gerechtfertigt würde. Gegen das Halb-Präfix Pragma- ist natürlich nichts einzuwenden, solange es solchen Ausdrücken wie Linguistik oder Didaktik vorangestellt wird mit dem Ziel, diese Disziplinen aufmerksamer zu machen für die situative und gesellschaftliche Bedingtheit aller sprachlichen Aktivitäten. Aber jene mißverstandene Pragmatik, die nur noch Verrichtungen und Fertigkeiten der trivialsten Sorte für pragmatisch legitimiert hält, ist doch wohl eine sehr gefährliche Ratgeberin für das schwierige und schöne Geschäft des Sprachlehrens, zumal im Bereich Deutsch als Fremdsprache. Es ist zwar richtig, daß der Deutschunterricht, wo immer das gewünscht wird, seine Schüler in die Lage versetzen muß, sich mit einer gewissen sprachlichen Gewandtheit in Deutschland, Österreich oder der Schweiz bewegen zu können. Und wenn irgendwo eine Lerngruppe zusammenkommt, die juristische oder soziologische Fachliteratur auf deutsch lesen will, so soll der Sprachunterricht natürlich im Rahmen des Möglichen diesen Wünschen entsprechen. Ähnliches gilt von den ausländischen Arbeitnehmern und ihren Familien, die selbstverständlich auch durch den deutschen Sprachunterricht befähigt werden müssen, den täglichen Kampf gegen Diskriminierung erfolgreich zu bestehen.

Über diese elementaren Bedürfnisse hinaus muß der deutsche Sprachunterricht jedoch, zumal wenn er von kulturellen Institutionen der Bundesrepublik angeboten wird, durch einen kulturellen Mehrwert ausgezeichnet sein, der seine Qualität danach bemißt, wie sehr er den bloßen Nutzwert der deutschen Sprache für den Alltag übersteigt und zur Präsentation unserer geschichtlichen Identität beiträgt. Denn als bloße Nutz- und Instrumentalsprache ist die deutsche Sprache nicht mehr als ein beliebiger Exportartikel, der dann auch mit Recht den Schwankungen des Marktes unterliegt. Und auch als internationale Verkehrs- und Welthilfssprache ist die deutsche Sprache, wie wir alle wissen, der englischen Sprache und vielleicht auch noch mancher anderen großen Weltsprache unterlegen. Nur als Kultursprache ist die deutsche Sprache unverwechselbar und nicht durch eine andere Sprache ersetzbar. Als Kultursprache muß die deutsche Sprache daher immer mit Sprachkultur gelehrt werden.

1 Vgl. H. Christ: Fremdsprachenunterricht und Sprachenpolitik. Stuttgart 1980, S. 13 u. 20 ff.
2 International Herald Tribune vom 18. 1. 1982.
3 H. Sauer:»Fremdsprachenunterricht in den USA und in der Bundesrepublik. Ein Erfahrungs- und Literaturbericht«, Die deutsche Schule 71 (1979) S. 40–51, hier S. 41 f.
4 Internationale Kulturbeziehungen. Brücke über Grenzen. Symposium '80, bearbeitet von D. Danckwortt. Baden-Baden 1980, S. 43.
5 Vgl. H. Haarmann: Grundfragen der Sprachregelung in den Staaten der europäischen Gemeinschaft. Hamburg 1973 (= Schriftenreihe zur europäischen Integration 11). Ders.: Sprachenpolitische Organisationsfragen der Europäischen Gemeinschaft. Hamburg 1974 (= Ebd. 13). Ders.: Soziologie und Politik der Sprachen Europas. München 1975 (= dtv Wissenschaftliche Reihe 4161). W. Bleyhl:»Quo vadit? oder: Wohin führt eigentlich unser Englischunterricht? – Eines Englisch- und Französischlehrers geheime Zweifel.« Neusprachliche Mitteilungen 2/1985, S. 74–78.
6 Vgl. H. Christ/E. Liebe (Hg.): Dokumente zur Schulsprachenpolitik in der Bundesrepublik Deutschland. Augsburg 2 Aufl. 1979 (= Augsburger I & I-Schriften 7).
7 H. Kästner:»Zum Fremdsprachenunterricht in der Bundesrepublik Deutschland«, Die neueren Sprachen 75 (1976) S. 245–269, bes. S. 262.
8 Ebd. S. 255 f.
9 Vgl. M. Sprissler/H. Weinrich (Hg.): Fremdsprachenunterricht in Intensivkursen. Stuttgart 1972 (= Sprache und Literatur 74). H. Christ:»Moderne Fremdsprachen in der gymnasialen Oberstufe«, Zeitschrift für Pädagogik 26 (1980) S. 259–270.
10 Vgl. Christ: Fremdsprachenunterricht, a. a. O., S. 175 ff.
11 Vgl. Zapp:»Probleme der Fremdsprachendidaktik aus der Sicht des Fachverbandes Moderne Fremdsprachen«, Die neueren Sprachen 75 (1976) S. 269–274.
12 Vgl. H. Christ u. a. (Hg.): Fremdsprachenpolitik in Europa. Homburger Empfehlungen für eine sprachenteilige Gesellschaft. Augsburg 1980 (= Augsburger I & I-Schriften 11). H. Weinrich:»Fremdsprachen in einer sprachenteiligen Gesellschaft«, Die neueren Sprachen 79 (1980) S. 315–319.
13 Vgl. E. Bodenstein:»Dänisch an den Schulen des Landes Schleswig-Holstein«, in: F. J. Zapp/A. Raasch/W. Hüllen (Hg.): Kommunikation in Europa. Probleme der Fremdsprachendidaktik in Geschichte und Gegenwart. Frankfurt 1981, S. 111–118.
14 Vgl. Christ: Fremdsprachenunterricht, a. a. O., S. 80.
15 Ebd. S. 196.
16 Vgl. H. H. Stern:»Bilingual Education: A Review of Recent North American experiences«, Modern Languages 54 (1973) S. 57–62.

17 Vgl. G. Baumgratz (Hg.): Fremdsprachenpolitik und Fremdsprachenunterricht im deutsch-französischen Dialog. Berlin 1980.

18 H. Hamm-Brücher:»Fremdsprachenpolitik und internationale Beziehungen«, in: Baumgratz, a. a. O., S. 11/12, hier S. 12. Vgl. auch Christ: Fremdsprachenunterricht, a. a. O., S. 78.

19 Christ/Liebe, a. a. O., S. 72.

20 K.-R. Bausch u. a. (Hg.): Beiträge zum Verhältnis von Fachsprache und Gemeinsprache im Fremdsprachenunterricht der Sekundarstufe II. Heidelberg 1978 (= Manuskripte zur Sprachlehrforschung 12, 13). Ders. u. a. (Hg.): Fremdsprachen in Handel und Industrie. Eine Untersuchung in dem IHK-Bereich Ostwestfalen zu Bielefeld. Heidelberg 1980 (= Ebd. 16). H. Christ:»Sprachen im internationalen Kontakt: Probleme der Schulsprachenpolitik in Westeuropa«, Gießener Universitätsblätter 2 (1979), S. 55–62. Christ: Fremdsprachenunterricht, a. a. O. K. Schröder u. a.: Fremdsprachen in Handel und Industrie unter besonderer Berücksichtigung mittlerer Betriebe in Schwaben und im Raum München. Dokumentation und Auswertung einer Umfrage. Königstein/Ts. 1979.

21 Vgl. Zapp:»Probleme«, a. a. O., S. 280.

22 Vgl. Christ: Fremdsprachenunterricht, a. a. O., S. 88 f.

IV

Ein Blick in die Zukunft

Die Zukunft der deutschen Sprache

Die Spielregeln der Wissenschaft schließen bekanntlich den prophetischen Gestus aus. Sie verbieten indes nicht schlechthin jeden Ausgriff auf die Zukunft, vorausgesetzt dieser läßt sich als Prognose rational rechtfertigen und in seiner Handlungsrelevanz begründen.

Um nun zu wissen, wie andere Wissenschaften mit Prognosen umgehen, braucht der Linguist nur an den Wetterbericht zu denken, für den das Fernsehen allabendlich gestandene Wissenschaftler des Faches Meteorologie bemüht. Dieser Wetterbericht interessiert ja nicht, weil man wissen möchte, wie das Wetter gestern gewesen ist oder wie es heute ist, sondern wie es morgen voraussichtlich sein wird. Manchmal, das hat jeder schon erfahren, ist das Wetter allerdings morgen ganz und gar nicht so, wie es heute vorhergesagt wird, aber im ganzen treffen die Wettervorhersagen doch signifikant häufiger zu, als daß sie nicht zutreffen. Es ist daher ratsam, sich mit seinen Handlungsdispositionen für morgen auf die Vorhersage von heute einigermaßen zu verlassen.

Es gibt außer der Meteorologie noch einige andere Wissenschaften, die sich darum bemühen, verläßliche Zukunftsprognosen zu liefern. Von ihnen will ich hier nur die Volkswirtschaft erwähnen, eine Wissenschaft, die sich das Vermögen zuschreibt oder zuschreiben läßt, die zukünftige Wirtschaftsentwicklung – kurzfristig, mittelfristig oder langfristig – vorherzusagen, um auf diese Weise Daten für die wirtschaftliche und politische Planung zu liefern. Die sehr geschätzte Beraterfunktion der volkswirtschaftlichen Kollegen bei Politikern und Unternehmern beruht auf der allgemein angenommenen und ziemlich enttäuschungsfest anerkannten Prognosefähigkeit dieser Wissenschaftler, die daher in der Öffentlichkeit oft auch »die Weisen« genannt werden.

Schließlich hat sich im Kreis der Wissenschaften seit einiger Zeit sogar eine neue Wissenschaft etabliert, die sich die Erforschung der Zukunft ausdrücklich zur Aufgabe gemacht hat: die Futurologie. Der Ausdruck ist im Jahre 1943 von Ossip K. Flechtheim geprägt worden. Der genannte Wissenschaftler hat auch in Berlin das »Zentrum für Zukunftsforschung« gegründet und die Zeitschrift »Futurum« (1967 ff.) ins Leben gerufen.[1] Auch in den USA gibt es ein »Institute for the Future« und in Hamburg eine »Gesellschaft für Zukunftsfragen«. Es handelt sich bei dieser Futurologie um eine interdisziplinäre Wissenschaft, die den – zugegebenermaßen schwierigen – Versuch macht, die prognostische Kraft aller auf die Zukunft blickenden Wissenschaften zu bündeln und diese, wenn möglich, zu einer globalen Prognose über die zu erwartende gesellschaftliche Entwicklung zusammenzufassen. Buchtitel wie »*Mankind 2000*« (R. Jungk/J. Galtung, 1969) oder »Zukunftsreport 2000« (R. Waterkamp 1969) bezeichnen ziemlich genau das Fernziel dieser wissenschaftlichen Bemühungen, und vor kurzem ist auf dem Buchmarkt sogar schon ein Essay unter dem Titel »Kritik der Zukunft« erschienen (E. Chargaff, 1983).

Das alles sind jüngere Entwicklungen der Wissenschaft, wie sie allenfalls noch bis in die fruchtbaren Jahre kurz vor dem Ersten Weltkrieg zurückverfolgt werden können, als Marinettis Futurismus-Programm die europäische Kunst- und Literaturszene erregte. Sind wir seitdem, mehr als es Eschatologen, Chiliasten und Utopiker je waren, ganz zukunftssüchtig geworden? Einige Historiker und Philosophen haben auf diese Frage in den letzten Jahren interessante Antworten gegeben. So hat der Bielefelder Historiker Reinhart Koselleck in seinem Buch »Vergangene Zukunft« darauf aufmerksam gemacht, daß die Hinwendung zur Zukunft in der »Neuzeit« offensichtlich eine Reaktion auf die historische Tatsache ist, daß die Menschheit unter den Bedingungen der Industrialisierung immer stärker in den Sog der Beschleunigung gerät. Koselleck schreibt: »Wenn dabei im subjektiven Erfahrungshaushalt der betroffenen Zeitgenossen das Gewicht der Zukunft anwächst, so liegt das sicher auch an der technisch-industriell überformten Welt, die den Menschen immer kürzere Zeitspannen aufnötigt, um neue Erfahrungen zu sammeln und sich den immer schneller provozierten Veränderungen anpassen zu können.«[2]

In ähnlicher Weise erklärt der Zürcher Philosoph Hermann

Lübbe das spürbar anwachsende Bedürfnis nach futurologischen Erkenntnissen in der Neuzeit. Man braucht ja nur daran zu denken, daß es in der heute lebenden Generation einige Personen gibt, die noch die ganze Entwicklung des Fliegens von Otto Lilienthal und den Brüdern Wright bis zur Mondlandung in ihrer Lebensspanne erfahren haben. Da hat sich in einem Lebensalter mehr verändert als früher in vielen Jahrhunderten. Diese geschichtliche Akzeleration, wie Lübbe sagt, bringt die Fortschrittsnebenfolge mit sich, daß die Zukunft immer weniger der Gegenwart und Vergangenheit gleicht und folglich auch aus der bloßen Lebenserfahrung der einzelnen Individuen immer weniger vorhergesagt werden kann. Die verstärkten Bemühungen der Wissenschaften nun, ihre prognostische Kraft auszuschöpfen, sind ein Versuch, die Orientierungsschwierigkeiten in einer rasch und rascher sich verändernden Welt zu kompensieren, anders ausgedrückt, eine »Prothese« für die immer wertloser werdende Lebenserfahrung der Alten. Lübbe setzt zeitkritisch hinzu: »Der gelegentliche futurologische Enthusiasmus gleicht (...) dem Glück des Kurzsichtigen, der seine Brille bekommt.«[3]

Ich bin der Ansicht, daß man den skizzierten historisch-gesellschaftlichen Hintergrund kennen muß, ehe man sich der Frage zuwenden kann, was denn über die Zukunft der deutschen Sprache mit wissenschaftlichen Methoden ermittelt werden kann. Denn die Linguistik fügt sich mit ihrem erwachenden Interesse für die Zukunft, wenn auch mit einiger Verspätung, in die Reihe der anderen ganz oder teilweise futurologisch orientierten Wissenschaften ein. Das war natürlich nicht immer so. Die ältere Sprachwissenschaft, und das galt in Deutschland vielfach bis in die fünfziger Jahre unseres Jahrhunderts hinein, interessierte sich fast ausschließlich für die Vergangenheit der Sprache und verstand sich als Sprachgeschichte. Eine gegenwärtige Form durch eine vergangene oder eine vergangene Form durch eine noch vergangenere zu erklären, galt dieser historischen Sprachwissenschaft als höchstes Ziel der sprachwissenschaftlichen Forschung.

Dann kam der Strukturalismus und bestritt mit Saussures Postulat von der Gleichrangigkeit der synchronischen und der diachronischen Sprachwissenschaft den Primat der Vergangenheit vor der Gegenwart. Seitdem gilt es als legitime, bei einigen Linguisten auch als vorrangige Aufgabe dieser Wissenschaft, die gegenwärtig gesprochene und geschriebene Sprache zu untersuchen. »Sprache der Gegenwart« nennt sich bezeichnenderweise eine Publikationsreihe des Instituts für deutsche Sprache in Mannheim, und die Joachim-Jungius-Gesellschaft der Wissenschaften in Hamburg stellte ihre Jahrestagung 1983 unter das Thema »Die deutsche Sprache der Gegenwart«. Man kann sagen, daß die mit dem Strukturalismus auftretende Verlagerung des Interesses von der diachronischen zur synchronischen Sprachwissenschaft, einfacher ausgedrückt von der Sprache in ihrer vergangenen Entwicklung zur Sprache in ihrem gegenwärtigen Bestand eine geradlinige Fortsetzung findet in der nun zu beobachtenden Verlagerung des Interesses von der Sprache der Gegenwart auf die Sprache der Zukunft. Die von Hugo Moser schon 1967 aufgeworfene Frage »Wohin steuert das heutige Deutsch?« oder Buchtitel wie »Tendenzen in der deutschen Gegenwartssprache« (1979) bezeichnen ziemlich deutlich diesen Wandel der Perspektive.[4]

Die Frage ist nur, ob Linguisten tatsächlich mit wissenschaftlich sauberem Gewissen Aussagen über die zukünftige Entwicklung der deutschen Sprache machen können. Dabei will ich von vornherein die Einschränkung machen, daß es sich dabei, wenn es überhaupt möglich sein sollte, natürlich immer nur um Wahrscheinlichkeitsaussagen handeln kann. *De futuris contingentibus non est determinata veritas* – diese aristotelische Maxime gilt natürlich weiter und bezeichnet die Grenze zwischen Prophetie und Prognose. Aber wenn es der Linguistik gelingen sollte, über die deutsche Sprache oder irgendeine andere Sprache plausible Zukunftsaussagen zu formulieren, die durch rationale Argumente wahrscheinlich gemacht werden können, so fügt sich die Linguistik damit in den Kreis der anderen prognostizierenden Wissenschaften fugenlos ein. Dabei ist allerdings eine wichtige Besonderheit zu beachten. Die Wettervorhersagen der Meteorologie und die Prognosen der Wirtschaftswissenschaft haben, wenn sie überhaupt möglich sind, ihren Wert darin, daß sie planendes Verhalten ermöglichen. Der Gastwirt kann etwa für das zu erwartende Ausflugswetter Vorräte einkaufen und der Unternehmer für den zu erwartenden Wirtschaftsaufschwung Personal einstellen. Bei der Linguistik ist es demgegenüber schwer vorstellbar, welche Handlungsdispositionen getroffen, unterlassen oder geändert werden sollten, je nachdem ob eine Prognose des zu erwartenden Sprachwandels so oder anders ausfällt. Ist es beispielsweise denkbar, daß man die Ratschläge, die man einem Abiturienten bei der Berufsberatung gibt, von der Prognose über eine zu erwartende Entwicklung der deutschen Sprache abhängig macht? Und wenn eine Prognose nicht zur Daseinsvorsorge taugt, ist sie dann überhaupt zu etwas gut? Ich empfehle, dieses Relevanz-Kriterium nicht aus den Augen zu verlieren.

Wer sich nun dergestalt auf Prognosen einläßt, befindet sich unversehens in der Gesellschaft von Propheten. Es gibt zumal in sprachlichen Dingen eine große Zahl von Propheten, meistens Untergangspropheten, die genau wissen und uns einreden wollen, es gehe mit der Sprache unaufhaltsam bergab bis zu einem negativ utopischen Endpunkt, an dem – sollte das nicht schon 1984 gewesen sein? – die gute alte Sprache zu einer unmenschlich totalitären »Neusprache« *(newspeak)* geworden ist. Seht ihr denn nicht, so fragen sie, was aus unserer schönen deutschen Sprache geworden ist, seitdem sie von Politikern und Journalisten verdreht, von Soziologen und Pädagogen verschandelt, von Werbern und Textern beleidigt, von Linguisten verraten und von den Jugendlichen schließlich – wen wundert's? – in die Gosse geredet worden ist? Selbst der Duden, das letzte Bollwerk gegen den Sprachverfall, läßt sich neuerdings von den Sprachverderbern »anmachen« und wird durch seine allzu lasche Verteidigung der deutschen Sprachnormen am Niedergang der deutschen Sprache mitschuldig. Kein Wunder also, daß wir in unserer Sprache keine klaren Begriffe und keine anschaulichen Bilder mehr haben, kein Gefühl mehr für die Nuancen des Konjunktivs, keine logisch klar gegliederten Satzgefüge, sondern statt dessen mehr und mehr stereotype Ausdrücke und fertige Phrasen, diese allerdings reichlich durchsetzt mit Wörtern der Fäkalsprache. Soweit mein kleines Resümee der beliebtesten Sprachverfallsklagen, der *vox populi* abgelauscht, aber auch in manchen Sprachglossen angesehener Zeitungen zu lesen.[5]

Eigenartig, jedoch für die heutige Zeit charakteristisch ist, daß aus keinem Munde mehr Fortschritts- und Aufstiegsprophetien für die deutsche Sprache zu vernehmen sind, solche etwa, wie Schiller sie gewagt hat, als er sich im Jahre 1797 Notizen für ein längeres Gedicht machte, das den Titel »Deutsche Größe« tragen sollte. Dieses Gedicht, das unglücklicher- oder glücklicherweise Fragment geblieben ist, sollte auch einen Abschnitt über die deutsche

337

Sprache enthalten. Die diesbezüglichen Notizen lauten: »Das köstliche Gut der deutschen Sprache, die alles ausdrückt, das Tiefste und das Flüchtigste, den Geist, die Seele, die voller Sinn ist.« Und dann setzt Schiller noch hinzu: »Unsre Sprache wird die Welt beherrschen.«[6] Wer Schiller auch nur etwas kennt, wird diesen Satz nicht imperialistisch, sondern natürlich idealistisch verstehen wollen; immerhin handelt es sich hier aber um eine interessante Gegenstimme zu dem sonst in der neueren deutschen Sprachgeschichte dominanten Klagechor der Niedergangs- und Untergangspropheten.

Ich will diese verschiedenen Prophetien zur nahen oder fernen Zukunft der deutschen Sprache hier nur kurz kommentieren. Als Schiller nämlich der deutschen Sprache so optimistisch Größe weissagte, glaubte mit ihm ein ganzes Zeitalter an den möglichen Fortschritt des Menschengeschlechts. Etwa zur gleichen Zeit, nämlich im Jahre 1793, schrieb Immanuel Kant indes: »Daß die Welt im argen liege, ist eine Klage, die so alt ist als die Geschichte«.[7] Heute wissen wir vielleicht noch deutlicher aus den Geschichtserfahrungen des 20. Jahrhunderts wie auch aus der bestätigenden Lektüre des von Koselleck und Widmer herausgegebenen Buches »Niedergang« (1980), daß *Niedergang,* ebenso wie *Fortschritt,* eine historische Gedankenfigur ist, die weniger über ihr Objekt als über ihr Subjekt Aufschluß gibt. Der Geschichtsverlauf kennt offenbar Wellenbewegungen des historischen Bewußtseins, die bald der Aufwärtsbewegung und bald der Abwärtsbewegung die größere Überzeugungskraft beimessen und sich vorzugsweise in prophetischer Form artikulieren.

Läßt sich nun das, was wir hier – für wissenschaftliche Begriffe unannehmbar – als Prophetie vorgestellt haben, mit einiger Plausibilität in die Form der Prognose überführen? In dieser globalen Form sicher nicht. Denn die prognostische Kraft aller futurologischen Wissenschaften reicht in der gegenwärtigen Weltlage nicht einmal aus, eine totale Untergangshypothese für die deutsche Sprache schlechthin auszuschließen. Die Sprachgeschichte kennt genügend Beispiele dafür, daß Sprachen, auch große Kultursprachen, untergegangen oder – wie man sagt – ausgestorben sind. Ich denke dabei nicht eigentlich an die sogenannten »toten« Sprachen wie das Lateinische, denn man könnte mir entgegenhalten, daß diese Sprache ja nicht nur als Bildungssprache, sondern auch in den romanischen Sprachen weiterlebt. Aber unter diesen romanischen Sprachen gibt es beispielsweise das Dalmatische, das im Jahr 1898 mit seinem letzten Sprecher ausgestorben ist. Und wir Deutschen können und dürfen nicht vergessen, wie nahe wir selber eine germanische Sprache, das Jiddische, an den Rand des Aussterbens gebracht haben. So ist natürlich auch heute eine historische Katastrophe vorstellbar, die – etwa durch einen Atomkrieg – alle oder fast alle Sprecher der deutschen Sprache auslöscht und die Zeugnisse der deutschen Sprachkultur mit ihnen. Diese Perspektive des Schreckens will ich aber hier und jetzt nicht weiter ausmalen, aus ihrer Vorstellbarkeit jedoch wenigstens den Umkehrschluß ableiten, daß alle prognostischen Versuche der Linguistik wie auch der anderen Wissenschaften notwendig eine Fülle von politischen, wirtschaftlichen, gesellschaftlichen und allgemein kulturellen Voraussetzungen machen müssen und nur gelten, sofern es mit unserer Gesellschaft ungefähr so weitergeht wie bisher. Alle unsere Prognosen sind daher nichts als Extrapolationen des früher Gewesenen und jetzt Vorhandenen, Verlängerungen von Tendenzen und Entwicklungslinien also, die uns heute bereits erkennbar sind und deren Verlauf wir uns *ganz anders* gar nicht vorstellen können. Hier liegen die Grenzen unseres prognostischen Vermögens, die nicht einmal und vielleicht sogar am allerwenigsten von Utopikern übersprungen werden können.

Werden wir denn wenigstens in den bezeichneten Grenzen, wenn schon nach der Zukunft *der* deutschen Sprache gefragt wird, mit einiger Sicherheit vorhersagen können, daß es auch in Zukunft die eine deutsche Sprache geben wird, oder müssen wir gefaßt sein, daß diese deutsche Sprache weiter auseinanderfällt in mindestens vier deutsche Nationalsprachen je nach den Staaten, in denen Deutsch als Landessprache gesprochen wird? Diese Frage steht in engem Zusammenhang mit der anderen, von Schriftstellern und Kritikern viel erörterten Frage, ob es eine oder etwa vier deutsche Nationalliteraturen gibt: die der Bundesrepublik, der DDR, Österreichs und der Schweiz.[8] Ich will die eine wie die andere Frage hier zuspitzen auf das besondere Verhältnis, das zwischen der Bundesrepublik und der DDR besteht. Die Tatsache, daß wir es mit zwei Fragen statt mit einer zu tun haben, erschwert nicht etwa die Antwort, sondern erleichtert sie. Denn gerade die Literatur, die in diesen beiden deutschen Staaten entsteht, gibt uns die verläßlichsten Auskünfte über den Zustand der deutschen Sprache und beweist in ihrer unbezweifelbaren Einheit, daß die deutsche Sprache – abgesehen von einigen Divergenzen fachsprachlich-ideologischer Herkunft – ungetrennt und ungeteilt ist. Da dies nach einer Generation getrennter Staatsentwicklung festgestellt werden kann, kann man es auch für einige weitere Generationen prognostizieren. Es ist offenbar einfacher, einen neuen Staat als eine neue Sprache zu gründen.

Allerdings, frei von Voraussetzungen ist auch diese Prognose nicht. Zusätzlich zu den bereits genannten Voraussetzungen kommt hier noch die Hoffnung hinzu, daß die Literatur in den beiden deutschen Staaten ihren öffentlichen Rang bewahrt, daß die Schriftsteller beiderseits der innerdeutschen Staatsgrenze sich das Bewußtsein der gemeinsamen deutschen Sprache erhalten und daß wir ihre Bücher auch lesen. Mit einem Wort: die deutsche Sprache hat keine gesicherte Zukunft ohne deutsche Sprachkultur.

Bei den Linguisten nun, die »Tendenzen« der deutschen Gegenwartssprache untersuchen, findet man – mehr oder weniger deutlich ausgesprochen – zwei Denkmodelle, die zur futurologischen Orientierung dienen. Nach dem ersten Denkmodell ist das zukünftige Deutsch etwa so zu denken, wie heute die Umgangssprache beschaffen ist. Nach dem zweiten Denkmodell fällt das Deutsch von morgen ungefähr so aus, wie heute die Sprache der Jugend ist. Wir wollen die beiden Denkmodelle kurz auf ihre Plausibilität hin prüfen.

Was zunächst die Umgangssprache betrifft, so stehe ich sogleich vor der Schwierigkeit, sie angemessen zu definieren.[9] Ich umgehe jedoch die Schwierigkeit einer positiven Definition, indem ich sie mit negativer Bestimmung als Inbegriff derjenigen Sprachformen definiere, mit denen die Leute die geltenden Sprachnormen unterlaufen, ohne ihnen ausdrücklich zuwiderzuhandeln. Da die Sprachnormen überdies besonders deutlich an der Schriftsprache festgemacht sind, vollzieht sich dieser unauffällige Auszug aus dem Normengebäude der Sprache hauptsächlich in der gesprochenen Alltagssprache. Eine mündliche Unterhaltung bei der Küchenarbeit beispielsweise, transkribiert in den Freiburger Texten gesprochener deutscher Standardsprache, enthält die folgende Gesprächsreplik: »Is ne Sauerei, daß der Staat auch keene Kontrolle hat, kann ich gar nich kapieren.«[10] Auch in der Literatur findet man diese

Umgangssprache bisweilen; sie dient dann gewöhnlich der Charakterisierung bestimmter Personen und ist nicht selten parodistisch überzeichnet, so etwa in »Kalldewey, Farce« von Botho Strauß, wo Meret sich den Inhalt einer bekannten Oper wie folgt klarmacht: »Starke Oper ja. Salome. Rübe auf'm Teller und die Lady tanzt mit 'nem Glitzerdreieck vorn und 'n Arsch immer raus.«[11] Ob dieses drastische Beispiel allerdings noch zur Umgangssprache gehört oder eine ganz andere Signatur verdient, will ich hier nicht weiter erörtern. Jedenfalls: wenn man sich vor Augen hält, daß in unserer Erfahrungswelt mindestens seit 1967/68 gesellschaftliche Normen eher ab- als aufgebaut werden, so gelangt man schnell zu der futurologischen Annahme, daß die Umgangssprache von heute wohl die Standardsprache von morgen sein wird. Charakteristisch für solche Erwartungen ist die Tatsache, daß ein bekanntes Lehrwerk des Deutschen für Ausländer, das unter seinem Titel »Deutsch 2000« höchst werbewirksam, wenn auch ohne es einzugestehen, an das verbreitete futurologische Interesse appelliert, eine Grammatik umfaßt, die sich »Grammatik der modernen deutschen Umgangssprache« nennt (von R. Luscher/R. Schäpers, 1975).

Ist diese Annahme nun plausibel? Sie ist es allenfalls in einem abgeschwächten Sinn, den man sich am besten mit Jacob Grimm klarmachen kann. Grimm hat einmal geschrieben: »Alle grammatischen Ausnahmen scheinen mir Nachzügler alter Regeln, die noch hier und da zucken, oder Vorboten neuer Regeln, die über kurz oder lang einbrechen werden.«[12] Anders ausgedrückt, mit besonderer Betonung des zweiten Aspekts: Das Normengefüge einer Sprache ist von einem weiten Hof von Formen und Ausdrükken umgeben, die aus verschiedenen Gründen nicht oder noch nicht ganz normgerecht sind, dennoch aber im Wandel der Sprache ein Reservoir für neue Normen darstellen. Denn neue Normen, wenn sie überhaupt entstehen, treten nicht etwa aus dem Nichts hervor, sondern bilden sich aus den Varianten im Umfeld der alten Normen. So widerspricht also nichts der Annahme, die Kandidaten für die Sprachnormen von morgen seien bereits jetzt in der Umgangssprache von heute oder einer anderen Sprachvarietät zu finden. Zu einer positiven Prognose bestimmter Sprachentwicklungen reicht diese Feststellung aber noch nicht aus. Denn natürlich ist auch in Zukunft mit einem Normwiderstand gegen die fehlenden

341

oder andersartigen Normen der Umgangssprache zu rechnen. Wie stark dieser Widerstand ausfällt, ist nicht ohne weiteres aus dem gegenwärtigen Sprachnormbewußtsein ableitbar und muß selbst Gegenstand der Prognose werden. Jedenfalls ist nicht zu erwarten, daß die Umgangssprache von heute kampf- und problemlos in die Rolle einer Standardsprache von morgen hineingleiten wird. Insofern ist dieses Zukunftsmodell bedenklich und kritikbedürftig.

Mit ähnlichen Überlegungen und Befürchtungen schauen manche Sprachkritiker auf die Jugendsprache. Helmut Henne hat sie genauer beobachtet und nach ihren wesentlichen Merkmalen beschrieben.[13] Ich halte diese Beschreibung für zutreffend und stimme auch der Beurteilung zu, daß der besondere Sprachton dieser Gruppensprache den Wert einer »Erkennungsmelodie« für die Altersrolle des jugendlichen Gruppenangehörigen hat und insofern Ausdruck einer spezifischen sozialen Lebensform ist. Werden nun diese Jugendlichen, wenn sie älter werden, ihr Sprachregister einfach mitnehmen und auf diese Weise die Sprachgewohnheiten der Älteren allmählich verdrängen? Diese Vorstellung erscheint mir ganz abwegig. Wenn Hennes Untersuchungsergebnisse stichhaltig sind, dann liegt der Reiz dieser Gruppensprache für die Jugendlichen gerade darin, daß sie von der Sprache der Erwachsenen durch einen bestimmten Gruppenton abweicht. Schon wenn die Erwachsenen anfangen, die Jugendsprache zu verstehen und Verständnis für ihre Eigenheiten aufzubringen, macht die Sache nur noch den halben Spaß. Werden jugendsprachliche Elemente überdies von Erwachsenen selber gebraucht, so werden diese von den Jugendlichen sogleich gegen andere Elemente ausgetauscht: das eben führt zu dem überaus raschen Wandel dieses Registers. Wenn es am Ende sogar, wie es scheint, der Linguistik gelingen sollte, die Sprache der Jugend erschöpfend zu beschreiben, kann dieser wissenschaftliche Erfolg, wenn er sich erst bei den Jugendlichen herumspricht, zu einer ernsthaften Gefährdung des Phänomens selber werden. Jedenfalls kann keine Rede davon sein, daß die Jugendsprache in ihrer gegenwärtig bekannten Form so beschaffen wäre, daß ihre Merkmale durch den bloßen Fortgang der Zeit zu den Merkmalen einer Erwachsenensprache werden könnten. Selbst unter nostalgischen Vorzeichen ist das nicht vorstellbar.

Ein drittes Zukunftsmodell, das den beiden bisher besprochenen

Modellen an die Seite zu stellen und vorzuziehen ist, verlangt eine etwas ausführlichere Erörterung. Es berücksichtigt in besonderem Maße die Rolle der Fachsprachen bei der zukünftigen Sprachentwicklung. Ich will an dieser Stelle aber ein wenig ausholen, um von Anfang an die Zukunftsperspektive einnehmen zu können. Zu den Voraussetzungen nämlich, die wohl oder übel zu machen sind, wenn jemand überhaupt zu Wahrscheinlichkeitsaussagen über die Zukunft der deutschen Sprache gelangen will, gehört die Annahme, daß die deutsche Sprache weiterhin die Landessprache hochindustrialisierter Länder sein wird. Wird die deutsche Sprache der Zukunft, so kann man sich also fragen, wenn sie weiterhin den gesellschaftlichen Bedingungen einer industriellen Zivilisation zu genügen hat, diesen sicherlich eher noch wachsenden Anforderungen nachkommen können? Was für Anforderungen das nun genau sein werden, läßt sich nicht im einzelnen vorhersagen; es ist aber im höchsten Grade wahrscheinlich, daß unsere Gesellschaft, wenn sie ihren zivilisatorischen Status und ihren Lebensstandard halten will, zu schnellem Wandel fähig und bereit sein muß. Dazu gehört auch eine große Flexibilität und Anpassungsfähigkeit der deutschen Sprache an neue Ausdrucks- und Verständigungsbedürfnisse, die sicher morgen anders ausfallen werden, als sie heute sind. Ob die deutsche Sprache diesen Zukunftsaufgaben gewachsen sein wird, entscheidet sich vornehmlich in den Fachsprachen. Die Fachsprachen, zu denen auch die Wissenschaftssprachen gehören, sind in allen modernen Kultursprachen, so auch in der deutschen Sprache, instrumentelle Spezialvokabulare, mit denen die Sprache Mittel zur Bewältigung neuer Gesellschaftsaufgaben bereitstellt. Solche Fachsprachen, etwa in Gestalt der Handwerkssprachen, hat es immer gegeben; es ist aber einsichtig, daß der Prozeß der Industrialisierung und Verwissenschaftlichung unserer ganzen Lebensbedingungen Bedeutung und Umfang der Fachsprachen wesentlich erweitert. Heute legen sich die Fachsprachen wie ein großer Kranz, manche sagen auch wie ein drückender Ring um die deutsche Gemeinsprache und wirken in vielfältiger Form auf sie ein.

Es ist eine vielumstrittene Frage, ob die Fachsprachen zu Recht Sprachen genannt werden, da sie zum großen Teil aus nominalen Ausdrücken bestehen und insofern eher Terminologien als Sprachen sind. Wir wollen dieser Frage hier nicht im einzelnen nachgehen und uns statt dessen zunächst fragen, wie die deutsche Sprache bis jetzt schon die gewaltigen terminologischen Bedürfnisse der Fachsprachen befriedigt hat. Da ist vor allem mit Fritz Tschirch festzustellen, daß die deutsche Sprache mit diesem Problem bisher bemerkenswert gut fertiggeworden ist.[14] Sie ist nämlich, im Unterschied zu manchen anderen Sprachen, außerordentlich reaktionsschnell bei der notwendigen Bildung neuer Fachausdrücke, weil sie in der Wortbildung durch Komposition und Derivation sehr flexibel ist. Schon früh ist sie wegen dieses Vermögens mit der griechischen Sprache verglichen und den romanischen Sprachen, die sich darin viel schwerer tun, lobend gegenübergestellt worden.

Ich will mich mit einem Beispiel verständlich machen. In Frankreich ist es, wie man weiß, zur Zeit des Gaullismus zu einer heftigen Abwehrreaktion gegen das *franglais* gekommen, die auch heute noch anhält und unter wechselnden Regierungen unveränderter Bestandteil der französischen Sprach- und Kulturpolitik geblieben ist.[15] Die staatlich protegierten Puristen Frankreichs nehmen also beispielsweise Anstoß an dem englischen Fremdwort *pipeline,* das neben unzählbar vielen anderen Wörtern englisch-amerikanischer Herkunft in die französische Sprache eingedrungen ist. An dieser Reaktion ist zunächst nichts Besonderes; denn Sprachreiniger hat es zu gewissen Zeiten in allen Sprachnationen gegeben, so auch in Deutschland. Was die sprachliche Situation aber in Frankreich erheblich erschwert, ist eine strukturelle Eigenart der französischen Sprache, derzufolge man nicht einfach zwei Wörter der Gemeinsprache nehmen kann, um sie mittels eines Junktors zu einem neu benötigten Fachausdruck zusammenzusetzen. Man kann also zwar in einem Wörterbuch unter dem Stichwort *pipeline* als Erklärung dieses Wortes lesen: *conduite de pétrole,* aber eben dieser orthographisch aus drei Wörtern bestehende Ausdruck wird von der betreffenden Fachsprache nur als Paraphrase, nicht aber als *terminus technicus* akzeptiert. Ich will hier die Frage offenlassen, warum das so ist, und nehme es einfach als kulturelles Faktum. Wenn die Franzosen also das englische *pipeline* aus puristischen Gründen vermeiden wollen, müssen sie an dieser Stelle bewußte Fachsprachenplanung betreiben und ein Kunstwort bilden. Als Elemente für solche Kunstwörter sind nach den Wortbildungsregeln der französischen und ebenso der anderen romanischen Sprachen in der Regel nur griechische oder lateinische Lexeme beziehungsweise Morpheme zulässig. So hat man also im Französischen nach dem Muster des schon länger in der französischen Sprache heimischen Wortes *aqueduc* 'Aquädukt' im Jahre 1951 das Wort *oléoduc* und im Jahre 1960 schließlich für den Transport von Erdgas das Wort *gazoduc* gebildet.

Das ist ein ganz anderes Verfahren, als es die deutsche Sprache ermöglicht. Es gibt zwar hierzulande auch Instanzen und Institutionen der Fachsprachenplanung, beispielsweise das durch einen 1975 mit der Bundesregierung geschlossenen Vertrag ausdrücklich für die Bundesrepublik Deutschland und Westberlin zuständige Deutsche Institut für Normung e. V. mit der traditionsreichen Abkürzung DIN, das vor allem im Bereich der industriellen Sach- und Sprachnormung eine segensreiche Tätigkeit entfaltet. Aber es bedarf hierzulande eines solchen Instituts gar nicht, um jeden Sprecher der deutschen Sprache ohne weiteres in die Lage zu versetzen und ihn vor dem Forum der deutschen Sprachnormen zu legitimieren, statt *pipeline,* das ihm als Fremdwort vielleicht nicht gefällt, ein deutsches Wort wie *Ölleitung* zu verwenden, wenn es dieses Wort bereits gibt, oder aber eine ähnliche Zusammensetzung zu bilden, wenn sie in der deutschen Sprache noch fehlt. Er kann also beispielsweise auch *Rohrleitung* oder *Röhrenleitung* sagen und sich dabei sogar, ebenso wie für *Ölleitung,* auf das neue große Duden-Wörterbuch der deutschen Sprache berufen. Das Interesse der DIN-Normer ist in dieser Situation, anders als in Frankreich, nicht darauf gerichtet, einen neuen Kunstausdruck vorzuschlagen, sondern eher darauf bedacht, die allzuvielen Möglichkeiten der deutschen Wortbildung zurückzuschneiden und nur eine dieser Bildungen für den strengen fachsprachlichen Gebrauch zuzulassen.

Die Leichtigkeit der Wortzusammensetzung in der deutschen Sprache, schon von Jean Paul gerühmt[16], ist also ein wichtiger Faktor bei allen Überlegungen, wie die deutsche Sprache mit ihren Ausdrucksmitteln den Anforderungen einer schnell sich wandelnden Welt begegnet. Wir brauchen ja nur das eben genannte Wörterbuch unter dem Stichwort *Öl-* aufzuschlagen, um dort nicht weniger als 87 Zusammensetzungen mit *Öl-* als erstem Kompositionselement zu finden, solche Wörter also wie *Öldruck, Ölförderung, Ölpumpe, Ölscheich* usw. Auch mehrere Dreier-Verbindungen findet man in diesem Wörterbuchartikel, nämlich die Ausdrücke *Öldruckbremse, Ölfarbendruck, Ölluftpumpe* und sogar ein

Vierer-Kompositum in Gestalt des Wortes *Öldruckkontrollampe*.
Man versteht hier wohl Jacob Grimm, der bei einer Betrachtung
zur Wortbildung in der deutschen Sprache eher vor der Fülle der
Möglichkeiten gewarnt, als ihren Mangel an Möglichkeiten beklagt
hat.[17] Denn der unschätzbare Vorteil der leichten Wortbildung für
fachsprachliche Zwecke geht natürlich in der deutschen Sprache
mit einigen Nachteilen einher, die zu den strukturellen Nebenfol-
gen dieser Flexibilität gezählt werden müssen. Nichts als der gute
Geschmack und das Stilempfinden des einzelnen (für die strenge
Terminologie äußerstenfalls ein Spruch des Deutschen Instituts für
Normung) hindern uns daran, auch fünf, sechs oder sieben Elemente zu einem neuen Fachwort zusammenzufügen oder, wie
Jacob Grimm gesagt hat, zu verlöten und zu verschweißen. Solche
Übertreibungen aber würden das Verständnis erheblich erschwe-
ren und, was das Schriftbild der deutschen Sprache betrifft, ihr ein
abschreckendes Aussehen geben, da die orthographischen Regeln
der deutschen Sprache für Zusammensetzungen in der Regel die
Zusammenschreibung verlangen. Es entstehen dann zeilenlange
Wörter, wie sie vor allem im Ausland zur Witztopik und zu den
lächerlichen Stereotypen über die deutsche Sprache gehören. Hier
ist zweifellos stilistische Diskretion und gegebenenfalls auch eine
diskrete Sprachplanung vonnöten, durch die der Mißbrauch dieser
Sprachmittel verhindert wird. Auch für die Orthographie-Reform,
die sich in Deutschland leider allzusehr in die Streitfrage der Groß-
oder Kleinschreibung verbissen hat, wäre möglicherweise ein interessanter Ansatzpunkt bei der Frage zu suchen, ob nicht eine häufi-
gere Verwendung des Bindestrichs (allerdings nicht so häufig wie in
der Barockzeit und bei Arno Schmidt) zu einer Entlastung des
Schriftbildes von überlangen Wortverbindungen führen könnte.

Wer nach der Zukunft der deutschen Sprache fragt, muß sich
überlegen, ob diese Sprache auch in ihrem Kern, nämlich im
Bestand ihrer grammatischen Normen, gewisse Veränderungen
oder Tendenzen zu Veränderungen erkennen läßt, die zu Prognosen über die zukünftige Entwicklung Anlaß geben. Dafür scheinen
nun tatsächlich einige Beobachtungen zu sprechen. So hat insbesondere Hans Eggers mit statistischen Methoden festgestellt, daß
in der deutschen Sprache seit dem 18. und 19. Jahrhundert und mit
beschleunigter Tendenz in der 2. Hälfte des 19. Jahrhunderts die
Sätze immer kürzer werden.[18] Damit einher geht die Abnahme von

Nebensätzen, insbesondere von solchen mit anspruchsvollen »logischen« Konjunktionen. Des weiteren hat man in der deutschen Sprache der Gegenwart seit längerem eine Tendenz zur sogenannten Ausklammerung beobachtet.[19] Dieser Begriff zielt hauptsächlich auf die Verb- oder Satzklammer, die dann zustande kommt, wenn das Verb aus zwei oder mehr trennbaren Elementen besteht. Von dieser Art ist beispielsweise der Satz »Die Sonne geht in meinem Staat nicht unter«, da das Wort *untergehen* auf zwei Stellen im Satz verteilt ist *(geht... unter)* und auf diese Weise verschiedene andere Satzglieder *(... in meinem Staat nicht ...)* umklammert. Zu verzeichnen ist nun, so erfahren wir, eine wachsende Neigung, solche Verbklammern zu verengen und einige Elemente aus der Klammer herauszunehmen und nachzustellen, so wenn man etwa den zitierten Satz umformt zu einer Variante mit Ausklammerung: »Die Sonne geht nicht unter in meinem Staat«. Das sind einige der vielbesprochenen »Tendenzen« der deutschen Gegenwartssprache, und wir fragen uns, ob es statthaft ist, diese Beobachtungen einfach in die Zukunft hinein zu verlängern und von der deutschen Sprache der Zukunft anzunehmen, sie werde alle diese Tendenzen noch reiner und schärfer zur Anschauung bringen. Demnach wären von der deutschen Sprache in der Zukunft noch kürzere Sätze, noch weniger Nebensätze, noch weniger logisch gewichtige Konjunktionen und noch mehr Ausklammerungen zu erwarten.

Solche prognostischen Schritte dürfen jedoch nur mit äußerster Vorsicht getan und müssen in vielfacher Hinsicht abgesichert werden. Allzu viele Unsicherheiten scheinen mir schon mit den bloßen Beobachtungen zur gegenwärtigen Verfassung der deutschen Sprache verbunden zu sein, zwar nicht unbedingt hinsichtlich der Phänomene selber, wohl aber hinsichtlich ihrer Interpretation. Handelt es sich denn bei diesen Erscheinungen, wenn sie tatsächlich über längere Zeit hinweg als Tendenzen zu beobachten sind, wirklich um Veränderungen der deutschen Sprache, oder verändert sich nicht vielmehr nur die Beleuchtung, in der die deutsche Sprache gesehen wird? Ich bin der Ansicht, daß es da einige mögliche Täuschungen gibt, die unbedingt in Rechnung zu stellen sind, wenn nicht alle Prognosen eitel werden sollen. Ich will hier nur auf zwei Täuschungsquellen aufmerksam machen.

Die erste Art Täuschung will ich die *visuelle Täuschung* nennen. Damit ist folgendes gemeint: Die ältere Sprachwissenschaft orientierte sich, wie man weiß, fast ausschließlich an geschriebenen Texten. Sie hatte auch gar keine andere Wahl, denn es gab noch keine elektronischen Geräte, mit deren Hilfe mündliche Äußerungen aufgezeichnet und später transkribiert werden konnten. Heute haben wir diese Möglichkeit, und die Sprachwissenschaft macht – freilich in Grenzen – davon Gebrauch. So wissen wir heute auch viel mehr als frühere Generationen von der gesprochenen Sprache und können deren Besonderheiten in unseren Grammatiken berücksichtigen. Was also beispielsweise die erwähnte Tendenz zur Ausklammerung betrifft, so ist sicher zu bedenken, daß die gesprochene Sprache natürlicherweise weniger weitgespannte Klammern aufweist als die geschriebene Sprache. Das hängt mit den unterschiedlichen Gedächtnisleistungen beim Hören und Lesen zusammen. Der Rezipient eines Textes muß ja, wenn er das erste Klammerelement vernimmt, dieses so lange im Gedächtnis speichern, bis das zweite Klammerelement hinzutritt und mit dem ersten zusammen die Bedeutung des Verbs ergibt. Solange man beispielsweise nur vernommen hat *die Sonne geht* . . ., weiß man trotz der Kontexterwartung noch nicht mit Gewißheit, wie der Text weitergehen wird, in unserem Beispiel also, ob die Sonne in diesem Staat nicht unter- oder vielleicht nicht aufgehen wird. Für die mündliche Kommunikation kann man sich nun an die Millersche Faustregel halten, daß der Hörer zwischen dem ersten und dem zweiten Klammerelement 7 ± 2 lexikalische Elemente mühelos in seinem Textgedächtnis speichern kann, mehr aber auch nicht, sofern er nicht besonders trainiert ist. Für die schriftliche Kommunikation gelten andere Regeln, denn der Leser kann ja mit seinen Augenbewegungen zurückwandern, falls er bei einem Textstück, hier also bei einer Klammerkonstruktion, Verständnisschwierigkeiten gehabt hat. Man kann folglich die Verbklammern der älteren Sprache und die der zeitgenössischen Sprache wegen der unterschiedlichen Quellenlage nicht ohne weiteres vergleichen. Es kann durchaus sein, daß die angebliche Reduktion der Verbklammer und die damit verbundene Ausklammerung einzelner Elemente aus dem Mittelfeld in das Nachfeld in Wirklichkeit nicht eine veränderte Eigenschaft der deutschen Sprache ausdrückt, sondern nur eine Veränderung unserer Kenntnisbedingungen auf Grund technischer Fortschritte in der Speicherung von Texten. Das meine ich mit visueller Täuschung.

Als Indiz dafür mag gelten, daß Texte der klassischen Zeit, die der gesprochenen Sprache nahestehen, insbesondere also spontan geschriebene Briefe, durchaus eine Neigung zur Ausklammerung erkennen lassen. So schreibt Mozart in einem Brief vom 14. 12. 1769: »Mein herz ist völlig entzücket, (...) weil es so warm ist in den wagen«. Und in einem Brief Schillers an Goethe vom 30. 8. 1797 finde ich den ausklammerungsfreudigen Satz: »Vor einigen Augenblicken trifft Ihr letzter Brief ein zu unsrer unerwarteten großen Freude«. Ich sehe hier keinen Unterschied zu den Ausklammerungen, die man in den Freiburger Tonbandnachschriften gesprochener deutscher Standardsprache findet wie beispielsweise: »Und da ist hier eine alte Frau gekommen ins Haus«. Wenn also die Briefsprache des ausgehenden 18. Jahrhunderts, wie es plausibel ist, Rückschlüsse auf die gesprochene Sprache dieses Zeitalters zuläßt, dann gibt es in der deutschen Sprache der letzten zwei Jahrhunderte gar keine wirkliche »Tendenz« zur Ausklammerung, sondern die deutsche Sprache, getrennt beobachtet nach mündlichen und schriftlichen Texten, geht mit Klammerkonstruktionen und Ausklammerungen heute ungefähr so um, wie es die anthropologischen Gesetze des Gedächtnisses seit eh und je verlangt haben.

Eine zweite Quelle des prognostischen Irrtums ist die *ästhetische Täuschung*. Die Literaturstile der verschiedenen Epochen ebenso wie die wechselnden Sprachnormen der Rhetorik, Stilistik und allgemeinen Pädagogik haben sich in unterschiedlicher Weise auf den deutschen Sprachgebrauch ausgewirkt. Was beispielsweise die Satzlänge betrifft, bei der man über einen Zeitraum von Jahrhunderten hinweg eine Tendenz zur Kürzung, Verknappung und Komprimierung festgestellt hat, so ist zu fragen, ob dieses Phänomen, das in seiner Tatsächlichkeit nicht bestritten werden soll, wirklich in einer Geschichte der deutschen Sprache oder nicht vielmehr in einer Geschichte der Poetik, Rhetorik und Stilistik seinen Platz hat. Denn spätestens mit dem Programm des Realismus hat sich die Modellwirkung der Rhetorik und speziell der ciceronianischen Periode in der Prosaliteratur wie auch in der Sprache der Öffentlichkeit (Verwaltungssprache) erschöpft. Die realistische und postrealistische Literatur hat mit der Sprache anderes im Sinn und holt sich ihre Modelle woanders, beispielsweise bei den beobachtenden, analysierenden und experimentierenden Wissenschaften. Wenn also in der Geschichte der deutschen Sprache in den letzten beiden

Jahrhunderten eine Tendenz zum kurzen und einfachen Satz zu beobachten ist, so ist wiederum die Frage, ob das wirklich eine veränderte Eigenschaft der deutschen Sprache ist oder nicht vielmehr ein Stück Bildungsgeschichte, gespiegelt in der deutschen Sprache. Eine Weiterentwicklung des Phänomens mit der gleichen Entwicklungsrichtung ist jedenfalls in Zukunft nur dann wahrscheinlich, wenn zu erwarten ist, daß die ästhetischen Normen der Gegenwart ungefähr die gleiche Bewegungsrichtung beibehalten, durch die sie sich bisher schon von den klassischen Normen entfernt haben. Da aber andererseits bereits die russischen Formalisten mit guten Gründen darauf hingewiesen haben, daß die Ästhetik sich eher in einer dialektischen Abfolge von Bewegungen und Gegenbewegungen entwickelt, scheint es mir nicht ohne weiteres statthaft zu sein, die Bewegungslinie vom längeren zum kürzeren Satz einfach in die Zukunft hinein weiterzuziehen.

Eine weitere oft beobachtete, mehrfach besprochene und kontrovers beurteilte Tendenz der deutschen Gegenwartssprache ist die sogenannte Nominalisierungstendenz.[20] Zumal in den Fachsprachen und in den fachsprachlich beeinflußten Bereichen der Gemeinsprache werden viele Phänomene, die man verbal ausdrücken könnte, vorzugsweise nominal ausgedrückt. Dafür gibt es sogar gute Gründe, denn nominale Ausdrücke kann man besser als verbale Ausdrücke klassifizieren und registrieren. In der normativen Stilistik und Stilkritik gelten jedoch aus Gründen, die hier nicht zu erörtern sind, verbale Ausdrücke als kraftvoller und besser verständlich.[21] Kein Zweifel also, daß es schlechtes Deutsch ist, wenn eine Patentschrift den patentierten Gegenstand wie folgt beschreibt: »Anordnung zur Verschlüsselung und Vorrichtung zur Entschlüsselung von aus einer oder mehreren Reihen von Schriftzeichen bestehenden Lösungen für Aufgaben bei die Aufgaben und die Lösungen enthaltenden Schriftwerken«.[22] Das ist deshalb so miserables Deutsch, weil der Verfasser dieser Patentschrift den Schutzanspruch für seine Erfindung möglichst abstrakt formulieren und auf diese Weise möglichst weit ausdehnen will. Es ist also gar nicht so, daß er kein besseres Deutsch schreiben kann, sondern er will so abstrakt-nominal formulieren, um bestimmte Wettbewerbsvorteile zu erzielen. Es ist infolgedessen kein Wunder, daß alles Wettern der Sprachkritiker gegen die Tendenz, immer mehr Sachverhalte nominal auszudrücken, bisher wenig gefruchtet hat, und ich zögere nicht, die allerdings wohlfeile Prognose zu bilden, daß diese Nominalisierungstendenz auch in Zukunft anhalten wird. Wenn diese Annahme nun plausibel ist, so kann die soeben formulierte Prognose vielleicht noch in einer bestimmten Hinsicht erweitert und verfeinert werden. Es war oben von einer Tendenz zur Ausklammerung in der deutschen Sprache der Gegenwart die Rede. Dieser Begriff wird in der Regel auf die Verbklammer als Satzklammer bezogen. Daneben aber gibt es in der deutschen Sprache eine strukturelle Parallele in Gestalt der Nominalklammer. Zwischen dem Artikel und dem zugehörigen Nomen als den beiden Klammerelementen kann man in der deutschen Sprache eine Reihe von determinierenden Ausdrücken einschieben und etwa die folgende Reihe bilden: *ein Mannequin – ein junges Mannequin – ein schlankes, junges Mannequin – ein sehr blondes, schlankes, junges Mannequin* und mit extremer Dehnung der Klammer sogar: *ein die modische Schönheit der Pension bildendes, sehr blondes, schlankes, junges Mannequin.* Diese strukturellen Möglichkeiten der deutschen Sprache vor Augen, hat Elias Canetti jedoch tatsächlich geschrieben: »Fräulein Rahm, ein schlankes, junges Mannequin, sehr blond, die modische Schönheit der Pension, kam nur manchmal zum Essen.«[23] Auch hier haben wir das Phänomen der Ausklammerung vor uns. Zwei Adjektive, flektiert, werden dem Nomen vorangestellt, ein weiteres Adjektiv, dem eine Gradpartikel zur Seite geht, folgt ihm unflektiert nach. Man beschreibt diese Stellung, ebenso wie den nachgestellten Ausdruck *die modische Schönheit der Pension,* als Apposition. Gegen diese Beschreibung ist auch nichts einzuwenden. Wenn man jedoch zum Vergleich an die romanischen Sprachen denkt, die bei Adjektiven je nach ihrer phonetischen und semantischen Beschaffenheit bald die Stellung vor dem Nomen und bald diejenige hinter dem Nomen zulassen, so kann man sich fragen, ob sich hier vielleicht auch in der deutschen Sprache eine Tendenz andeutet, dem Adjektiv unter bestimmten Bedingungen, namentlich unter der Bedingung des semantischen Nachdrucks und der Reihung, die Stellung hinter dem Nomen zu eröffnen, hier nun meistens, im Gegensatz zur Stellung vor dem Nomen, in unflektierter Form.[24] Durch diese Ausklammerung wird die Nominalklammer in ähnlicher Weise entlastet, wie wir es bereits in vergleichbarer Weise für die Ausklammerung als Entlastung der Verbklammer beschrieben haben. Im

Unterschied zur Verbklammer muß man aber bei der Nominalklammer die oben erwähnte und kurz besprochene Nominalisierungstendenz berücksichtigen, die in der deutschen Sprache der Gegenwart, verglichen mit früheren Sprachzuständen, zu einer zunehmend starken funktionalen Belastung des ganzen Nominalbereichs führt, zumal in fachsprachlichen Texten. Wenn diese Belastung nun anhält und vielleicht in Zukunft noch zunimmt, so ist gut vorstellbar, daß die Sprache auf der anderen Seite für eine gewisse funktionale Entlastung des Nominalbereichs sorgt. Daher also die Korollartendenz, die Möglichkeiten der Apposition auszubauen und auf diese Weise dem unflektierten Adjektiv die Möglichkeit zu eröffnen, zur Determination eines Nomens in ähnlicher, jedoch semantisch verstärkender Weise beizutragen wie die vorangestellten flektierten Adjektive.

Eine weitere positive (im deskriptiven, nicht im normativen Sinne dieses Wortes) Prognose will ich bezüglich der Konjunktion *weil* formulieren. Die Konjunktion *weil* ist eine kausale Konjunktion, die mit den anderen kausalen Konjunktionen *da (ja)* und *denn* ein kleines Paradigma bildet.[25] In diesem Paradigma sind die Bedeutungen wie folgt differenziert: Die Konjunktion *da,* oft verbunden mit der Partikel *ja,* gibt den bekannten Grund an, während die Konjunktion *denn* einen unbekannten Grund einführt. Man kann diesen Unterschied auch mit den Begriffen Thema und Rhema bezeichnen. Zur Thematik der Konjunktion *da (ja)* paßt gut, daß Kausalsätze mit dieser Konjunktion meistens voraufgehen, und zur Rhematik der Konjunktion *denn* paßt ebensogut, daß diese Konjunktion die Nachstellung des von ihr eingeleiteten Kausalsatzes bewirkt. Ein weiterer Unterschied zwischen diesen beiden Konjunktionen besteht darin, daß die Konjunktion *da (ja)* das Verb in die Endstellung drängt (»Nebensatzstellung«), während die Konjunktion *denn* das Verb in der zweiten Position beläßt (»Hauptsatzstellung«).

Was nun die Konjunktion *weil* betrifft, so steht sie zwischen den beiden genannten Konjunktionen in der Mitte. Ihrer Bedeutung nach neutralisiert sie die Opposition zwischen Bekanntheit (Thema) und Unbekanntheit (Rhema) und gibt insofern den Grund schlechthin an. Bezüglich der Stellung des Kausalsatzes erlaubt sie sowohl Voranstellung *(weil du jung bist, hast du das Leben vor dir)* als auch Nachstellung *(du hast das Leben vor dir, weil du jung bist)*. Besonders interessant hinsichtlich der Entwicklungstendenzen der modernen deutschen Sprache sind nun die Stellungsbedingungen des Verbs in einem Kausalsatz mit *weil*. Während die (Schrift-)Norm der deutschen Sprache in einem Kausalsatz mit *weil* Endstellung des Verbs verlangt *(weil ich auch jung bin)*, findet man, wie schon oft beobachtet worden ist, in der modernen deutschen Umgangssprache ziemlich oft und mit vielleicht zunehmender Tendenz das Verb in der Zweitposition *(weil ich bin es auch)*.[26] Im Normfall wirkt die Konjunktion *weil* also wie die Konjunktion *da (ja)*, im Abweichungsfall wie die Konjunktion *denn*. Ist nun zu erwarten, so können wir uns fragen, daß diese Tendenz, wenn es denn eine ist, in Zukunft anhalten und schließlich dazu führen wird, daß die Konjunktion *weil* eine »Hauptsatz-Konjunktion« wird?

Natürlich ist in dieser prognostischen Frage wiederum eine Normfrage beschlossen. Denn wie soll sich der Lehrer verhalten, wenn seine Schüler im Unterricht die Konjunktion *weil* tatsächlich in diesem Sinne behandeln? Soll er also die Zweitstellung des Verbs nach *weil* als Fehler markieren oder nicht? Wolfgang Butzkamm hat vor kurzem an Hand einer Unterrichtsanalyse eine Problemskizze zur Vermittlung von *weil*-Sätzen veröffentlicht und dabei natürlich auch die skizzierte Veränderungstendenz bemerkt. Unter normativen Gesichtspunkten schreibt er dazu: »Wie diese Tendenz auch zu bewerten ist, die typisch deutsche Verbstellung in Nebensätzen bleibt ein Lehrziel.« Er betrachtet also die Endstellung des Verbs nach der Konjunktion *weil* als »unbestrittene Schriftnorm« und macht sie zum Gegenstand seiner Lehre.[27] Ich will dieser Entscheidung ausdrücklich zustimmen, aber die prognostische Frage, ob dieser pädagogische Widerstand gegen eine zeitgenössische Entwicklungstendenz auch Erfolg haben wird, steht auf einem anderen Blatt. Ich bin der Ansicht, daß diese Erfolgsaussichten recht gering zu veranschlagen sind, und erwarte, daß sich die Zweitstellung des Verbs (»Hauptsatzstellung«) nach der Konjunktion *weil* in Zukunft durchsetzen wird.

Dafür sprechen meines Erachtens einige Gründe, die deshalb besonderes Gewicht haben, weil sie strukturelle Gründe sind. Es ist nämlich bei der Beschreibung des Paradigmas der drei kausalen Konjunktionen noch hinzuzufügen, daß unter diesen nur die Konjunktion *weil* dazu dienen kann, auf eine Warum-Frage zu antworten *(Warum hast du das Leben vor dir? – Weil ich jung bin)*. Mit den Konjunktionen *da (ja)* und *denn* kann man nicht auf eine Warum-Frage antworten. Andererseits braucht man die Antwort auf eine Warum-Frage nicht mit der Konjunktion *weil* einzuleiten, man kann auch mit einem Hauptsatz antworten, der implizit die Begründung enthält *(Warum hast du das Leben vor dir? – Ich bin jung)*. In dieser strukturellen Parallele zwischen einem Hauptsatz als implizit begründender Antwort auf eine Warum-Frage und einem Weil-Satz als explizit begründender Antwort auf eine Warum-Frage sehe ich das Movens für die Veränderung des ganzen Paradigmas. Denn jede Begründung, nach der man mit einem *Warum?* fragt, gibt einen Grund an, der dem Gesprächspartner wahrscheinlich unbekannt ist – sonst würde er ja nicht fragen. Insofern neigt die Konjunktion *weil*, obwohl sie im Paradigma *da (ja)* /*weil* / *denn* neutral ist gegenüber der Opposition Bekanntheit (Thematik) versus Unbekanntheit (Rhematik), ohnehin zum rhematischen Pol dieser Opposition. Es ist also strukturell verständlich, wenn die Konjunktion *weil* die Konjunktion *denn* aus dem Paradigma herausdrängt, so daß diese – das ist meine Korollarprognose – ganz zur Partikel wird, einer Partikel übrigens mit dem Bedeutungsmerkmal »Unbekanntheit«. Tatsächlich macht die Umgangssprache schon jetzt von der Konjunktion *denn* einen sehr seltenen, von der Partikel *denn* jedoch einen sehr häufigen Gebrauch.

Ist diese Entwicklung nun, wenn meine Prognose richtig ist, ein Unglück für die deutsche Sprache? Wird hier wieder einmal, was als besonderes Niedergangssymptom gilt, eine Hypotaxe durch eine Parataxe ersetzt und damit die »logische« Leistungsfähigkeit der Sprache gefährdet? Davon kann keine Rede sein. Es ergibt keinen vernünftigen Sinn, wenn man die Begriffe Hypotaxe (Unterordnung) und Parataxe (Nebenordnung) nur an der Stellung des Verbs im Nebensatz festmacht. Man braucht ja nur daran zu denken, daß eine Sprache wie die französische, die immer als besonders logische Sprache gegolten hat, keine unterschiedliche Stellung des Verbs im Hauptsatz und Nebensatz kennt. Soll man etwa vom Französischen sagen, es kenne gar keine Hypotaxe? Nein, wenn die begriffliche Unterscheidung zwischen Hypotaxe und Parataxe überhaupt einen Sinn haben soll, muß man sagen, daß ein Begründungssatz mit der Konjunktion *weil* im Verhältnis zu seinem Begründungssubstrat allemal ein hypotaktischer Satz ist, ganz gleich, ob das Verb in Endstellung oder in Zweitstellung steht, so wie auch bisher noch niemand der Konjunktion *denn* wegen der von ihr bewirkten Zweitstellung des Verbs eine geschwächte Kausalität unterstellt hat. Die Freunde der deutschen Sprache können also meine Prognose, daß die Konjunktion *weil* in Zukunft wohl trotz aller normativen Stützungsversuche (an denen ich mich beteilige) zur »Hauptsatz-Konjunktion« werden wird, mit Gelassenheit zur Kenntnis nehmen. »Wert und Ehre der deutschen Sprache« (Hofmannsthal) stehen nicht auf dem Spiel.

Die Adjektive »positiv« und »negativ«, die ich hier im Zusammenhang meiner prognostischen Versuche verwende, haben also keine bewertende Bedeutung. So nenne ich auch im folgenden die beiden nächsten Prognosen negativ, weil ich bestimmte Tendenzen der Sprachentwicklung, die man für wahrscheinlich halten könnte oder auch für wahrscheinlich gehalten hat, aus verschiedenen Gründen nicht als prognostisch gesichert anerkennen möchte. Diese Überlegungen betreffen einen Kasus, den Genitiv, und ein Tempus, das Futur.

Was den Genitiv angeht, so will ich zunächst daran erinnern, daß der Titel dieses Kapitels genitivisch formuliert ist: *Die Zukunft der deutschen Sprache.* Kann man nun wohl annehmen – oder muß man befürchten –, daß in absehbarer Zukunft ein Beitrag zum gleichen Thema publiziert wird, der den Titel trägt: **Die Zukunft von der deutschen Sprache,* analog zum englischen oder französischen Genitiv *(The Future of the German Language, L'Avenir de la langue allemande)?* Anders, nämlich mit Humboldtschen Begriffen ausgedrückt: Ist zu erwarten, daß auch in der deutschen Sprache der synthetisch gebildete Genitiv durch eine analytische Junktion, etwa mit der Präposition *von,* ersetzt wird?[28]

Wenn man eine solche Entwicklung für plausibel halten könnte, so wäre natürlich wieder eine Normfrage im Spiel. Sicher würde jeder, dem die deutsche Sprachkultur am Herzen liegt, Widerstand gegen eine solche Entwicklung leisten wollen. Aber die Werturteile, die dabei ins Spiel kämen, wären nicht leicht zu begründen. Schon Wilhelm von Humboldt ist hier in argumentative Schwierigkeiten gekommen. Humboldt hat, wie man weiß, in seiner Sprachentypologie zunächst flektierende, agglutinierende und isolierende Sprachen unterschieden. Kein Zweifel bestand für ihn darin, daß die flektierenden Sprachen, zu denen mit den anderen indogermanischen Sprachen auch das Deutsche gehört, den höchsten Entwicklungstypus verkörpern. Aber innerhalb dieses flektierenden Sprachtypus fand Humboldt nun wieder Unterschiede mit einem Mehr oder Weniger an Flexion in den verschiedenen indogermanischen Sprachen. Und auch die historische Entwicklung in den germanischen und lateinisch-romanischen Sprachen, so mußte Humboldt widerstrebend anerkennen, schien eher auf eine Minderung als auf eine Mehrung des flexivischen Charakters in den meisten europäischen Kultursprachen hinzudeuten. Diese im Rahmen seiner Typologie ziemlich ärgerlichen Befunde fing Humboldt mit seiner sekundären Unterscheidung zwischen synthetisch flektierenden und analytisch flektierenden Sprachen auf. Wenn also in solchen Sprachen wie dem Englischen und in sämtlichen romanischen Sprachen das analytische Prinzip in der Flexion so deutlich zur Geltung kommt, so bleiben diese doch in der fundamentalen Typologie flektierende, also strukturell hochentwickelte Sprachen. Der eigentliche Charakter dieser Sprachen steht damit für Humboldt nicht auf dem Spiel.[29]

Nun deutet in der deutschen Sprache tatsächlich manches darauf hin, daß eine Entwicklung vom synthetischen zum analytischen Sprachbau im Gange ist, zum Beispiel beim Genitiv. Während Luther in einem Psalm noch schreibt: *Ich vergesse deines Gesetzes nicht* (Ps. 119,61), schreibt die »Gute Nachricht«, die auch in der Bibel heutiges Alltagsdeutsch gebrauchen will: *Ich vergesse niemals dein Gesetz.* In ähnlicher Weise wird in demselben Psalm Luthers Genitiv: *ich begehre deiner Befehle* (Ps. 119,40) in der »Guten Nachricht« wie folgt wiedergegeben: *Ich will mich ganz nach deinen Regeln richten.* Wir können verallgemeinern und sagen: Das Genitiv-Objekt ist in der deutschen Sprache von Luther bis heute immer seltener geworden und kommt in der gegenwärtigen gesprochenen Umgangssprache so gut wie nicht mehr vor. Eine gewisse Schwächung des Genitivs zeigt sich ferner bei genitivischen Nominalgruppen. So kann man beispielsweise heute ebensogut sagen: *Die Zukunft von Hamburg* wie: *Die Zukunft Hamburgs.* Und wenn man schon nicht sagen kann *Die Zukunft von der deutschen Sprache,* so weicht doch der eine oder andere Sprecher vielleicht schon aus in eine den Genitiv vermeidende possessive Apposition, etwa: *Die deutsche Sprache: ihre Zukunft.*

Dennoch werde ich hier keine Prognose äußern, die dem Genitiv ein baldiges Verschwinden aus der deutschen Sprache vorhersagt. Denn den erwähnten Beobachtungen, die auf eine gewisse Schwächung des Genitivs deuten, stehen andere Beobachtungen entgegen, die den Genitiv als eine recht kräftige Form erscheinen lassen. Dabei denke ich wieder besonders an die Fachsprachen und zumal an die Wissenschaftssprachen, die mit ihrem großen Bedarf an nominalen Ausdrücken und Wortgruppen vom synthetischen Genitiv einen reichlichen Gebrauch machen. Typisches Beispiel dafür ist wiederum der Titel dieses Kapitels oder auch des ganzen Buches, und man braucht nur das Inhaltsverzeichnis eines beliebigen anderen wissenschaftlichen Buches aufzuschlagen, um weitere Beispiele genitivischer Fügungen in großer Fülle zu finden. Sprachdidaktiker des Faches Deutsch als Fremdsprache, die sich überlegt haben, wie man Ausländer zweckmäßig über fachsprachliche Lesekurse in die deutsche Sprache einführen kann, haben aus dieser Tatsache klugerweise die Folgerung gezogen, den Genitiv mit besonderem Nachdruck und an einer sehr frühen Stelle der didaktischen Progression zu lehren[30]. Wenn also, wie zu erwarten ist, die Fach- und Wissenschaftssprachen ihre starke Position im Gesamtgefüge der deutschen Sprache erhalten und ihren Einfluß auf die Gemeinsprache vielleicht sogar noch ausdehnen werden, so ist im Insgesamt der Sprache ein Rückgang des Genitivs, wenigstens in Nominalgruppen, nicht zu prognostizieren. Das ist meine negative Prognose.

Nimmt man jedoch beide Teilbeobachtungen zusammen, also Schwächung des Genitivs in der Gruppe Verb + Nomen (= Genitiv-Objekt) und Bewahrung oder sogar neue Stärkung in der Gruppe Nomen + Nomen, so ist daraus zusammenfassend eine Prognose ableitbar, die besagt, daß der (synthetische) Genitiv sich in der deutschen Sprache von einem Kasus zu einer Präposition entwickeln wird.

Der Genitiv als Präposition: ich will das noch etwas genauer beschreiben. Es gibt in der deutschen Sprache bekanntlich eine Gruppe von Präpositionen, die den Genitiv regieren. Diese Präpositionen, in der Alltagssprache nicht sonderlich beliebt, befinden sich fachsprachlich, besonders in der Verwaltungssprache, in einer Phase starker Expansion, und wir finden neuerdings auch in der Gemeinsprache, die gerade von der Verwaltungssprache stark beeinflußt wird, mit zunehmender Tendenz solche präpositionalen Ausdrücke wie: *kraft Gesetzes, hinsichtlich des Verfahrens, bezüglich der Vorschrift, nach Maßgabe der Satzung, mittels einer Anhörung, anstelle einer Verhandlung, unbeschadet der gesetzlichen Regelungen* usw. Wenn man nun das neue Genitiv-Paradigma der deutschen Sprache beschreiben will, kann man etwa sagen, daß der Genitiv in seiner neuen Rolle als Präposition in eben dieses Paradigma der Präposition mit dem Genitiv eintritt, und zwar als deren Nullform und Leittypus.

Das letzte grammatische Beispiel, das ich meinen Lesern zumuten möchte, ist auf andere Weise mit dem Thema dieser prognostischen Versuche verbunden. Thema ist ja die Zukunft. Unter den grammatischen Formen der deutschen Sprache gibt es nun eine, die in besonderem Maße mit der Zukunft zu tun hat: das Tempus Futur. Es ist ja ein Tempus der vorausschauenden Perspektive. Dieses Tempus wird im Deutschen bekanntlich gebildet durch die Kombination einer Präsensform von *werden* mit dem Infinitiv eines beliebigen Verbs: *wir werden sehen, das wird sich finden.* Von diesem Tempus Futur wissen die Sprachhistoriker zu berichten, daß es in der deutschen Sprache nicht immer existiert hat, sondern sich erst im späten Mittelalter allmählich herausgebildet hat.[31] Nun aber, in der Sprache der Gegenwart, sieht es so aus, als sei dieses Tempus geschwächt und gefährdet. Ich sage etwa ganz geläufig: *Gestern bin ich nach Hamburg gekommen, heute bin ich hier, und morgen reise ich wieder ab.* Für die Rückschau auf die gestrige Vergangenheit habe ich das Perfekt benutzt, für die Gegenwart des heutigen Tages benutze ich das Präsens, und für die Vorausschau auf den morgigen Tag benutze ich nun nicht etwa das Futur, sondern ebenfalls das Präsens. Es wäre ein recht ungewöhnlicher Sprachgebrauch, wollte ich neben dem Tempus-Adverb *morgen* auch noch die futurische Verbform setzen. Ein Ausdruck wie *morgen werde ich abreisen* ist nur möglich in einem bestimmten Kontext oder in einer besonderen Situation, etwa wenn ich meine Absicht gegen Widerstände zu behaupten habe. In anderen Sprachen ist das ganz anders, und die gleiche Zeitungsnachricht (Überschrift), die in der *Frankfurter Allgemeinen Zeitung* vom 11. 10. 1983 im Hinblick auf ein für das nachfolgende Wochenende angekündigtes Ereignis lautet: »Am Wochenende trifft Genscher Gromyko in Wien«, lautet, ebenfalls als Überschrift, im *Corriere della*

Sera desselben Tages: »*Sabato il ministro degli Esteri di Bonn Genscher incontrerà il sovietico Gromiko*«. Deutsche Sprachschüler also, die Italienisch (oder Englisch oder Französisch oder eine andere romanische Sprache) lernen, werden an dieser Stelle gewöhnlich von ihren Lehrern zu Recht vor den Gefahren eines Interferenzfehlers gewarnt und angehalten, auch neben dem Tempus-Adverb das Futur zu setzen: *I'll leave tomorrow, je partirai demain*. Nimmt man nun noch die leicht beobachtbare Tatsache hinzu, daß die Futurformen der deutschen Sprache oftmals nur eine Vermutung ausdrücken *(das wird wohl so sein, da wird sich manches geändert haben)*, so kann man vielleicht mit L. Saltveit überhaupt die Frage aufwerfen: »Besitzt die deutsche Sprache ein Futur?«[32], zumindest aber, falls die deutsche Sprache ein Futur »noch« hat, dem Zweifel Raum geben: Wird die deutsche Sprache ihr Futur behalten? Oder wird die Funktion dieses Tempus verfallen und auf eine Kombination des Tempus Präsens mit futurischen Adverbien übergehen?

Ich bin der Ansicht, daß hier wie auch bei anderen Fragen der deutschen Sprachstruktur die Rechnung nicht mehr ohne die Fachsprachen gemacht werden darf. Es ist nämlich zu beachten, daß ich selber soeben die Frage nach der Zukunft des Tempus Futur in der deutschen Sprache unter Verwendung eben dieses Tempus formuliert habe. Denn es entspricht durchaus dem deutschen Sprachgebrauch der Gegenwart, für prognostische, planerische oder futurologische Aussagen der verschiedensten Art das Futur zu benutzen, so selten es auch sonst in der Alltagssprache zum Ausdruck der absehbaren Zukunft gebraucht wird. Natürlich ist das »nur« fachsprachlicher Sprachgebrauch, aber auch die Fachsprachen gehören zur deutschen Sprache, und der Einfluß, den sie auf die Gemeinsprache nehmen, nimmt ständig zu im Maße, wie unser Leben unter die Macht der Wissenschaft und der Technik gerät. Wenn also die eingangs mit Berufung auf Koselleck und Lübbe und die ganze Phalanx der Futurologen gekennzeichnete Entwicklung zu immer mehr Bemühung um die Zukunft in der Gesellschaft der Gegenwart richtig ist, so kann auch für das Tempus Futur, das zum Ausdruck eben dieser Perspektive dient, die negative Prognose gewagt werden, daß es nicht aus der deutschen Sprache verschwinden wird.

Ist das nun eine müßige Prognose? Ich glaube nicht. Ich finde nämlich beispielsweise in der »Kontaktschwelle«, einem vom Europarat in Auftrag gegebenen und in hoher Auflage verbreiteten, aber nichtsdestoweniger sehr skeptisch zu beurteilenden Lehrwerkmodell zum Unterricht der deutschen Sprache an Ausländer eine Empfehlung an die Deutschlehrer, das Futur nur für den rezeptiven, nicht aber für den produktiven Gebrauch zu lehren.[33] Offenbar liegt dieser Empfehlung eine unausgesprochene Prognose über die zukünftigen Sprachgebrauchsbedürfnisse der Adressaten zugrunde, die besagt, daß diese wahrscheinlich in ihrem produktiven Umgang mit der deutschen Sprache das Futur nicht benötigen werden. Hier erkennt man, was Reinhart Koselleck beobachtet hat, »daß eine Prognose stellen bereits die Situation verändern heißt«.[34]

Man sieht, ich bin an dieser Stelle wieder unversehens in Normfragen geraten. Das ist auch fast unausweichlich, wenn das Interesse an der Zukunft der deutschen Sprache überhaupt einen Sinn, das heißt Handlungsfolgen haben soll. Denn es ist natürlich auch unter Normgesichtspunkten relevant, ob die fachsprachlichen Ausdrucksbedürfnisse, die beispielsweise bei einer zunehmenden Zukunftsorientierung der Wissenschaften auftreten, ohne weiteres aus dem Struktur- und Formenarsenal der Gemeinsprache befriedigt oder jedenfalls aus diesem ohne Widerspruch zum allgemeinen Sprachgebrauch gebildet werden können. Das alles hängt daran, wie sich das Sprachbewußtsein und das Sprachnormbewußtsein weiter entwickeln und ob wir ein Land mit Sprachkultur bleiben werden. Darüber aber wird zu einem nicht geringen Teil in unseren Schulen entschieden, wo die Lehrer, wenn sie ihren Schülern ein Bild und Beispiel der deutschen Sprache geben, tagtäglich über die Zukunft der deutschen Sprache abstimmen. Aber diese Aufgabe ist nicht nur den Lehrern zugewiesen. Alle Personen, die von der deutschen Sprache einen öffentlichen Gebrauch machen, allen voran die Schriftsteller und die Journalisten, bestimmen durch ihr Sprachverhalten nicht nur die Gegenwart, sondern auch die Zukunft der deutschen Sprache. Denn anders als bei den Prognosen der Meteorologen und Ökonomen kann im Regelfall niemand aus den Zukunftsprognosen der Linguisten einen erkennbaren Vorteil ziehen für sein zweckmäßiges Verhalten und Handeln morgen oder im nächsten Jahr. Unsere Mitverantwortung jedoch für die Formung und Entwicklung der deutschen Sprache und für ein wünschenswertes Ethos des Sprechens und Schreibens wird vielleicht doch etwas deutlicher sichtbar, wenn der Versuch gemacht wird, die Sprache der Gegenwart auf den Horizont der Zukunft zu projizieren. Denn die Sprache von morgen wird in der Sprachkultur von heute mitbestimmt.

ANMERKUNGEN

1   O. K. Flechtheim: »Futurologie«, in J. Ritter (Hg.): Historisches Wörterbuch der Philosophie. Basel 1972, s. v.
2   R. Koselleck: Vergangene Zukunft. Zur Semantik geschichtlicher Zeiten. Frankfurt/M. 1979, hier bes. S. 12 und 34.
3   H. Lübbe: »Ernst und Unernst der Zukunftsforschung«, in ders.: Theorie und Entscheidung. Freiburg 1971, S. 85–92. Ders.: Geschichtsbegriff und Geschichtsinteresse. Analytik und Pragmatik der Historie. Basel 1977. Ders.: »Traditionsverlust und Fortschrittskrise. Sozialer Wandel als Orientierungsproblem«, in ders.: Praxis der Philosophie. Praktische Philosophie. Geschichtstheorie. Stuttgart 1978 (= Reclam 9895) S. 123–152. Die Zitate in der Reihenfolge ihres Auftretens: Traditionsverlust S. 143, Geschichtsbegriff S. 325, Traditionsverlust S. 141.
4   H. Moser: »Wohin steuert das heutige Deutsch? Triebkräfte im Sprachgeschehen der Gegenwart. Otto Basler zum 75. Geburtstag gewidmet«, in: Satz und Wort im heutigen Deutsch. Probleme und Ergebnisse neuerer Forschung. Düsseldorf 1967 (= Sprache der Gegenwart, 1) S. 15–35. Auch in P. Braun 1979, S. 49–68 (s. u.). P. Braun (Hg.): Deutsche Gegenwartssprache. Entwicklungen – Entwürfe – Diskussionen. München 1979. Vgl. auch G. Drosdowski/H. Henne: »Tendenzen der deutschen Gegenwartssprache«, in: Lexikon der Germanistischen Linguistik. Tübingen 2. Aufl. 1980, S. 619–632, mit weiterführender Bibliographie zu der »Tendenzen«-Literatur, insbesondere W. Admoni, P. Braun, H. Eggers, R. Grosse, H. Moser und F. Tschirch.
5   Als abschreckendes Beispiel für eine hemmungslose Niedergangsklage zitiere ich O. Zierer (Hg.): Weißbuch zur Rettung der Sprache. München 1976.
6   Friedrich Schiller: Sämtliche Werke. Bd. 1. München, 6. Aufl. 1980, S. 474.
7   Immanuel Kant: Die Religion innerhalb der Grenzen der bloßen Vernunft. I 1, nach Widmer in Koselleck/Widmer: Niedergang. Studien zu einem geschichtlichen Thema. Stuttgart 1981, S. 12 (= Sprache und Geschichte 2).
8   G. Korlén: »Führt die Teilung Deutschlands zur Sprachspaltung?«, in Braun, a. a. O., S. 69–92. F. Debus: »Zwei deutsche Sprachen? Zur sprachlichen Entwicklung in Deutschland nach 1945«, Duitse Kroniek 28

(1976) S. 103–127. W. Hinck: »Haben wir heute vier deutsche Literaturen oder eine? Plädoyer in einer Streitfrage«, in ders.: Germanistik als Literaturkritik. Zur Gegenwartsliteratur. Frankfurt 1983 (= suhrkamp taschenbuch 885) S. 291–315. Mit dem Problem einer deutschen Literatur in vier Staaten befassen sich auch verschiedene Beiträge im Jahrbuch der Deutschen Akademie für Sprache und Dichtung 1980.

9 H. Moser: »Umgangssprache. Überlegungen zu ihren Formen und ihrer Stellung im Sprachganzen«, Zeitschrift für Mundartforschung 27 (1960), S. 215–232. U. Bichel: Problem und Begriff der Umgangssprache in der germanistischen Forschung. Tübingen 1973.

10 H. P. Fuchs/G. Schank (Hg.): Texte gesprochener deutscher Standardsprache III. München 1975 (= Heutiges Deutsch II, 3) S. 47.

11 Botho Strauß: Kalldewey, Farce. München 1981, S. 13.

12 Jacob Grimm: »Über das Pedantische in der deutschen Sprache« (1847), in ders.: Kleinere Schriften 1: Reden und Abhandlungen. Hildesheim 1965, S. 327–373, hier S. 329.

13 H. Henne: Jugend und ihre Sprache, in: Die deutsche Sprache der Gegenwart. Göttingen 1984, S. 59–72 (= Veröffentlichungen der Joachim-Jungius Gesellschaft Hamburg 51)

14 F. Tschirch: »Wachstum oder Verfall der Sprache?«, Muttersprache 75 (1965) S. 129–139, 161–169, auch in P. Braun, a. a. O., S. 17–48, hier bes. S. 21 f.

15 Étiemble: Parlez-vous franglais? Paris 1973.

16 Jean Paul: »Über die deutschen Doppelwörter; eine grammatische Untersuchung in zwölf alten Briefen und zwölf neuen Postscripten« (1820), in ders.: Sämtliche Werke. 2. Abt. Bd. III, hg. von N. Miller. München 1978, S. 9–108. Vgl. dazu M. Faust: »Jean Paul's Essay on Word Formation«, in: Allgemeine Sprachwissenschaft, Sprachtypologie und Textlinguistik. Festschrift für P. Hartmann. Tübingen 1983, S. 237–248.

17 Jacob Grimm: Über das Pedantische in der deutschen Sprache (1847), in ders.: Kleinere Schriften 1, S. 327–373, hier S. 345. Vgl. auch F. Tschirch in Braun, a. a. O., S. 39. Zum Gesamtproblem vgl. W. Fleischer: Wortbildung der deutschen Gegenwartssprache. Leipzig 1969, Tübingen 4. Aufl. 1975.

18 Vgl. besonders die Arbeiten von H. Eggers: »Wandlungen im deutschen Satzbau«, Der Deutschunterricht 13 (1961), S. 47–61, auch in Braun, a. a. O., S. 231–247. Ders.: »Zur Syntax der deutschen Sprache der Gegenwart«, Studium Generale 15 (1962), S. 49–59. Ders.: »Veränderungen in der deutschen Sprache der Gegenwart«, Universitas 35 (1980), S. 1129–1138. Ders.: »Wandlungen im deutschen Satzbau. Vorzüge und Gefahren«, Muttersprache 93 (1983) S. 131–141. Vgl. auch P. Braun: Tendenzen in der deutschen Gegenwartssprache, Stuttgart 1979, S. 40.

19 Vgl. besonders W. Admoni: Die Entwicklungstendenzen des deutschen Satzbaus von heute. München 1973. Mit diesem Phänomen beschäf-

tigt sich auch die ganze »Tendenzen«-Literatur, besonders Eggers, Drosdowski/Henne, Moser, Tschirch.

20 Vgl. besonders K. Daniels: Substantivierungstendenzen in der deutschen Gegenwartssprache. Düsseldorf 1963.

21 Vgl. beispielsweise W. Sanders: Linguistische Stilistik: Grundzüge der Stilanalyse sprachlicher Kommunikation. Göttingen 1977 (= Kleine Vandenhoeck-Reihe 1437) S. 149.

22 Patentschrift 2337542 = G 09 B 3 – 02, Patentamt München. Vgl. Mariam Schamlu: Patentschriften – Patentwesen. Eine argumentationstheoretische Analyse der Textsorte Patentschrift am Beispiel der Patentschriften zu Lehrmitteln. München 1985 (= Studien Deutsch 1).

23 Elias Canetti: Die Fackel im Ohr. München 1980, S. 10.

24 Vgl. Vf.:»Die Stellung des Adjektivs im Französischen, mit einer Skizze zur Stellung des Adjektivs und Adverbs im Deutschen« (1967), in ders.: Sprache in Texten. Stuttgart 1976, S. 219–231.

25 Vgl. Chr. Thim-Mabrey:»Zur Syntax der kausalen Konjunktionen weil, da und denn«, Sprachwissenschaft 7 (1982) S. 197–219, mit weiterführender Bibliographie.

26 Diese Tendenz ist schon von H. Brinkmann beobachtet worden in seinem Buch Die deutsche Sprache – Gestalt und Leistung, Düsseldorf 2. Aufl. 1971, S. 676 f.

27 W. Butzkamm:»Zur Vermittlung von Weil-Sätzen: Problemskizze anhand einer Unterrichtsanalyse«, Deutsch lernen 4 (1982) S. 71–81, hier besonders S. 71.

28 W. Weier:»Der Genitiv im neuesten Deutsch«, Muttersprache 78 (1968) S. 222–235, 257–269. Vgl. auch H. Moser in Braun, a. a. O., S. 55 f., und F. Tschirch, ebd. S. 33; Drosdowski/Henne im Lexikon der Germanistischen Linguistik. Tübingen 2. Aufl. 1980, S. 624 ff.

29 Wilhelm von Humboldt:»Über die Verschiedenheiten des menschlichen Sprachbaues« (1827–1829) in ders.: Werke in fünf Bänden. Bd. III. Darmstadt 4. Aufl. 1963, S. 144–367, hier besonders S. 333 ff. Ders.: »Über die Verschiedenheit des menschlichen Sprachbaues und ihren Einfluß auf die geistige Entwicklung des Menschengeschlechts« (1830–1835), ebd. S. 368–756, hier bes. S. 497 ff., 637 ff.

30 H. Rogalla/W. Rogalla/F. H. Nelson: German for Academic Purpose. A Reading Course. München 1977, S. 14 f. (= Goethe-Institut).

31 F. Tschirch: Geschichte der deutschen Sprache. Bd. II. Berlin S. 40 ff.

32 L. Saltveit:»Besitzt die deutsche Sprache ein Futur?« Der Deutschunterricht 12 (1960) S. 46–65.

33 M. Baldegger/M. Müller/G. Schneider: Kontaktschwelle Deutsch als Fremdsprache (Europarat 1980), Berlin 1981, S. 341 und 361.

34 R. Koselleck, a. a. O., S. 29.

Anhang

Veröffentlichungsnachweise

I ÜBER SPRACHKULTUR NACHDENKEN

Mit Sprachnormen leben
Unter dem Titel »Über Sprachnormen nachdenken« veröffentlicht in dem von der Deutschen Akademie für Sprache und Dichtung herausgegebenen Band *Die Sprachnorm-Diskussion in Presse, Hörfunk und Fernsehen,* Stuttgart 1980 (= Der öffentliche Sprachgebrauch 1), S. 9–24. Leicht überarbeitete Fassung.

Deutsch von Journalisten lernen?
Unter dem Titel »Sprachliche Normung in Presse, Hörfunk und Fernsehen« veröffentlicht im Jahrbuch 1979 der Deutschen Akademie für Sprache und Dichtung, 2. Lieferung, Heidelberg 1980, S. 9–14. Überarbeitete Fassung.

Sprachkultur in der Schule
Unter dem Titel »Der richtige und der gute Sprachgebrauch« veröffentlicht in dem von der Deutschen Akademie für Sprache und Dichtung herausgegebenen Band *Schulen für einen guten Sprachgebrauch,* Stuttgart 1982 (= Der öffentliche Sprachgebrauch 3), S. 7–14. Leicht veränderte Fassung.

Kleine Besteigung des Informationsberges
Veröffentlicht im Börsenblatt für den Deutschen Buchhandel (13. 4. 1976) und als Privatdruck des Walter de Gruyter Verlages zum Jahreswechsel 1978/1979.

Sprache und Wissenschaft
Öffentlicher Vortrag, gehalten bei der ersten Verleihung des Karl-Voßler-Preises für Wissenschaftssprache in München am 25. 3. 1985. Teilpublikation im Merkur 39 (1985) S. 496–506

Plädoyer für ein interdisziplinäres Wörterbuch der deutschen Sprache
Veröffentlicht in H. Henne/W. Mentrup/D. Möhn/H. Weinrich (Hg.): *Interdisziplinäres deutsches Wörterbuch in der Diskussion,* Düsseldorf 1978 (= Sprache der Gegenwart 45), S. 11–30. Leicht veränderte und in der Übersicht über die heutigen Wörterbücher der deutschen Sprache aktualisierte Fassung.

II EUROPÄISCHE SPRACHKULTUR

Die Accademia della Crusca als Lehrmeisterin der Sprachkultur in Deutschland
Vortrag, unter dem Titel »*La Crusca fruttifera*« am 29. 9. 1983 bei der Feier zum vierhundertjährigen Jubiläum der Accademia della Crusca in Florenz gehalten und in italienischer Sprache veröffentlicht in: *La Crusca nella tradizione letteraria e linguistica italiana.* Florenz 1985. S. 23–34. Aus dem Italienischen rückübersetzter Text, unveröffentlicht. Leicht veränderte Fassung.

Vaugelas und die Lehre vom guten Sprachgebrauch in der französischen Klassik
Veröffentlicht in der Zeitschrift für Romanische Philologie 76 (1960), S. 1–33. Leicht veränderte und gekürzte Fassung.

Die clarté der französischen Sprache und die Klarheit der Franzosen
Veröffentlicht in der Zeitschrift für Romanische Philologie 77 (1961), S. 528–544. Leicht veränderte Fassung.

Das spanische Sprachbewußtsein im Siglo de Oro
Veröffentlicht in: *Spanische Literatur im Goldenen Zeitalter. Fritz Schalk zum 70. Geburtstag,* Frankfurt 1973, S. 524–547. Leicht veränderte Fassung.

Sprachanekdoten um Karl V.
Unter dem Titel »Anekdotisches zur spanischen Sprachgeschichte im Siglo de Oro« veröffentlicht in der von Herbert J. Izzo herausgegebenen Festschrift: *Italic and Romance. Linguistic Studies in Honor of Ernst Pulgram,* Amsterdam 1980 (= Current Issues in Linguistic Theory 18), S. 263–272. Leicht veränderte Fassung.

III INTERESSE FÜR FREMDSPRACHEN

Fremdsprachen als fremde Sprachen
Unveröffentlicht.

Von der Langeweile des Sprachunterrichts
Münchener Antrittsvorlesung, gehalten am 30. 5. 1979. Veröffentlicht in der Zeitschrift für Pädagogik 27 (1981), S. 169–185. Leicht veränderte Fassung.

Literatur im Fremdsprachenunterricht – ja, aber mit Phantasie
Vortrag, gehalten am 30. 9. 1982 auf der Jahrestagung der Gesellschaft für Angewandte Linguistik (GAL) in Köln, veröffentlicht in gekürzter Form in den Kongreßakten und ungekürzt in der Zeitschrift Die neueren Sprachen 82 (1983), S. 200–216. Leicht veränderte Fassung.

Fremdsprachen für den Alltag und der Alltag des Fremdsprachenunterrichts
Vortrag, gehalten am 4. 8. 1980 auf der VI. Internationalen Deutschlehrertagung in Nürnberg, veröffentlicht in dem von Heidrun Brückner herausgegebenen Kongreßbericht *Lehrer und Lernende im Deutschunterricht,* Berlin 1981, S. 33–49. Auch in: Neue Sammlung 21 (1981), S. 2–20. Leicht veränderte Fassung.

Mit gemischten Sprachgefühlen
Unter dem Titel »Sprachmischung: bilingual, literarisch und fremdsprachendidaktisch« veröffentlicht in Els Oksaar (Hg.): *Spracherwerb – Sprachkontakt – Sprachkonflikt.* Berlin 1984, S. 76–91. Leicht veränderte Fassung.

Fremdsprachen in der Bundesrepublik Deutschland und Deutsch als Fremdsprache
Veröffentlicht in: *Wort und Sprache. Beiträge zu Problemen der Lexikographie und Sprachpraxis,* veröffentlicht zum 125jährigen Bestehen des Langenscheidt-Verlages, Berlin 1981, S. 70–85. Leicht veränderte Fassung.

IV   EIN BLICK IN DIE ZUKUNFT

Die Zukunft der deutschen Sprache
Veröffentlicht in: *Die deutsche Sprache der Gegenwart. Vorträge gehalten auf der Tagung der Joachim-Jungius-Gesellschaft der Wissenschaften Hamburg am 4. und 5. November 1983,* Göttingen 1984, S. 83–108. Leicht veränderte Fassung.

Personenregister

Abril, P. S. 156, 159 f., 162
Ackermann, I. 264
Adelung, Joh. Chr. 100, 103
Adorno, Th. W. 215, 232
Aldrete, B. 165, 169, 178
Alonso, D. 170 f.
Angermeyer, A. 238
Aristoteles 138, 156, 206 ff.
Arntzen, H. 18, 26
Auer, J. P. C. 293
Auerbach, E. 111, 115
Augustinus 181
Austin, J. L. 41, 229, 271

Bachner, W. 164
Baldinger, K. 81, 128
Bally, Ch. 138
Bausch, K.-R. 326, 329 f.
Bayle, P. 63
Beauzée, N. 118
Beckett, S. 284
Beckmann, B. 81, 103
Bembo, P. 88, 97
Benamou, M. 255–258
Benjamin, W. 18
Benn, G. 151
Benveniste, E. 207
Betz, W. 69
Bierbach, Chr. 304
Bircher, M. 101 f.
Boccaccio 62, 97, 140, 159, 225, 248

Boileau, N. 122, 140
Böll, H. 37, 41, 280
Bonfatti, E. 102
Bopp, F. 200
Borst, A. 164, 177, 181, 184
Bouhours, D. 117, 120, 125, 133, 143 f., 150, 183
Bouteiller, J. 115
Brecht, B. 284
Brinkmann, H. 363
Brockhaus, F. A. 68 f.
Brühl, F. 25
Brunot, F. 111
Buceta, E. 182, 188
Bungarten, Th. 59
Busch, U. 243
Butzkamm, W. 287, 301, 353, 363

Caesar 247 f.
Campe, J. H. 100, 103
Camus, A. 274, 280
Canetti, E. 18, 224, 351
Castiglione, B. 90, 112, 161
Cervantes, M. de 163, 167, 248
Chambers, E. 63
Chamfort, N. 138
Chargaff, E. 334
Chateaubriand, F. R. de 247
Chomsky, N. 94 f., 228, 273, 282
Christ, H. 326, 330
Cicero 78, 82, 112, 169, 248
Cisneros, F. Jiménez de 160

373

Sachregister

377

378

379

Bücher von Marcel Reich-Ranicki
in der Deutschen Verlags-Anstalt

LAUTER LOBREDEN
207 Seiten, Paperback

LAUTER VERRISSE
Mit einem einleitenden Essay
207 Seiten, Paperback

NACHPRÜFUNG
Aufsätze über deutsche Schriftsteller von gestern
356 Seiten, gebunden mit Schutzumschlag

ÜBER RUHESTÖRER
Juden in der deutschen Literatur
103 Seiten, Paperback

DEUTSCHE LITERATUR IN WEST UND OST
416 Seiten, gebunden mit Schutzumschlag

ZUR LITERATUR DER DDR
166 Seiten, gebunden mit Schutzumschlag

ENTGEGNUNG
Zur deutschen Literatur der siebziger Jahre
436 Seiten, gebunden mit Schutzumschlag